O ATLAS MUNDIAL DO WHISKY

ICHIRO'S CHOICE
1976
SINGLE GRAIN WHISKY
KAWASAKI
73 / 432
700 ml

O ATLAS MUNDIAL DO

WHISKY

DAVE BROOM

Tradução: Tina Jeronymo

Meu Amor,
Com os olhos
com o nariz
com a boca
coração e cérebro
você sabe,
singularmente,
apreciar o motivo
deste livro.
Agosto 2019
Roze

LAROUSSE

Dedicatória

Em memória de minha amada mãe, Isobel Broom, que lamentavelmente não viveu para ver este trabalho terminado, mas cujo apoio constante e amoroso ao longo dos anos me trouxe até onde estou. Acredito que você teria ficado orgulhosa.

Publicado originalmente na Grã-Bretanha em 2010 pela Mitchell Beazley, um selo da Octopus Publishing Group Limited

Título original: *The World Atlas of Whisky*

O texto deste livro foi editado conforme as normas do novo acordo ortográfico da Língua Portuguesa, em vigor no Brasil desde 1º de janeiro de 2009.

Direitos de edição em língua portuguesa, para o Brasil, adquiridos pela Editora Lafonte Ltda.

EDIÇÃO BRASILEIRA

Publisher Janice Florido
Editoras Fernanda Cardoso, Elaine Barros
Editor de arte Ana Dobón

Dados Internacionais de Catalogação na Publicação (CIP)
(Câmara Brasileira do Livro, SP, Brasil)

Broom, Dave
O atlas mundial do whisky / Dave Broom ;
tradução Tina Jeronymo. – São Paulo : Editora Lafonte Ltda., 2011.

Título original: The world atlas of whisky
ISBN 978-85-7635-839-8

1. Whisky - Enciclopédias I. Título.

11-03850 CDD-641.25203

Índices para catálogo sistemático:
1. Whisky : Alimentos e bebidas 641.25203

Av. Profª Ida Kolb, 551 – 3º andar – São Paulo – SP – CEP 02518-000
Tel.: (11) 3855-2290 – Fax: (11) 3855-2280
Central de atendimento: 0800 7722120
atendimento@larousse.com.br - www.larousse.com.br

Agradecimento

Quero agradecer especialmente a Davin de Kergommeaux e Bernhard Schäfer, que ajudaram significativamente na parte escrita das seções do Canadá e da Europa Central.

Oposto: Whisky em repouso em tonéis nos armazéns de teto abobadado da destilaria Deanston, em Stirling, Escócia.

Sumário

PREFÁCIO

Se já existiu uma época para um livro abrangente sobre whisky, é esta. O mundo do whisky está mais dinâmico do que em qualquer outro período da história recente.

Por quê? Um dos motivos é porque estamos em meio a um *boom* do whisky. Mais e mais pessoas ao redor do mundo estão começando a se dar conta da qualidade, individualidade e valor da bebida. Mesmo com o recente aumento dos preços, seu valor – especialmente do bourbon – não pode ser sobrepujado pelo de nenhum outro destilado. A indústria do whisky tem reagido ao crescimento da demanda com o aumento da produção, expandindo sua capacidade e até construindo novas destilarias.

Outro motivo é a proliferação de novas destilarias artesanais. Foram-se os dias em que quase todos os produtores eram da Escócia, Irlanda, dos Estados Unidos (predominantemente dos Estados do Kentucky e do Tennessee) e Canadá. O Japão tem provado que suas destilarias merecem igual atenção e respeito, produzindo um whisky que é tão bom quanto o escocês.

Isso é dizer muito! Nunca houve tantos whiskies escoceses entre os quais escolher – tanto dos próprios donos das destilarias como também da miríade de engarrafadores independentes. Centenas, na verdade. E, graças ao aprimoramento na destilação e maturação ao longo da última década ou duas, a qualidade do whisky nunca foi melhor.

Além disso, pequenas e novas destilarias artesanais agora produzem whisky ao redor da Europa, dos Estados Unidos e além. Somente nos Estados Unidos existem cerca de 60 destilarias artesanais que nem existiam uma década atrás. Esse número equivale a cerca de quatro vezes mais do que as destilarias estabelecidas de bourbon, e a taxa de crescimento dessas novas destilarias está aumentando.

O que tudo isso significa para você, aficionado por whisky? Você pode aguardar o surgimento de muitos whiskies novos, tanto de destilarias estabelecidas quanto das novas destilarias artesanais que pontilham o globo – as quais continuarão proliferando no futuro.

Isso nos traz até *O atlas mundial do whisky*. O que gosto nele é a sua abrangência. O livro define whisky, como é feito (desde o grão até o copo), onde é feito e por que um whisky tem um paladar diferente de outro. Ele explica a melhor maneira de se apreciar a bebida, oferece um excelente resumo dos novos lançamentos e fornece notas de degustação para ajudá-lo a se orientar. As fotos que acompanham o texto são belas, até deslumbrantes às vezes. Elas realmente beneficiam aqueles que não têm meios para viajar para as várias destilarias e países produtores da bebida.

Talvez o elemento mais útil e inovador do livro seja o uso dos "campos de sabores", que descrevem a personalidade do sabor dos whiskies. Quando desfruto as notas de degustação completas feitas para os whiskies relacionados, o conceito do campo de sabor é um grande recurso para se tentar captar o perfil geral do sabor de um determinado whisky. Este é um guia útil para todos os apreciadores da bebida, mas acho que será especialmente valioso para aqueles que estão apenas começando a explorar a gama um tanto intimidante e fascinante de whiskies à escolha.

Mais importante, *O atlas mundial do whisky* capta a essência do que está acontecendo agora. Dave Broom é um dos poucos autores que escrevem sobre whisky com a habilidade de fazê-lo de uma maneira tão abrangente. Ele é uma das mais respeitadas autoridades independentes em whisky, em nível mundial. E, merecidamente, devo acrescentar: me sinto particularmente atraído pelo estilo cativante de escrever de Dave e pelas vivazes notas de degustação. É fácil entender por que há tanta demanda para tudo o que ele escreve.

Graças a Dave, este livro tanto informa quanto traz entretenimento em sua leitura – a despeito do ponto em que você estiver na sua jornada pelo mundo do whisky. O conhecimento, a paixão e a integridade dele se revelam em tudo o que ele escreve. Saúde! *Slainte*![1]

John Hansell
Publisher e editor,
Revista *Malt Advocate*

1. "Slainte" é uma saudação de boas-vindas comum nos pubs da Escócia, Irlanda e na ilha de Man. Corresponde ao "saúde!" no Brasil.

Esquerda: Um grão de verdade. Todo whisky single malt começa com a cevada.

Direita: Cada copo conta uma história. O whisky é a bebida mais complexa de todas.

INTRODUÇÃO

O whisky, não pela primeira vez em sua vida turbulenta, está em um momento de decisão. O destilado que dominou o mercado das bebidas durante a maior parte do século XX se vê diante de um consumidor que agora é mais exigente, mais instruído em seu universo e, alguns argumentariam, mais cínico. Como o whisky pode prosperar num mundo que exige gratificação instantânea? Uma bebida que precisa de maturação durante anos antes de sequer poder ser chamada de whisky (e que precisa passar mais tempo em gentil contato com o carvalho para adquirir sua verdadeira personalidade) consegue se encaixar numa mentalidade que exige que as coisas sejam mais rápidas, agitadas, dinâmicas?

Se você tivesse feito a mesma pergunta uma década atrás, teria havido algumas dúvidas de que a bebida conseguiria isso. Ainda assim, o whisky não apenas sobreviveu às pressões do passado recente como está crescendo novamente. Embora muitos consumidores de bebidas tenham aderido às emoções da cultura acelerada do século XXI, há alguns que as rejeitaram, diminuíram o ritmo e começaram a apreciar o sabor e o trabalho artesanal. Em um mundo caótico, o whisky lhes dá um momento de tranquilidade. Eles são o futuro do destilado.

Os whiskies que eles beberão também mudaram. Antes costumava existir uma categoria simples. Havia o Scotch, dominado por blends, havia bourbon e um pouco de whisky irlandês.

Hoje os blends de Scotch ainda são o estilo predominante – e uma

O elemento esquecido com frequência na produção de whisky ao redor do mundo: pessoas. Aqui, na destilaria Murree, em Rawalpindi, Paquistão.

olhada para o sucesso extraordinário entre novos jovens consumidores em mercados como Brasil, China, Rússia, México e África do Sul bastará para silenciar rapidamente aqueles que escreveram o obituário da categoria há alguns anos. Nesses novos mercados, o whisky é um símbolo de sucesso.

O Scotch single malt ascendeu, passando de ser a bebida dos poetas e senhores de terras escoceses para se tornar um destilado de primazia e relevância mundial e de seguidores maníacos, obcecados por todos os detalhes de sua produção e procedência. O bourbon – e o centeio – também passaram por um renascimento, com inovações empolgantes e um nova qualidade de ponta. O whisky irlandês deixou de ser uma simples marca para ser uma categoria rica e variada, ao passo que os consumidores de whisky do mundo, em anos recentes, têm ficado impressionados com a qualidade e personalidade dos whiskies do Japão, que estão finalmente aparecendo nos mercados mundiais. Todos esses whiskies têm estilo próprio.

Além disso, a última década testemunhou uma explosão de novos destiladores em quase todos os países que se possa mencionar. Da Tasmânia a Taiwan, da Bretanha à Bélgica, da Suécia ao Colorado, destiladores novos, na maioria de pequena escala, estão fazendo seus experimentos e, com isso, aumentaram a gama de sabores e nos obrigaram a questionar o que é whisky. Acredito que estamos vivendo o período mais excitante na longa evolução do whisky.

A criação deste livro destacou o fato muitas vezes ignorado de que a fabricação é um ato criativo, e que o whisky em si é um produto natural feito de cereal, levedura, água e carvalho. Não há nada de adição de taninos, acidificação, micro-oxigenação ou métodos de cones giratórios que são lugar-comum nas áreas mais comerciais da fabricação de vinho – adição frequentemente considerada um processo intrinsecamente natural. Não se deixe enganar pelo aspecto de uma destilaria: entre tantos tubos e todo aquele cobre, o whisky vem da terra, do ar e da alma das pessoas que o fazem com suas próprias mãos.

Para o whisky crescer, precisa se dirigir a esses novos consumidores com franqueza. Significa que ele precisa ser verdadeiro. Significa desmantelar as regras absurdas que se acumularam em suas costas como uma pesada carapaça, diminuindo a habilidade dele de reagir: ideias como a de que você só pode apreciá-lo se tiver mais de 35 anos, se for homem, que só pode ser bebido após o jantar, ou com ou sem água. Beba whisky do jeito que você quiser. Foi feito para ser desfrutado. Celebre seu paladar e diversidade.

Bem-vindo ao mundo do whisky.

COMO ESTE LIVRO FUNCIONA

Com tamanha riqueza de informações disponíveis, este livro inclui numerosos recursos visuais e de texto para assegurar ao leitor que tire o máximo de proveito da leitura sobre todos os países, regiões e destilarias que produzem whisky. Isso inclui mapas, notas de degustação com avaliações de sabores e detalhes sobre cada destilaria em si. Abaixo está um guia de como tudo isso funciona.

MAPAS

Chave principal. Vários métodos são usados para mostrar onde se localiza cada destilaria. No caso de destilarias que têm o mesmo nome da localidade mais próxima, é dado apenas o nome da destilaria (por exemplo, Lagavulin). Onde há espaço e a escala permite, o local mais próximo é mostrado usando-se um ponto branco. Onde a escala ou o espaço são um empecilho, o nome do local é dado após o nome da destilaria usando-se uma vírgula (por exemplo, Jim Beam, Clermont).
Chave de elevação/topografia. Refere-se a todos os mapas e está incluída naqueles nos quais se achou que a escala permite definição clara da topografia.
Regiões. Dentro de cada país, as destilarias são ordenadas por região, exceto nos Estados Unidos, onde o Kentucky e o Tennessee aparecem separadamente de outras destilarias norte-americanas. Isso se dá porque o processo de produção nitidamente diferente usado para se fabricar esses whiskies resulta em sua própria subcategoria.
Destilarias. Todas as destilarias sobre as quais se escreveu aparecem nos mapas. Onde há um grande número de outras destilarias de destaque, como no caso dos novos produtores de whisky da Europa e destilarias artesanais nos Estados Unidos, essas também estão incluídas no mapa.
Destilarias de grãos, maltagens e outros aspectos relacionados ao whisky. Foram feitas distinções para esclarecer que tipo de destilaria é especificado, como também a inclusão de um número de maltagens.

PÁGINAS SOBRE AS DESTILARIAS

Detalhes. Do mesmo modo que a localização de um mapa, cada página de destilaria oferece detalhes do vilarejo, cidadezinha ou cidade mais próximos e, quando disponível, um site ou página relacionada a esse site específico. Nas páginas em que há mais de uma destilaria, os detalhes são divididos por "/".
Visitas. Onde a destilaria é aberta à visitação, foram incluídos detalhes, atualizados na ocasião em que o livro foi escrito. Se você está pensando em visitar uma destilaria, é sempre melhor entrar em contato com antecedência para verificar detalhes atuais sobre a visitação.
Em busca de maltes raros. Observe que, embora muitas destilarias não abram ao público, seus produtos estão disponíveis. Para ter acesso a eles, a melhor maneira de conseguir mais informações é contatar um comerciante especializado em whisky ou procurar em sites especializados no destilado.
Desativada. Esse termo define destilarias que pararam sua produção, mas que podem retomá-la em alguma data futura. Na ocasião em que o livro foi escrito, as informações dadas sobre quais fábricas estão desativadas são o mais precisas possível.
Novas/planejadas. Mundialmente, há um grande número de novas destilarias abrindo e em fase de construção. O objetivo deste Atlas é ser o mais abrangente possível, mas pode haver casos em que não tivemos a oportunidade de incluir novas destilarias nos mapas.

NOTAS DE DEGUSTAÇÃO

Seleção. Escolhi uma seleção de whiskies que melhor ilustram a variedade oferecida em cada destilaria, avaliando, onde fosse apropriado, destilado novo, jovem e quase amadurecido e mais velho.
Ordem. Eles foram ordenados em um estilo semelhante para cada país para permitir fácil comparação. A ordem segue uma de duas abordagens: ou por idade ou, se mais de um nome de marca é produzido em uma única destilaria, estão listados em ordem alfabética.
Definições de idade. Normalmente a especificação da idade faz parte do nome do whisky. O termo NAS (No Age Statement) se refere àqueles que não têm especificação de idade no rótulo.
Engarrafamentos independentes. Onde possível, degustei whiskies do proprietário da destilaria, mas em algumas ocasiões, quando eles não estiveram disponíveis, degustei amostras de engarrafadores independentes.
Amostras de barris. Onde possível, degustei produtos engarrafados, mas em algumas ocasiões, quando estes não estavam disponíveis, o destilador forneceu gentilmente uma amostra de tonel. Estas estão assinaladas como tal.
ABV/proof (álcool por volume). A graduação alcoólica de todos os whiskies está escrita como uma porcentagem de álcool por volume (40% abv), exceto nos whiskies dos Estados Unidos, onde a proof norte-americana também é indicada (80°/40%).
Japão. Nos seus engarrafamentos mais especializados, o Japão inclui o ano em que o whisky foi envasado, sua série e, com frequência, também um número de barril.
Campos de sabor. Cada nota de degustação inclui o que chamamos de um campo de sabor. Veja as páginas 26-27 para a explicação completa do que é. Há também uma lista abrangente de todos os whiskies em seus campos de sabor apropriados nas páginas 308-309. Se você gosta de um estilo específico de whisky, isto lhe dará uma ideia de uma ampla seleção de outros tipos que talvez também goste de experimentar.
Prove também. Trabalhando junto com a classificação do campo de sabor, este item destina-se a ser usado como uma rápida referência cruzada com outro(s) whisky(s) que talvez você queira experimentar. Aparece com todas as notas de degustação exceto "new makes", ou espírito novo (espírito recém-saído do alambique), e "amostras de tonel" em geral, sendo que nenhum destes está disponível comercialmente. Pode haver algumas exceções a essa regra, por exemplo em avaliações nas quais não há produtos engarrafados ou para amostras de tonel mais velhas.

TERMINOLOGIA

Glossário. Há muita linguagem divertida associada com whisky, e boa parte dela muda ao redor do mundo. Se houver algum termo com o qual você não está familiarizado, consulte o Glossário na página 311.

O QUE É WHISKY?

Isto é um atlas que indica onde estão as destilarias. No entanto, a localização física é apenas um pequeno elemento dentro da história do whisky. O mapa mostrará ao leitor como chegar à destilaria e o que há nas imediações, porém não lhe dirá tudo que precisa saber sobre o whisky propriamente dito.

Para que este atlas funcionasse, também teve de ser criado um mapa de sabores, a fim de ajudá-lo a observar quais whiskies são semelhantes, quais são diferentes e quais desafiam a sabedoria convencional da existência de estilos regionais amplos. A fazê-lo, chegamos a um mundo em que o destilador e o local em si se tornam as principais forças motrizes na criação do sabor. Dessa maneira, o nosso mapa de sabor nos permite descobrir por que cada destilaria, digamos, na Escócia (ou no Kentucky), que efetivamente opera da mesma maneira que sua vizinha, produz um destilado único daquele local específico.

Para começar nossa busca para encontrar o coração do whisky, o livro descreve o que são os processos compartilhados das produções para os quatro principais estilos da bebida – single malt, whisky de grãos, irlandês tradicional em alambique do tipo pot (pot still) e bourbon –, observando os pontos principais de decisão disponíveis para o destilador que o capacitam a criar essa personalidade única de destilaria.

Não há uma seção de história geral à parte porque a história de cada destilaria soma sua própria voz ao mapa. Analisando o sabor, podemos ver como o whisky evoluiu com o tempo. No século XIX, na Escócia, por exemplo, embora a motivação para fazer um estilo específico possa ter sido gerada inicialmente pela localização – tal como o uso da turfa –, conforme o século avançava as exigências do mercado e o desenvolvimento dos blends também exerceram impacto sobre os sabores dos whiskies que eram produzidos. Olhar para o Scotch single malt desse ângulo sugere que, em vez de os estilos originais serem predominantes, o paladar do whisky evoluiu numa série de eras de sabores, os quais passaram, em termos simples, de encorpados a leves. Cada destilaria, portanto, não é examinada apenas como a produtora de uma marca, mas como uma entidade viva com a sua própria história para contar – e as pessoas que a formam estão aqui para ajudar a contá-la. Também foi importante, para que o livro olhasse para a singularidade de cada destilaria. Se este é um mapa que nos leva através do mundo do whisky, seu ponto de partida tem de ser onde o destilado nasce. Não se pode falar de personalidade de destilaria se tudo o que se olhar for o resultado da interação complexa com o carvalho que forma a verdadeira personalidade da destilaria.

Provando o "new make", ou o espírito novo, recém-criado, e então o whisky com os incrementos mais antigos, podemos desvendar como os sabores se criaram na evolução da destilaria: observe frutas verdes conforme elas amadurecem e, depois, secam; veja a erva virando feno, observe o desaparecimento do enxofre revelando pureza e note quaisquer influências do carvalho.

Os destilados maturados são, então, agrupados em campos de sabor para que você possa ver facilmente semelhanças e diferenças, como também oferecem outras rotas potenciais através do grande labirinto do whisky. Sua fabricação é uma arte criativa, viva, evolutiva, conduzida por pessoas que querem acentuar seu caráter distinto, e é essa multiplicidade de personalidades individuais o destaque do nosso mapa.

Continuidade e consistência: duas das palavras-chave na fabricação de whisky de qualidade.

O MUNDO DO WHISKY

O que é whisky? Essa é fácil. É um destilado que foi feito moendo-se um cereal, fermentando-o até uma cerveja, destilando-o e, então, envelhecendo-o até a obtenção de seu resultado final. Com isso, ao menos, o mundo concorda – com a exceção de alguns destiladores indianos que fazem o que chamam de "whisky" de melaço. Pode ser um exemplo extremo (e você não encontrará os "whiskies" deles aqui), mas isso ilustra um ponto fundamental sobre esse destilado: tão logo você pensa que tem um princípio universalmente compartilhado, surgem as exceções.

Vamos presumir, porém, que a base de cereal destilado e envelhecido em madeira seja a certa. Isso dá abrangência de sobra para os destiladores. Eles utilizam um cereal ou uma mistura? Qual levedura usam? Quanto tempo dura a fermentação? Como será a destilação? Num alambique de coluna ou num do tipo pot? E de que tamanho e formato? E até qual graduação alcoólica? Em que tipo de tonel o espírito será envelhecido e por quanto tempo? Onde fica o armazém?

Ao primeiro olhar, a criação de um estilo de whisky pode parecer o triunfo da tecnologia, mas na verdade ela consiste na interação entre ciência, economia, criatividade... e local.

Por que todos esses estilos de whisky – scotch single malt, irlandês tradicional em alambique do tipo pot, bourbon etc. – têm sabores tão diferentes? Por causa da maneira como o destilador reagiu à sua localização e economia. O bourbon é feito de milho e centeio porque foi o que os destiladores plantaram (ou encontraram) no Kentucky – isso criou um sabor. O whisky de malte é feito de cevada porque era

o grão mais duro no norte da Escócia – ele criou um sabor. A cevada não maltada foi usada na Irlanda porque isso diminuiu os impostos dos destiladores – o fato criou um sabor. Os alambiques de coluna foram instalados nas Lowlands da Escócia por causa dos volumes de whisky que eram necessários – isso criou um sabor. O processo de fermentação chamado sourmash ajudou os destiladores de bourbon a vencer obstáculos com água com sais minerais de pedra calcária – isso criou um sabor. Os primeiros destiladores do Tennessee eliminaram inconsistências na qualidade do destilado filtrando o destilado com carvão – isso criou um sabor.

A classe média escocesa tomava quantidades imensas de xerez e, portanto, havia barris vazios de sobra – isso criou um sabor. Os tanoeiros dos Estados Unidos, querendo assegurar seus empregos, insistiram que apenas barris novos poderiam ser utilizados para envelhecer whisky puro – isso criou um sabor. Todas essas foram decisões tomadas ou devido ao local ou ao ambiente financeiro onde o destilador se encontrava.

É a mesma questão enfrentada pelos novos destiladores de whisky ao redor do mundo. Como, levando em conta todo o conhecimento, crio um estilo que possa chamar de próprio? Desse modo, os suecos usam zimbro e carvalho local; os tasmanianos usam sua própria turfa; os destiladores japoneses recorrem ao carvalho japonês – todos esses fatores têm um impacto no sabor. Existe também um imperativo cultural que impulsiona todos os destiladores de whisky, novos ou antigos. Como esse whisky expressa minha criatividade, minha cultura, minha localização e a mim mesmo?

Em determinada altura, eles quiseram fazer algo extraordinário e, uma vez que conseguiram, tiveram de encontrar meios de recapturar essa fugacidade, esse estranho amálgama de aromas e sabores de mudança constante, a cada vez. É uma forma de criatividade que, como diz Shinji Fukuyo, da Suntory, envolve mais ser um artesão do que um artista.

Pedir a seis destiladores que façam um whisky é como pedir a seis guitarristas que toquem a mesma música. Cada um deles pegará o tema e, então, improvisará em cima dele. Buddy Guy o tocará diferentemente de Skip Spence, cuja versão não será em nada parecida como a de Eric Clapton, a qual estará a quilômetros de distância da de Jimmy Page – mas será a mesma música. Cada destilaria cria variações semelhantes de um tema.

O que é whisky? Qualquer coisa que você quiser que ele seja... mas as páginas a seguir ilustram algumas regras básicas.

Campos de potencial: Speyside permanece como um dos principais produtores de cevada maltada da Escócia.

PRODUÇÃO DE MALTE

Enquanto as destilarias de single malt do mundo seguem o mesmo processo, cada uma terá seu toque pessoal sobre como isso é feito. É essa abordagem individual, específica de cada destilaria, que dá a cada single malt sua personalidade de destilaria – o seu DNA. O destilador toma decisões ao longo de todo o processo; as decisões-chave estão demonstradas neste diagrama.

1 CEVADA

Todo malte escocês é feito de cevada maltada, água e levedura. Enquanto os destiladores preferem usar cevada escocesa, não existe nenhuma exigência legal para o fazerem – uma sábia decisão, considerando-se as inconstâncias do clima escocês. A maioria das destilarias acredita que a variedade não tem impacto no sabor, embora algumas achem que um tipo chamado Golden Promise dá um gosto diferente ao destilado.

WATER

Os destiladores precisam de muita água pura e fria para fabricar uísque. A maioria das destilarias usa água de nascentes, mas fontes de lagos e até o sistema de fornecimento de água de cidades também são usados. Embora possa haver um ligeiro impacto na eficiência da fermentação, não se acredita que a água seja um fator principal de contribuição para o sabor final de um uísque.

2 MALTAGEM

Um grão de cevada é como um pequeno pacote de amido. A maltagem consiste basicamente em enganar a cevada para fazê-la "pensar" que é tempo de começar a crescer mergulhando-a na água e, então, deixando-a germinar em condições frias e úmidas. São liberadas enzimas que converterão esse amido em açúcar, e é do açúcar que o destilador precisa. Para assegurar que ele tenha acesso a isso, tem de parar o processo de germinação secando a cevada. *Isso leva à sua primeira decisão:*

3 SECAGEM Opção 1

A secagem da cevada maltada num forno acima de ar quente fará com que a germinação cesse, mas não conferirá sabor algum

SECAGEM opção 2: COM TURFA

A segunda opção é secar a cevada num forno cujo fogo é alimentado por turfa. O processo dará um aroma defumado ao destilado final. A turfa é uma vegetação semicarbonizada que, quando queimada, libera uma fumaça fragrante. Os óleos (fenóis) na fumaça aderem à superfície da cevada. Muitos uísques da área continental contêm uma pequena quantidade, mas a maioria dos maltes acentuadamente defumados são os das ilhas onde a turfa sempre foi o combustível tradicional para o fogo no lar e na produção de uísque.

8 MATURAÇÃO

O espírito recém-produzido é, então, reduzido a uma graduação alcoólica de 63,5% abv e colocado em tonéis de carvalho para maturar. Esses tonéis geralmente já foram utilizados antes para acondicionar bourbon ou xerez. Há três processos acontecendo aqui:

1. **Remoção:** o tonel ajuda a remover o caráter agressivo do espírito novo.
2. **Adição:** os elementos de sabor do tonel são extraídos pelo espírito.
3. **Interação:** os sabores da madeira e do espírito se mesclam para aumentar a complexidade.

O tempo, o frescor do tonel e o tipo do carvalho desempenham, cada um, o seu papel.

TIPO DE TONEL Opção 1: EX-BOURBON (Usado anteriormente para bourbon)

Esses tonéis são feitos de carvalho americano, uma espécie que é rica em elementos que dão aromas que evocam baunilha, crème brûlée, pinheiro, eucalipto, especiarias e coco.

TIPO DE TONEL Opção 2: EX-XEREZ (usado anteriormente para xerez)

Esses tonéis são feitos de carvalho europeu, que conferem aromas de frutas secas, cravos, incenso, nozes.

TIPO DE TONEL Opção 3: REUTILIZADO

Destiladores de uísque podem usar tonéis muitas vezes, e quanto mais são usados menor efeito a espécie de carvalho exerce sobre o uísque. Esses tonéis reutilizados são importantes para permitir que a personalidade da destilaria apareça. Na prática, a maioria das destilarias usa uma mistura dessas três opções, uma vez que isso acrescenta complexidade à paleta de sabores.

MATURAÇÃO: TIPO DE TONEL Opção 4: ACABAMENTO EM TONEL

Os destiladores podem conferir um toque final ao sabor de seu uísque. É um processo que consiste em selecionar um uísque envelhecido (normalmente em tonéis ex-bourbon ou reutilizados) e colocá-lo por um breve período de envelhecimento secundário num tonel bastante ativo que conteve previamente xerez, Porto, Madeira, vinho, etc., imbuindo o uísque com parte do caráter do tonel.

MATURAÇÃO: TEMPO

Leva tempo para maturar o whisky. Pela lógica, quanto mais tempo um whisky permanece em um tonel, mais influência o carvalho exercerá sobre a bebida. Eventualmente, ele dominará o whisky, tornando impossível dizer de qual destilaria a bebida é proveniente. Um tonel bastante ativo produzirá esse efeito mais depressa do que um que foi preenchido muitas vezes (e que pode levar a um efeito neutro). A especificação de idade em uma garrafa simplesmente informa quanto tempo o whisky mais novo passou na madeira. Não indica quão ativo (ou não) foi o tonel. Velho não equivale automaticamente a bom.

ENGARRAFAMENTO

O uísque finalmente está pronto para ser engarrafado, mas ainda há algumas decisões finais a tomar.

CHILL-FILTRATION? (processo de filtragem)

Impedirá que um uísque fique turvo, mas pode reduzir o gosto na boca.

CARAMELO PARA AJUSTE NA COR?

A adição de caramelo ao espírito ajuda a padronizar a cor.

Legalmente, o uísque tem de ter um mínimo de 40% abv, mas os maltes "cask strenght" (teor alcoólico no barril) estão se tornando mais populares.

4 MOAGEM

O malte é levado para a destilaria, onde é moído até se tornar uma farinha grosseira chamada "grist".

5 MACERAÇÃO

O "grist", ou malte moído, é misturado com água quente (a 63,5°C/146,3°F) num recipiente grande chamado de tanque de mosto. Tão logo a água quente atinge o malte moído, a conversão de amido para açúcar acontece. O líquido doce resultante, conhecido como "wort", ou mosto, é então escoado pelo fundo perfurado do tanque de mosto. O processo é repetido mais duas vezes para se extrair o máximo de açúcar possível. A seguir, a "água" final é retida como a primeira água na mistura seguinte.

MACERAÇÃO Opção 1: MOSTO CLARO

Se um destilador bombear o mosto lentamente do tanque de mosto, ele obtém o que é conhecido como mosto claro. Isso tenderá a produzir um espírito sem grande caráter de cereal.

MACERAÇÃO Opção 2: MOSTO TURVO

Se o destilador deseja produzir um destilado maltoso com um caráter seco, de nozes e de cereal, ele bombeará o mosto rapidamente e deixará passar alguns sólidos através do tanque de mosto.

6 FERMENTAÇÃO

O mosto, então, é arrefecido e bombeado para um recipiente de fermentação conhecido como cuba de lavagem. Essas cubas podem ser de madeira ou aço inoxidável. A levedura é acrescentada e a fermentação começa.

FERMENTAÇÃO Opção 1: CURTA

Na fermentação, a levedura converte o açúcar em álcool (mosto). Esse processo é completado em 48 horas. Se o destilador seguir essa opção "curta", seu destilado final terá um caráter maltoso mais acentuado.

FERMENTAÇÃO Opção 2: LONGA

Uma fermentação longa (acima de 55 horas) permite que aconteça a esterificação. Isso produz sabores mais leves, mais complexos e frutados.

LEVEDURA

Pelo fato de a indústria escocesa de uísque utilizar o mesmo tipo de levedura, não é um elemento considerado responsável por um impacto no sabor. Destiladores japoneses, entretanto, usam tipos diferentes para produzir os sabores desejados em seus uísques de malte.

COBRE

O cobre tem importância fundamental na criação do sabor do uísque. Pelo fato de reter elementos pesados, os destiladores podem prolongar ou restringir a duração do contato entre o vapor do álcool e o cobre, a fim de criarem a personalidade desejada.

7 DESTILAÇÃO A

O mosto tem uma graduação alcóolica de 8% abv. Ele é, então, destilado duas vezes em alambiques de cobre do tipo pot. A primeira destilação num "alambique de espírito" produzirá um destilado "low wines" (vinhos baixos) de 23% abv, que é, então, destilado novamente num "alambique de espírito". Desta vez o destilado é dividido em três: cabeça, coração e cauda. Apenas o coração é retido para a maturação. A cabeça e a cauda são recicladas com o próximo lote de vinhos baixos.

DESTILAÇÃO Opção 1: CONTATO LONGO

Quanto mais longo o contato entre o vapor de álcool e o cobre, mais leve será o destilado final. Isso significa que alambiques altos têm mais chances de produzir destilado leve do que os pequenos. Também, operar um alambique lentamente pode prolongar o contato.

DESTILAÇÃO Opção 2: CONTATO BREVE

Do modo inverso, quanto mais breve o contato, mais encorpado o destilado resultante será. Alambiques pequenos ou destilação rápida tenderão a dar essa característica.

DESTILAÇÃO B: CONDENSAÇÃO

O vapor alcoólico é convertido de volta em líquido ao passar por um sistema de condensação contendo água fria. Mais uma vez, o destilador tem opções que terão impacto no sabor.

CONDENSAÇÃO Opção 1: TUBO E CAMISA

Trata-se de um cilindro alto contendo tubos estreitos de cobre por onde passa um fluxo de água fria. Quando o vapor de álcool atinge os tubos frios, se converte de volta em líquido. Por haver uma grande área de cobre, condensadores de tubo e camisa ajudam a deixar o destilado "mais leve".

CONDENSAÇÃO Opção 2: SERPENTINAS DO TIPO "WORM"

Este, o método tradicional envolve uma serpentina de cobre longa, ou "worm", mergulhada num tanque de água fria. Por haver menos interação com o cobre aqui, as serpentinas do tipo "worm" tenderão a produzir um destilado mais encorpado.

DESTILAÇÃO C: PONTOS DE CORTE

Quando o destilado condensado da segunda destilação chega ao spirit safe (espécie de recipiente de controle), o mestre de alambique deve dividi-lo em três: cabeça, coração e cauda. O ponto em que ele separa a cabeça do destilado e, por sua vez, o destilado da cauda, também terá um efeito no sabor.

PONTOS DE CORTE Opção 1: CEDO

Conforme um espírito é destilado, seus aromas mudam. Os primeiros a aparecer são leves e delicados.

PONTOS DE CORTE Opção 2: TARDE

À medida que a destilação continua, os aromas se acentuam, tornando-se mais untuosos e ricos: um desses seria o defumado.

PRODUÇÃO DE GRÃOS

Embora muitas vezes subestimado como um estilo de whisky – e raramente visto engarrafado –, o whisky de grãos perfaz a maior parte do whisky produzido na Escócia e desempenha uma função extremamente vital nos blends. Sua produção é tão complexa quanto a de qualquer outro tipo de whisky, como o gráfico nesta página ilustra.

1 GRÃO

Uma seleção de cereais pode ser usada na produção de uísque de grãos. Atualmente, na Escócia, a base de grãos preferida é o trigo, por questões de custos, mas no passado era o milho. Isso resultará num espírito final diferente, o trigo sendo geralmente mais leve que o milho. A cevada maltada também é usada na mistura; a receita precisa de cereais diferentes.

2 COZIMENTO

A base de grãos é cozida num recipiente de cozimento de pressão a fim de hidrolisar (amaciar) o amido. Quando o processo de cozimento é concluído, acrescenta-se a cevada maltada. As enzimas que a cevada maltada contém convertem o amido em açúcar fermentável. Em alguns países é permitido que sejam acrescentadas enzimas para auxiliar essa conversão, mas isso não é autorizado na Escócia.

3 FERMENTAÇÃO

O líquido é bombeado para uma fermentadora na qual a levedura é acrescentada e uma vigorosa fermentação acontece, produzindo o "mosto". Isso se completa normalmente em 48 horas.

4 DESTILAÇÃO Opção 1a: ALAMBIQUE COFFEY STILL A

Aeneas Coffey projetou esse alambique em 1831, e seu design ainda continua em uso. Ele consiste de duas colunas altas interligadas – o analisador e o retificador –, sendo que cada uma delas é dividida internamente em compartimentos por pratos perfurados. O mosto é alimentado por uma serpentina de cobre correndo do topo ao fundo do retificador. Dali o tubo se eleva até o topo do analisador, onde o mosto é espalhado por cima do prato de refinação do alto. Ele, então, começa a descer pelos compartimentos. Ao mesmo tempo, vapor quente está sendo bombeado no fundo do analisador. Conforme ele se eleva através das perfurações, encontra o mosto que está descendo, aquece-o e extrai o álcool.

5 DESTILAÇÃO Opção 1b: ALAMBIQUE COFFEY STILL B

Aqui, o vapor é conduzido até a base do retificador e começa a se elevar novamente. Pelo fato de alcoois diferentes se fracionarem a temperaturas diferentes, o espírito começa a se separar em suas partes constituintes com os alcoois mais pesados se condensando em líquido e ficando nos pratos de refinação. Dessa maneira, apenas os alcoois mais leves e mais fragrantes podem se elevar até o topo da coluna, onde atingem um prato de refinação sólido e são levados até um condensador e coletados, normalmente a 90-94,8% abv. Apesar de fortes, os maltes do Coffey têm um caráter mais untuoso do que o espírito de grãos feito nas duas outras opções.

6 DESTILAÇÃO Opção 2: ALAMBIQUE DE TRÊS COLUNAS

Aqui o mosto entra no topo da primeira coluna (a coluna de retirada), que remove as cabeças voláteis. O vapor de álcool, então, passa através de uma coluna intermediária e, finalmente, até outra coluna, o retificador, sendo que ambas têm bases fixas a fim de extrair congêneres específicos. Isso tende a produzir um estilo mais leve.

7 DESTILAÇÃO Opção 3: ALAMBIQUE DE COLUNAS MÚLTIPLAS

O tipo mais eficiente de alambique tem duas colunas. Em seguida, o espírito passa por um "hidroseletor" onde é misturado com água quente. Os congêneres voláteis se vaporizam e são extraídos no topo da coluna, ao passo que a solução diluída passa até outro conjunto de colunas para tornar a ser destilada. Isso resulta no espírito mais leve e "mais limpo".

8 MATURAÇÃO

O espírito de grãos normalmente é envelhecido em barris ex-bourbon de primeiro uso, os quais acrescem um caráter de baunilha/coco ao uísque acabado.

PRODUÇÃO IRLANDESA EM ALAMBIQUES DO TIPO POT

Há três destiladores operando na Irlanda atualmente, sendo que cada um deles aborda a fabricação de whisky de maneira diferente. As destilarias "bushmills" irlandesas seguem um modelo semelhante à produção de single malt, com a exceção do uso de destilação tripla em vez de dupla.

A Cooley faz uso da produção de single malt de destilação dupla, também, para uma marca de cevada turfosa. Este diagrama demonstra um estilo único da Irlanda: whisky tradicional irlandês em alambique do tipo pot, como o usado pela Irish Distillers Ltd.

1 CEVADA MALTADA

A Irish Distillers Ltd. utiliza uma mistura diferente da dos seus companheiros destiladores. A cevada é maltada da mesma maneira que na Escócia, a fim de se ativar as enzimas que converterão os amidos em açúcar. O processo de secagem em forno é acima de ar quente, sendo que a turfa nunca é usada.

2 CEVADA NÃO MALTADA

No século XIX, devido à imposição de um tributo mais alto à cevada maltada, os grandes produtores irlandeses decidiram economizar dinheiro usando uma porcentagem de cevada não maltada em sua mistura. A proporção padrão usada é de 60/40 (não maltada/maltada), mas é algo que variará entre as marcas. Isso dá ao tradicional uísque irlandês de alambique do tipo pot seu distinto caráter de especiaria/maçã e acentua o gosto untuoso na boca.

3 MACERAÇÃO

Os dois tipos de cevada são misturados juntamente. Pelo fato de a cevada não maltada estar sendo usada, a temperatura da mistura é mais baixa do que no uísque Scotch, começando em 55°C (131°F), subindo em seguida para 65°C (149°F) e finalmente para 75°C (167F°). Mosto claro é coletado a fim de ajudar o desenvolvimento de ésteres fragrantes.

4 FERMENTAÇAO

É usada a levedura do destilador e a fermentação dura um mínimo de 60 horas, mas pode se prolongar até um total de 120 horas, embora nenhuma diferença na personalidade seja discernível entre as duas. Uma fermentação mais curta, porém, mudaria a personalidade do uísque.

5 DESTILAÇÃO 1

Todo uísque tradicional irlandês de alambique do tipo pot passa por destilação tripla. Há quatro alambiques pot do mesmo formato e tamanho. A primeira destilação acontece num dos alambiques de mosto, que é equipado com uma coluna refinadora para o refluxo de elementos pesados. O espírito é coletado entre 25% abv para encorpado e 38% abv para leve, dependendo do estilo do uísque que estiver sendo produzido.

6 DESTILAÇÃO 2

O fluxo do destilado é cortado no alambique intermediário (de *feints*[2]). Os *feints* mais fracos (entre 45% e 75%) serão coletados para serem destilados novamente, a fim de se obter um espírito "encorpado". Os *feints* mais fortes (entre 45 e 85%) resultarão em espírito "leve".

7 DESTILAÇÃO 3

Esta é conduzida como um alambique de espírito normal com o ponto de corte intermediário sendo coletado. Pelo fato de a IDL produzir um grande número de espíritos diferentes, o sistema de destilação varia: níveis diferentes de preenchimento, pontos de corte diferentes.

OPÇÃO DE ALAMBIQUE DE COLUNA

Embora não seja usado para uísque de alambique do tipo pot, o destilador pode desviar o fluxo do destilado para algum ponto do alambique de coluna, propiciando ainda mais opções para blending.

8 MATURAÇÃO

É utilizada uma ampla mistura de tonéis, muitos deles tendo sido citados, incluindo xerez, Porto e Madeira. Uma alta porcentagem de espírito é maturada em tonéis de primeiro uso.

2. Feint é um termo francês que entrou no inglês a partir da esgrima. Refere-se a uma "finta", a sugerir uma manobra, ou ato, e fazer outra.

PRODUÇÃO DO KENTUCKY E DO TENNESSEE

As destilarias de bourbon se veem diante de um número igualmente grande de etapas de decisão na criação de seu estilo individual. Com um número relativamente pequeno de destilarias produzindo um vasto número de estilos e marcas diferentes, elas expressam sua individualidade observando a proporção dos cereais usados, os tipos de levedura, a quantidade de "sourmash" (processo de fermentação) utilizado, o teor alcoólico da destilação, o teor alcóolico do barril e em que parte do armazém o barril fica localizado.

1 MISTURA

Milho: para uma doçura gorda. Se estiver sendo feito bourbon, isto deve perfazer um mínimo de 51%. **Cevada maltada**: para as enzimas converterem amidos em açúcar. **Centeio**: para teor picante e acidez. Se estiver sendo feito uísque de centeio straight (puro), significa que deve ter um mínimo de 51%, ou **Trigo**: para delicadeza. A proporção de milho: grãos pequenos terão um efeito significativo no uísque final. Quanto mais centeio, mais picante o espírito final.

2 MOAGEM

O milho é moído.

3 ÁGUA

Água de calcário com teor elevado de sais minerais.

8 DESTILAÇÃO

A seguir, essa "cerveja" é destilada numa única coluna dividida por pratos de destilação horizontais perfurados. Ela chega ao topo enquanto vapor quente é bombeado na base. À medida que a cerveja corre através dos pratos na coluna, ela encontra o vapor ascendente que extrai o álcool. Este é, então, condensado num espírito de cerca de 55-60% abv.

9 SEGUNDA DESTILAÇÃO

Esta se dá ou num "thumper" (um recipiente contendo água através da qual passa o vapor de álcool, extraindo quaisquer elementos pesados) ou num "doubler", um alambique do tipo pot simples. A graduação alcoólica final do espírito é muito importante na criação de sabor. Pela lei, o "white dog", ou seja, espírito novo, não pode ter um teor alcoólico superior a 80%. A maioria dos destiladores faz a coleta significativamente abaixo disso. Quanto mais baixa a graduação alcoólica do white dog, mais cheio na personalidade ele será. Uma exceção a isso é o Woodford Reserve, que é triplamente destilado em alambiques do tipo pot.

UÍSQUE DO TENNESSEE

No Tennessee, após a destilação, o white dog é filtrado em tanques de carvão moído e compactado de bordo, num processo chamado abrandamento, que remove óleos indesejáveis do novo espírito.

10 MATURAÇÃO

O white dog tem, então, de ser reduzido em graduação alcoólica até não mais de 62,5% abv. Novamente a restrição na graduação alcoólica terá um efeito no sabor. O envelhecimento deve ser feito em barris de carvalho novos, acentuadamente queimados por dentro, de 200 litros (44 galões).

4 COZIMENTO

A O milho é cozido primeiro para hidrolisar seu amido. São utilizados tanto recipientes de cozimento abertos quanto de pressão. Depois de cozida, a mistura é resfriada e...

B ...centeio/trigo é acrescentado em temperatura mais baixa e cozido. A mistura é resfriada novamente. Então...

C ...cevada maltada é acrescentada para converter o amido em açúcar.

5 DESTILAÇÃO/SOURMASH/SETBACK

O líquido ácido resultante ao final da destilação é acrescido à fermentação. Isso ajusta o pH da fermentação e previne contaminação por bactérias. A quantidade de levedura ácida que se usa afeta a porcentagem de açúcares na mistura. Todo bourbon passa pelo processo de fermentação chamado "sourmash".

6 LEVEDURA

Cada destilaria terá seu próprio tipo de levedura, ou tipos patenteados. São guardadas a sete chaves, uma vez que a personalidade da levedura terá um efeito significativo no sabor do destilado final, ajudando a promover congêneres específicos (isto é, elementos de sabor).

7 FERMENTAÇÃO

Geralmente isto levará até três dias, ao final dos quais o destilador obtém uma espécie de cerveja de cerca de 5-6% abv.

11 ARMAZENAGEM

A armazenagem terá um efeito posterior na personalidade do destilado. Quanto mais elevada a temperatura no armazém, mais intensa será a interação entre o espírito e o carvalho. De modo inverso, quanto mais frio o ambiente, mais lento será esse processo. Isso significa que a localização do armazém, o número de andares e o material com que são construídos (tijolo, metal, madeira) são importantes na criação de sabor. A localização do tonel dentro desses armazéns também terá um impacto. Alguns destiladores giram os tonéis para obter uma maturação por igual; alguns "espalham" seus barris por armazéns diferentes; outros reservam armazéns ou andares dentro de armazéns para marcas específicas. Por lei, a maturação deve ser feita por um mínimo de dois anos.

O início do processo de Lincoln County – produzindo carvão na Jack Daniel's.

TERROIR

É amplamente aceito que uma multiplicidade de influências externas, geológicas e geográficas – solo, clima, ângulo de elevação etc. – terá influência direta no sabor de um vinho. Você pode, por exemplo, usar esse princípio para estabelecer amplas diferenças regionais entre vinhos. Essa ideia de terroir é uma proposta mais complicada quando se trata de whisky. Em geral, os cereais utilizados não são cultivados na propriedade e se considera que, enquanto a água exerce uma influência pequena em auxiliar na fermentação, não é um elemento principal na criação de sabor.

Onde isso deixa a ideia de um terroir regional de whisky? A Escócia, por exemplo, é dividida em regiões produtoras de whisky: Lowland, Highland, Speyside, Islay etc. Mas o que esses nomes legalmente delimitados significam? Geograficamente, as Lowlands são divididas das Highlands por uma falha geológica, mas a fronteira do whisky segue uma linha criada no século XIX para lidar com diferentes níveis de tributação. Mesmo que você aceite isso, devemos presumir que todos os whiskies a norte de Glasgow têm o mesmo gosto porque estão nas Highlands? Creio que não.

Speyside é mais fácil? Na verdade, não. Novamente as divisas são mais políticas do que ditadas pelo divisor de águas do rio Spey. Deixando-se isso de lado, todos os whiskies de Speyside têm o mesmo sabor? Não. Embora possa haver um argumento para um terroir regional em Islay graças ao uso (principalmente) de turfa local, os whiskies de Islay não têm de ser defumados. É uma escolha individual feita pelos destiladores – e dois deles produzem, em especial, whisky não turfoso.

Dizer que há um terroir regional no whisky escocês é em parte como dizer que todos os vinhos tintos franceses têm o mesmo gosto.

Abaixo: **O maior elo manifesto** entre a terra da Escócia e seu whisky está no uso da turfa.

Lagavulin, em Islay, é uma destilaria cujo espírito parece extrair a essência de seus arredores.

O que um exame mais minucioso dos sabores do whisky revela é que cada destilador tentou criar uma personalidade única em seu whisky. Onde isso deixa o terroir? O whisky simplesmente é uma criação do homem forjada a partir da alquimia entre cobre e vapor, líquido e carvalho?

Na verdade, uma vez que o argumento do terroir regional é deixado de lado, ficamos com uma questão muito mais complexa, que fala da importância de cada local. De modo intrigante, quanto mais conversamos com os destiladores e perguntamos como criam a personalidade de seu whisky, mais eles falam de tempos de fermentação, de refluxo, de oxidação, de formatos de alambiques e contato com o cobre... e então dão de ombros e concluem: "Para sermos francos, não sabemos".

Em outras palavras, há algo que acontece em cada destilaria que ajuda a destacá-la. Poderia ser a temperatura ambiente da sala de fermentação, como certamente serão as condições nos armazéns. Um exemplo clássico de especificação de local foi a destilaria Malt Mill, uma réplica exata da Laphroaig, que operava em Lagavulin (veja p. 160). Ela fez whisky turfoso, mas nunca fez Laphroaig, isto é, enquanto você pode preparar um alambique para fazer whisky relvoso, frutado ou turfoso, jamais pode ditar os sabores específicos que a destilaria produzirá. Isso é semelhante ao tipo de terroir que se encontra em Burgundy, e novamente ele existe em torno do mundo do whisky. O elemento do terroir que quase sempre é ignorado é o humano. Há um terroir cultural em ação aqui – a abordagem do fundador da destilaria sendo ditada por suas próprias preferências pessoais, pelos cheiros que inala diariamente, pelo seu uso (consciente ou não) de elementos inerentes à sua paisagem. Esses whiskies têm seus paladares graças às pessoas que os fizeram primeiro e de modo artesanal.

JACK DANIEL DISTILLERY
LEM MOTLOW PROP. INC.
LYNCHBURG TENN.

SABOR

De que maneira, então, conseguimos entender tudo isso? Por meio do sabor. Metendo o nariz no copo e inalando. A cada vez que cheiramos um whisky, uma imagem aparece, uma alucinação olfativa que oferece pistas quanto à personalidade da bebida. A imagem é, se você desejar, um mapa em si, dizendo-lhe sobre a destilação, o carvalho e o tempo. Como o especialista em fragrâncias dr. Roman Kaiser, da Givaudan, escreve em seu livro *Meaningful scents around the world* (Aromas significativos ao redor do mundo), "o sentido do olfato nos dá uma percepção de outros seres vivos".

Abrimos caminho pela vida por meio do olfato. Os aromas nos ajudam a entender o mundo, mas nós o fazemos sem nos dar conta disso conscientemente. Kaiser argumenta que houve um desprezo proposital ao olfato nos séculos XVIII e XIX, quando filósofos e cientistas argumentaram que a visão era o sentido superior, ao passo que o olfato era uma "habilidade primitiva, bruta, associada com selvageria e até com loucura". Também é o caso de que simplesmente nos esquecemos de cheirar conscientemente as coisas conforme amadurecemos. Sabemos como é o cheiro de uma flor e, portanto, para que diferenciar entre a fragrância de um narciso e de uma frésia? O fato de que uma quantidade tão grande das imagens que aparecem em nossa mente quando nos concentramos em um copo de whisky vem de nossa infância demonstra que, a certa altura de nossas vidas, nos demos ao trabalho de prestar atenção aos cheiros.

O sabor – ao qual me refiro englobando aroma e gosto – é a maneira definitiva como diferenciamos os whiskies. Podemos nos sentir tentados pela embalagem, ou achar o preço atrativo (ou desencorajador), podemos ficar desorientados pela região, mas a razão principal para comprarmos uma dose ou uma garrafa de whisky é porque gostamos do sabor. Ele nos cativa, fala conosco, desperta algo especial em nós.

Mas o que a imagem significa? Que o aroma de baunilha, *crème brûlee*, coco (óleo bronzeador dos anos 1970) e de pinho diz que o whisky foi maturado em tonéis de carvalho norte-americanos. E as imagens de frutas secas e cravo? Elas sugerem que foi usado um tonel ex-xerez. As imagens de campos na primavera – toda aquela relva verde e flores desabrochando – falam de uma destilação longa e lenta com muito tempo para que o vapor tenha contato com o cobre. E quanto ao aroma que faz lembrar carne tostada? Contato breve, talvez o uso de serpentinas de cobre "worm". Há um aroma intenso e, ainda assim, ordenado? O whisky poderia ser japonês.

Pegue um copo de bourbon e o deguste. Ele fica subitamente mais picante e mais ácido em direção ao fundo da língua? É o centeio agindo – quanto mais picante, mais probabilidade de haver mais centeio na mistura. Notou aquele teor untuoso no whisky irlandês? Cevada não maltada. A qualidade fuliginosa naquele whisky do Tennessee? Abrandamento com o carvão. Cada um desses sabores é natural. Foi criado na destilaria ou vem do barril, ou – no caso da riqueza de teor de couro, fúngico e "rançoso" dos whiskies mais antigos – vem de uma longa interação entre os dois.

Está tendo problemas? Feche os olhos e pense em qual estação o whisky faz você lembrar. Não só os aromas se tornarão distinguíveis de repente mas também lhe darão uma pista de qual é a melhor maneira de desfrutar o whisky. Um whisky como a primavera? Tome-o gelado, talvez com gelo antes de uma refeição. Rico e com ar de outono? Após o jantar e lentamente. Nenhum espírito tem uma gama tão complexa de sabores. Nenhum outro espírito abrange o leque de aromas desde leve como um sussurro a pesadamente turfoso... e todos os pontos intermediários. Não olhe para o whisky como uma marca, olhe para ele como sendo um conjunto de sabores. Se você entende o sabor, entende o whisky. Agora, vamos explorar.

Esquerda: Um calidoscópio de aromas está contido no whisky – de especiarias e frutado a mel, defumado e nozes. Estes tanto o firmam no mundo real quanto falam de nossas próprias lembranças.

Alucinações olfativas: a personalidade de um whisky se expressa através das imagens na mente da pessoa que o cheira.

COMO DEGUSTAR

Todos sabemos degustar. Se eu colocasse um prato de comida à sua frente, você teria uma opinião imediata (e fortemente formada) sobre ele. Se eu colocasse um copo de whisky diante da maioria de vocês, entretanto, achariam que as palavras para descrever os aromas e paladar não ocorreriam tão facilmente. Por quê? Não é que você não possa degustar whisky, apenas ninguém dedicou tempo a explicar a linguagem do whisky para torná-la fácil de se entender.

Atualmente, o whisky está na mesma posição que o vinho esteve 20 anos atrás – há um desejo latente de tentar, mas o consumidor não dispõe da linguagem para descrever o que quer. Em vez de ajudar, as palavras se tornaram uma barreira. Acredita-se que, para "entender" o whisky de malte, você tem de se tornar parte de uma sociedade secreta, receber os códigos. Essa não é a maneira de encorajar apreciadores novos. Como, então, falar sem ficar enroscado em adjetivos, confuso com substantivos, tolhido por detalhes técnicos extremamente complicados? A resposta é: manter as coisas simples. Não precisamos de uma nova linguagem para começar a falar em termos mais simples sobre sabor: de onde vem, o que significa.

Cada uma das avaliações neste livro inclui notas de degustação para uma seleção representativa de whiskies que foram subdivididos em campos de sabor. Isso lhe permitirá comparar e contrastar whiskies de tipo semelhante, mas também mostrará como um destilador pode mudar um whisky de um campo para o outro pela maturação e/ou uso de tipos diferentes de madeira. Encontre um whisky que você já conhece e encontre outro que nunca viu antes no mesmo campo. Agora compare os dois. O que é semelhante e quais são as diferenças? Você não tem de complicar demais o assunto usando descrições sofisticadas: termos simples como frutado, leve ou defumado são o bastante.

Agora, encontre outro whisky e repita... repita... e repita!

À direita: Raymond Armstrong, centro, se assegura de que seu whisky Bladnoch está maturando adequadamente.

Abaixo: Usar os copos certos é crucial na avaliação de whiskies.

2002
BLADNOCH
DISTILLERY
1 2 9
BLADNOCH

CAMPOS DE SABOR

O processo de degustação é simples. Coloque uma pequena medida de whisky em um copo utilizado para o "nariz". Olhe para a cor com atenção, enfie o nariz dentro do copo. Que aromas está identificando? A quais dos campos de sabor a seguir o whisky pertence? Agora prove-o. Você detectará muitos dos aromas que já notou, mas concentre-se em como o whisky se comporta na sua boca. Qual é a sensação que lhe causa? Espesso, formando uma camada na língua? Cheio na boca, leve? É doce, seco ou fresco? Agora acrescente água, só um pouco, e repita.

Fragrante e floral

Os aromas encontrados nesses whiskies trazem à mente flores recém-colhidas, flores de plantas frutíferas, relva ceifada, frutas verde-claras (maçã, pera, melão). No paladar, eles são leves, ligeiramente doces e geralmente contêm uma acidez fresca. São ideais como aperitivos... ou use-os do mesmo modo que o vinho branco: coloque a garrafa na geladeira e sirva-os gelados em copos de vinho.

Maltoso e seco

Estes whiskies são mais secos no nariz. Crocantes, abiscoitados, às vezes farelentos com aromas que lembram farinha, cereal matinal e nozes. O paladar também é seco, mas é normalmente equilibrado pelo carvalho doce. Novamente, estes são bons aperitivos ou whiskies para o desjejum.

Frutado e picante

Lembra a frutas maduras de pomar como pêssego, abricó, talvez até algo mais exótico como manga. Esses whiskies também mostrarão os aromas de baunilha e coco, semelhantes a manjar por causa do carvalho americano. A qualidade de especiarias é encontrada no acabamento e tende a ser doce – como canela ou noz-moscada. Um pouco mais encorpados, estes são whiskies versáteis que podem ser desfrutados a qualquer momento.

Rico e redondo

Há frutas aqui também, mas, agora, são secas: passas, figos, tâmaras, passas brancas. Isto demonstra o uso de tonéis ex-xerez de carvalho europeu. Você pode detectar um gosto ligeiramente mais seco – é o tanino do carvalho. São whiskies profundos, às vezes doces, às vezes carnudos. São melhores após o jantar.

Defumado e turfoso

O teor defumado resulta da queima de turfa quando o malte está passando pela secagem. Isto proporciona uma gama inteira de aromas diferentes, desde fuliginoso a chá Lapsang Souchong[3], alcatrão, arenque, bacon defumado, urze queimada, teor defumado de madeira. Com frequência ligeiramente untuosos na textura, todos os whiskies turfosos devem ter um ponto doce de equilíbrio. Whiskies jovens turfosos são ótimos para despertar os sentidos como aperitivos – experimente-os misturados com soda. Já os mais velhos e encorpados são para mais tarde da noite.

Cada uma dessas garrafas, aqui em Yamazaki, no Japão, contém um whisky com o seu próprio caráter individual e distinto. Agrupá-los em campos de sabor torna a vida mais fácil.

WHISKIES DO KENTUCKY, DO TENNESSEE E CANADENSES

Milho macio

Principal cereal usado no bourbon e no whisky canadense, o milho confere um nariz doce e uma característica gorda, amanteigada e suculenta ao paladar.

Trigo doce

O trigo é ocasionalmente usado por destiladores de bourbon no lugar do centeio. Isso afeta o sabor, acrescentando uma doçura gentil.

3. Tipo de chá-preto produzido na China.

Rico e amadeirado

Todo bourbon deve ser envelhecido em tonéis novos de carvalho, de modo que o whisky assimile todos aqueles ricos aromas acentuados de baunilha junto com coco, pinho, xerez, especiarias doces. Essa riqueza de extração é crescentemente poderosa, à medida que o bourbon permanecer mais no tonel, levando a sabores como tabaco e couro.

Centeio picante

O centeio pode ser assimilado com frequência no nariz, na forma de intensos aromas ligeiramente perfumados e, às vezes, ligeiramente farelento – ou de um aroma semelhante a pão de centeio recém-assado. Ele aparece por último no paladar, entretanto, depois que o milho gordo foi percebido. Acrescenta um sabor agradável ácido e aromático que desperta o paladar.

MAPA DE SABOR DO WHISKY SINGLE MALT

O Mapa de Sabor® foi criado para ajudar os consumidores admirados com o volume de single malts escoceses no mercado. Cada whisky é um indivíduo. Não podemos contar com uma definição regional como garantia de sabor. Não podemos deixar isso sob a incumbência de comerciantes ou bares – ambos tendem a ordenar os whiskies por ordem alfabética ou por região. Assim, como podemos concordar em uma palavra para descrever esse indivíduo?

Parte do meu trabalho consiste em ensinar pessoas – consumidores, garçons e comerciantes – sobre como degustar whisky, e eu costumava observar que era muito fácil enveredar por uma linguagem complexa, mas consideravelmente mais difícil tentar explicar sabor de uma maneira simples.

Um dia, estava conversando sobre essa questão de simplificar a linguagem, a fim de permitir que as pessoas façam uma escolha consciente, com Jim Beveridge, *master blender* (mestre dos blends) da Diageo. A resposta dele foi desenhar duas linhas em um pedaço de papel. "Isto é o que usamos no laboratório", disse ele. "Permite que nós planejemos os diferentes componentes em um blend e também comparar o Johnnie Walker com outros blends." Desde então, descobri que esse método é usado não apenas por blenders de whisky, mas no setor de bebidas alcoólicas em geral e no de perfumaria também. Jim, sua colega Maureen Robinson e eu, então, nos reunimos para tentar produzir uma versão mais prática para o consumidor da Tabela dos Blenders.

E aqui está ela. Este Mapa de Sabor® é simples de se usar. O eixo vertical começa com a extremidade "Delicado", reunindo whiskies que são limpos e puros. Quanto mais complexo o whisky, mais alto está colocado na linha. Tão logo qualquer qualidade defumada é discernível, o whisky se move ao longo da linha central. Quanto mais defumado for, mais elevado estará em sua posição na linha.

O eixo horizontal se move de "Leve" a "Rico" e começa com os sabores mais leves e mais fragrantes; conforme você segue na direção do centro, vai passando por qualidade relvosa, malte, frutas suaves e mel. Tão logo você cruza a linha central seguindo em direção a "Rico", a influência do tonel se torna mais importante: baunilha e especiarias provenientes do carvalho americano para começar, antes de as frutas secas e os tonéis ex-xerez se tornarem o caráter dominante em direção à extremidade da direita.

É importante frisar que este mapa não está afirmando que algum whisky é melhor do que outro. Ele simplesmente diz qual é a característica dominante de sabor. Não há nenhum lugar melhor para se estar, nem há uma área em que os whiskies poderiam ser vistos como inferiores. É uma ferramenta genérica para whisky single malt escocês.

Mantemos o Mapa de Sabor® sob revisão para fazer o acompanhamento de novas expressões e mudanças de estilos. Esperamos que ele lhe dê uma ideia das semelhanças entre os whiskies... e das diferenças. Se você não gosta do aspecto turfoso, tenha cuidado para não subir demais na linha "Defumado". Se vir uma marca que conhece e de que gosta, isto lhe permitirá encontrar uma alternativa que possa explorar. Desfrute de seu uso.

O Mapa de Sabor® é o resultado do trabalho em conjunto entre Dave Broom e a Diageo Scotland Limited. O mapa apresenta marcas de whisky Single Malt Escocês, alguns de propriedade da Diageo Scotland Ltd. e alguns de outros proprietários. Estes últimos podem ser marcas registradas de terceiros. Copyright © 2010.

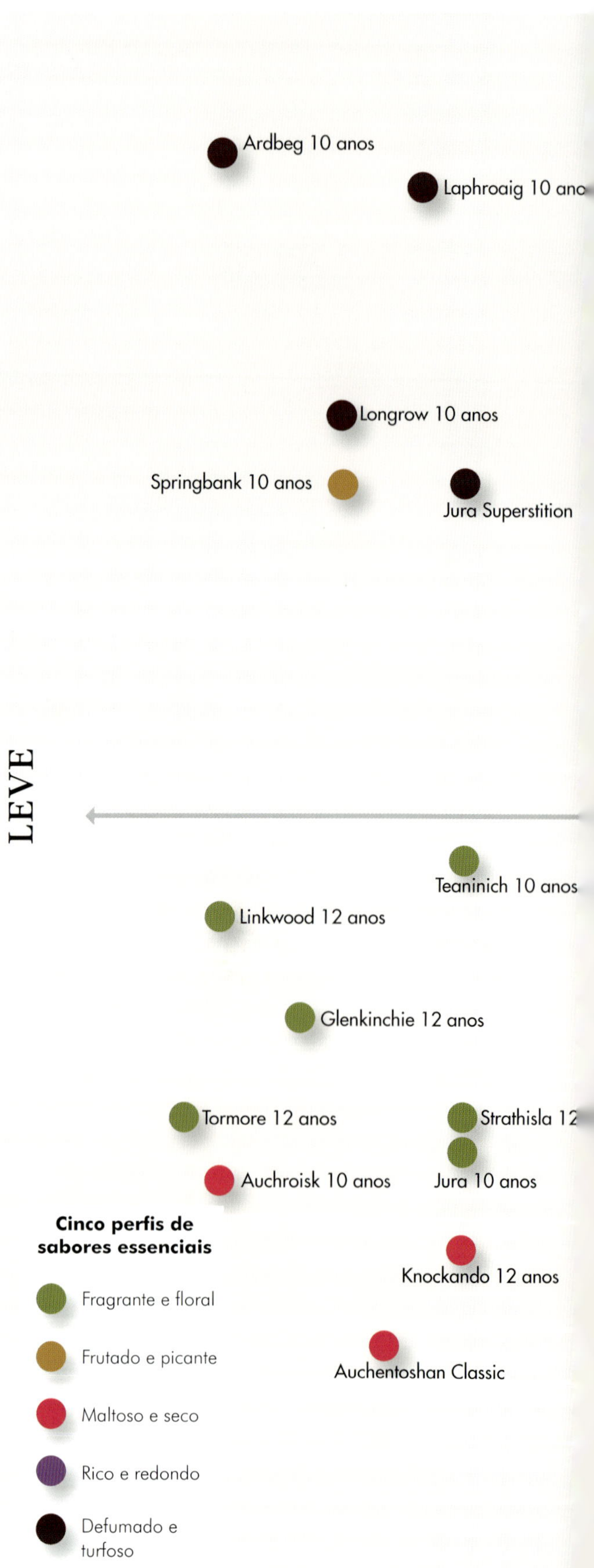

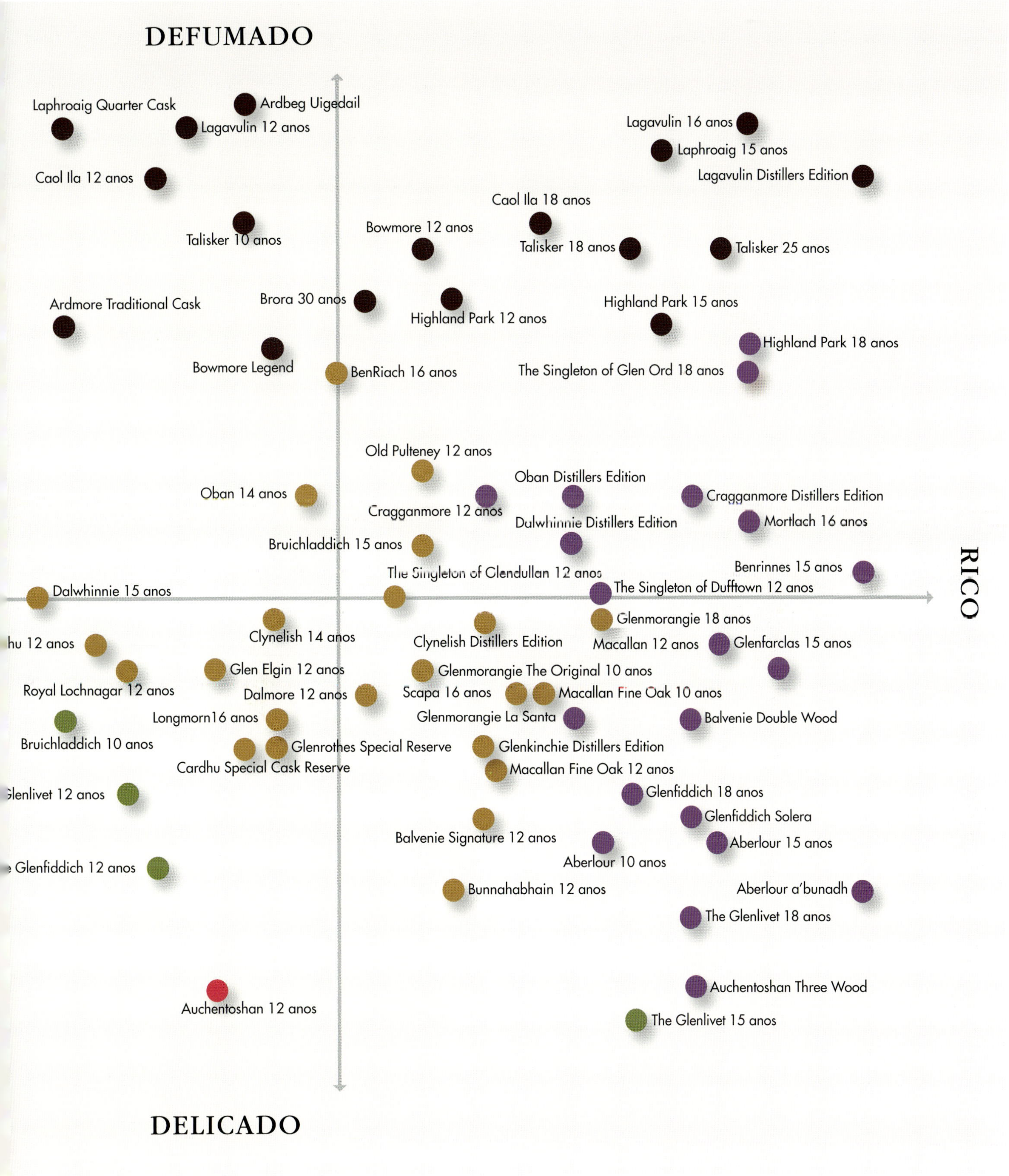
DEFUMADO
DELICADO
RICO
Laphroaig Quarter Cask
Ardbeg Uigedail
Lagavulin 12 anos
Lagavulin 16 anos
Laphroaig 15 anos
Lagavulin Distillers Edition
Caol Ila 12 anos
Caol Ila 18 anos
Talisker 10 anos
Bowmore 12 anos
Talisker 18 anos
Talisker 25 anos
Ardmore Traditional Cask
Brora 30 anos
Highland Park 12 anos
Highland Park 15 anos
Highland Park 18 anos
Bowmore Legend
BenRiach 16 anos
The Singleton of Glen Ord 18 anos
Old Pulteney 12 anos
Oban 14 anos
Oban Distillers Edition
Cragganmore Distillers Edition
Cragganmore 12 anos
Dalwhinnie Distillers Edition
Mortlach 16 anos
Bruichladdich 15 anos
The Singleton of Glendullan 12 anos
Benrinnes 15 anos
Dalwhinnie 15 anos
The Singleton of Dufftown 12 anos
Glenmorangie 18 anos
Clynelish 14 anos
Clynelish Distillers Edition
Macallan 12 anos
Glenfarclas 15 anos
Glen Elgin 12 anos
Glenmorangie The Original 10 anos
Royal Lochnagar 12 anos
Dalmore 12 anos
Scapa 16 anos
Macallan Fine Oak 10 anos
Longmorn16 anos
Glenmorangie La Santa
Balvenie Double Wood
Bruichladdich 10 anos
Glenrothes Special Reserve
Glenkinchie Distillers Edition
Cardhu Special Cask Reserve
Macallan Fine Oak 12 anos
Glenfiddich 18 anos
Glenfiddich Solera
Balvenie Signature 12 anos
Aberlour 15 anos
Aberlour 10 anos
Bunnahabhain 12 anos
Aberlour a'bunadh
The Glenlivet 18 anos
Auchentoshan Three Wood
Auchentoshan 12 anos
The Glenlivet 15 anos

ESCÓCIA

A Escócia domina o mundo do whisky. Até deu o seu nome ao estilo. Uma vez, na Tunísia, cansado de explicar onde era a "*Écosse*", exclamei "Whisky!" e todos entenderam imediatamente que este estrangeiro era da "Scotch-land" (terra do Scotch). Scotch é um estilo de whisky, mas também o símbolo de um país. É um país, entretanto, cuja geografia nos força a pegar desvios – contornando a cabeceira dos lagos, não passando por uma ponte, navegando para ilhas em vez de ir de avião, caminhando até colinas remotas porque não há estrada. É uma paisagem inconstante, uma característica partilhada por seus whiskies. A Escócia também é amplamente contraditória. Em 1919 o crítico G. Gregory Smith argumentou que a literatura escocesa (e, por extensão, a psique escocesa) era definida por um "zigue-zague de contradições" que chamou de "a antissizígia[4] caledônia". O whisky também partilha isso.

Os whiskies da Escócia destilam os aromas de sua terra: o fruto do tojo quente, o aroma de vagem de ervilha verde e giesta, algas marinhas molhadas na areia quente, a delicadeza das flores de cereja silvestre; há também o inebriante perfume da urze, a untuosidade de mirto, mato ceifado e a miríade de aromas da turfa: fumadouros e fogueiras na praia, conchas de ostras e ar marítimo; e há os aromas de além-mar: chá e café, xerez, passas, cominho, canela e noz-moscada. Existem razões químicas para tudo isso, mas também há numerosas razões culturais.

Cada destilaria de whisky de malte faz a mesma coisa. Elas fazem a maltagem, a moagem, a maceração, elas fermentam, destilam duas vezes (ocasionalmente três vezes) e então envelhecem o whisky em barris de carvalho. Há 96 destilarias fazendo isso enquanto escrevo e há mais de cem resultados diferentes.

Na definição "whisky single malt", a palavra mais importante é SINGLE (único). Por que uma destilaria faz o mesmo que sua vizinha, mas obtém um resultado diferente? Nas páginas seguintes, tentaremos conseguir algumas pistas, começando com o espírito novo. Não se pode entender um whisky completamente olhando-se apenas para o produto final. Com ele você está inalando a história de 12 anos ou mais de interação entre o espírito, a madeira e o ar. O ponto de referência se perdeu.

Se quiser encontrar o caráter único de cada *single malt*, você tem de ir à fonte – a clara fonte de conhecimento que flui até o *spirit safe*, que flui da boca do fabricante de whisky. Apenas tentando entender o DNA de cada whisky você poderá seguir nessa jornada de sabor.

Não espere respostas absolutas, não confie em números e tabelas. Essa singularidade poderia estar no microclima dos armazéns, talvez no tipo de armazéns, ou na pressão atmosférica na área da maceração, no formato e no tamanho dos alambiques, na natureza da fermentação. Sim, as páginas a seguir contêm assuntos como refluxo, purificadores e densidade de mosto, de ajuste de temperaturas e oxidação, mas, no fim das contas, todos os destiladores concordam que, não importando quanto conhecimento eles reúnam, a destilaria faz as coisas a seu próprio modo. Quer estejam em uma ilha, em terras de pastagens ou no alto de uma montanha, eles dão de ombros e dizem: "Sabor? Para ser franco, não sei. É algo relacionado ao lugar". É a Escócia.

4. O autor valeu-se, aqui, de uma metáfora. Sizígia é a conjunção de qualquer planeta com o Sol. O termo é empregado em oceanografia, especialmente para a oposição das luas cheia e nova com o Sol quando ocorrem as marés de águas-vivas.

As paisagens remotas e de beleza rústica da Escócia contêm muitos segredos escondidos sobre whisky.

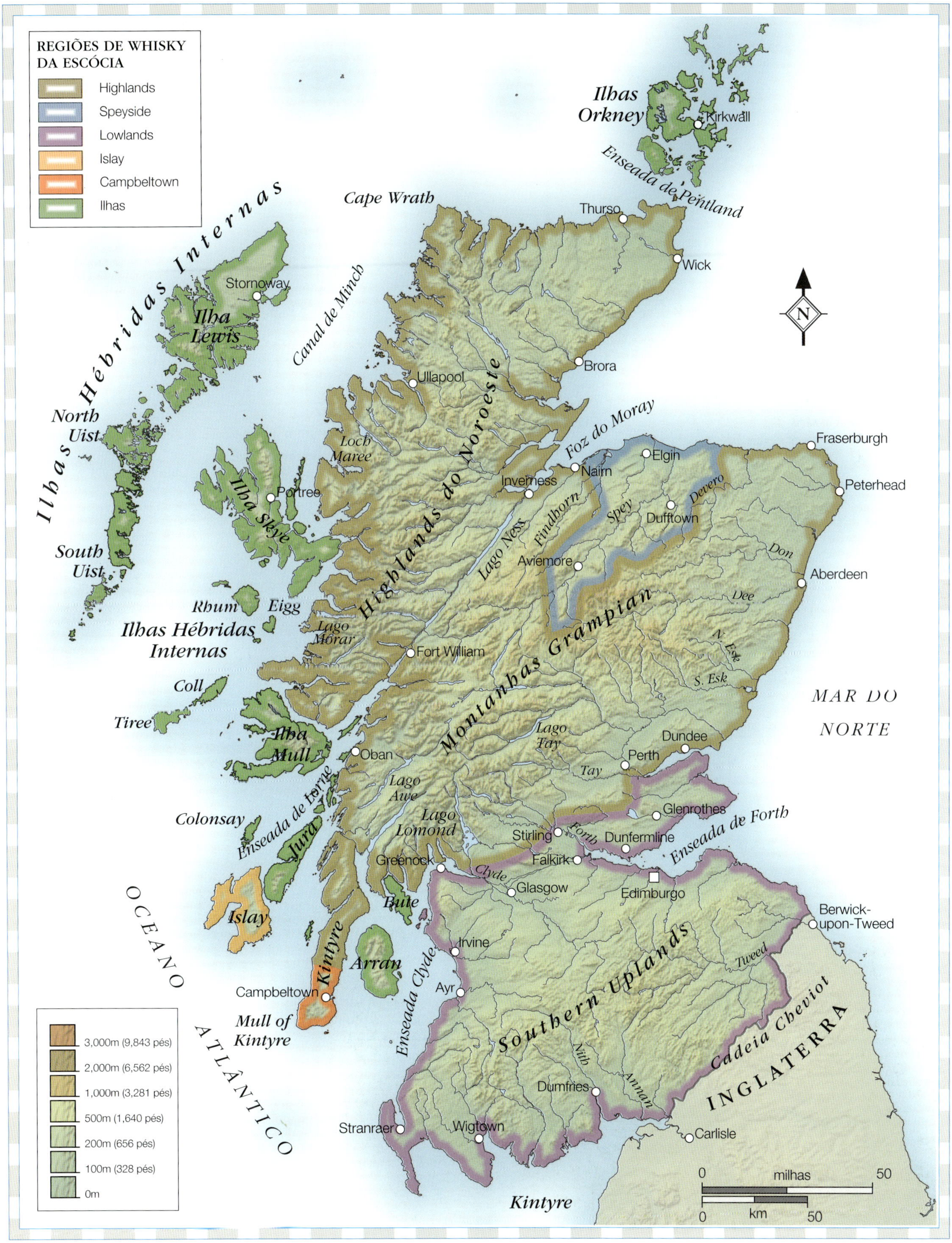
REGIÕES DE WHISKY DA ESCÓCIA
Highlands
Speyside
Lowlands
Islay
Campbeltown
Ilhas
Ilhas Orkney
Kirkwall
Enseada de Pentland
Thurso
Wick
Cape Wrath
Ilhas Hébridas Internas
Stornoway
Ilha Lewis
Canal de Minch
North Uist
South Uist
Ullapool
Brora
Loch Maree
Highlands do Noroeste
Foz do Moray
Fraserburgh
Elgin
Nairn
Inverness
Peterhead
Ilha Skye
Portree
Findhorn
Spey
Devero
Dufftown
Lago Ness
Aviemore
Don
Aberdeen
Rhum
Eigg
Dee
Ilhas Hébridas Internas
Lago Morar
Montanhas Grampian
Fort William
N. Esk
S. Esk
Coll
Tiree
MAR DO NORTE
Lago Tay
Dundee
Ilha Mull
Oban
Perth
Tay
Lago Awe
Glenrothes
Colonsay
Enseada de Lorne
Lago Lomond
Stirling
Forth
Dunfermline
Enseada de Forth
Jura
Greenock
Falkirk
Clyde
Glasgow
Edimburgo
OCEANO ATLÂNTICO
Islay
Bute
Berwick-upon-Tweed
Irvine
Kintyre
Arran
Southern Uplands
Tweed
Campbeltown
Ayr
Enseada Clyde
Mull of Kintyre
Cadeia Cheviot
INGLATERRA
3,000m (9,843 pés)
2,000m (6,562 pés)
1,000m (3,281 pés)
500m (1,640 pés)
200m (656 pés)
100m (328 pés)
0m
Nith
Annan
Dumfries
Stranraer
Wigtown
Carlisle
0
milhas
50
0
km
50
Kintyre

A paisagem elementar da Escócia – aqui, em Skye – é refletida em seus whiskies.

SPEYSIDE

O que é Speyside? É uma região legalmente delimitada, mas tudo que isso diz a você é o que Speyside não é (ou onde não está). Ela tem sido há muito o coração da produção do whisky de malte e, por essa razão, é fácil presumir que tudo o que fabrica se encaixa no mesmo grupo. Não é o caso. Não há um estilo único de Speyside, assim como não há uma paisagem uniforme de Speyside.

Montanhas aparentemente impassíveis ofereciam um abrigo seguro aos destiladores ilícitos e rotas secretas aos contrabandistas.

Como é possível comparar as terras bravias do Braes e Glen Livet com as terras férteis de Laich O'Moray, ou as destilarias que se agrupam em torno do Ben Rinnes com as de Keith ou Dufftown? Como, quando se examina mais a fundo, é possível sequer presumir que existe algo em comum na produção de Dufftown, a autoaclamada capital da produção do whisky?

Os "grupos" encontrados nas páginas a seguir mostram a proximidade geográfica das destilarias, mas são um meio de se explorar as diferentes individualidades existentes dentro deles. Speyside gira em torno de destiladores descobrindo seu estilo, testando novas ideias, permanecendo fieis à tradição. Envolve modernidade e a crença no microclima que separa um local do outro.

Strathspey (se é que era chamada assim por seus habitantes) foi uma região de destiladores de fazenda que, com o banimento da destilação caseira em 1781, mais a proibição de se exportar abaixo da linha da Highland em 1783 e a restrição do número (e tamanho) dos alambiques em cada distrito, encarou a destilação legal como algo praticamente impossível. Era consideravelmente mais barato produzir whisky de forma ilícita, e ainda assim, ao mesmo tempo, a demanda estava crescendo nas Lowlands, resultado da péssima qualidade do whisky que estava sendo feito nessa mesma região. A destilação ilícita era endêmica no final do século XVIII e início do século XIX, antes de as mudanças na lei em 1816 e, mais significativamente, em 1823 abolirem as restrições, encorajando a prática da destilação comercial.

Como isso afetou os sabores de Speyside? De 1823 em diante, pode-se observar que foram impulsionados em duas direções: entre o estilo antigo e o novo; entre a produção pesada de pequenos alambiques e a leveza alcançada com alambiques maiores – e até o final do século desejada pelos blenders. Talvez essa mudança rumo ao leve por parte de alguns destiladores originários tenha sido mais uma reação mental – uma libertação –, enquanto outros se ativeram à sua tradição. O resultado é uma interação de leve *versus* denso, o fragrante e o luminoso contra os maltes atônicos, terrosos, cuja personalidade fala de lugares escondidos, *bothies* (cabanas) e cavernas úmidas crepusculares. Em Speyside ainda encontramos ambos.

Pode-se imaginar um destilador de Speyside olhando para o Ben Rinnes, refletindo sobre as opções e chegando a conclusões semelhantes às do narrador de Thomas Hardy em *The return of the native* (O retorno do nativo): "Reclinar-se em um toco de espinhos... saber que tudo ao redor e abaixo da superfície foi de tempos pré-históricos, tão inalterados quanto as estrelas acima, deu lastro para a mente à deriva, em mudança e atormentada pelo irreprimível Novo".

Speyside gira em torno de diversidade, não de coisas em comum. A jornada de Speyside – e, portanto, também a jornada do whisky de malte escocês – tem sido, como veremos, esse desenvolvimento da individualidade específica do local. Speyside não existe, suas destilarias, sim.

Uma terra de montanha, planície e rio, Speyside é tão variada quanto os sabores de seus whiskies.

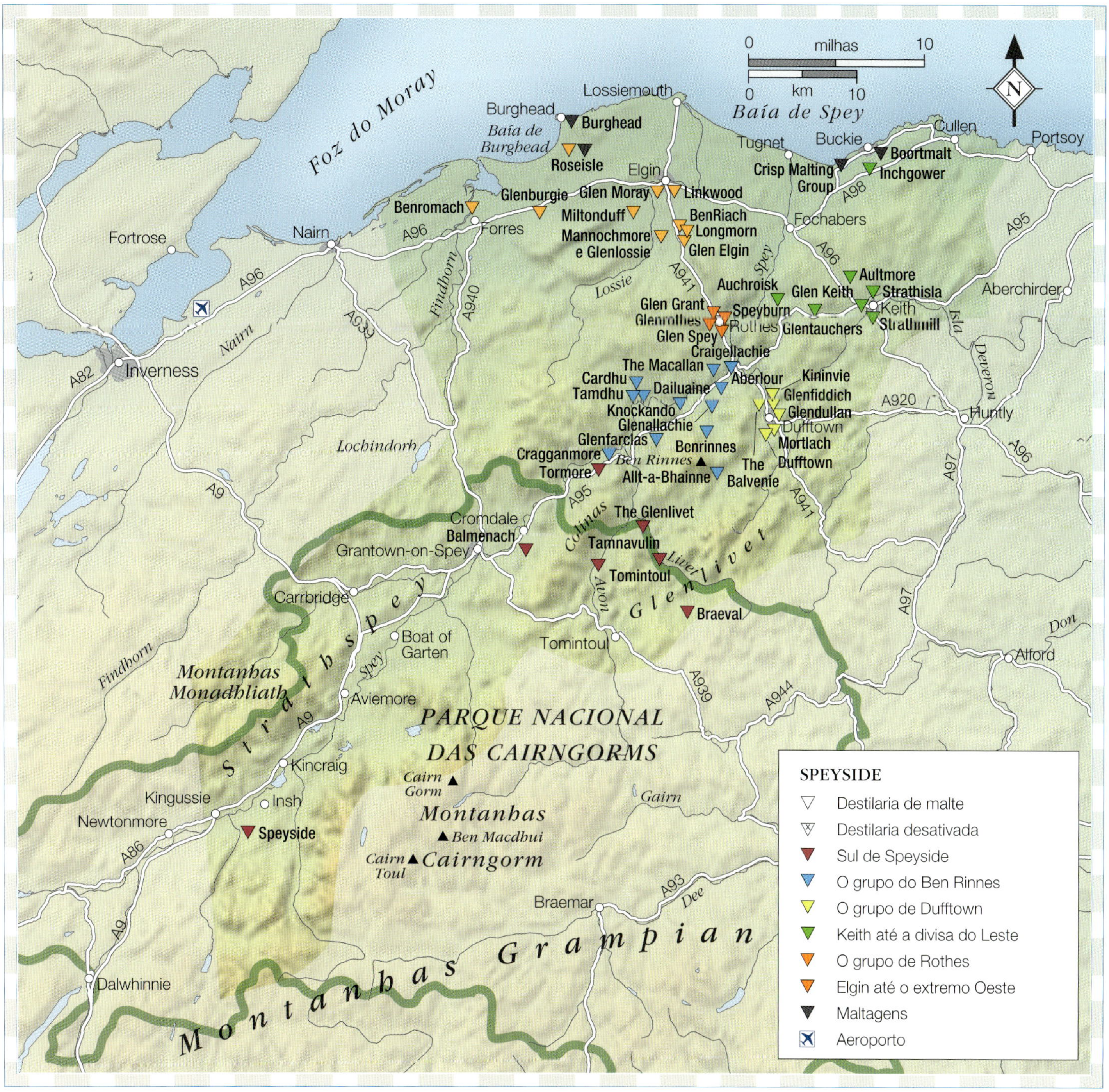
0 milhas 10
0 km 10
N
Foz do Moray
Baía de Spey
Baía de Burghead
Lossiemouth
Burghead
Burghead
Roseisle
Elgin
Glen Moray
Linkwood
Glenburgie
Benromach
Miltonduff
BenRiach
Longmorn
Mannochmore e Glenlossie
Glen Elgin
Forres
Nairn
Fortrose
Inverness
A82
A96
A939
A940
A941
Findhorn
Nairn
Lossie
Tugnet
Buckie
Cullen
Portsoy
Crisp Malting Group
Boortmalt
Inchgower
A98
Fochabers
A95
Spey
A96
Auchroisk
Aultmore
Glen Keith
Strathisla
Keith
Strathmill
Aberchirder
Isla
Glen Grant
Glenrothes
Speyburn
Rothes
Glentauchers
Glen Spey
Craigellachie
The Macallan
Aberlour
Cardhu
Tamdhu
Dailuaine
Knockando
Kininvie
Glenfiddich
Glendullan
Dufftown
Mortlach
Dufftown
Glenallachie
Glenfarclas
Benrinnes
Ben Rinnes
Cragganmore
Tormore
Allt-a-Bhainne
The Balvenie
Deveron
A920
Huntly
A96
A97
A941
Lochindorb
A9
Cromdale
Balmenach
Grantown-on-Spey
A95
Colinas
The Glenlivet
Tamnavulin
Tomintoul
Livet
Glenlivet
Braeval
Avon
Carrbridge
Boat of Garten
Strathspey
Spey
Tomintoul
A939
A944
A97
Don
Alford
Findhorn
Montanhas Monadhliath
Aviemore
A9
PARQUE NACIONAL DAS CAIRNGORMS
Kincraig
Cairn Gorm
Kingussie
Insh
Newtonmore
Speyside
Montanhas
Ben Macdhui
Cairngorm
Cairn Toul
Gairn
A86
A9
Braemar
A93
Dee
Montanhas Grampian
Dalwhinnie
SPEYSIDE
Destilaria de malte
Destilaria desativada
Sul de Speyside
O grupo do Ben Rinnes
O grupo de Dufftown
Keith até a divisa do Leste
O grupo de Rothes
Elgin até o extremo Oeste
Maltagens
Aeroporto

SUL DE SPEYSIDE

Nossa jornada começa aqui, nas partes do sul de Speyside, outrora reduto de destiladores ilícitos e contrabandistas e também onde nasceu a moderna indústria do whisky escocês. Aqui se encontram whiskies de todos os pontos do mapa de sabor – sim, até os turfosos. Speyside, mais do que um estilo único e unificado, é uma amostra representativa do single malt escocês.

O rio Avon serpenteia em seu caminho que passa pela Tomintoul, no sul de Speyside.

Speyside

AVIEMORE • WWW.SPEYSIDEDISTILLERY.CO.UK

Parece quase uma insolência que a mais nova destilaria em Speyside leve o nome da região propriamente dita, embora seus proprietários possam alegar com alguma legitimidade que havia uma destilaria com esse nome na mesma cidade de Kingussie no final do século XIX, apesar de ter operado apenas até 1911.

A construção que agora ostenta o nome de Speyside vem operando somente desde 1991, tendo sido pacientemente planejada e erguida por George Christie ao longo de um período de três décadas. Christie foi anteriormente o proprietário da destilaria de grãos Strathmore/norte da Escócia, em Clackmannanshire – uma fábrica que produzia malte de alambique "patent still" (alambique de coluna) (veja p. 16).

A Speyside usa uma abordagem mais convencional na fabricação de seu whisky. Dois pequenos alambiques, obtidos na antiga destilaria Lochside, produzem um malte com leve toque de mel. "Os alambiques eram grandes demais", diz o gerente Andy Shand, "por isso tivemos de tirar um pouco do excesso e reformá-los a fim de deixá-los adequados."

Alambiques pequenos podem tender a fazer um espírito encorpado, graças a um contato mais breve entre o vapor de álcool e as propriedades de leveza do cobre. Assim, Shand deve dar um toque leve para criar seu espírito novo leve. "Somos bastante tradicionais", diz ele. "A fermentação é de 60 horas para criar ésteres, e a destilação é a passo lento. Muitas empresas grandes caem na armadilha de mudar o equipamento e a operação depressa demais a fim de fabricarem mais espírito e, então, perdem sua personalidade. Também operamos manualmente. A fabricação de whisky de hoje em dia é submetida a sanitização excessiva, é industrial demais. Não se deixa que as pessoas façam as coisas à sua própria maneira."

Apesar de nova, é fácil acreditar que a abordagem da Speyside, com sua confiança na intuição, conecta a destilaria com os primeiros tempos da história da região. Não apenas o fato de que foi construída lenta e artesanalmente, mas também o de que a arquitetura e os materiais se enraízam na paisagem. A destilaria Speyside poderia ter estado ali durante séculos, e de algumas maneiras esteve, porque as habilidades e a atitude contidas dentro de suas paredes de pedra são atemporais.

Barris aguardando conserto... o destino para o futuro whisky da Speyside.

NOTAS DE DEGUSTAÇÃO: SPEYSIDE

ESPÍRITO NOVO

Nariz: Bastante fragrante e intenso, com sorbet, ameixa, maçã verde.
Paladar: Conforme o nariz sugere, leve e doce. Efervescente, com um realce de melão verde perto do fim.
Acabamento: Levemente floral.

3 ANOS, AMOSTRA DE TONEL

Nariz: Dourado. Muitas nozes e uma ligeira nota terrosa. Carvalho crestado, chamuscado. Maçã seca/suco de maçã, aniagem e biscoito doce digestivo.
Paladar: Bastante madeira fresca, massa de panqueca e uma crocância maltosa. Fruta ligeiramente escondida.
Acabamento: Suavizado.
Conclusão: No estágio adicional de maturação, o espírito está absorvendo em vez de dar de si.

Campo de sabor: **Frutado e picante**

12 ANOS 40%

Nariz: Palha pálida. Nitidamente terroso. Resíduos de trigo, folha de gerânio. Com o tempo, uma nota herbácea semelhante a alho silvestre e azeda-miúda.
Paladar: Mais especiarias do que o nariz sugere; mais seco também, o aspecto terroso farelento se manifesta.
Acabamento: Leve e breve.
Conclusão: Um barril reutilizado ainda não despertou o espírito.

Campo de sabor: **Maltoso e seco**
Prove também: Auchroisk 10 anos

15 ANOS 43%

Nariz: Dourado rico. Alguma doçura e um pouco de coco junto com casca de maçã, florais leves adocicados e angélica.
Paladar: Bastante carvalho doce. Frutas delicadas e um quê de flor colhida. O carvalho dá uma estrutura mais crocante.
Acabamento: Limpo e doce.
Conclusão: Clara semelhança com um espírito novo. Um malte tranquilo e harmônico.

Campo de sabor: **Fragrante e floral**
Prove também: Bladnoch 8 anos

Balmenach

CROMDALE • WWW.INVERHOUSE.COM/DISTILLERIES-BALMENACH.PHP

Na destilaria Speyside há um simulacro de um local antigo, mas a parada seguinte é a face verdadeira. Não que ela ostente isso. Na verdade, sua localização, a 1,5 quilômetro do vilarejo de Cromdale, dá uma pista sobre suas origens. Destilarias antigas, aquelas que surgiram de locais ilícitos no início do século XIX, eram em fazendas ou choupanas escuras. Lugares distantes do caminho habitual.

No fim do século XVIII e começo do XIX, a destilação em alambiques pequenos foi efetivamente banida com o efeito resultante de que uma população rural que contava com ela para seu rendimento foi criminalizada. Naqueles dias, fazer whisky envolvia subterfúgios. O fato de estar escondido nas colinas Cromdale deu ao destilador antes ilícito e fundador da Balmenach, James MacGregor, uma boa vantagem.

Speyside, a região, pode existir em um sentido legal, mas está longe de ser uma entidade única. Em vez disso, é um contraste entre o velho e o novo, a escuridão e a luz. A Balmenach, com seus alambiques pequenos, cubas de lavagem de madeira e condensadores com serpentinas do tipo "worm", pertence ao estilo antigo, e são esses equipamentos que ajudam a lhe dar seu poder denso e sóbrio.

Em termos simples, a "leveza" é obtida pelo contato prolongado com o cobre do alambique – quanto mais longo o contato entre o vapor e o cobre, mais leve o espírito será. Assim, condensadores, temperaturas mais elevadas de destilação, como também um ponto de corte mais alto no fluxo, ajudam a produzir uma personalidade leve.

Usar a antiga técnica de condensação de uma serpentina de cobre imersa em um tanque de água (ou seja, sistema de "worm tub") resulta em menor contato entre vapor e cobre e, portanto, em um estilo mais encorpado, que na fase de espírito novo terá normalmente uma nota sulfurosa. É importante enfatizar que o enxofre atua como uma marca para complexidades de base e não está no espírito envelhecido.

Próxima às colinas rústicas de Cromdale, a Balmenach é uma destilaria clássica ao estilo antigo.

"Temos serpentinas de cobre 'worm' na Balmenach, anCnoc [Knockdhu], Old Pulteney e Speyburn", diz Stuart Harvey, mestre harmonizador da Inver House, proprietária da Balmenach. "Assim, não absorvemos muito cobre durante o processo, mas preservamos os componentes sulfurosos produzidos durante a fermentação. Isso resulta no caráter de vegetais cozidos, carnudo e fósforo riscado que se encontra nesses espíritos novos."

"Durante a maturação, os componentes do enxofre interagem com a camada chamuscada do tonel", acrescenta ele. "Isso produz os aromas e sabores de *toffee* e bala de caramelo no whisky envelhecido. Uma vez que os diferentes componentes do enxofre maturam, o restante do caráter do espírito novo pode aparecer. Quanto mais pesados os componentes sulfurosos, mais tempo ele levará para maturar."

O whisky Balmenach está neste último campo. Carnudo quando novo, rico e encorpado quando envelhecido – e desenvolvido perfeitamente para maturação de longo prazo em tonéis de ex-xerez. Lamentavelmente, porém, é muito pouco visto. A Inver House optou por manter essa destilaria escondida no tocante aos engarrafamentos de single malt – mas procure entre os engarrafadores independentes para provar um pouco dos tempos antigos.

NOTAS DE DEGUSTAÇÃO: BALMENACH

ESPÍRITO NOVO

Nariz: Robusto e profundo com notas carnudas e de couro. Há notas de carne de carneiro e maçã madura. Aqui estão indícios do arrojo e da profundidade conferidos pela ação das serpentinas de cobre "worm" tradicionais. Esse poder permanecerá com o espírito à medida que envelhecer.

Paladar: Bastante encorpado e denso na boca, com uma doçura exótica. É essa doçura que equilibra o Balmenach – envelhecido em um barril de xerez, o aspecto carnudo é acentuado; em um reutilizado ou ex-bourbon, é o aspecto mais aromático que se destaca.

Acabamento: Longo. Um toque defumado.

1979, ENGARRAFAMENTO DA BERRY BROS & RUDD 56,3%, ENGARRAFADO 2010

Nariz: Dourado pleno. Denso e bastante doce com muito chocolate acentuado, toffee e creme de cacau antes de passar a chá Assam. Encorpado. Terra molhada. Com água, há chocolate ao leite e toffee cremoso, terra úmida e uma nota de loja de sapatos.

Paladar: Condimentado, começa com boa intensidade. Folhas queimando (parece haver um toque defumado). Centro do palato pesado, onde repousam compotas de frutas de pomar. Indício de nozes. Com água, torna-se mais saboroso.

Acabamento: Firme e longo. Ligeiramente seco. Casca de maçã seca – então, após dez minutos, mel seco.

Conclusão: A natureza doce do tonel de carvalho americano não pode esconder as qualidades fortes do Balmenach.

Campo de sabor: **Frutado e picante**
Prove também: Deanston 28 anos, Old Pulteney 30 anos

1993, ENGARRAFAMENTO DA GORDON & MACPHAIL 43%

Nariz: Dourado leve. Cinto de couro seco/couro novo, sugerindo que ainda está nos estágios iniciais da interação com o carvalho. Toffee duro e biscoito digestivo, madeira recentemente envernizada, com característica terrosa aguada.

Paladar: Mais espesso do que o nariz sugere. Sensação de mascar. Apenas um indício de cereal e, então, uma nota defumada de chamuscado, folhas de faia, folha verde de tabaco. Com água, uma nota murmurante previamente escondida acrescenta maior densidade.

Acabamento: Madeira.

Conclusão: Ainda está se formando, mas a personalidade da destilaria está lá.

Campo de sabor: **Frutado e picante**
Prove também: The Glenlivet 1972

Tamnavulin & Tormore

TAMNAVULIN • BALLINDALLOCH / TORMORE • CROMDALE

Enquanto a Balmenach reteve uma crença no jeito antigo, a dupla de destilarias a seguir mostra que, embora seja errado acreditar que existe um estilo unificado de Speyside, é possível argumentar que há um sabor compartilhado entre as destilarias construídas na Escócia nos anos 1960, um período em que a crescente demanda por Scotch nos Estados Unidos levou a uma onda de novas construções. Parece estar além da coincidência que todas essas produzem whiskies que são leves e, com bastante frequência, maltosos.

A grande fábrica da Tamnavulin, construída ao lado do rio Livet em 1965 por Invergordon Distillers (agora parte da Whyte & Mackay), é um exemplo perfeito. Seus seis alambiques dão um espírito novo excelente, bastante simples, que, quando acompanhado em sua evolução no tonel, se revela um whisky contente em atender os requisitos do blender: um whisky em que o tonel, mais do que o próprio destilado, toma o centro do palco.

Isso tem os seus perigos... é fácil perder Tamnavulin em uma floresta de carvalhos. "Você tem de tomar cuidado para não deixá-lo enfeitado demais", diz o mestre harmonizador da Whyte & Mackay, Richard Paterson. "É muito bom no carvalho americano, xerez leve, até em madeira cansada, mas roupas pesadas o sufocam."

A Tormore, parte do portfólio das Chivas Brothers, partilha essa repetição dos anos 1960. Localizada 13 quilômetros a noroeste da Balmenach, não poderia ser mais distinta de sua vizinha. Enquanto a última busca refúgio na charneca de Cromdale, a imensa Tormore situa-se ostensivamente ao lado da A96, parecendo uma homenagem modernista a um hotel hidropático vitoriano. Foi projetada por Sir Albert Richardson, presidente da Academia Real, que, apesar de todas as suas qualidades como arquiteto, claramente nunca construíra uma destilaria quando foi contratado por Long John Distillers em 1959. Seu enorme tamanho é uma manifestação da confiança dos blenders nessa época, e seus oito alambiques sempre produziram o estilo leve e seco que o mercado norte-americano da década de 1960 demandava. Não há turfa no malte, a maceração é rápida e a fermentação é curta para se obter uma nota de cereal, além de condensadores para ajudar a deixar o espírito leve.

NOTAS DE DEGUSTAÇÃO: TAMNAVULIN

ESPÍRITO NOVO

Nariz: Limpo e seco com algumas notas de cereal farelento. Semelhante à garapa.
Paladar: Leve com notas de violeta e lírio. Crocante e completamente seco.
Acabamento: Com nozes, curto.

12 ANOS 40%

Nariz: Pálido na cor. Bastante leve. Arroz tostado. Um pouco de baunilha e feltro.
Paladar: Leve e seco. Com ligeiro teor de borracha com crocância de cevada/malte, limão.
Acabamento: Rápido.
Conclusão: Uma linha direta do novo espírito. Leveza personificada.

Campo de sabor: **Maltoso e seco**
Prove também: Knockando 12 anos, Auchentoshan Classic

1973 AMOSTRA DE TONEL

Nariz: Borda esverdeada. Notas limpas de xerez, noz assada, casca de banana marrom e óleo de nozes. Flor seca leve.
Paladar: Doce e de corpo leve. Tem um gosto de nozes no meio do céu da boca com doçura sutil. Equilibrado.
Acabamento: Limpo e médio.
Conclusão: Aqui, um barril de xerez transformou o teor maltoso em nota de nozes, enquanto também acrescentou doçura.

Campo de sabor: **Rico e redondo**
Prove também: Benromach 1981

1966 AMOSTRA DE TONEL

Nariz: Mogno na coloração. Rico e maduro. Couro velho rachado. Ameixa e ameixa seca com doçura carregada. Semelhante ao conhaque Brandy de Jerez.
Paladar: Sensação de crispação leve. Castanha-do-pará e razoavelmente denso no meio do céu da boca. Ervas secas.
Acabamento: Nozes.
Conclusão: Talvez um pouco rebuscado, mas uma demonstração de como os whiskies maltosos precisam de carvalho.

Campo de sabor: **Rico e redondo**
Prove também: Glengoyne 21 anos, Ben Nevis 25 anos

NOTAS DE DEGUSTAÇÃO: TORMORE

ESPÍRITO NOVO

Nariz: Cheio, com milho verde e uma ligeira nota de pátio de fazenda (hálito de vaca/resíduos de destilação).
Paladar: Puro e doce com frutas bastante leves.
Acabamento: Farelento e, depois, cítrico leve.

12 ANOS 40%

Nariz: Nariz ligeiramente rígido e algumas lascas de carvalho. Seco e nozes.
Paladar: Folha de tabaco, especiaria seca (coentro em pó) com uma nota herbácea/de urze. Com água, crescentemente semelhante ao bourbon.
Acabamento: Crocante e nozes.
Conclusão: Carvalho ativo dando considerável apoio.

Campo de sabor: **Frutado e picante**
Prove também: Glen Moray 12 anos, Glen Garioch 12 anos

1996, ENGARRAFAMENTO DA GORDON & MACPHAIL 43%

Nariz: Pálido. Levemente maltoso e maçã silvestre. Indício de flores por trás. Bastante firme.
Paladar: Torta de maçã. Tojo. Água de flor de laranjeira. Quando diluído, permanece fresco com o acréscimo de um quê relvoso e um quê untuoso.
Acabamento: Curto e ligeiramente amargo.
Conclusão: Tem o foco bastante angular da destilaria.

Campo de sabor: **Fragrante e floral**
Prove também: Miltonduff 18 anos, Hakushu 18 anos

Tomintoul & Braeval

TOMINTOUL • BALLINDALLOCH • WWW.TOMINTOULDISTILLERY.CO.UK / BRAEVAL • BALLINDALLOCH

Existem outras duas fábricas da década de 1960 que estão em conformidade com o modelo de um espírito mais leve. Às margens do rio Avon, a primeira, Tomintoul, foi construída pelas firmas de comercialização de whisky W. & S. Strong e Haig & MacLeod em 1965, e agora faz parte do portfólio da Angus Dundee. Mas por que construir ali? Provavelmente devido ao suprimento de água – três fontes abastecem a fábrica –, ou talvez os primeiros proprietários tenham se atido ao fato de que há uma linhagem antiga de fabricação de aqui – outrora, uma caverna atrás de uma cachoeira próxima abrigou um alambique ilícito.

O Tomintoul é vendido como "The Gentle Dram" ("O trago gentil"), definição que parece sugerir uma natureza ligeiramente branda que não estaria fazendo jus ao malte. Ele é maltoso, mas "maltoso" é uma categoria ampla, estendendo-se desde o anoréxico e completamente seco até quase uma riqueza com notas queimadas.

O Tomintoul se encaixa no meio-termo, seu centro semelhante a cereal de um tanque de mosto quente e o hálito doce de gado na estrebaria. Há uma intensidade no espírito novo que se abre em frutas suaves que agem como uma contraposição ao teor crocante do cereal. Há o bastante aí para aguentar bem o envelhecimento de longo prazo em tonéis ativos. "Eu o comparo a uma trufa", diz o blender da Angus Dundee, Lorne MacKillop. "Seu sabor nunca domina, mas ainda permeia um prato."

Uma expressão defumada (usando-se turfa local) também é produzida e nos dá nosso primeiro exemplo de como a localização da turfa é crucial na criação de aromas específicos. Por causa de sua composição, a turfa da área continental fornece um efeito defumado como o teor defumado de madeira do que as notas de urze, marinhas ou de alcatrão da turfa cortada nas ilhas. A era ilícita também é o pano de fundo para a mais elevada destilaria conjunta da Escócia, a Braeval, construída em 1973 no remoto Braes de Glenlivet. Esse vale escondido em formato de jarra é delimitado pelas colinas Ladder e contido em sua entrada pela colina Bochel. Espalhadas ao redor estão os restos de velhas pastagens, prova da migração sazonal de gado – *braes* é uma palavra de dialeto para pastagens elevadas. Na época em que o vale foi estabelecido (no século XVIII), estava produzindo whisky, embora tenha sido apenas em 1972 que as Braes obtiveram sua primeira destilaria legal. A Braeval também está em conformidade com o estilo "tardio de Speyside" de leveza. Há muito cobre no sistema, mas o espírito é mais encorpado do que se espera com uma nota de *pot ale* ("cerveja de alambique" ou líquido residual)/gerânio.

NOTAS DE DEGUSTAÇÃO: TOMINTOUL

ESPÍRITO NOVO

Nariz: Cereal leve, mingau de aveia, nota doce, subjacente Toque de tanque de mosto. Apetitoso e doce.
Paladar: Focado, excelente, doce com um caráter verde limpo no centro. Bastante intenso.
Acabamento: Maltoso.

10 ANOS 40%

Nariz: Cobre. Crocante e ligeiramente maltoso. Avelã, casca misturada. Ovomaltine com água. Parece jovem.
Paladar: Doce com muito de passas brancas, alcaçuz. Bem macio.
Acabamento: Maduro e doce.
Conclusão: Componentes de xerez dão uma suavidade de frutas secas.

Campo de sabor: **Maltoso e seco**
Prove também: Auchentoshan Classic

14 ANOS 46%, SEM ADIÇÃO DE CARAMELO, SEM FILTRAGEM (NON CHILLFILTERED)

Nariz: Palha pálida. Bastante leve e limpo com um realce floral (narciso/frésia) e de frutas brancas. Carvalho delicado e um toque de farinha/pão branco recém assado.
Paladar: Realce imediato floral com um pouco de suco de pera. Uma sensação mais cheia do que o 10 anos com um toque de manteiga derretida no centro. Acentua-se na boca.
Acabamento: Doce e longo.
Conclusão: É aqui que as qualidades escondidas do Tomintoul começam a emergir.

Campo de sabor: **Fragrante e floral**
Prove também: Linkwood 12 anos

33 ANOS 43%

Nariz: Maior influência de carvalho europeu. Oxidado e com nozes, com um pouco de cogumelo branco, toffee duro, frutas secas pretas e aquele caráter de leite maltoso visto no 10 anos.
Paladar: Adere na língua. Resinoso com algumas notas de gergelim, malte doce e, então, um desenvolvimento das frutas brancas visto no 14 anos.
Acabamento: Equilibrado e longo.
Conclusão: Maduro e elegante e um inconfundível Tomintoul.

Campo de sabor: **Rico e redondo**
Prove também: Aberlour 25 anos

NOTAS DE DEGUSTAÇÃO: BRAEVAL

ESPÍRITO NOVO

Nariz: Um começo de ésteres com um caráter pesado ao fundo, semelhante à pasta de Marmite inglesa; apenas um indício sulfuroso.
Paladar: Suave, com bom peso e então realçado na parte posterior.
Acabamento: Grãos escuros

8 ANOS 40%

Nariz: Nozes. Pistache com um pouco de madeira de macieira, a nota de cereal tostado agora suavizado e dando uma camada extra. Mais leve do que se poderia pensar depois do *clearic* (espírito novo). Maçãs vermelhas.
Paladar: Perfumado e realçado. Um pouco de jasmim e lavanda. Delicado.
Acabamento: Limpo e bastante simples.
Conclusão: O frescor é acentuado.

Campo de sabor: **Fragrante e floral**
Prove também: Tomintoul 14 anos, Speyburn 10 anos

Glenlivet

BALLINDALLOCH • WWW.GLENLIVET.COM • ABERTO À VISITAÇÃO • ABR.–OUT., TODOS OS DIAS

Contrariamente à crença popular, já havia várias destilarias legalizadas operando antes da data em que a maioria das pessoas acredita que foi introduzida a legalização da destilação de whisky. A aprovação da lei do Parlamento de 1823 foi, entretanto, o sinal para o surgimento do que hoje reconhecemos como a indústria de whisky Scotch atual. A nova legislação destinou-se a eliminar a destilação ilícita e promoveu condições para que fossem liberadas verbas para a instalação de unidades de produção de pequena escala nas Highlands.

Outro detalhe praticamente esquecido é que essa legislação também expandiu as opções para os destiladores e, ao fazê-lo, mudou os sabores do whisky. Há um parágrafo revelador sobre essa questão na história rigorosamente pesquisada da indústria do whisky Scotch de Michael Moss e John Hume: "As novas regulamentações [em 1823] permitiram que cada destilador escolhesse seus próprios métodos de trabalho – a intensidade do mosto, o tamanho e o formato do alambique e a qualidade e o sabor de seu whisky".

Era isso que estava em um canto da mente de George Smith quando foi pressionado por seu senhor de terras para adquirir um dos novos alvarás. Não foi de surpreender, considerando que o senhor de terras era o duque de Gordon, que havia ajudado a iniciar a mudança na lei, dizendo na Câmara dos Lordes que os proprietários de terras parariam de fazer vista grossa à destilação ilícita.

Smith estivera na ilegalidade desde 1817 na fazenda em Upper Drumin, nos altos das terras bravias de Glen Livet, uma das muitas operações semelhantes nessa área difícil de policiar. Embora seus vizinhos tivessem se ressentido da nova condição legal dele – e Smith quase não teve opção a não ser se legalizar –, o que ele fez em seguida é que é intrigante.

Ele poderia ter seguido a mesma rota dos MacGregor de Balmenach e mantido o destilado encorpado. Smith e seus filhos, porém, parecem ter se libertado não apenas da ilegalidade de antigamente, mas dos sabores antigos. Smith passou a fazer um destilado leve, abraçando as possibilidades de um novo estilo. Nada mais de choupanas e cavernas cheias de fumaça, mas de tecnologia, capital e, na metade do século XIX, do reconhecimento da marca. Apesar de a dele ser a única destilaria legalizada em Glen Livet, foi o seu estilo de whisky que se tornou o atalho para um sabor específico e, pelo fato de os demais destiladores terem acrescentado o título a seus nomes, foi a destilaria de Smith que teve a permissão oficial para chamar seu whisky de O Glenlivet.

A velha destilaria de Drumin fechou em 1858, quando Smith construiu uma fábrica maior nas proximidades, em Minmore, onde a atual destilaria ainda permanece. Consideravelmente expandida desde aqueles tempos, em 2009-10 a fábrica ainda passou por sua mais drástica remodelagem. Um novo tanque de mosto, oito novas cubas de lavagem de madeira e três pares adicionais de alambiques (totalizando sete pares), todos com a mesma cintura esguia do design de Smith de 1858, podem produzir até dez milhões de litros (2,2 milhões de galões) por ano.

"O novo tanque de mosto Briggs tem um monitor e um visor de vidro para se checar a clareza do mosto – não queremos nada turvo resultando

A qualidade da administração de sua madeira possibilitou que o The Glenlivet se tornasse um dos single malts mais vendidos do mundo.

No alto, no ar frio de Minmore, os armazéns da Glenlivet têm seu próprio microclima.

em cereal pesado", diz Alan Winchester, o mestre destilador da Glenlivet. "Então lhe damos uma fermentação de 48 horas, enquanto aqueles alambiques dão bom contato com o cobre para obter ésteres frutados, florais, que depois passarão por mais esterificação no barril."

Segundo os registros do século XIX, Smith almejava um caráter de abacaxi para seu whisky. Hoje, para mim, as maçãs são o caráter de definição junto com uma gentil nota floral quando jovem. Tem arrojo, entretanto, o The Glenlivet, eleva-se em requinte enquanto matura – especialmente em barris reutilizados (veja p. 14-5).

Igualmente importante, porém, é o design da nova casa de alambique. A Glenlivet foi, durante muitos anos, uma unidade cinzenta de ar industrial em uma colina. Agora, com sua janela panorâmica e pedra revestida, tornou-se novamente parte da paisagem, olhando para trás, como faz, para as Braes, e adiante para o Ben Rinnes.

NOTAS DE DEGUSTAÇÃO: THE GLENLIVET

ESPÍRITO NOVO

Nariz: Médio encorpado. Limpo com algumas notas florais, um pouco de banana, maçã madura e um toque de íris.
Paladar: Frutas suaves, brandas. Leve, maçã. Abobrinha fresca.
Acabamento: Crocante e limpo.

12 ANOS 40%

Nariz: Dourado leve. Fragrante, com muita maçã (fruta e flor), chá de jasmim e um toque de toffee.
Paladar: Início delicado e, então, súbito realce de chocolate. Maçãs se desenvolvem em flores, doçura de campos, compota de pera.
Acabamento: Limpo e suave.
Conclusão: Leve e aromático.

Campo de sabor: **Fragrante e floral**
Prove também: Glenkinchie 12 anos, anCnoc 16 anos

15 ANOS 40%

Nariz: Dourado acobreado. Especiarias intensas: sândalo, pau-rosa, açafrão-da-terra, cardamomo. Pétala de rosa.
Paladar: Maçãs primeiro. Surgimento de flor. Suave, leve; carvalho dominante.
Acabamento: As especiarias voltam. Canela e gengibre.
Conclusão: O uso de carvalho francês acentuou as especiarias.

Campo de sabor: **Frutado e picante**
Prove também: Balblair 1975, Glenmorangie 18 anos

18 ANOS 40%

Nariz: Dourado completo. Maçã assada, açúcar demerara, loja de antiguidades, lilases, anis leve.
Paladar: Mais encorpado que o 12 anos, com mais tonel de xerez. Cedro, flor de amendoeira, amontillado e casca de laranja seca.
Acabamento: Maçã e pimenta-da-jamaica.
Conclusão: Mais encorpado e mais evoluído, com uma boa linha que remete ao espírito novo.

Campo de sabor: **Rico e redondo**
Prove também: Auchentoshan 21 anos

1972 CELLAR COLLECTION 52.3%

Nariz: Âmbar leve. Whisky com notas de ranço. Caixa de charutos, açúcares de frutas carameladas, tangerina leve, *crème brûlée*, abeto, canela.
Paladar: Há um toque defumado aqui. Bastante urze, como também couro (camurça). Carvalho doce, abacaxi grelhado. Tranquilo.
Acabamento: Defumado leve e frutas.
Conclusão: Um passo além na fusão de madeira e espírito.

Campo de sabor: **Frutado e picante**
Prove também: Balmenach 1993, Old Pulteney 30 anos

GRUPO DO BEN RINNES

O monte Ben Rinnes é a montanha de whisky da Escócia – existe até um mirante em seu cume mostrando todas as destilarias que podem ser avistadas de lá. À sua sombra, o jogo entre as antigas maneiras tradicionais e a estética moderna mais leve alcança a sua expressão mais plena. Aqui, as destilarias que fabricam estilos carnudos encorpados encontram-se lado a lado com aquelas onde as flores são as prediletas.

Cardhu (ao fundo) olha para baixo, para as construções ao longo do Knockando.

Cragganmore

BALLINDALLOCH • WWW.DISCOVERING-DISTILLERIES.COM/CRAGGANMORE • ABERTO À VISITAÇÃO • MAIO–OUT., SEG–SEX

O monte Ben Rinnes é o centro de conexão de Speyside. Ponto mais ao norte das montanhas Cairngorm, ele domina a parte central da região. De seu cume pode-se discernir a paisagem da área – ao sul até Cromdales e Glen Livet, ao norte até Rothes e Elgin, a leste até Dufftown e Keith. O grupo de destilarias situado sob sua sombra imediata é prova ainda maior do desenvolvimento de Speyside de seu estilo triplamente facetado.

Uma das questões que o destilador do período posterior a 1823 enfrentou foi a de como colocar seus produtos no mercado. As trilhas montanhesas podiam ter sido uma nítida vantagem na era do contrabando, mas a comunicação precária com os novos mercados foi um obstáculo para muitos dos destiladores iniciantes, e até os anos 1860 as destilarias passaram por tempos difíceis.

A sorte estava para mudar em 1869, com a construção da Ferrovia Strathspey, que ligava Dufftown com Boat of Garten e a linha até Perth e o cinturão central. O primeiro destilador do grupo do Benn Rinnes a tirar proveito disso foi John Smith, que construiu sua destilaria, Cragganmore, próxima à estação de Ballindalloch em 1869.

John Smith era um homem corpulento. De alguma maneira seu tamanho o diminuiu, com toda a atenção voltada para a sua corpulência, desviando o mérito de sua genialidade como um destilador inovador. Ele tinha parentesco com George Smith da Glenlivet (muito provavelmente seu filho ilegítimo) e foi administrador lá, como também na Dailuaine e Macallan, antes de rumar na direção sul para a Clydesdale (Wishaw). Então ele voltou para Speyside para trabalhar por pouco tempo na Glenfarclas, antes de finalmente começar vida nova em um lote de terra ao lado do Spey e construir sua destilaria.

Embora agora haja computadores na casa de alambique, a abordagem de Smith na fabricação de whisky permanece intacta. A razão para ele ter construído ali foi prática, mas sua criatividade como destilador era impressionante. Ele já havia trabalhado em uma diversidade de destilarias de outras pessoas: na Glenlivet em sua jornada até o leve, em um estilo mais encorpado na Macallan e na Glenfarclas, e na destilação tripla da Clydesdale. Essa era a sua chance de fazer seu próprio whisky.

A Cragganmore começou de modo regular: malte levemente turfoso que foi moído, macerado e passou por uma longa fermentação em cubas de lavagem de madeira. É na casa de alambique, porém, que a genialidade de Smith se evidencia mais.

Os alambiques de primeira destilação, a primeira parada são grandes,

Apesar de escondida da vista e um tanto fora do caminho habitual, a Cragganmore foi uma das primeiras destilarias a aproveitar os benefícios da ferrovia.

Uma evolução lenta no tonel será um dos fatores que acrescentará camadas adicionais a esse complexo single malt.

com um *lyne arm*, ou pescoço de cisne, em um ângulo acentuado levando a um "worm tub". Os recipientes seguintes, os alambiques de espírito, nesse meio tempo têm um topo chato com um lyne arm longo, inclinando-se gentilmente na lateral. A palavra-chave aqui é refluxo: o processo do vapor do álcool condensando dentro do corpo do alambique e sendo destilado novamente (veja p. 14-5). A pergunta é: que estilo de espírito Smith estava tentando fazer? Quanto mais se olha, mais confuso e contraditório parece. Os alambiques de primeira destilação são imensos, sugerindo bastante refluxo e, portanto, um espírito leve, mas o *lyne arm* tem um ângulo acentuado para baixo, em forma de T, que impede que o contato seja prolongado demais. O fato de que, então, conduz a um sistema de "worm tub" frio sugere que o resultado final será encorpado. O alambique de espírito é ainda mais confuso. O vapor de álcool desce do topo chato e sofre refluxo de volta até a turbulência de vinhos baixos. Uma vez que o *lyne arm* recua do topo, significa que apenas certos sabores passarão. A inclinação longa e suave desse pescoço de cisne significa que há um contato mais prolongado com o cobre acontecendo. Tudo aponta para se estender o contato com o cobre até você verificar o pequeno alambique e serpentinas de cobre "worm" frias!

A resposta? Ele era um mestre da destilação que queria fabricar o espírito mais complexo que pudesse. A Cragganmore pode ser confusa, mas também é inspiradora. Indivíduos como Smith não eram homens incultos simplesmente fazendo uma espécie de cerveja; eram inovadores, experimentadores, pioneiros.

O palpite hoje em dia é que o whisky Cragganmore teria sido complexo e estaria do lado mais leve do encorpado, ou até o de que eram feitos dois estilos. "Não tenho certeza de que em 1869 eles sabiam que o enxofre desaparecia após dez anos no tonel e, portanto, podem ter tentado evitá-lo", diz o atual gerente Shane Healy. "O processo inteiro é conduzido de modo a produzir sulfuroso no inverno e predominantemente relvoso no verão."

Não que Healy queira isso. Hoje em dia, a Cragganmore está fabricando um espírito novo sulfuroso/carnudo o ano inteiro e, portanto, precisa parar o contato com o cobre: nada de descanso aos alambiques e serpentinas de cobre "worm" frias (porque nos meses mais quentes o espírito pode ficar relvoso).

O alambique de espírito de Smith, entretanto, continua fazendo seu trabalho e, escondido por trás do enxofre no espírito novo, está o vislumbre do complexo caráter maturado, todo de frutas de outono e lampejos do sol tardio através das folhas nas florestas escuras de Ballindalloch.

NOTAS DE DEGUSTAÇÃO: CRAGGANMORE

ESPÍRITO NOVO

Nariz: Concentrado. Carnudo (carne de cordeiro). Enxofre. Cítrico doce e frutas por trás. Indício de nozes.

Paladar: Grande e forte com um quê defumado e, então, entram a carne/enxofre. Imenso e denso. Untuoso e espesso, estilo antigo. Tem peso e flexibilidade.

Acabamento: Frutas pretas e enxofre.

8 ANOS MADEIRA REUTILIZADA, AMOSTRA DE TONEL

Nariz: Integrado e frutado. Toque de carne assada/estanho. Muita hortelã, folhas de outono e musgo, até um quê de abacaxi e moráceas. Enxofre com água.

Paladar: Maduro e sedoso. O caráter emergiu. Complexo e encorpado. Conduzido por frutas, com fundo de madeira.

Acabamento: Ele se fecha. Toque de turfa.

Conclusão: O caráter maduro já está emergindo.

Campo de sabor: **Frutado e picante**

12 ANOS 40%

Nariz: Mistura complexa de frutas maduras de outono, groselha-preta, um pouco de couro, mel espesso, castanha. Defumado leve.

Paladar: Totalmente encorpado e frutado. Compota de frutas suaves, toques de nozes. Profundo. Sensação sedosa. Aberto.

Acabamento: Defumado leve.

Conclusão: O enxofre desapareceu por completo e a carne emergiu na forma de um rico teor geral frutado.

Campo de sabor: **Rico e redondo**

Prove também: Glendronach 12 anos, Glengoyne 17 anos

1997 MANAGER'S CHOICE 59.7%

Nariz: Pálido. Malte leve e maçã silvestre. Indício de flores por trás. Bastante firme.

Paladar: Dourado leve. Untuoso, mas começa a se realçar e se torna leve e de ésteres: abacaxi, morango com uma qualidade de mel. Em tempo, coentro, mel.

Acabamento: Grande e semelhante ao toffee.

Conclusão: Precisa de tempo no copo para se desenvolver em termos de poder.

Campo de sabor: **Rico e redondo**

Prove também: Macallan 10 anos Sherry, Yamazaki 18 anos

Knockando

KNOCKANDO • WWW.MALTS.COM/INDEX.PHP/EN_GB/OUR-WHISKIES/KNOCKANDO/INTRODUCTION

O contraste entre a Cragganmore e a Knockando não poderia ser mais extremo. Enquanto a primeira fica escondida em um vale frondoso, a última situa-se orgulhosamente, com suas pedras claras, ao lado de onde costumara ser a linha férrea de Strathspey e agora é o caminho de escalada de longa distância de Speyside Way. Há um ar etéreo na arquitetura que de algum modo reflete o malte de corpo leve, cuja personalidade remonta a partículas de poeira em uma tarde ensolarada.

A Knockando encaixa-se firmemente na categoria leve. Na verdade, é uma das precursoras do grupo enxuto que entrou em cena na década de 1960. Aqui, mosto turvo e fermentação breve resultam em um espírito novo de caráter predominantemente maltoso (veja p. 14-5). Como consequência, o toque de carvalho precisa ser extremamente leve, apenas o suficiente para propiciar um pouco de doçura àquele paladar farelento.

A exemplo de John Smith, John Thompson, seu primeiro proprietário, construiu a Knockando nesse local a fim de tirar o máximo de proveito da ferrovia, mas as coisas tinham progredido desde os tempos de Smith. Na época em que a Knockando foi construída, 1890, os blends estavam em ascendência e, portanto, o destilador estava encarregado de ditar que estilos eram necessários. Se os primeiros destiladores faziam, em grande parte, o que queriam – o whisky como uma extensão da personalidade e da propensão –, até o final do século XIX um pragmatismo mais complexo estava assumindo o controle.

As destilarias estavam produzindo o que os blenders queriam – e os blenders, por sua vez, tinham de ter ciência do que o público consumidor desejava. O que essa última onda de construção no século XIX das destilarias de Speyside demonstra é a ampliação do modelo do whisky escocês, a necessidade de uma gama cada vez maior de sabores com os quais se criam blends.

As construções claras da Knockando situam-se ao lado do rio Spey.

A Knockando se tornou parte da Gilbey em 1904, um dos portfólios de blenders de Speyside com sede em Londres, sendo que todos estão no campo do delicado. Eventualmente, o whisky dela se tornaria um grande integrante na J&B – um dos whiskies mais frágeis do mercado, composto para se adequar ao paladar mais leve da época da Lei Seca norte-americana.

NOTAS DE DEGUSTAÇÃO: KNOCKANDO

ESPÍRITO NOVO

Nariz: Pastoso e limpo com avelã. Com água, torna-se farelento; estofamento de sofá, feltro.
Paladar: Leve e teso com um toque de limão. Bastante farelento. Simples.
Acabamento: Curto, seco.

8 ANOS MADEIRA REUTILIZADA, AMOSTRA DE TONEL

Nariz: O caráter do espírito novo ainda permanece: farelo e poeira. Farinha velha. Completamente seco.
Paladar: Cereais matinais da Weetabix esfarelados. Parece haver doçura, mas está bem escondida. Crocante e seco.
Acabamento: Maltoso.
Conclusão: Um caráter seco e de nozes que precisa de madeira leve e seca para trazê-lo à vida.

Campo de sabor: **Maltoso e seco**

12 ANOS 43%

Nariz: Leve e mais nozes. Palha seca (o farelo se foi). Indícios de ésteres por trás de uma nota suave, ainda que leve, de baunilha.
Paladar: Leve e fofo com um pouco de chocolate ao leite, limão. Com água, um caráter maltoso seco. Bastante leve.
Conclusão: Um tanto mais de tempo no barril preencheu um pouco o centro.

Campo de sabor: **Maltoso e seco**
Prove também: Tamnavulin 12 anos

Tamdhu

KNOCKANDO • WWW.EDRINGTONGROUP.COM/BRANDS/TAMDHU.ASP

A poucos metros ao longo da velha estrada de ferro situa-se a Tamdhu, que segue um modelo semelhante ao da Knockando. Ela foi construída em 1896 por um consórcio de blenders que a vendeu um ano depois para a Highland Distillers (agora Edrington). Seu pátio de pedra escura e as imponentes construções formam uma combinação que lhe dá um ar um tanto desolado, embora seja o tamanho das estruturas que esconde o maior motivo para a fama da Tamdhu – como o lugar das últimas maltagens Saladin operacionais do whisky escocês.

Até a invenção do método da maltagem Saladin, a capacidade de uma destilaria se restringia pelo tamanho de seus solos de maltagem. Esse novo método – tanques do tamanho de câmaras, com pás rotativas embaixo, repletos de cevada germinando, remexida por um Parafuso de Arquimedes – permitiu que fossem produzidas imensas quantidades de malte (cada uma das dez caixas da Tamdhu pode conter 22 toneladas), assim aumentando a produção e proporcionando uma centralização da maltagem. Além de ser autossuficiente em termos de malte, a Tamdhu fornecia o malte não turfoso para a Highland Park e atendia a toda a demanda da Glenrothes.

As maltagens tendem a desviar a atenção da destilaria em si, que desde 1972 tem mantido uma operação com seis alambiques. Ela sempre desempenhou um papel fundamental nas ofertas da Edrington, com fornecimento para blends, entre os quais o Dunhill, cujos executivos entretinham seus clientes no elegante bar com vista para o Spey e cuja decoração dos anos 1960 é uma recordação saudosa daqueles tempos de *boom*. Hoje a velha estação de Knockando, que foi rebatizada de Tamdhu, atua como o centro de recebimento.

Seu caráter desprendido se evidencia no espírito novo com ésteres, mas expressões mais antigas possuem uma personalidade mais maltosa. "Como uma marca não central, ela provavelmente mudou com o tempo", diz o mestre harmonizador da Edrington, Gordon Motion. "Muito desse caráter maduro provavelmente mudou à medida que adquirimos mais conhecimento sobre tonéis e introduzimos uma política de madeira robusta na década de 1990. Não mudamos a personalidade para nos adequarmos a exigências de blending, mas usamos os tonéis para fazer as mudanças. Gosto de trabalhar com uma gama de personalidades, e por isso eu seria contrário a duas de nossas destilarias produzindo um espírito bastante semelhante." Os blenders dão as ordens. Na época em que o livro foi escrito, a Tamdhu havia sido fechada novamente para dar um equilíbrio ao estoque.

Acredita-se que as cubas de lavagem de madeira contribuem para a personalidade da Tamdhu.

NOTAS DE DEGUSTAÇÃO: TAMDHU

ESPÍRITO NOVO

Nariz: Limpo e leve com notas de ésteres e flores. Fragrante e realçado.
Paladar: Perfumado e direto. Jacinto e frésia, um toque de pepino.
Acabamento: Limpo e rápido.

10 ANOS 40%

Nariz: Dourado leve. Levedura/pão, quase pão com manteiga. Mais maltoso do que o espírito novo.
Paladar: Médio encorpado. Nozes. Leve e bem crocante. Toque de limão.
Acabamento: Cereal crocante.
Conclusão: Limpo e seco, mas há uma diferença aqui do atual estilo do novo espírito.

Campo de sabor: Maltoso e seco
Prove também: Aultmore 12 anos

18 ANOS 43%

Nariz: Maior e mais xerez, muitas passas roliças. Como a maioria dos whiskies leves, assimila facilmente a influência do barril.
Paladar: Caráter de xerez na parte posterior. Imenso e com passas, com uma secura de cereal subjacente. Equilibrado.
Acabamento: Limpo e seco. Abiscoitado.
Conclusão: Bastante do tonel, com o caráter da destilaria persistindo.

Campo de sabor: Rico e redondo
Prove também: Arran 1996

32 ANOS AMOSTRA DE TONEL

Nariz: Aberto. Nozes e ligeiramente defumado. Uma nota de mel previamente não vista emergiu junto com a canela.
Paladar: Muitas especiarias com frutas maduras macias/frutas secas.
Acabamento: Leve e limpo.
Conclusão: Doce e equilibrado. Aqui, uma maturação lenta beneficiou muito esse espírito.

Campo de sabor: Frutado e picante

Glenfarclas

BALLINDALLOCH • WWW.GLENFARCLAS.CO.UK • ABERTA O ANO INTEIRO • OUT.–JUN., SEG–SEX; JUL.–SET., SEG–SÁB

A dicotomia entre o encorpado e o leve, o velho e o novo, que permeia o todo de Speyside, nota-se mais à sombra do Ben Rinnes. Cinco quilômetros ao sul de Cardhu, bem nas encostas mais baixas da montanha, está a Glenfarclas, cujo espírito novo pesadamente doce, contemplativo, imediatamente a identifica como membro dos campos mais antigos.

Há uma sensação de permanência, do passado se solidificando na sua boca quando você o prova. Da mesma maneira que o whisky foi conduzido em muitas direções pela necessidade comercial, o da Glenfarclas permaneceu enraizado. Ainda assim, bastaria um olhar para seus alambiques, os maiores de Speyside, para levar a crer que aqui está uma destilaria fazendo um estilo mais leve. O segredo da profundidade de seu espírito novo está no fogo ardente abaixo dos próprios alambiques.

"Tentamos o vapor em 1981", conta George Grant, cuja família é proprietária da destilaria há seis gerações. "Mas nós o deixamos de lado após três semanas e voltamos logo para o fogo direto. O vapor pode ser mais barato, mas aqui apenas deixou o espírito fraco. Queremos um espírito de peso, queremos envelhecê-lo por 50 anos."

E onde ele é envelhecido faz diferença. Todo o destilado da Glenfarclas é envelhecido em armazéns *dunnage* (armazéns com telhado baixo de ardósia e chão de terra). Atualmente as destilarias transportam com frequência o espírito novo do local em caminhões-pipa para armazéns de paletas ou prateleiras em diferentes partes da Escócia. Se a personalidade de um whisky consiste no acréscimo de pequenos detalhes, poderia, então, essa ligeira mudança de temperatura exercer um efeito? Grant acredita que sim.

"Há uma enorme diferença de temperatura dentro dos armazéns com paletas, que são efetivamente galpões de lata, e isso só pode afetar o ciclo de maturação. Nossas perdas aqui são de 0,05% por ano. Já vi algumas em lugares com paletas onde são elevadas ao ponto de 5%; a média da indústria é de 2%. Aqui o whisky está oxidando lentamente, não evaporando, e isso faz a diferença." Nesses armazéns aos pés das colinas do The Ben, um vento aguçado soprando é considerado microclima. É a especificidade do local em ação, e há quase uma abordagem, como a de Burgundy, na fabricação do whisky: conhecendo o seu pedaço de terra, aceitando o que ele dá a você.

O tipo de madeira dá uma contribuição significativa ao estilo do Glenfarclas. Predominantemente barril de xerez de primeiro uso (de Jose-Miguel Martin) com bourbon que não é de primeiro uso. O caso não é apenas que o Glenfarclas pode aguentar bem os barris de xerez, mas ele precisa de barris de xerez. Em vez de eventualmente perder sua personalidade, ele absorve o poder do carvalho e o usa a seu favor.

Há poucas famílias no Scotch com essa linhagem de destilação, dando aos Grant uma ligação quase psíquica com o lugar. "Temos continuidade", diz Grant. "Não temos de responder a ninguém e, portanto, podemos fazer

Situadas nos flancos do Ben Rinnes, as instalações da Glenfarclas produzem whisky desde o século XVIII.

as coisas à nossa maneira, e pelo fato de o estarmos fazendo há seis gerações, estamos em melhor posição do que a maioria. Ou você tem o seu dinheiro no banco ou o seu dinheiro no estoque. Temos ambos. Esta é a nossa vigésima segunda recessão! Aprendemos a fazer apenas o que podemos bancar e nunca pedimos dinheiro emprestado para isso."

E esse é um dos poucos remanescentes de uma Speyside mais antiga? "Nem sequer chamamos a nós mesmos de Speyside!", ri Grant. "Dizemos que somos um malte da Highland. Essa ideia toda de 'Speyside' é nova [o que é verdade: a região era conhecida tanto como Strathspey como Glenlivet no passado] e confunde as pessoas – o Spey percorre um longo caminho." Ele faz uma pausa. "Claro, 'Highland' é ainda mais impossível de se definir. Somos apenas Glenfarclas. Tenho uma pintura de 1791 mostrando uma destilaria neste local. Estamos aqui legalmente há 175 anos... As pessoas sabem o que é Glenfarclas."

Tonéis ex-xerez são uma grande parte do perfil de sabor distinto do Glenfarclas.

NOTAS DE DEGUSTAÇÃO: GLENFARCLAS

ESPÍRITO NOVO

Nariz: Grande, encorpado e frutado. Muito terroso e profundo. Poderoso com um toque de fumaça de turfa.

Paladar: Começo seco bastante fechado e teso com aquela nota terrosa continuando. Maduro e denso. Estilo antigo.

Acabamento: Indício de frutas. Contemplativo.

10 ANOS 40%

Nariz: Com xerez (*amontillado pasada*); amêndoa tostada, castanha. Frutas maduras, amoras, mas também um toque defumado: fogueira de outono. Fica doce em um mínimo de xerez, larício.

Paladar: Limpo e bem crocante com um bom calor no meio do céu da boca. Maduro e cheio. Geleia de ameixa roxa. Ainda tem a qualidade terrosa do espírito novo e aquela intrigante nota queimada. A água o adoça consideravelmente.

Acabamento: Espesso e longo. Duração, domínio e poder.

Conclusão: Assimilação imediata de influências do tonel, mas este tem mais a oferecer.

Campo de sabor: **Rico e redondo**

Prove também: Edradour 1997

15 ANOS 46%

Nariz: Âmbar. Profundo e rico com tâmara e frutas secas. Ainda tem a tensão do jovem, mas adquirindo complexidade. A qualidade terrosa está se atenuando conforme as coisas começam a ficar doces: pasta de castanha, cedro, avelãs em uma fogueira de acampamento, bolo de frutas.

Paladar: Teso, sensação de crispação e não tão aberto quanto crescente. O Farclas apenas acumula peso enquanto envelhece. Bosques. Com mais sensação de crispação do que o 10 anos, mas o espírito é tão grande que simplesmente a afasta.

Acabamento: Poderoso e longo.

Conclusão: Uma sensação de poder infinitamente crescente.

Campo de sabor: **Rico e redondo**

Prove também: Benrinnes 15 anos, Mortlach 16 anos

30 ANOS 43%

Nariz: Mogno. Muito chocolate escuro e expresso. Ainda aguçado. Agora, passas, mas também melaço e ameixa seca e couro velho. Em tempo, há matéria vegetal (uma evolução da qualidade terrosa anterior). Até um toque carnudo.

Paladar: Arbóreo e misterioso. Denso e crepuscular. Charuto Bolívar e frutas escuras doces. Um pouco de crispação taninosa.

Acabamento: Café.

Conclusão: Pode haver uma grande influência do tonel aqui, mas, mesmo após três décadas em um tonel ativo, a destilaria está mantendo sua personalidade.

Campo de sabor: **Rico e redondo**

Prove também: Ben Nevis 25 anos

Dailuaine

DAILUAINE • ABERLOUR

Apesar de a Dailuaine ser uma das destilarias mais fáceis de se avistar em Speyside, poucos sabem que é isso o que viram. Seguindo em direção à Aberlour, partindo da Glenfarclas, geralmente haverá nuvens de vapor flutuando de um vale escondido no lado da estrada que fica junto ao rio. Estas se elevam da fábrica de grãos escuros da Dailuaine, onde subprodutos como a *pot ale* ("cerveja de alambique") e demais resíduos de destilação dos locais centrais de Speyside da Diageo são processados para se tornar ração de gado.

A própria Dailuaine é uma mistura interessante do velho e do novo. Uma destilaria de 1852, reconstruída em 1884, foi, por algum tempo, a maior destilaria de malte de Speyside, possuindo um forno que Alfred Barnard comentou possuir um telhado "do mais inclinado ângulo na Escócia... [o qual] dá ao malte um aroma delicado sem ter de se usar coque para impedir que o sabor se torne pronunciado demais". Isso se tornou ainda mais sofisticado com a instalação do primeiro telhado pagode[5] de destilaria da Escócia, uma clara prova de que a Dailuaine estava tentando se manter (mais) leve em sua característica defumada, para estar em conformidade com as exigências do final de século do mercado.

Outrora a maior destilaria de Speyside, Dailuaine continua fabricando um grande whisky carnudo.

Por tudo isso, hoje a Dailuaine se mantém no campo encorpado ao estilo antigo, embora seja mais doce no coração, com menos da pungência carnuda de outros membros desse clube.

Enquanto outras fábricas da Diageo, como a Cragganmore, Mortlach e Benrinnes, acham esse caráter relativamente fácil de fazer, graças às serpentinas de cobre "worm" (veja p. 14-15), a Dailuaine tem de trabalhar contra o padrão para obter esse novo espírito sulfuroso de seus condensadores. Como vimos, a característica sulfurosa deve-se a uma falta de interação com o cobre, mas os condensadores estão repletos do metal. A solução aqui? Condensadores de aço inoxidável.

Parece muito apropriado que esta velha destilaria que sempre esteve na vanguarda da inovação tenha encontrado uma solução criativa para se manter dentro do mundo crepuscular do whisky mais antigo.

Também no fundo do vale, ao lado da velha linha férrea, está a Imperial, cuja história diversificada fala muito sobre as incertezas da indústria do whisky escocês. Construída em 1897, ela teve de esperar até os anos 1950 para seu período ininterrupto mais longo de produção, antes de ter ficado inoperante em 1983. Ainda está fechada, uma imensa fonte de irritação para muitos que amam seu estilo cream soda americana/floral.

5. O telhado pagode tem inspiração oriental. Bastante inclinado, chega a 100% de inclinação no início da queda e termina em uma curva ascendente ao pé. A telha mais inclinada é a japonesa.

NOTAS DE DEGUSTAÇÃO: DAILUAINE

ESPÍRITO NOVO

Nariz: Aspecto carnudo leve, couro. Um pouco de cereal e uma doçura parcialmente escondida.

Paladar: Carnudo. Corante para molho. Doce e espesso, quase semelhante ao toffee. Encorpado.

Acabamento: Longo com indício de doçura.

8 ANOS MADEIRA REUTILIZADA, AMOSTRA DE TONEL

Nariz: A carne parou de deixar que aquela doçura dominasse. Couro leve, frutas pretas, maçãs velhas.

Paladar: Grande, encorpado com ameixa pequena roxa e amoras, cortado por couro. Rico e cheio.

Acabamento: O aspecto carnudo aparece apenas agora.

Conclusão: Um espírito encorpado, rico, doce. Uma fonte de influência.

Campo de sabor: **Rico e redondo**

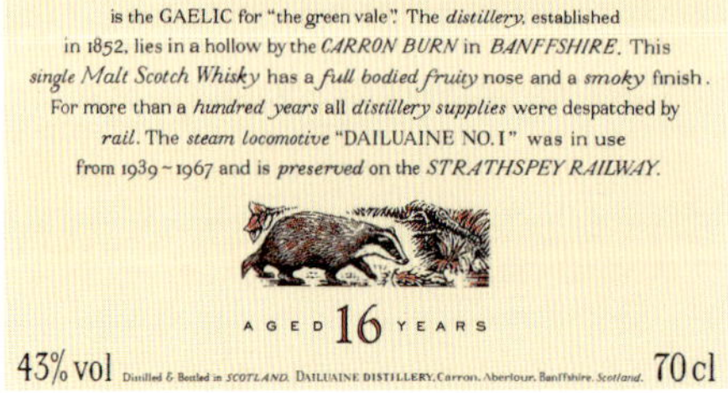

16 ANOS, FLORA & FAUNA 43%

Nariz: Âmbar vermelho. Profundo, terroso, com xerez. Original, com um leve realce de enxofre. Altamente concentrado. Marmelada Old English. Permanece ligeiramente carnudo com melaço, rum e passas, cravo.

Paladar: Imenso e bastante doce. Quase como Jerez Pedro Ximenez/conhaque Brandy de Jerez. Nozes e castanhas. Um assalto à língua.

Acabamento: Sensação de crispação e, então, adoça lentamente.

Conclusão: Tonéis de xerez são necessários para domar essa fera. Caráter da destilaria ainda forte, apesar da influência do carvalho.

Campo de sabor: **Rico e redondo**

Prove também: Glenfarclas 15 anos, Mortlach 16 anos

Benrinnes & Allt-a-Bhainne

BENRINNES • ABERLOUR / ALLT-A-BHAINNE • DUFFTOWN

Finalmente, depois de contornar o "The Ben", agora é o momento de começarmos a subir por suas encostas. Essa formação granítica está viva com fontes, é o lar da lebre da montanha, da escrevedeira-das-neves, da ptármiga e dos cervos. Suas partes mais baixas estão repletas de turfa, seus cumes são como rabiscos de granito rosa. Embora a apenas 1,5 quilômetro do vale verdejante de Spey, nas proximidades de cidades, você está no meio de terra selvagem. Ela certamente assustou o cronista Alfred Barnard, um homem claramente mais preparado para viajar no nível do mar. "... nenhum lugar mais estranho ou desolado poderia ter sido escolhido", escreveu ele sobre essa localização.

Esse aspecto estranho é uma descrição justa da abordagem da Benrinnes na fabricação do whisky. Basta o pico alcoólico do espírito novo para que uma pessoa seja confrontada com as qualidades enigmáticas que definem tantos dos lugares mais antigos de Speyside. Ele é carnudo com enxofre, uma estranha mistura do saboroso e um pouquinho de doçura. Essa característica carnuda é definidora: uma mistura feroz de peles curtidas e caldeirões.

A personalidade provém da destilação parcialmente tripla. Há dois conjuntos de três alambiques, cada um operando como um trio. O espírito do alambique de primeira destilação é dividido em "cabeça" e "cauda". A primeira, elevada em força, vai para um recipiente, a última, mais fraca, volta a ser destilada no alambique intermediário com os *foreshots* (cabeça) e *feints* (cauda) do ciclo prévio. O ponto de corte intermediário é coletado e misturado com a "cabeça" do alambique de primeira destilação e os *foreshots* e *feints* do ciclo prévio do alambique de espírito. Do lado de fora, os "worm tubs" resfriados ajudam a eliminar qualquer contato com o cobre. O enxofre vem das serpentinas de cobre, o aspecto carnudo, do alambique intermediário.

É difícil pensar em um contraste maior entre o "The Ben" e a destilaria na encosta leste da montanha. Construída pela Seagram em 1975, a Allt-a-Bhainne e seus alambiques esguios com pescoços de cisne de ângulos voltados para cima resultam em um whisky com uma delicadeza típica de sua era e o estilo da casa.

NOTAS DE DEGUSTAÇÃO: BENRINNES

ESPÍRITO NOVO

Nariz: Denso. Cola de casco. Caldo de carne. Molho HP/Lea & Perrins. Grande aspecto carnudo.
Paladar: Grande e forte. Denso e encorpado com um toque defumado. Bom peso. Seco e poderoso.
Acabamento: Sulfuroso.

8 ANOS MADEIRA REUTILIZADA, AMOSTRA DE TONEL

Nariz: Cubos Oxo, torta de carne com molho. Bastante terroso e radicoso.
Paladar: Espesso e concentrado, com uma doçura semelhante ao tamarindo no centro. Alcaçuz e chocolate.
Acabamento: Carnudo/sulfuroso.
Conclusão: Um grande valentão, precisa de tempo para se abrir para a completa maturidade.

Campo de sabor: **Rico e redondo**

15 ANOS, FLORA & FAUNA 43%

Nariz: Âmbar vermelho. Carnudo. Melaço, toffee da Highland e ainda cubos Oxo, carnudo seco. Com água, um realce defumado e de urze.
Paladar: Robusto. Carne assada e uma sensação de crispação proveniente do tanino. Longo e maduro, mas a água ajuda a abrandar a crispação taninosa... como o faz a riqueza inerente ao espírito. Indícios de aspecto de couro emergindo.
Acabamento: Chocolate amargo e café.
Conclusão: Começando agora a entrar no estágio maduro.

Campo de sabor: **Rico e redondo**
Prove também: Glenfarclas 21 anos, Macallan 18anos Sherry

23 ANOS 58.8%

Nariz: Mogno profundo. Ameixa seca (semelhante a conhaque armagnac) com uma leve nota de bife posterior. Essa interação entre vigor e doçura ondulante continua por todo o caminho. Bergamota, tomate, purê, *clootie dumpling* (pudim escocês), toque de pimenta-da-jamaica e uma nota de sumo ligeiramente carbonizado, maçã e toffee, castanha assada, café, terroso.
Paladar: Grande, poderoso e assertivo, mas não adstringente, à medida que a doçura concentrada permanece. Passas (Jerez Pedro Ximenes) e muitas tâmaras. A fera foi quase domesticada. Suaviza enquanto se move lentamente pela língua. A água abranda a sensação de crispação e acrescenta um caráter ligeiramente defumado. Carnudo em todos os sentidos.
Acabamento: Melaço.
Conclusão: Mesmo depois de 23 anos em um barril de xerez de primeiro uso, identifica-se como Benrinnes.

Campo de sabor: **Rico e redondo**
Prove também: Macallan 25 anos, Ben Nevis 25 anos

NOTAS DE DEGUSTAÇÃO: ALLT-A-BHAINNE

ESPÍRITO NOVO MALTE TURFOSO

Nariz: Defumado bem leve para começar. Simples, bastante limpo, espírito de base leve com suave toque de teor defumado e ligeiramente relvoso surgindo. Fogueira de jardim.
Paladar: A qualidade defumada atinge com efeito completo aqui. Qualidade defumada de madeira. Seco.
Acabamento: Seco.

1991 62.3%

Nariz: Relvoso e ésteres. Aromas de tanoaria. Carvalho. Leve e limpo. Bastante simples.
Paladar: Nota perfumada e floral. Muito carvalho recém-crestado. Indício de açúcar de cevada. Excelente, com ésteres.
Acabamento: Limpo e curto.
Conclusão: Bem ao estilo de casa do lado mais leve de Speyside.

Campo de sabor: **Fragrante e floral**
Prove também: Glenburgie 12 anos, Glen Grant 10 anos

No alto das encostas do The Ben, onde Barnard temeu caminhar.

Tonéis aguardando reparos ou rejuvenescimento na Tanoaria de Speyside.

Macallan

CRAIGELLACHIE • WWW.THEMACALLAN.COM • ABERTA O ANO INTEIRO • SET.–PÁSCOA, SEG–SEX; PÁSCOA–AGO., SEG–SÁB

Talvez seja a maneira pela qual sua sede, a casa Easter Elchies, olha para baixo desde um cume acima do Spey, mas a Macallan sempre teve um ligeiro ar altivo. Embora sua abordagem esteja ligada diretamente com as das destilarias mais antigas deste grupo – as primeiras (a Macallan foi fundada em 1824) seguiam a teoria dos whiskies mais encorpados –, a maneira como tem vendido seu whisky sempre a colocou ligeiramente à parte do restante da indústria. Suspeita-se que ela não se importa tanto assim.

Essa ligação com a tradição antiga se manifesta mais claramente na casa de alambique, onde pequenos alambiques de espírito se apoiam acima de seus condensadores como duendes contando seu tesouro. O fogo direto na lateral do espírito acrescenta arrojo, ao passo que o pescoço pequeno significa que há pouca chance de refluxo – necessitando um corte de espírito teso. O Macallan se encontra lá como um espírito novo: untuoso, maltado, profundo, mas fundamentalmente doce. Ele é de opinião, deixando claro desde o primeiro dia que esse não é um espírito que será dominado pelo carvalho.

Carvalho na Macallan significa tonéis reservados de ex-xerez cuja construção, compra e administração é supervisionada pelo mestre de madeira George Espie. Como tem sido tradicional em Jerez há séculos, é usada uma mistura de carvalho europeu (*Quercus robur*), com seus aromas de cravo e frutas secas e tanino mais elevado, e carvalho americano (*Quercus alba*), todo baunilha e coco, dando ao fabricante de whisky Bob Dalgarno dois segmentos de sabor muito diferentes para manipular – e muitas variações intermediárias.

"Você precisa dos dois tipos de madeira", diz Dalgarno. "O carvalho americano dá doçura e suavidade, mas preciso da riqueza do europeu também." Ele corre os olhos por uma fileira de amostras da mesma idade, do mesmo tipo de tonel, cada uma de uma tonalidade diferente com a qual tem de fazer um engarrafamento de 12 anos com a mesma personalidade do anterior. "Sabemos que temos variação, apenas temos de saber como administrá-la. Para nós, o inesperado é esperado." O que foi inesperado para muitos aficionados do Macallan foi o lançamento da linha Fine Oak, uma edição paralela envelhecida predominantemente em carvalho americano. Sua chegada deixou alguns possessos. Acontece que o Macallan tinha sido acondicionado em carvalho americano por muitos anos, mas sua reputação se construiu em cima do fato de ser um single malt com 100% de envelhecimento em xerez (ou seja, carvalho europeu).

A linha Fine Oak não diminuiu a personalidade do Macallan, revelando mais dos tons de cereal e de frutas suaves. Na linha Sherry Oak, a chave está em como a untuosidade do espírito novo é usada tanto como facilitador dos sabores que emanam do carvalho quanto como uma barreira ao tanino agressivo, impedindo-o de grudar no céu da boca. O óleo deixa o velho Macallan macio, sem a sensação de crispação.

A controvérsia final foi a recente reclassificação do whisky de si próprio como uma marca de luxo. Ken Grier, diretor de maltes na proprietária Edrington, é rápido em descartar acusações de que o luxo simplesmente significa consumo supérfluo de produtos caros. "O que estamos descobrindo é que as pessoas estão interessadas nas histórias por trás das marcas: o luxo está nas histórias, no que é falado... não é fútil. Também significa que você tem de investir e acreditar que gastamos mais no nosso whisky do que qualquer um. Há o perigo de que isso pareça planejado, mas tudo volta à história e à procedência, e isso significa Bob Dalgarno e George Espie. Não temos nenhum direito divino sobre um consumidor.

Guardados a sete chaves nos muitos armazéns da Macallan, estão tonéis ex-xerez cujo conteúdo o fabricante de whisky Bob Dalgarno transforma em um dos muitos lançamentos dessa icônica destilaria.

NOTAS DE DEGUSTAÇÃO: MACALLAN

ESPÍRITO NOVO

Nariz: Limpo. Um pouco de frutas verdes. Bastante gordo/untuoso, maltoso. Enxofre leve.
Paladar: Gordo e untuoso e forma uma camada na língua. Encorpado. Azeitona verde. Inflexível.
Acabamento: Rico e longo.

10 ANOS SHERRY OAK 40%

Nariz: Âmbar. Notas imediatas do tonel de xerez: passas brancas e castanha, bolo de frutas, tudo assado com aquela gordura do espírito. Maduro, mas ainda jovem.
Paladar: Untuoso e aderente com tâmara, toffee doce. Gentil.
Acabamento: Melaço leve e, então, malte.
Conclusão: Os óleos se unem imediatamente ao carvalho europeu.

Campo de sabor: Rico e redondo
Prove também: Aberlour 16 anos, Cragganmore 1997, The Singleton of Glen Ord 12 anos

10 ANOS FINE OAK 43%

Nariz: Dourado. Leve e limpo. Fresco com notas sucosas/de pinho. Toque de maçã e baunilha e cereal doce.
Paladar: Leve, mas ainda tem aquela untuosidade. *Crème brûlée*/manteiga derretida, banana-passa.
Acabamento: Gentil mas crocante.
Conclusão: Aspecto mais maltoso evidente aqui.

Campo de sabor: Frutado e picante
Prove também: Bruichladdich 2002, Scapa 16 anos

15 ANOS FINE OAK 43%

Nariz: Dourado. Casca de laranja e melão maduro, manga, fava de baunilha. Açúcar quente, avelã e cera de polimento.
Paladar: Carvalho com nozes, frutas de pomar em compota, banana-passa. Toffee de caramelo, samambaia, malte e chocolate escuro.
Acabamento: Complexo e frutado.
Conclusão: O caráter da destilaria e tonéis "Fine Oak" em equilíbrio.

Campo de sabor: Frutado e picante
Prove também: Glenmorangie 18 anos, Glencadam 15 anos

18 ANOS SHERRY OAK 43%

Nariz: Âmbar escuro. Bolo de frutas, pudim de ameixa, bolo molhado rico, noz e bolo de gengibre e, então, um toque de melaço e bagos secos.
Paladar: Rico e cheio na boca. Sensação de mascar. Passas e figo. Bastante maduro e untuoso/rico.
Acabamento: Uma nota chamuscada agregando à complexidade.
Conclusão: Equilíbrio entre o caráter arrojado da destilaria e carvalho rico.

Campo de sabor: Rico e redondo
Prove também: Dalmore 1981, Glenfarclas 15 anos

18 ANOS FINE OAK 43%

Nariz: Dourado cheio. Indício de cereal na parte posterior, mas agora a riqueza no meio do palato está se desenvolvendo. Há um pouco de madeira queimada.
Paladar: Gordo e amanteigado (em vez de untuoso). Gentil e realçado com um pouquinho de banana amassada e um pouco de passas doces.
Acabamento: Frutas maduras suaves.
Conclusão: Ainda se formando. Um estilo de maturação mais lenta.

Campo de sabor: Frutado e picante
Prove também: Longmorn 16 anos, Dalwhinnie 15 anos

25 ANOS SHERRY OAK 43%

Nariz: Âmbar rico. Notas cheias, conhaque Brandy de Jerez: frutas escuras doces, amêndoa tostada, ervas secas. Doçura quase de compota de frutas, a doçura do espírito agora em sua expressão mais cheia junto com resina do carvalho.
Paladar: Bastante doce. Notas de vinho tinto. Aderência boa, amoras, cassis, defumado, terroso e, então, cheio com investida de passas.
Acabamento: Longo e rico.
Conclusão: O carvalho do xerez parece se ligar ao teor untuoso e desenvolve variações desse tema.

Campo de sabor: Rico e redondo
Prove também: GlenDronach 1989, Benromach 1981

25 ANOS FINE OAK 43%

Nariz: Dourado rico. O cereal do espírito novo ainda está aqui. Doce, maduro, com mais frutas açucaradas.
Paladar: Limpo e bem crocante, o malte é mais óbvio junto com um indício de abeto.
Acabamento: Passas brancas.
Conclusão: Se o "Sherry Oak" interage com o teor untuoso, o "Fine Oak" é uma improvisação de cereal e frutas.

Campo de sabor: Frutado e picante
Prove também: Tamdhu 32 anos, Aberfeldy 21 anos

Craigellachie

CRAIGELLACHIE • SPEYSIDE COOPERAGE • WWW.SPEYSIDECOOPERAGE.CO.UK • ABERTA O ANO INTEIRO • SEG–SEX

Há um elemento de resolução nesta batalha entre o velho e o novo, o leve e o encorpado, quando chegamos ao elemento final deste, o maior dos grupos de Speyside. A Craigellachie olha para ambos os lados. É uma destilaria de ferrovia, do final da era vitoriana, mas é uma destilaria que também conservou maneiras de fabricação de whisky mais antigas e tradicionais. Uma entre várias destilarias construídas nos anos 1890 por um consórcio de blenders e comerciantes, localizou-se aqui exclusivamente por causa das ligações de transporte do vilarejo de Craigellachie. Este era o principal entroncamento férreo nos tempos dos trens de whisky, e em 1863 era a estação que ligava Dufftown, Keith, Elgin e Rothes com a Ferrovia Strathspey.

Se o trem transportava whisky para fora da área, também levava matérias-primas e visitantes para lá – o imponente Hotel Craigellachie foi construído em 1893 como um hotel de ferrovia. Um dos blenders que teve uma ligação com Craigellachie desde o início foi Sir Peter Mackie, proprietário da White Horse Scotch Whisky... e da Lagavulin, e foi ele quem comprou a Craigellachie inteira em 1915. Embora a destilaria tenha sido ampliada (uma das janelas da casa de alambique tem o estilo de *showroom* de loja de carros dos anos 1960), é a retenção de características mais antigas que cria sua singularidade.

Cheire o espírito novo e perceba que há notas sulfurosas que nos seguiram ao longo da nossa jornada por Speyside – um aroma indicador do uso do sistema de serpentinas de cobre do tipo "worm". Em vez do aspecto carnudo visto nos outros lugares, entretanto, há um teor de cera – velas recém-apagadas? Cera de lacre? Frutas de cera? – no nariz que, então, forma uma camada na língua. Tudo sugere que esse é um whisky encorpado, mas que está escondendo outro aspecto de sua personalidade. Em vez de tímido, ele é malicioso.

Há um espírito novo sulfuroso com tons subjacentes de frutas de cera. "Usamos um processo sulfuroso no estágio de maltagem", explica Keith Geddes, assistente do destilador mestre do atual proprietário, John Dewar & Filhos. Isto é acentuado nos grandes alambiques da Craigellachie (permitindo refluxo) com o fluxo do espírito longo, "apenas um pouquinho",

Localizada no meio do vilarejo, a Craigellachie tornou-se outra das muitas destilarias de Speyside a serem encontradas perto da ferrovia.

TANOARIA DE SPEYSIDE

Localizado em uma colina acima de Craigellachie, há um campo repleto de zigurates de tonéis de whisky. É a Tanoaria de Speyside, que opera nesse local desde 1947. Agora de propriedade do tanoeiro francês François Frères, mais de 100 mil tonéis são consertados, crestados novamente por dentro ou confeccionados desde o início aqui. Há um centro de visitantes que permite às pessoas uma rara exposição ao que permanece como uma arte pouco vista porém crucial.

Cubas de lavagem de madeira são apenas um dos muitos toques tradicionais que ajudam a manter a personalidade singular do Craigellachie.

que direciona o vapor naquelas serpentinas de cobre "worm" (veja p. 14-5). "O cobre remove o enxofre", diz Geddes, "e o sistema de serpentinas 'worm' da Craigellachie tem menos cobre disponível. O caráter sulfuroso do espírito novo está sempre presente e é uma assinatura da Craigellachie. Não poderíamos fazer uma réplica disso em nenhum dos nossos locais, porque são todos locais de camisa e tubo. Poderíamos obter um caráter sulfuroso deles se quiséssemos, mas não seria a mesma coisa."

Como sempre, nos locais sulfurosos, a pergunta é: o que está subjacente? "Poderíamos levá-lo mais adiante se quiséssemos", diz Geddes, "e colocá-lo no território do carnudo, mas estamos em busca de um equilíbrio." Não se vê aqui aquela profundidade de corante para molho do Dailuaine e do Benrinnes. À medida que envelhece, o Craigellachie entra em um mundo de frutas exóticas com aquela sensação cerosa na língua acrescentando um elemento extra de textura que parece realçar o toque bastante leve defumado em engarrafamentos mais velhos.

Não é um estilo comum – o Clynelish (p.138) é o outro exemplo clássico de um whisky ceroso, ao passo que o Deanston (p. 110) e o Aberfeldy mais velho (p. 115) também têm esse aspecto em evidência. Os blenders o adoram. De algumas maneiras, um Clynelish mais encorpado. "O Craigellachie agrega peso a um blend", comenta Geddes. "Conforme ele ajuda a promover o frutado e o floral, é um excelente alicerce sobre o qual se construir."

O Craigellachie é o ponto perfeito de se deixar o grupo do Ben Rinnes, um grupo de destilarias no qual pode ser vista toda a história inteira do Scotch. Seria fácil pensar que a jornada do espírito rumou inexoravelmente em direção ao grande, ao moderno e ao leve, mas este grupo mostra que, ao longo de toda a Escócia, o passado está vivo, as tradições antigas foram mantidas e o elo com a terra, quer seja físico ou emocional, resultou em uma coleção de whiskies para os quais a qualidade única do local é o principal fator na criação da personalidade.

NOTAS DE DEGUSTAÇÃO: CRAIGELLACHIE

ESPÍRITO NOVO

Nariz: Ceroso. Vegetais. Rabanete. Batata cozida/amido. Defumado leve.
Paladar: Nozes e doce com cera de abelha pesada e algumas notas sulfurosas. Encorpado e cheio.
Acabamento: Profundo e longo. Os vegetais retornam.

14 ANOS 40%

Nariz: Dourado pálido. Fruta de cera. Marmelo. Polpudo e, então, damasco junto com defumado leve e cera de lacre e groselha vermelha. Com água, há junco molhado, bola de "squash" e azeite de oliva.
Paladar: Coco leve antes de a sensação dominar. Untuoso e semelhante a glicerina. Geleia de frutas frescas. Doce e, ainda assim, sólido.
Acabamento: Marmelo e, então, farinha.
Conclusão: O sonho de um blender. Um single malt de textura.

Campo de sabor: **Frutado e picante**
Prove também: Clynelish 14 anos, Scapa 16 anos

1994, ENGARRAFAMENTO DA GORDON & MACPHAIL 46%

Nariz: Cor dourada. Nariz tipicamente untuoso/ceroso. Antiga cera para amaciar couro e frutas tropicais suaves com um acréscimo de toque cítrico.
Paladar: Como comer frutas de cera. Redondo e aderente no palato. Um pouco mais de ésteres com água e uma gentil qualidade de mel/melado em direção ao fim.
Acabamento: Toque leve de especiarias com toques de frutas tropicais doces e secas.
Conclusão: Equilibrado e se abrindo. Expressivo.

Campo de sabor: **Frutado e picante**
Prove também: Old Pulteney 17 anos

GRUPO DE DUFFTOWN

Autoaclamada capital do whisky de Speyside com suas seis destilarias em seus arredores, Dufftown é pouco mais velha do que sua primeira destilaria, tendo sido construída em 1817, quando James Duff a ergueu como uma cidade planejada. Lar da marca de single malt de maior vendagem do mundo e provavelmente o maior single malt do mundo (em termos de peso), este é um ótimo lugar para se testar a ideia de terroir.

O vapor se eleva até o ar frio de inverno acima das chaminés pagode da Balvenie.

Glenfiddich

DUFFTOWN • WWW.GLENFIDDICH.COM • ABERTA O ANO INTEIRO • SEG–DOM

Como o single malt mais vendido do mundo e a primeira destilaria a abrir suas portas (em 1969), seria fácil para uma pessoa que visita a Glenfiddich pela primeira vez esperar uma espécie de clichê da fabricação do whisky, mas, em vez disso, se depara com o oposto. Esse é um imenso local de trabalho (14 hectares/35 acres) com sua própria tanoaria, caldeiraria, engarrafamento (todo Glenfiddich é engarrafado no local), armazenamento... e três destilarias. A Glenfiddich é tanto uma marca de single malt moderno como também uma destilaria onde – apesar do tamanho – foi mantido um ethos tradicional de autossuficiência.

Construída por William Grant em 1886 e ainda de propriedade de seus descendentes, o primeiro espírito fluiu de seus alambiques pequenos (comprados da Cardhu) no dia de Natal do ano seguinte. Não se pode deixar de ter a sensação de que, mesmo naqueles primeiros tempos, o fundador tinha tino para o marketing.

O Glenfiddich gira em torno da leveza da personalidade, mas, entrando-se na casa de alambique, seria de se pensar que ali é produzido um estilo semelhante ao Macallan. Os alambiques são bem pequenos e, segundo a ciência nos diz, alambiques pequenos tendem a produzir um espírito novo encorpado, geralmente sulfuroso (veja p. 14-15). Cheire o Glenfiddich, entretanto, e ele é todo relvoso, maçã verde e pera. "Fazemos o corte com teor alto, que é como obtemos esse espírito limpo, com ésteres", diz o harmonizador mestre da William Grant, Brian Kinsman. "Se deixássemos fluir mais e fizéssemos o corte mais tarde no ciclo, ele seria bem mais encorpado e potencialmente sulfuroso."

Então, este é um caso de uma destilaria trabalhando contra o padrão? "Não pelo que podemos dizer", declara Kinsman. "O Glenfiddich, de acordo com nossos registros, sempre foi leve. Os alambiques sempre foram desse formato e, conforme a demanda cresceu, apenas construímos mais deles." Se eles tivessem permanecido com quatro alambiques e tentassem dar conta do aumento das vendas, teriam de prolongar o ponto do corte para obter mais líquido – e mudariam o estilo. A criação de novos alambiques foi a única opção a fim de manterem a personalidade. O fato de que há 28 alambiques em duas casas de alambique demonstra quanto essa demanda é grande.

A ausência de enxofre também é vantajosa, Kinsman explica, "uma vez que você não tem de eliminar algo antes de começar a obter a maturação aditiva". Mesmo com três anos de idade, o Glenfiddich está assimilando tons de madeira, lascas de carvalho no barril reutilizado; abacaxi maduro e baunilha cremosa no bourbon de primeiro uso; marmelada e passas brancas no primeiro abastecimento europeu... todos com aquele frescor verde.

Um significativo aprimoramento na administração da madeira e uma reestruturação da mistura de madeira resultaram em uma linha muito mais coerente. Enquanto, no passado, a Glenfiddich teve uma aleatoriedade um tanto frustrante nesse aspecto, agora há um teor dado pelo carvalho europeu que é aumentado lentamente com cada expressão de idade (exceto o 21 anos com acabamento de rum). Conforme a idade avança, as maçãs verdes da juventude amadurecem, a grama cortada seca e uma nota de chocolate se desenvolvem lentamente. Para um whisky leve, ele consegue se manter bem... mesmo aos 40 e 50 anos. "O espírito novo é leve no nariz, mas ele matura incrivelmente bem", afirma Kinsman. "Acho que o frescor e a intensidade não correspondem exatamente ao quanto de complexidade há ali." Para mim, ele parece ser levado em uma onda de carvalho, apoiado por ela, mas sempre permanecendo o inconfundível Glenfiddich.

Uma destilaria grande e complexa, a Glenfiddich destila, matura e engarrafa no local.

A Glenfiddich é uma das últimas destilarias a ter sua própria tanoaria.

A integração de carvalho e espírito está mais bem personificada pela implementação pioneira, em 1998, de um tonel Solera para o 15 anos. Essa técnica de Jerez de blending fracionado envolve remover apenas 50% do conteúdo do tonel Solera para cada engarrafamento. Isso é, então, substituído por uma mistura contendo 70% do bourbon reutilizado, 20% do carvalho europeu e 10% em carvalho virgem. O blending Solera não apenas agrega profundidade (alguns whiskies estão lá desde 1998), mas um gosto na boca diferente, mais suave. Uma técnica semelhante é empregada com o 40 anos, cujo tonel Solera jamais esvaziado contém remanescentes dos de 1920.

É essa amenidade geral que contém a chave da habilidade de envelhecimento de longo prazo da Glenfiddich – e, pode-se presumir, é também o segredo de seu sucesso comercial.

NOTAS DE DEGUSTAÇÃO: GLENFIDDICH

ESPÍRITO NOVO

Nariz: Crocante, limpo, relvoso, maçã verde e, em tempo, abacaxi maduro. Bastante puro e fresco.
Paladar: Todo peras, relva e ésteres. Cereal leve ao fundo.
Conclusão: Suave e refrescante.

12 ANOS 40%

Nariz: O aroma é conduzido pela baunilha, pela maçã vermelha e um pouco de passas brancas ao fundo acrescentando doçura. Com água, um pouco de chocolate ao leite.
Paladar: Doce com muita baunilha, um pouco de mistura para pudim de Natal e frutas mistas. Gentil e macio.
Acabamento: Amanteigado, mas relvoso.
Conclusão: As notas verdes do espírito novo se acentuaram agora e amadureceram. Um pouco de carvalho europeu acrescentou profundidade.

Campo de sabor: **Fragrante e floral**
Prove também: The Glenlivet 12 anos, anCnoc 16 anos

15 ANOS 40%

Nariz: Maduro e bastante suave, com um caráter semelhante a geleia de ameixa e maçã assada.
Paladar: Suave e sedoso. Mais espesso do que o 12 anos, com frutas pretas em compota, tons de coco e grama seca.
Acabamento: Maduro e cheio
Conclusão: O Solera acrescenta uma sensação e profundidade mais ricas.

Campo de sabor: **Rico e redondo**
Prove também: Glencadam 1978, Blair Atholl 12 anos

18 ANOS 40%

Nariz: Mais notas evidentes de xerez: passas e frutas secas mergulhadas em xerez, amoras, chocolate escuro e feno.
Paladar: Frutas escuras concentradas, mais aderente do que o 15 anos. Cacau, cedro.
Acabamento: Macio e longo e ainda doce.
Conclusão: A edição intermediária da linha, assim como o frescor da juventude, abre caminho para os mistérios escuros da idade.

Campo de sabor: **Rico e redondo**
Prove também: Jura 16 anos, Royal Lochnagar Selected Reserve

21 ANOS 40%

Nariz: Âmbar profundo. Doce e carvalho com café/cacau e um toque de cedro. Açúcar de cevada e toffee de caramelo. Um pouco de banana-passa.
Paladar: Rico e doce com boa duração. Ágata, chocolate amargo e solo de floresta. Tanino leve.
Acabamento: Carvalho seco. Folhoso.
Conclusão: Tem maturidade; este recebeu um período de acabamento em tonel de rum.

Campo de sabor: **Frutado e picante**
Prove também: Balblair 1990, Longmorn 16 anos

30 ANOS 40%

Nariz: Resinoso e espesso. Maduro, notas de ranço. Caixa para charutos, aspecto de nozes.
Paladar: Bastante macio e sedoso. Flui pela língua com um ligeiro quê musgoso. Bases de chocolate e café agora no controle.
Acabamento: Desvanecendo-se, mas com doçura residual.
Conclusão: As frutas agora estão totalmente concentradas, mas aquele aspecto de grama seca está retido, dando um frescor vestigial.

Campo de sabor: **Rico & Redondo**
Prove também: Macallan Sherry Oak 25 anos, Glen Grant 25 anos

40 ANOS 43.5%

Nariz: Untuoso e resinoso. Ervas, musgo úmido. Profundo, rico. Notas de ranço de whisky, mas o teor relvoso volta, mesmo nesse estágio avançado. Cera de abelha. Ligeiramente herbáceo.
Paladar: Grande e redondo com notas elegantes de chocolate: ameixa, expresso, amoras. O carvalho é equilibrado por causa da riqueza do espírito. Leve, nozes, xerez.
Acabamento: Herbáceo e longo.
Conclusão: Um sistema ao estilo tonel Solera usado aqui com uma parte do lote original, contendo whiskies dos anos 1920-40, mantidos no tonel.

Campo de sabor: **Rico e redondo**
Prove também: Dalmore, Candela 50 anos

The Balvenie e Kininvie

BALVENIE • DUFFTOWN • WWW.THEBALVENIE.COM • ABERTA O ANO INTEIRO • SEG–SEX, RESERVAS ESSENCIAIS / KININVIE • KEITH

A segunda do trio de destilarias de William Grant em Dufftown, Balvenie não é mais a irmã caçula, o companheiro esquecido, o culto resguardado, mas uma marca de single malt de primeira linha com luz própria. Ela também oferece um bom teste para a ideia de um terroir de Dufftown. Três destilarias usando a mesma água, malte idêntico e, praticamente, o mesmo processo de maceração, fermentação e destilação e, ainda assim, produzindo três maltes inconfundivelmente diferentes. "O processo básico é o mesmo", diz o harmonizador mestre da William Grant, Brian Kinsman. "A única diferença está nos alambiques."

Então, onde isso deixa a importância do local como um fator que contribui para o sabor? "Terá alguma influência", responde ele. "As condições do ambiente dentro de uma fábrica terão impacto, de algum modo, na personalidade. Pode-se dizer isso porque, mesmo se fizermos uma réplica de uma destilaria em um local diferente – como fizemos com Ailsa Bay (veja p. 148) –, não obteremos automaticamente o mesmo resultado. Você precisa mudar alguns elementos a fim de obter a réplica mais próxima." E, como foi demonstrado muitas vezes, essa réplica, apesar de próxima, nunca será idêntica. O que estamos falando aqui, portanto, não é sobre terroir regional – nem mesmo sub-regional –, mas sobre um terroir específico de local. A Balvenie, em vez do local de Dufftown... ou, por extensão, Dufftown... ou Speyside.

Construída em 1892, a Balvenie manteve suas próprias maltagens de solo, embora produza apenas uma ínfima porcentagem das necessidades da destilaria. Qualquer pessoa na Balvenie lhe dirá: a chave para sua personalidade está em seus alambiques gordos, de pescoço curto. Eles produzem um espírito novo com aspecto de nozes e maltoso, mas que dá a sensação de uma profusão de frutas subjacentes, um vislumbre de potencial.

Mesmo durante sete anos no tonel reutilizado, aquela casca de noz se abriu, permitindo que as frutas com mel emergissem. Durante todo o seu envelhecimento, o tom de cereal continua influenciando, dando apenas um levíssimo quê de estrutura seca enquanto essas frutas crescem e se expandem.

Se o whisky Glenfiddich é apoiado pela madeira, o Balvenie parece absorver o carvalho em si, integrando os sabores do carvalho e acrescentando-os à sua tapeçaria cor de mel de paladar. O Balvenie nunca é dominado pela madeira – é grande e frutado demais para isso.

Foi essa qualidade que levou David Stewart, o ex-harmonizador mestre da Grant, a escolhê-lo discutivelmente como o primeiro whisky "terminado". Desde então a linha do Balvenie se expandiu para incluir expressões acabadas em barris de Madeira, rum e Porto, ao passo que também há uma linha de barril único. De muitas maneiras acontece o oposto da formação lenta do Glenfiddich. Aqui o whisky simplesmente carrega a bordo os novos sabores de diferentes carvalhos e os manipula em benefício próprio. Uma linha mais ampla de sabores, mas uma identidade igualmente forte. A Balvenie foi construída porque a demanda estava ultrapassando a quantidade fornecida pela Glenfiddich. Também permitiu à família Grant assegurar os direitos da água ao local e proporcionou mais uma variação para os blends da empresa. Em 1990 a empresa se viu diante do mesmo dilema e, portanto, repetiu a dose e construiu a Kininvie como fornecedora de destilados para blends. Sua casa de alambique situa-se entre a Glenfiddich e a Balvenie, e (ordenadamente o bastante) seu estilo de maturação rápida encontra-se entre o de suas irmãs.

A Balvenie ainda faz a maltagem de uma pequena porcentagem de sua própria cevada e a seca em seu próprio forno.

NOTAS DE DEGUSTAÇÃO: BALVENIE

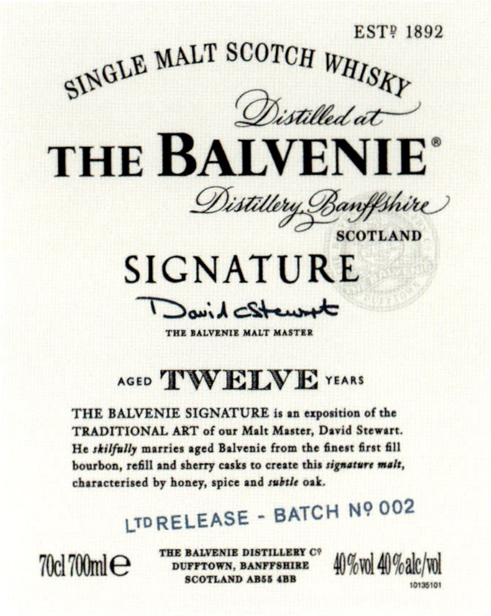

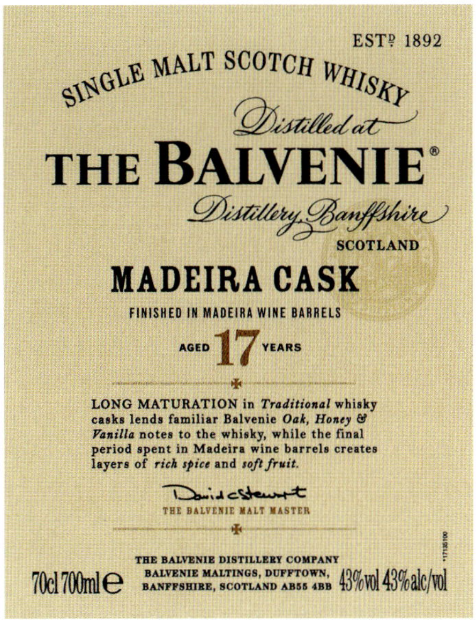

ESPÍRITO NOVO

Nariz: Encorpado. Cereal e nozes, mas grande concentração de frutas por trás. Bem limpo e doce.
Paladar: Cereal, robusto, maduro. Nozes/granola. Doce.
Acabamento: Nozes e limpo.

12 ANOS SIGNATURE 40%

Nariz: Carvalho recém-cortado, mel e cravo, estragão e nozes leves.
Paladar: As frutas estão centradas em damasco com melado. Macio com um pouquinho de farinha, manjar e ranúnculo.
Acabamento: Doce e com mel. Toque de nozes.
Conclusão: Aqui, pode-se ver aquele teor de nozes e frutas.

Campo de sabor: Frutado e picante
Prove também: Dalwhinnie 15 anos, Ben Nevis 10 anos

12 ANOS DOUBLE WOOD 40%

Nariz: Doce, mas ao modo de cascas (de frutas) misturadas. Cera de abelha e pólen junto com bolo Dundee. Toque de fósforo riscado.
Paladar: Mais hesitante do que o Signature, com frutas mais suaves. Com sensação de mascar e suculento. Crispação leve proveniente de uma combinação de tonel de xerez e nozes. Cascas cortadas de frutas e mel.
Acabamento: Longo e com um pouquinho de frutas secas.
Conclusão: Um equilíbrio entre a evolução da personalidade e o barril.

Campo de sabor: Frutado e picante
Prove também: BenRiach 16 anos, Longmorn 16 anos

17 ANOS MADEIRA CASK 43%

Nariz: Profundo e rico. Roliço, frutas de arbustos em compota com uma nota terrosa, ligeiramente queimada.
Paladar: Doce com uma qualidade farelenta semelhante a folha de gerânio. Maduro e longo. Frutas pretas.
Acabamento: A qualidade de madeira chamuscada surge.
Conclusão: O 17 anos contém pequenas edições em tonéis diferentes.

Campo de sabor: Rico e redondo
Prove também: Jura 16 anos, The Singleton of Glendullan 12 anos, Bushmills 16 anos

21 ANOS PORTWOOD 40%

Nariz: Concentração total. Cereja, óleo de rosa mosqueta, carvalho aplainado, com teor defumado de madeira por trás.
Paladar: Untuoso, mas com mel. As frutas parecem mais frescas do que o Madeira 17 anos, mais mistura de vermelhas e pretas com carvalho integrado. Poderoso mas doce.
Acabamento: Longo e doce.
Conclusão: Embora este seja crescente em peso, há uma linha clara com o 12 anos.

Campo de sabor: Frutado e picante
Prove também: Strathisla 18 anos

30 ANOS 47.3%

Nariz: Abundância de coco, notas de nozes e casca de laranja cozida. Atraente e suave.
Paladar: Gentil, escoando, longo, maduro e... sim... com mel. Frutas doces e maduras de pomar, carvalho leve e um indício de especiaria doce.
Acabamento: Doce e cheio.
Conclusão: Tem a langorosa duração de um whisky de maturação lenta.

Campo de sabor: Frutado e picante
Prove também: Tamdhu 32 anos

NOTAS DE DEGUSTAÇÃO: KININVIE

ESPÍRITO NOVO

Nariz: Leve com predominância de flores e perfumado. Com ésteres e limpo.
Paladar: Feno. Floral, folhoso e crocante. O mais leve, mas também o mais seco do trio de Dufftown.
Acabamento: Limpo e curto.

6 ANOS AMOSTRA DE TONEL

Nariz: Imensamente floral. Um buquê fresco com favo de baunilha.
Paladar: Leve, fragrante (jacinto), realçado, doce e efusivo.
Acabamento: Curto e doce.
Conclusão: Um estilo de maturação rápida.

Campo de sabor: Fragrante e floral

Mortlach, Glendullan & Dufftown

MORTLACH • DUFFTOWN
GLENDULLAN • DUFFTOWN • WWW.MALTS.COM/INDEX.PHP/EN_GB/OUR-WHISKIES/THE-SINGLETON-OF-GLENDULLAN
DUFFTOWN • WWW.MALTS.COM/INDEX.PHP/EN_GB/OUR-WHISKIES/THE-SINGLETON-OF-DUFFTOWN

Há um lado escondido na meia dúzia de maltes de Dufftown, que deriva daquela Speyside mais antiga, mais misteriosa e, apropriadamente, é encontrada em Mortlach, nome tanto do assentamento original como da destilaria mais antiga da cidade, que foi construída em 1823 por James Findlater, Donald Mackintosh e Alex Gordon, provavelmente no local de uma operação ilícita mais antiga.

Se pudermos dividir Speyside em três – maltoso, fragrante e encorpado –, então aqui está um representante do último grupo, talvez o mais encorpado de todos. O whisky robusto e carnudo da Mortlach é outro que fala de tempos mais antigos, de bosques e trilhas ocultas, de tempos em que a alma precisava de uma fortificação séria, que enchesse a barriga.

De onde vem esse estilo carnudo? "Não sabemos quando ele se originou", declara o harmonizador mestre e destilador da Diageo, Douglas Murray. "Nós o herdamos." Talvez venha dos tempos ilícitos; certamente de seu uso do sistema de serpentinas "worm" e do método de destilação complexo, que, ao primeiro olhar, parece um tanto improvisado.

De modo semelhante à Benrinnes, a Mortlach usa destilação tripla parcial a fim de desenvolver o elemento carnudo. O Mortlach, afirma Murray jovialmente, "é destilado 2,7 vezes". Tudo gira em torno do que acontece na casa de alambique, onde uma coleção de alambiques feita aparentemente a esmo foi reunida. Há meia dúzia deles. Engenhocas estranhas: um triangular, alguns de gargalo estreito e um diminuto a um canto, este conhecido como "the Wee Witchie".

A maneira mais fácil de tentar entender o método de destilação aqui é pensar na Mortlach como possuindo duas casas de alambique. Dois alambiques operam normalmente. Os alambiques de primeira destilação número 1 e 2 operam em conjunto. Os primeiros 80% do fluxo são coletados como o lote para o alambique de espírito número 2. Os 20% restantes (fracos) são destinados para o alambique Wee Witchie. Aqui é feito o ciclo e todo o espírito é coletado. Isso é repetido duas vezes com o ponto de corte intermediário sendo coletado apenas no terceiro fluxo. O aspecto carnudo do Mortlach vem do Wee Witchie, mas para obter a característica carnuda também é necessário enxofre, o que significa nenhum cobre. A Mortlach, portanto, opera diretamente com a condensação feita usando-se o sistema de serpentina do tipo "worm" em tanque de água fria.

Alcançando seu melhor em carvalho europeu – ele tem o vigor para aguentar bem –, o Mortlach se tornou um single malt cult, mas é improvável que algum dia se torne um integrante de primeira linha porque sua individualidade é extremamente valorizada pelos blenders. Essa volta aos tempos antigos, a tempos anteriores até à existência de Dufftown, está na base de muitos blends famosos. É a redução obscura do whisky a alguma essência primitiva.

A Mortlach, em sua colina de encosta íngreme, contempla do alto Dullan Water e as duas destilarias que lá se abrigam. A própria Glendullan começou em 1897, embora a fábrica atual tenha sido construída em 1962. Este foi o cenário de um saque de tropas aquarteladas ali na Segunda Guerra Mundial, que, atraídas pelos vapores (ou pelo desejo), invadiram os armazéns com uma carruagem de armas. O trecho "dull" do nome em inglês (significando apagado, fastidioso) de algum modo deprecia um pouco o whisky em si, cujo realce aromático de uva na juventude evolui para uma doçura de ameixa quando se torna um 12 anos e um membro da linha Singleton da Diageo.

O vale também é lar da destilaria Dufftown, um dos muitos antigos moinhos que foram convertidos em destilarias. Construída um ano antes da Glendullan, é outra cujo destino sempre foi ligado de modo inextricável aos blends. Se o Mortlach é um representante do estilo ultratradicional, o Dufftown é um mudador de forma. Um espírito com teor de nozes/maltoso em seu tempo como membro de propriedade da Bell's, hoje em dia o espírito novo está no campo relvoso. Também é uma marca de Singleton.

Uma cidade, seis destilarias e o campo inteiro de sabor (exceto defumado) abrangido. Talvez aquela alcunha de "Capital do Whisky" se justifique.

No vale nos arredores de Dufftown encontram-se três destilarias, cada qual fabricando seu whisky bem distinto

NOTAS DE DEGUSTAÇÃO: MORTLACH

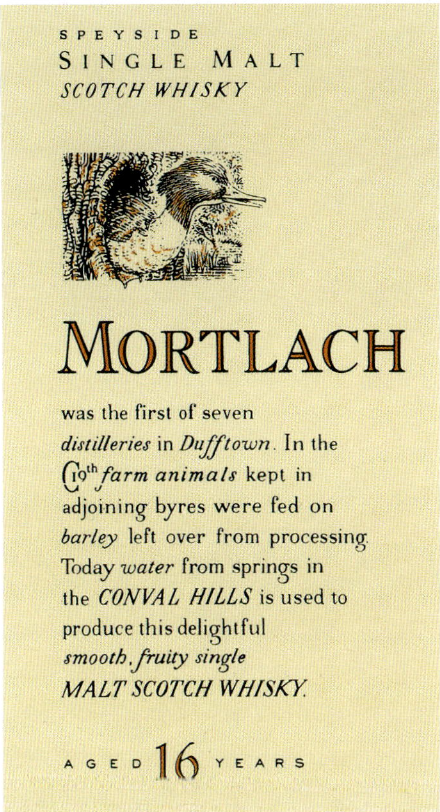

ESPÍRITO NOVO

Nariz: Seco, fumaça sulfurosa. Poderoso, carnudo e encorpado. Densidade semelhante a extrato Bovril.
Paladar: Feroz. Bosques antigos, carne de gado, fogos de artifício. Vigoroso.
Acabamento: Espesso e quente.

8 ANOS MADEIRA REUTILIZADA, AMOSTRA DE TONEL

Nariz: Uma mistura estranha: rosbife, casca cítrica, eucalipto; mostra que há mais do que carne de gado no Mortlach.
Paladar: Bife apimentado, torta de carne. Um pouquinho inerte agora.
Acabamento: Teso e compacto.
Conclusão: Ainda se abrindo.

Campo de sabor: **Rico e redondo**

16 ANOS, FLORA & FAUNA 43%

Nariz: Imenso. Corante para molho, assadeira, carneiro assado, pão doce de figo, chocolate amargo, até um pouco de hortelã. Biltongue/carne-seca.
Paladar: Firme, forte, profundo. Solidamente desenvolvido com tanino de carvalho europeu, castanha/noz. A madeira dá força, o espírito dá profundidade. Sólido, mas com uma doçura saborosa por baixo.
Acabamento: Seco. Alcaçuz, redução de carne.
Conclusão: Um malte enorme.

Campo de sabor: **Rico e redondo**
Prove também: Macallan 18 anos, GlenDronach 15 anos, Benrinnes 15 anos

NOTAS DE DEGUSTAÇÃO: GLENDULLAN

ESPÍRITO NOVO

Nariz: Perfumado, leve e floral (frésia); flor semelhante à da videira. Torna-se relvoso verde.
Paladar: Bastante seco, com delicadas frutas usadas em *pâtisserie*. Bem suave e gentil.
Acabamento: Leve, limpo e rápido.

8 ANOS MADEIRA REUTILIZADA, AMOSTRA DE TONEL

Nariz: Aromático e realçado. Sobremesa de maçã. Aguçado e ligeiramente perfumado. Limão leve. Floral/semente de anis. Semelhante a buquê.
Paladar: Inteiramente fresco e delicado. A frésia ainda permanece junto com limão e uma leve acidez.
Acabamento: Limpo e aguçado.
Conclusão: Frescor. A impressão é de que será melhor em um tonel reutilizado, uma vez que é facilmente dominado por carvalho ativo.

Campo de sabor: **Fragrante e floral**

12 ANOS, FLORA & FAUNA 43%

Nariz: Leve e gentil com um pouco de influência de madeira e um toque de serragem. A maçã continua a aparecer, agora com o acréscimo de manjar por causa da madeira.
Paladar: Delicado, quase transparente para começar e, então, um quê de acidez na metade do caminho o abre. Fragrante.
Acabamento: Limão.
Conclusão: Um desenvolvimento lento do 8 anos com apenas um pouco de influência de carvalho.

Campo de sabor: **Fragrante e floral**
Prove também: Linkwood

THE SINGLETON OF GLENDULLAN 12 ANOS 40%

Nariz: Dourado pleno. Influência de xerez com doçura semelhante a Moscatel e ameixa escura. Ainda aromático, mas agora as frutas secas estão começando a predominar. Madeira firme.
Paladar: Frutas leves. Uvas pretas e açúcares frutados, e então surge uma riqueza madura de carvalho europeu. A intensidade aromática continua presente, embora a acidez tenha se dissipado.
Acabamento: Gentil. Doce e quase pegajoso.
Conclusão: Ainda (apenas) Glendullan, mas o tonel agora está dominando.

Campo de sabor: **Frutado e picante**
Prove também: Glenfiddich 15 anos, Glenmorangie Lasanta, Fettercairn 16 anos

NOTAS DE DEGUSTAÇÃO: DUFFTOWN

ESPÍRITO NOVO

Nariz: Com ligeiro toque de pão, abacaxi, ésteres, toque de resíduos de trigo.
Paladar: Limpo, característica frutada de ésteres. Excelente e aguçado com um pouco de cereal por trás.
Acabamento: Nozes e limpo.

8 ANOS MADEIRA REUTILIZADA, AMOSTRA DE TONEL

Nariz: Bastante limpo. Maltoso, cereais matinais da Weetabix, toque de pátio de fazenda, barril de malte.
Paladar: Seco e bem crocante. Nozes e, então, uma investida doce que afunda bem de leve na língua.
Acabamento: Gergelim.
Conclusão: Limpo e nozes – um bom exemplo do estilo antigo de Dufftown.

Campo de sabor: **Maltoso e seco**

THE SINGLETON OF DUFFTOWN 12 ANOS 40%

Nariz: Doce e aspecto de figo com um tom subjacente de casca de noz. Abre-se em carvalho serrado, resíduos de destilação e, então, marshmallow e um toque de maçã e iguaria de figo.
Paladar: Óleos de nozes. Bastante abiscoitado e rico. Folhoso.
Acabamento: Crocante, curto.
Conclusão: Carvalho europeu levando o (velho) caráter seco do Dufftown a um campo mais doce.

Campo de sabor: **Rico e redondo**
Prove também: Jura 16 anos

1997, MANAGER'S CHOICE SINGLE CASK, AMOSTRA DE TONEL 60.1%

Nariz: Dourado leve. Barris de malte, amendoim e, então, um realce de toranja vermelha antes que surjam nozes e madeira.
Paladar: Muito cereal junto com aquela qualidade aderente na língua. Lascas de amêndoas, farinha de castanha. Leve e bastante simples.
Acabamento: Seco e nozes.
Conclusão: É como comer um saquinho de nozes em uma carpintaria.

Campo de sabor: **Maltoso e seco**
Prove também: Auchentoshan Classic

KEITH ATÉ A DIVISA DO LESTE

A importância dos blenders é vista claramente nas destilarias que circundam a pequena cidade de Keith. Eis as destilarias cuja vida tem sido a serviço deles.

A ponte Auld Brig, em Keith, tem transportado whisky pelo rio Isla há séculos.

Strathisla

KEITH • WWW.MALTWHISKYDISTILLERIES.COM • ABERTA O ANO INTEIRO • ABR.–OUT., SEG–SEX; NOV.–DEZ., APENAS LOJA, SEG–SEX

Embora seja reconhecida não oficialmente como a destilaria mais bonita da Escócia, o whisky da Strathisla é surpreendentemente menos conhecido. Na verdade, nenhum dos whiskies do grupo de Keith está entre as marcas de mais destaque de single malt. Nessa parte de Speyside, os fabricantes de whisky mantêm a humildade e produzem seu espírito para blends – não importando quão atraentes suas destilarias possam ser.

Na Strathisla, essa ligação com o blend é profunda. Essa destilaria de whisky de malte é uma atração turística (as pessoas são justificadamente atraídas por seu pátio calçado de pedra, gramados bem-cuidados e roda--d'água), mas que também destaca sua personalidade individual de atuar como o lar espiritual de um blend – no caso da Strathisla, o Chivas Regal. Embora essa seja uma prática perfeitamente comum, ela obscurece a principal reivindicação da Strathisla pela fama – essa é a mais antiga destilaria legalizada de malte da Escócia.

Alguma forma de álcool foi feita nesse local por 700 anos. Uma cervejaria monástica esteve no local no século XIII, ao passo que a destilaria Milton (como Strathisla era conhecida até 1953) obteve uma licença em 1786, bem no começo da era de contrabando do whisky.

Seu espírito, no entanto, não está em conformidade com o modelo velho/encorpado, apesar de que o mais leve toque de enxofre no espírito novo sugere que existe alguma vontade da parte da fábrica de se ater um pouco a essas maneiras mais antigas. A chave está na casa de alambique, onde os pescoços dos alambiques pequenos se elevam até as vigas do teto. "O que é estranho em Strathisla é que ela está tentando fazer o estilo leve de Speyside, mas esses alambiques pequenos podem acabar dando aquele leve toque de enxofre e um aroma como o da pot ale residual", declara o gerente de destilarias da Chivas Brothers, Alan Winchester. "Mas há um teor frutado por trás disso." Ainda assim, leva tempo para que isso chegue até a parte posterior. O Strathisla parece ser feito a partir de três partes distintas: uma nota musgosa de bosque, frutas suaves e acentuadas notas florais. Conforme o espírito matura, essas partes sobem e descem: teor musgoso quando jovem, frutas e laranja quando envelhecido. É um excelente material para blending.

Candidata a destilaria mais bonita da Escócia, a Strathisla vem fabricando whisky desde 1786.

NOTAS DE DEGUSTAÇÃO: STRATHISLA

ESPÍRITO NOVO

Nariz: Limpo com mosto doce, feno úmido e musgo. Levemente floral e, então, uma pequena nota queimada/sulfurosa.
Paladar: Bastante puro. Doce, bom corpo com frutas bem gentis no meio.
Acabamento: Cereal no final.

12 ANOS 40%

Nariz: Cobre, carvalho doce, muito coco leve; musgo verde, polpa cítrica, marmelo. Nota chamuscada ao fundo.
Paladar: Baunilha doce, chocolate branco. Bastante limpo, com um sabor semelhante a caju, grama seca e frutas leves.
Acabamento: Tostado. Levemente perfumado.
Conclusão: O Strathisla começa sua vida leve e quase frágil, mas observe o que acontece.

Campo de sabor: **Fragrante e floral**
Prove também: Cardhu 12 anos

18 ANOS 40%

Nariz: Cobre. Movido pela madeira, com um teor de nozes tostadas. O musgo mudou para samambaia verde. Agora surgem mais frutas brancas suaves, um indício de mel, florais mais profundos e maçãs secas.
Paladar: Mais redondo que o 12 anos e mais sólido no meio do palato. Ameixa verde e, então, madeira crocante.
Acabamento: Completamente seco e especiarias.
Conclusão: Em sua adolescência, as frutas começam a se desenvolver no sentido de força.

Campo de sabor: **Frutado e picante**
Prove também: Glengoyne 10 anos, Benromach 25 anos

25 ANOS 53.3%

Nariz: Maior influência do tonel (de xerez). Um pouco de notas de ranço, cogumelo seco, vetiver. Profundo e doce, com mistura para bolo de frutas.
Paladar: Cheio, suave e leve com um pouco de casca de laranja. Então o auge de sua maturidade aparece, mais uma vez no meio da língua, onde se aprofunda finalmente em mel de flor de laranjeira. Suculento.
Acabamento: Longo, suave e limpo.
Conclusão: Ele finalmente emergiu dos bosques.

Campo de sabor: **Rico e redondo**
Prove também: Springbank 18 anos

Strathmill

STRATHMILL • KEITH

Keith propriamente dita tem uma longa história de moinhos, movidos na maioria pelo rio Islã, que serpenteia pela região e atravessa a cidade. Os moinhos cresceram de importância no século XVIII, quando o conde de Findlater ergueu "Nova Keith". A água acionava moinhos de lã, enquanto os cereais cultivados localmente também eram moídos aqui. Em 1892, um dos moinhos de milho foi convertido em uma destilaria – Glenisla-glenlivet. Havia consideravelmente mais dinheiro a se ganhar com whisky do que com pão.

A Glenisla logo foi vendida ao produtor de gim W&A Gilbey, que mudou seu nome para Strathmill e, com o tempo, o espírito se tornou parte integrante da J&B. Vale notar que todas as destilarias dentro desse pequeno grupo fornecem espírito para blends mais leves.

A Strathmill tem uma intrigante nota de azeite de oliva, que agrega uma textura um tanto oleosa a seu caráter inerentemente leve. A untuosidade, como em Glenlossie, é o resultado de um tubo purificador no pescoço de cisne do alambique de espírito que aumenta o refluxo – uma técnica para leveza que foi instalada em 1968.

A busca pelo delicado usando-se diferentes técnicas de destilação também foi encontrada na destilaria Glen Keith, construída em 1958 pela Seagram's. "A Glen Keith começou como uma cópia da Bushmills", diz Alan Winchester, gerente de destilarias da Chivas Brothers. "Também tinham colunas lá, assim como um alambique que era simplesmente conhecido como 'o alambique irlandês'. Também era destilado [mosto] pesadamente turfoso [da cevada pesadamente turfosa], conhecido internamente como Glen Islaa." Esses experimentos contínuos nunca deram resultado e a Glen Keith agora está desativada.

Originalmente um moinho de lã, Strathmill é um importante integrante no blend da J&B.

NOTAS DE DEGUSTAÇÃO: STRATHMILL

ESPÍRITO NOVO

Nariz: Azeite de oliva, *fondant*, milho verde com manteiga. Tem uma discreta substância. Levedura fresca e um indício de frutas vermelhas.
Paladar: Aguçado, bem quente. Evapora na língua. Com água, mostra seu corpo e a folha de framboesa emerge.
Acabamento: Vigoroso e quente.

8 ANOS MADEIRA REUTILIZADA, AMOSTRA DE TONEL

Nariz: Redondo e amanteigado, movendo-se para filipêndula junto com um indício de talco de estilo antigo e rosa delicada. Ainda rígido.
Paladar: Relvoso e bastante limpo, com um pouquinho de violeta e aquela acidez de frutas vermelhas vista no espírito novo.
Acabamento: Limpo e ainda tenso.
Conclusão: Leve, mas a qualidade amanteigada dá a consistência para aguentar bem o envelhecimento.

Campo de sabor: **Fragrante e floral**

12 ANOS, FLORA & FAUNA 43%

Nariz: Seco e lembra mingau de cereal com açúcar demerara. Milho tostado e um indício de mel.
Paladar: A qualidade de mel surge intensamente. As frutas vermelhas se foram, dando lugar a uma intensa condimentação de fruto de coentro.
Acabamento: Limpo e realçado.
Conclusão: Mais um que se desenvolve de maneira interessante... e relativamente depressa.

Campo de sabor: **Fragrante e floral**
Prove também: Glenturret 10 anos, Yamazaki 10 anos

Aultmore & Glentauchers

AULTMORE • KEITH / GLENTAUCHERS • KEITH

O desejo do grupo de Keith de desempenhar um papel de apoio se repete na Aultmore. Construída em 1896 para aproveitar o *boom* do blend, ela faz parte do portfólio de John Dewar & Sons desde 1923. O Dewar foi um dos primeiros grandes blends de Scotch e, durante muitos anos, desfrutou de grande êxito nos Estados Unidos, um mercado que ficou leve de modo razoavelmente significativo desde os tempos da Lei Seca em diante. Não é de surpreender, portanto, que o portfólio da Dewar consista de destilarias que oferecem variações do tipo fragrante e mais delicado.

Basta o pico alcoólico do espírito novo da Aultmore e você pode ver por que isso se encaixa no estilo da casa da Dewar. Intenso, doce e repleto de uma qualidade relvosa verde, este whisky daria realce a qualquer blend. "Para obter essa personalidade, precisamos de mosto realmente claro do tanque Lauter", diz Keith Geddes, assistente do harmonizador mestre da Dewar. "Os alambiques são pequenos com 'lyne arms' de ângulo inclinado para baixo – uma vez que está acima do pescoço, acabou. Isso nos dá um espírito com mais personalidade que não é tão carregado de ésteres quanto o Royal Brackla ou o Aberfeldy, mas que pode se firmar bem em um blend e dar equilíbrio." É um ponto-chave. Leve não significa só uma dimensão, nem todos os whiskies "leves" têm o mesmo gosto. Os sutis sussurros deles são tão complexos quanto os dos mais intensos.

Seguindo para oeste em direção a Rothes, partindo de Keith, você passa por mais uma daquelas destilarias "Qual é mesmo o nome dela?". Não vista como uma grandiosa marca de malte, os seis alambiques de Glentauchers têm produzido whisky desde 1898, originalmente para o blend Black & White de James Buchanan. Por um breve período no começo do século XX, ela destilou whisky de malte em um alambique de coluna (uma técnica que a Scotch Whisky Association – Associação de Whisky Escocês – recentemente rotulou como "não tradicional").

Desativada em 1985, ela se tornou parte da Allied Distillers (agora Chivas Brothers), que desde sua compra, em 1989, removeu qualquer aspecto turfoso na cevada usada e equilibrou a destilação de seus seis alambiques. "Queríamos levar as coisas para o campo frutado/floral", explica o gerente de destilarias Alan Winchester. Seu entusiasmo pelo espírito é partilhado por blenders como Sandy Hyslop, da Chivas Brothers, que usa o seu caráter relvoso/floral em blends como o Ballantine's.

Ficar atento ao espírito, coletar os sabores certos no ponto de corte do meio é a parte mais importante do trabalho do mestre de alambique.

NOTAS DE DEGUSTAÇÃO: AULTMORE

ESPÍRITO NOVO

Nariz: Doce. Cebolinha. Relvoso.
Paladar: Doce, mas firme. Cheio. Um pouquinho queimado. Redondo.
Acabamento: Morango e melão, algo que novamente pode se desenvolver de modo interessante.

12 ANOS 40%

Nariz: Mais doce do que o espírito novo, com biscoito de água e sal e tília/flores de alfena. Sabor agradável de limão. Com mais nozes com o tempo. Uma nota de trigo com água.
Paladar: Cremoso, com malte seco sendo afastado. Vanilina. Macio e levemente perfumado. Sementes.
Acabamento: Limpo ainda que curto.
Conclusão: Enquanto a personalidade da destilaria mantém sua conduta fresca, você pode tocar muitas melodias no Aultmore.

Campo de sabor: **Fragrante e floral**
Prove também: Glenlossie 12 anos

16 ANOS DEWAR RATTRAY 57.9%

Nariz: Rico e com xerez carregado. Pães doces de figo, bolo de frutas, laranja amarga e uma nota leve, quase de alcatrão. Mais doce com água, café doce, algum perfume acima.
Paladar: Maduro com folha de tomate, cereja preta, noz e aparentemente fumaça. Boa aderência equilibra uma sensação sedosa.
Acabamento: Longo e generoso.
Conclusão: Fortemente influenciado pelo tonel, mas com aquela qualidade floral discernível apenas no nariz.

Campo de sabor: **Rico e redondo**
Prove também: Royal Lochnagar Selected Reserve, Aberlour 16 anos

NOTAS DE DEGUSTAÇÃO: GLENTAUCHERS

ESPÍRITO NOVO

Nariz: Relvoso, leve. Uma nota incomum de chocolate digestivo e, então, folha de chá e florais.
Paladar: Leve e puro. Ligeiramente efervescente, leve e etéreo.
Acabamento: Limpo.

1991 ENGARRAFAMENTO DA GORDON & MACPHAIL

Nariz: Dourado claro. Típico do caráter leve e floral da destilaria. Excelente, com jacinto, campânula e um pouquinho de rosa. Carvalho limpo e doce. Ainda delicado.
Paladar: Fresco e levíssimo. Pequeno indício de maçã vermelha madura e, então, um pouco de verbena.
Acabamento: Curto e leve.
Conclusão: Um pouco mais de substância do que o carvalho, mas gentilmente manipulado para não sufocar esse frágil whisky.

Campo de sabor: **Fragrante e floral**
Prove também: Bladnoch 8 anos, anCnoc 16 anos

Auchroisk & Inchgower

AUCHROISK • KEITH / INCHGOWER • BUCKIE

Assim como os espíritos maturados podem ser classificados num mapa ou numa roda de sabor, o caráter do espírito novo também tem uma lista de descrições compartilhadas pela indústria. Se duas destilarias estivessem falando sobre uma personalidade semelhante, mas uma a chamasse de "cereal" enquanto a outra dissesse "gaiolas de hamsters", poderia haver confusão. Se ambas concordam em chamá-la de nozes/picante, as coisas se tornam consideravelmente mais fáceis.

Isso não quer dizer que todos os locais nozes/picantes fazem whisky idêntico. Os dois últimos integrantes do grupo de Keith pertencem a essa família de espírito novo, mas estão, de fato, em ambas as extremidades do espectro.

"Nozes/picante são, na verdade, dois campos", afirma o blender e destilador mestre da Diageo, conhecido como O Guru. "Se você faz a mistura rapidamente e deixa passar sólidos, isso é nozes/cereal. Se você faz a mistura a uma temperatura mais elevada na segunda água, pode retirar a nota de cereal e acaba ficando com picante. Durante a fermentação, aquele mosto turvo resultará em nozes/picante, se você fermentar durante 45-50 horas. Fermente por mais tempo e o caráter muda. O perigo é que, se você apressar a produção e cortar tempos de fermentação e obtiver mosto turvo, você perde o seu caráter e faz nozes/picante." (veja p. 14-5)

A Auchroisk é uma destilaria moderna, angulosa, de reboco branco, na estrada de Keith para Rothes. Aqui o estilo do espírito novo tem uma característica pesada de nozes, quase queimadas, criada pelo excesso de ebulição no alambique de primeira destilação e ao se permitir que fiquem alguns sólidos. Uma vez na madeira, essa nota chamuscada desaparece e é substituída por doçura.

O whisky da Inchgower, por outro lado, é intensamente picante, o que pode ser decorrência dessa destilaria litorânea em Buckie aparentemente ter uma ponta salina e um aroma de espírito novo que é semelhante a molho de tomate. "Há uma porção de tanques na Inchgower", declara Murray, "e muitos dos tanques no sistema impulsionam esse aspecto picante em direção ao aspecto ceroso. Lembre-se que todos os locais não fazem um padrão de sabor, mas uma mistura única de sabores e intensidade. Pequenas mudanças resultam em grandes variações de personalidade."

NOTAS DE DEGUSTAÇÃO: AUCHROISK

ESPÍRITO NOVO

Nariz: Queimado. Cereal pesado. Farelo de cereais. *Pot ale* (líquido residual).
Paladar: Crocante firme, gérmen de trigo. Bastante sólido. Por baixo, há um nódulo de doçura.
Acabamento: Seco.

8 ANOS MADEIRA REUTILIZADA, AMOSTRA DE TONEL

Nariz: Abiscoitado, cítrico leve. Resíduos de destilação. Grama chamuscada. Loja de tapetes, um pouquinho de borracha.
Paladar: Seco mas limpo. Chá Assam. Gredoso.
Acabamento: Ainda firme.
Conclusão: É purificado, mas ainda precisa de tempo para se adoçar totalmente.

Campo de sabor: **Maltoso e seco**

10 ANOS, FLORA & FAUNA 43%

Nariz: Consideravelmente mais doce com mais nozes. Açucarado com caju e macadâmia, indícios de ervas silvestres (erva-cidreira). A nota queimada retrocedeu, dando lugar a uma profundidade de assado.
Paladar: A sugestão de doçura no espírito novo e no 8 anos é agora trazida à tona pela doçura semelhante a coco da influência do tonel, que tem o efeito de sobrepujar o teor maltoso dos resíduos de trigo.
Acabamento: Ainda seco.
Conclusão: Levou uma década de maturação lenta no tonel reutilizado para começar a revelar sua plena e bela personalidade doce.

Campo de sabor: **Maltoso e seco**
Prove também: Speyside 12 anos

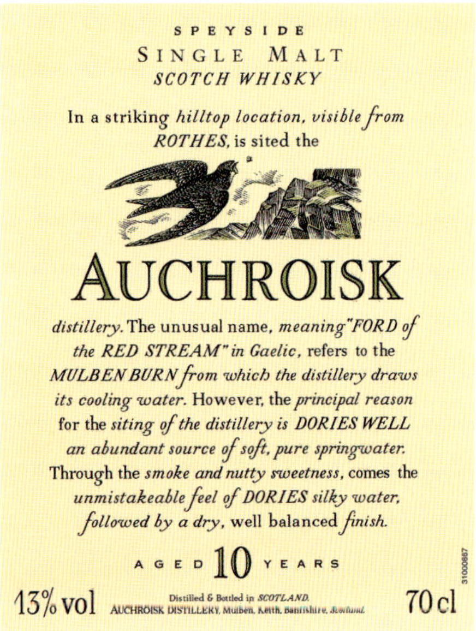

NOTAS DE DEGUSTAÇÃO: INCHGOWER

ESPÍRITO NOVO

Nariz: Excelente e muito intenso. Molho de tomate, malte verde, pepino. Ligeiramente salino. Toque de gerânio.
Paladar: Ácido, nozes. Vinho branco com água com gás, sensação de borrifo do mar. Formigante, picante.
Acabamento: Nozes salgadas.

8 ANOS MADEIRA REUTILIZADA, AMOSTRA DE TONEL

Nariz: Ainda intenso agora com acréscimo de limão e limão-galego (quase jovem/fermentação Semillon). As frutas são contidas, duras e verdes. Geleia verde.
Paladar: Reteve aquela salinidade. Leve e limpo, com a característica de nozes dominando mais tarde.
Acabamento: Picante.
Conclusão: Uma noz difícil de quebrar. Ainda se formando.

Campo de sabor: **Maltoso e seco**

14 ANOS, FLORA & FAUNA 43%

Nariz: Ainda intensamente picante – e pode ser essa característica picante que dá a impressão de salinidade. Massa folhada de limão, sorvete de baunilha e teor defumado de madeira.
Paladar: O caráter altamente focado e picante da destilaria domina no início e em direção ao final, efetivamente comprimindo qualquer doçura em um pequeno ponto no centro da língua.
Acabamento: Energético e salino.
Conclusão: Um espírito único com um caráter de destilaria tão poderoso que se duvida que algum dia será dominado.

Campo de sabor: **Frutado e picante**
Prove também: Old Pulteney 12 anos, Glengoyne 10 anos

GRUPO DE ROTHES

Embora pudesse representar uma concorrência dura com Dufftown pelo título da capital do whisky de Speyside, Rothes parece preferir colocar um véu sobre suas atividades de fabricação da bebida. Não obstante, os integrantes de seu grupo são abrangentes e vão de um produtor mundial líder em alambiques do tipo pot, passando por uma seleção de destilarias de primeira classe, até uma fábrica de grãos escuros que processa todos os resíduos, transformando-os em ração para gado. O whisky todo está aqui.

Adormecimento nos armazéns crepusculares da Glen Grant.

Glen Grant

ROTHES • WWW.GLENGRANT.COM • DESTILARIA & JARDIM ABERTOS A VISITANTES • MEIO/JAN. A MEIO/DEZ., SEG–DOM

John e James Grant mudaram-se para Rothes para fundar a primeira destilaria da cidade em 1840, após alguma experiência de destilação em Aberlour. John era um cavalheiro destilador, James era engenheiro e político. No ano seguinte ao surgimento da destilaria, James propôs à Elgin e à Lossiemouth Harbour Co. que fosse construída uma ferrovia ligando o porto de Lossiemouth a Elgin – e que fosse estendida até Craigellachie, via Rothes. Eventualmente, isso aconteceu, mas apenas graças aos irmãos Grant, que a financiaram em 4.500 libras.

Enquanto James projetava, John criava não só uma destilaria, mas uma propriedade. Destilarias são, por natureza, funcionais e, embora sua localização possa ser espetacular ou sua arquitetura bela, elas são essencialmente fábricas. A Glen Grant é uma exceção e, como tal, diz muito não apenas sobre a notável família que a dirigiu até 1978, mas sobre a chegada do cavalheiro destilador. Nenhuma outra destilaria pode se equiparar às extravagâncias de John Grant e, mais significativamente, de seu filho John (também conhecido como O Major), que assumiu em 1872.

Com seu bigode exuberante, aparentemente nunca sem uma vara de pescar ou uma arma, O Major era a síntese das sensibilidades vitorianas: um grande caçador, um *bon vivant*, interessado em engenharia e inovação. Foi o primeiro homem a ter um automóvel nas Highlands, o primeiro a ter luz elétrica (fornecida por turbinas de água na destilaria). Rothes é um lugar improvável para se encontrar uvas e pêssegos (até mesmo hoje, um limão na mercearia local é algo incomum), mas ainda assim tudo crescia no palacete do prazer do Major, ao lado de onde o Spey corria.

A Glen Grant permanece uma manifestação da inquietação do Major. Começou como uma destilaria de dois alambiques, depois expandiu-se para quatro – mas um par consistia em um grande alambique de primeira destilação e um pequeno de espírito, "Wee Geordie". Quando uma nova casa de alambique foi construída, na década de 1960, foi operada com fogo a gás, enquanto a velha casa de alambique foi mantida com carvão.

Atualmente há oito imensos alambiques movidos a vapor, os de primeira destilação com um bojo de "capacete alemão" na base de seus gargalos amplos. Todos os "lyne arms", então, mergulham em tanques purificadores. "Os purificadores estão aqui desde o Major", conta Dennis Malcolm, o mestre destilador da Glen Grant. "Fica claro que ele queria produzir

A TRISTE HISTÓRIA DA CAPERDONICH

Em 1898, o Major instalou outra destilaria ao lado da estrada de ferro. A Caperdonich fechou rapidamente em 1902 e somente foi reaberta em 1965, fechando mais uma vez em 2003. "Por que ela fracassou?", pergunta Malcolm. "Ela possuía a mesma água, a mesma levedura – até o mesmo gerente. Mas eles tinham um formato diferente de alambique, apesar de que, mesmo quando acoplaram o capacete alemão, ela ainda não foi capaz de produzir o Glen Grant." O local agora faz parte das oficinas da Forsyth's, fornecedora de alambiques.

A água da destilaria corre ao lado dos caminhos arborizados do famoso jardim vitoriano do "Major", uma atração à parte para os visitantes.

O novo e ultramoderno centro de visitantes dispõe de uma degustação do tipo "self-service".

um espírito mais leve." Hoje em dia o espírito novo é muito limpo, todo grama verde, maçã e goma de mascar. O processo iniciado pelo Major foi constantemente ajustado para chegar a esse ponto. O alambique Wee Geordie, "que resultava em um estilo mais encorpado", foi aposentado em 1975, o carvão se foi e, depois, o gás; os resquícios finais de turfa desapareceram em 1972, ao passo que os tonéis de xerez foram substituídos principalmente pelos de ex-bourbon.

Foi sua leveza que tornou o Glen Grant atraente ao mercado italiano – esse foi o single malt mais vendido durante muitos anos graças ao seu domínio por lá –, um elo que foi finalmente cimentado quando o Grupo Campari comprou a Glen Grant, marca e tudo, por 170 milhões de libras em 2006. Desde então, outros milhões foram gastos por Malcolm, trazendo a destilaria e os jardins do Major de volta à vida.

No jardim tranquilo, vívido com o canto dos pássaros e o cheiro de cerca viva, água marrom espumante escorrendo por cima das rochas, bebericando uma dose do estoque do Major, em uma caverna incrustada no penhasco, olhando para o sol, um brilho dourado sobre o jardim, você está, por um segundo, de volta ao interlúdio dos cavalheiros antigos com o whisky, com caminhos inclinados, pêssegos nas suas estufas, seu Rolls-Royce na garagem.

NOTAS DE DEGUSTAÇÃO: GLEN GRANT

ESPÍRITO NOVO

Nariz: Bastante limpo e doce. Maçãs verdes, flores e goma de mascar com um indício de levedura por trás. Realçado e excelente.

Paladar: Notas imediatas frutadas/de ésteres de maçã e abacaxi. Puro e limpo.

Acabamento: Levemente floral.

10 ANOS 40%

Nariz: Dourado claro. Leve e floral com um quê de baunilha. Ésteres. As frutas amadureceram e, no caso do abacaxi, foi enlatado. Com água, bolinhos, jacinto.

Paladar: Leve com uma qualidade sucosa. Boa madeira aqui, dando muita cremosidade enquanto agrega uma sutil especiaria doce.

Acabamento: Suave com um indício de uva verde.

Conclusão: Limpo, leve e refrescante.

Campo de sabor: **Fragrante e floral**
Prove também: Mannochmore 12 anos

1992 CELLAR RESERVE 46%

Nariz: Numa veia semelhante ao 10 anos, com mais integração com a madeira. O frescor e as notas florais são retidos, mas o carvalho acrescentou pudim de baunilha e também uma qualidade seca, tostada.

Paladar: Suave, com crispação leve. Feno seco. Com água, torna-se mais floral, com um toque de especiaria doce.

Acabamento: Crocante e abiscoitado.

Conclusão: As flores ainda se acham aqui, mas as frutas estão ao fundo enquanto a madeira vem para a parte posterior.

Campo de sabor: **Fragrante e floral**
Prove também: Tullibardine 2004

25 ANOS ENGARRAFAMENTO DA GORDON & MACPHAIL 40%

Nariz: Nuances clássicas de xerez de bolo Dundee, amêndoa tostada e frutas de inverno. Nota de grão maltado e defumado. Resinoso.

Paladar: Começo ligeiramente dormente e, depois, nozes. Estilo moscatel espesso mas fragrante. Leve e delicado com uma fraca efervescência.

Acabamento: Melaço.

Conclusão: Um rico exemplo de xerez carregado com apenas uns poucos indícios do perfume do caráter da destilaria.

Campo de sabor: **Rico e redondo**
Prove também: Glenfiddich 30 anos, Benromach 1981

Glenrothes

GLENROTHES • ROTHES

No antigo cemitério de Rothes, seus túmulos cobertos pelo que parece mato lúgubre, há uma casa de vigia na qual, no século XVIII, parentes de luto se instalavam imediatamente após um sepultamento. Ali permaneciam até que a decomposição do cadáver de seu ente amado eliminasse qualquer risco de o corpo ser roubado. A vigília mórbida deles, imagina-se, teria requerido fortificação regular com bebida alcoólica ilícita levada das colinas vizinhas.

A era dos ladrões de corpos já passara havia muito na época em que a nova destilaria Glenrothes foi fundada, em 1878. O cemitério voltou a ser um lugar de paz em vez de sacrilégio, os vapores da destilaria desencadeando o crescimento lento do fungo preto que se espalha e infesta as tumbas. A localização da destilaria, cemitério à parte, é prova maior de como a liberação promovida pelas leis de destilação em 1823 trouxe uma mudança física às destilarias de Speyside. Não precisavam mais ficar escondidas em galpões de turfa, pastagens e fazendas afastadas. Agora, conforme os destiladores saíram da escuridão para a luz do dia, também se mudaram para as cidades da área, embora velhos hábitos pareçam ter custado a morrer. Todas essas destilarias de whisky das cidades ainda permanecem a uma distância discreta da rua principal.

A Glenrothes, entretanto, quase fracassou em se tornar uma fábrica de Rothes. Logo após sua fundação, ela teve imediatamente dificuldades financeiras quando o Banco de Glasgow entrou em colapso. Foi salva apenas um ano depois graças à injeção de capital da fonte mais improvável, a Igreja Presbiteriana Unida Livre de Knockando, que colocou de lado suas crenças em relação à abstinência quando viu uma boa oportunidade de negócio.

A congregação ficaria surpresa com o que se encontra no local hoje. A Glenrothes se expandiu imensamente a partir de seu antigo núcleo. Atualmente existem dez alambiques (cinco de primeira destilação, cinco de espírito) produzindo seu whisky.

Um rápido ciclo de mistura resulta em mosto que é bombeado para cubas de lavagem de aço inoxidável ou de madeira. Enquanto o debate continua acerca dos benefícios de um tipo ou de outro, bem poucas destilarias têm o meio termo. Isso sugere ao mero observador que os destiladores da Glenrothes sentem que não há diferença de personalidade entre os dois tipos. Não é necessariamente verdade. "Ainda nos certificamos de que cada ciclo do alambique de primeira destilação seja de duas cubas de madeira para uma de aço inoxidável", afirma Sandy Coutts, gerente. "Mudar inteiramente para aço inoxidável poderia ter mudado a personalidade."

Uma combinação de fermentações longas (90 horas) com curtas (55 horas) também necessita de um ligeiro ajuste a fim de preservar a personalidade. Elas são feitas a temperaturas diferentes, em madeira ou aço inoxidável, e dependendo da duração da fermentação. "Isso", diz Coutts, "dissipará quaisquer diferenças no sabor."

Glenrothes, uma destilaria do final do século XIX, logo transportou seu whisky de primeira qualidade em direção sul para os blenders.

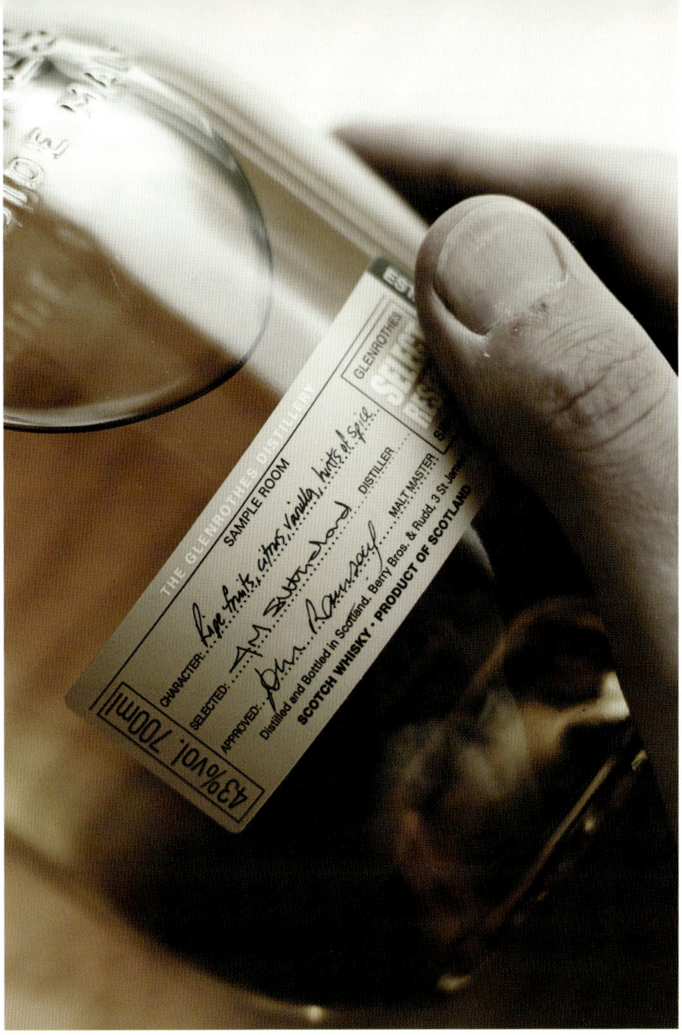

O rótulo do Glenrothes é colocado em garrafas de estilo antigo como as usadas na sala de amostras e cada um é assinado pelo produtor do whisky.

É na casa de alambique em estilo de catedral da Glenrothes que Coutts sente que é criado o verdadeiro caráter. Ali o mestre de alambique se instala, cercado pelos dez alambiques do tipo pot. Todos são grandes e equipados com "boil bulbs" para aumentar o refluxo e uma destilação bem lenta para extrair a rica e suave qualidade frutada que está no coração do Glenrothes.

O espírito novo é colocado principalmente em tonéis ex-xerez – a própria destilaria é de propriedade daquele grande amante de xerez, o Edrington Group. Até recentemente, a maioria dele destinava-se a blends – não apenas Grouse, mas Chivas e outros espíritos de primeira linha. A localização escondida da destilaria, acredita-se, não era apenas física, mas filosófica. Ela fazia seu trabalho longe da vista, por trás dos holofotes.

Recentemente, entretanto, o Glenrothes entrou no mundo novo do single malt graças ao dono de sua marca, a distribuidora de vinhos de Londres Berry Bros. & Rudd, que recorreu a seus 300 anos de experiência em vinho refinado e os aplicou em um single malt. O Glenrothes não está em conformidade com a abordagem padrão de indicações de idade, mas é lançado em safras para mostrar diferentes facetas deste que é o mais elegante dos malts.

O Glenrothes é um whisky lento, suas complexidades levando tempo no copo, no nariz e principalmente na boca para se desenvolver. Rico mas não encorpado, com xerez mas nunca em demasia, ele toca variações de um tema entre carvalho, frutas, teor picante e mel com, em expressões mais velhas, uma fascinante qualidade picante no palato posterior. Resguardado em vez de ousado, parece simbolizar sua localização discreta.

NOTAS DE DEGUSTAÇÃO: GLENROTHES

ESPÍRITO NOVO

Nariz: Limpo. Baunilha. Chanel no. 5, fruta de polpa branca, pera em lata, toque de cereal, amanteigado.
Paladar: Amanteigado e gordo, mas em vez da untuosidade ao estilo do Macallan há uma qualidade picante/de sorbet realçada. Intenso.
Acabamento: Cremoso.

SELECT RESERVE NAS, 43%

Nariz: *Tweed* umedecido pela chuva. Cereal/abiscoitado. Maltoso e ligeiramente tenso com um pequenino toque de ameixa preta fresca por trás. Manteiga.
Paladar: Nozes para começar e, então, uma mudança para ameixa roxa pequena dando peso extra ao meio do palato (o que é bem Edrington), com aquela nota de baunilha vista no espírito novo dando suavidade.
Acabamento: Longo e nozes.
Conclusão: Ainda na juventude.

Campo de sabor: **Frutado e picante**
Prove também: Balvenie 12 anos Double Wood, Glen Garioch 12 anos

1991 43%

Nariz: Âmbar rico. Cheio e maduro, perdeu a casca dura de cereal do Select Reserve. Aqui a qualidade picante vista no espírito novo avança ou dança na língua. Mudando de frutas frescas para frutas secas no meio do céu da boca. Cereja preta.
Paladar: Macio e sedoso com muitas frutas, cheio. Ainda aquela levitação da qualidade picante e um teor crocante de cereal dando um efeito moído.
Acabamento: Melaço. Suave e elegante.
Conclusão: Totalmente integrado ao carvalho, o que permite que a riqueza do espírito se desenvolva.

Campo de sabor: **Rico e redondo**
Prove também: Royal Lochnagar Selected Reserve, Glenallachie 18 anos

1978 43%

Nariz: Âmbar escuro. Maduro e concentrado. Efeito completo de frutas secas. Amora, xerez oloroso e um pouquinho de hortelã seca e um toque de folha de tabaco.
Paladar: Rico e doce. O cereal é apenas uma nota de fundo aqui, conforme a qualidade gorda vista no começo agora domina, fundindo-se totalmente com a madeira.
Acabamento: Longo com um quê picante doce.
Conclusão: Levou esse período de tempo para que sua personalidade alcançasse sua mais plena expressão.

Campo de sabor: **Rico e redondo**
Prove também: Dalmore 1981

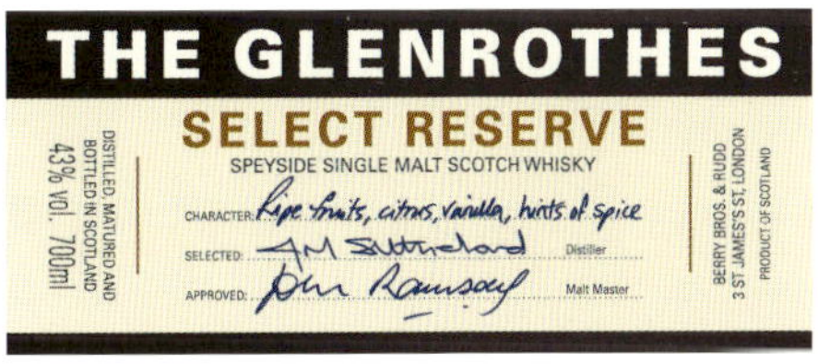

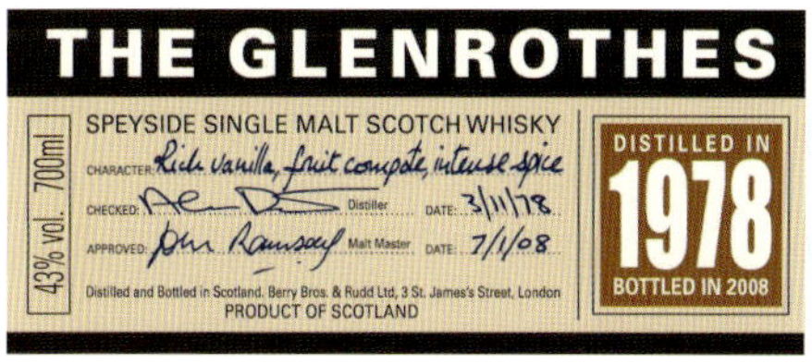

Speyburn

ROTHES • WWW.INVERHOUSE.COM/DISTILLERIES-SPEYBURN.PHP

A única visão que você obtém da Speyburn enquanto dirige pela estrada para (ou de) Elgin é um telhado com chaminé pagode sobressaindo de um pequeno e estreito vale, dando a impressão de um antigo e secreto local ilícito. Na verdade, como todas as destilarias de Rothes, esta é do final do século XIX e, em vez de ficar escondida da vista, localiza-se bem ao lado do trecho da linha férrea Rothes-Elgin, construída pela persistência de John Grant. Essa mudança de ângulo também dá a impressão de que a destilaria recua da estrada, revelando apenas lentamente o seu conglomerado de construções. Pelo lado da ferrovia, porém, você verá uma fachada de destilaria com chaminé pagode, armazéns e fábrica de maltagem. Foi a nossa perspectiva que mudou, não a da Speyburn.

O espírito de inovação que Rothes parece atrair estava vivo aqui também. Não só a Speyburn se situa diante da primeira fábrica de grãos escuros construída com esse propósito na Escócia, que transforma os resíduos de grãos em ração para animais, como também foi a primeira destilaria da Escócia a tentar maltagem mecanizada ou pneumática (também conhecida como "drum") no local. Esse tipo de maltagem da Speyburn continuou até 1968, dois anos depois de a estrada de ferro ter parado de transportar carga. Com isso, a Speyburn afundou de volta em relativa obscuridade.

Estar quase totalmente escondida da vista parece se adequar ao estilo sutil da Speyburn.

Vale a pena ser descoberta. Este é mais um dos locais da Inver House a usar condensadores com serpentinas do tipo "worm", fabricando um espírito novo que é cheio de notas de fósforo riscado e gás da cidade. Ela se comporta, entretanto, como a sua companheira de portfólio anCnoc (Knockdhu), deixando seu enxofre cedo e revelando sua verdadeira personalidade frutada, fragrante/floral.

"É fácil de beber", declara o harmonizador mestre da Inver House, Stuart Harvey, "mas tem mais corpo do que o anCnoc. Essa é a diferença." A diferença na produção pode ser sutil, mas o efeito é perceptível. "É impossível determinar precisamente o que torna cada caráter diferente", comenta Harvey. "Você pode operar tudo exatamente da mesma maneira numa destilaria idêntica e obterá personalidades diferentes", acrescenta. "O whisky é especifico do local. Você só consegue produzir a nossa personalidade em nossas destilarias."

NOTAS DE DEGUSTAÇÃO: SPEYBURN

ESPÍRITO NOVO

Nariz: Couro molhado. Farelo de cereais/aveia leves. Toque de rum jamaicano em alambique do tipo pot. Bastante cítrico. Fósforo riscado/teor sulfuroso gasoso.

Paladar: Grande e com um ligeiro quê de pão e algumas notas carnudas, mas uma qualidade delicada está escondida. Tem profundidade.

Acabamento: Torna-se mais fresco.

10 ANOS 40%

Nariz: Dourado claro. Leve e floral com açúcar de cevada e limão leve. Limpo, fresco e suave. "Dolly mixtures" (doces sortidos) e ruibarbo cozido. Flor de cerejeira.

Paladar: Baunilha cremosa, pudim esponja em banho-maria e, então, surgem flores. Bom peso no meio do céu da boca, dando uma sensação suculenta.

Acabamento: Levemente ácido.

Conclusão: Mais um daqueles em que o enxofre se realça para revelar ésteres e também peso no céu da boca.

Campo de sabor: Fragrante e floral

Prove também: Glenkinchie 12 anos, Glencadam 10 anos

21 ANOS 58.5%

Nariz: Rico, notas de xerez: bolo, nozes e ameixa seca. Chocolate amargo e uma nota de carne chamuscada.

Paladar: Ímpeto poderoso de carvalho europeu: laranja, especiarias doces, bolinho de melaço com um pouco de espírito doce. As notas chamuscadas dão um equilíbrio intrigante.

Acabamento: Alcaçuz.

Conclusão: Grande influência do tonel, e talvez aquela qualidade carnuda indique que um estilo mais encorpado tenha sido feito no passado.

Campo de sabor: Rico e redondo

Prove também: Tullibardine 1988, Dailuaine 16 anos

Glen Spey

GLEN SPEY • ROTHES

Do lado oposto da cidade, vindo de Speyburn, fica o portão de entrada para Glen Spey, a integrante final deste reticente círculo de whisky. Rothes pode preferir manter seus negócios para si mesma, mas todo o processo de fabricação de whisky acontece em suas ruas. Não foi coincidência que Rothes tenha sido escolhida pelos primeiros destiladores. Há múltiplas fontes de água, havia a ferrovia, ao passo que o lugar ficava tanto nos limites ao sul das planícies onde crescia cevada quanto tinha acesso à turfa. A situação, em outras palavras, era ideal.

Cada destilaria teria tido suas próprias maltagens (Glen Grant e Speyburn tinham maltagens "drum" até a década de 1960) e tanoeiros locais. A Forsyth's continua a fornecer alambiques para toda a indústria do whisky e, com a fábrica de grãos escuros de Speyburn, Rothes era o exemplo perfeito de autossuficiência.

A Glen Spey é, como suas vizinhas, um fábrica do final do século XIX. Foi fundada em 1878, quando um comerciante de milho local, James Stuart, viu uma oportunidade de expandir seu moinho de milho em Rothes para incluir uma destilaria. Depois de aumentar a área da destilaria e mudar seu nome para Glen Spey, em 1887, ele a vendeu para a destiladora de gim W&A Gilbey, a primeira dos interesses dessa firma em Speyside (em tempo, ela também possuiu a Knockando e outro velho moinho de milho, sob o nome de Strathmill).

Ainda mantendo um ar de retidão vitoriana, a Glen Spey está em consonância com o estilo leve da Gilbey/J&B. Aqui, como na Strathmill, há um purificador nos alambiques de primeira destilação altos e indutores de refluxo, os quais, quem sabe, podem ter aparecido após uma visita de vizinhos a Glen Grant. Isto tem o efeito de introduzir um elemento oleoso ao caráter de nozes que se manifesta – a este escritor ao menos – como uma nota de amêndoa.

Típico das destilarias de Rothes, a Glen Spey prefere a vida tranquila, longe do olhar do público.

Rothes, ao primeiro olhar, pode não parecer uma cidade de whisky... mas é.

NOTAS DE DEGUSTAÇÃO: GLEN SPEY

ESPÍRITO NOVO

Nariz: Gordo, pipoca/semelhante a bala de caramelo com frutas doces por trás. Ligeira salinidade e, então, amêndoa verde/óleo de amêndoas.
Paladar: Limpo e verde. Noz leve/farinha. Seco no geral. Simples.
Acabamento: Seco e crocante.

8 ANOS MADEIRA REUTILIZADA, AMOSTRA DE TONEL

Nariz: Ligeiramente imaturo, mas realçado. Madeira chamuscada/malte torrado; amendoins e amêndoa. Rum branco. Por trás há maçã assada.
Paladar: Muito intenso e, então, surge farinha de avelã no ponto intermediário. Leve e limpo.
Acabamento: Nozes.
Conclusão: Ainda não integrado e um pouquinho ramoso.

Campo de sabor: **Maltoso e seco**

12 ANOS, FLORA & FAUNA 43%

Nariz: Maltoso, mas perfumado com um indício de lavanda e um quê terroso. Farelento, gredoso (quadros-negros de escola) e, então, aquela nota de amêndoa característica.
Paladar: Flocos de amendoins e amêndoa. Limpo com um ponto doce e suave no centro. Lilás e íris no palato posterior.
Acabamento: Crocante e limpo.
Conclusão: Totalmente desenvolvido em uma mistura equilibrada de malte e fragrância.

Campo de sabor: **Maltoso e seco**
Prove também: Inchmurrin 12 anos, Auchentoshan Classic

ELGIN ATÉ O EXTREMO OESTE

O Triângulo das Bermudas do whisky está logo nos arredores da maior cidade de Speyside. Aqui estão as destilarias cult, cujos whiskies são reverenciados por blenders e aficionados, mas que parecem ter desaparecido da consciência do consumidor em geral. Há algumas surpresas reservadas: a síntese do frutado, da fragrância – e o espírito mais pesadamente turfoso de Speyside.

Rochedos de arenito iluminados pelo sol baixo do fim de tarde em Burghead.

Glen Elgin

GLEN ELGIN • ELGIN

No que parece ser uma característica de Speyside, até a maior conurbação da região mantém suas destilarias locais um tanto escondidas. Exceto por duas marcas de primeira linha de single malt, Glen Moray e BenRiach, essas são destilarias cujo trabalho é feito nos bastidores, absorvido por uma multiplicidade de blends. O resultado disso é que frequentemente são subestimadas como não passando de meras fornecedoras de material para blends, ao passo que o caso é exatamente o contrário. A razão para a capacidade das destilarias desse grupo ser pouco vista é porque os blenders prezam suas singularidades idiossincráticas.

Antigo equipamento de tanoaria que tem prestado longo serviço nos armazéns de Glen Elgin.

A Glen Elgin é um caso clássico. Escondida em uma estrada estreita secundária da A941, a personalidade de seu whisky é a definição de frutado, quase absurdamente, uma vez que sua exuberância evoca visões de suco de pêssego escorrendo por seu queixo. Isso parece surpreendente se você dirigir à destilaria apenas um olhar superficial. Seis alambiques pequenos somados a serpentinas de cobre do tipo "worm" equivalem a um espírito novo sulfuroso, certo? Não. Aqui está um dos três lugares com o sistema de "worm tubs" de propriedade da Diageo que funcionam de maneira contrária ao padrão.

"Considerando-se que você opere os alambiques para garantir que o enxofre seja removido durante a destilação, pode-se fazer um espírito leve intenso", explica Douglas Murray, harmonizador e destilador mestre da Diageo. Esse caráter de espírito novo sulfuroso visto em outros lugares é evitado aqui, permitindo ao vapor um relacionamento mais tranquilo com o cobre no alambique. Igualmente, a fermentação é importante. "Em Glen Elgin, o principal do caráter é criado antes de o espírito ir para o alambique", continua ele. Esse aspecto frutado carregado de erotismo é gerado por um método tranquilo: fermentação mais longa e ligeiramente mais fria e uma lenta e abundante catálise com o cobre no alambique. Há também as serpentinas de cobre. "Os locais com serpentinas 'worm' aumentam a complexidade e resultam numa personalidade mais intensa", afirma Murray. "Na verdade, não há muita diferença entre a Cardhu e a Glen Elgin em termos de processo." Há, entretanto, uma imensa diferença na personalidade do whisky. O suculento *versus* o relvoso, o exuberante *versus* o aguçado.

NOTAS DE DEGUSTAÇÃO: GLEN ELGIN

ESPÍRITO NOVO

Nariz: Maduro. Goma de mascar de frutas. Maçã vermelha, banana assada, pêssego verde. Sedoso.
Paladar: Defumado leve. Limpo, mas maduro e rico. Gosto sedoso na boca.
Acabamento: Exuberante e longo.

8 ANOS MADEIRA REUTILIZADA, AMOSTRA DE TONEL

Nariz: As frutas suavizaram-se e amadureceram e agora variam de enlatadas a frescas. Muito pêssego enlatado, melão fresco, aparentemente cremoso. Doce, roliço e suculento. Defumado leve.
Paladar: Bastante doce e concentrado. Acumula no centro da língua. Abricó. Muito suculento e doce. Néctar de pêssego.
Acabamento: Suave e, sim, frutado.
Conclusão: Doce e rico e quase precisando de algum controle do tonel.

Campo de sabor: **Frutado e picante**

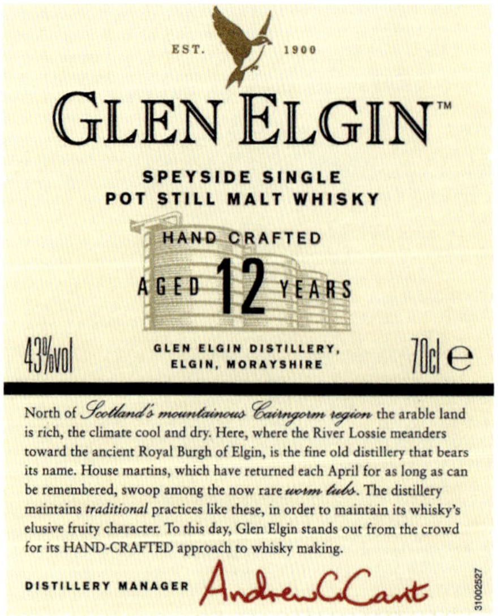

12 ANOS 43%

Nariz: Dourado total. As frutas agora estão partilhando o espaço mais alto com uma qualidade picante doce e ligeiramente farelenta. Um pouco de noz-moscada e cominho. Carvalho mais integrado acrescentando um pouco de adstringência às frutas frescas.
Paladar: Frutas tropicais suaves para começar e, então, muda subitamente a meio caminho até aquelas especiarias que lentamente se tornam madeiras fragrantes.
Acabamento: Frutado, mas secando.
Conclusão: O tonel acrescentou complexidade ao pacote todo, mas o caráter da destilaria ainda está claramente visível.

Campo de sabor: **Frutado e picante**
Prove também: Balblair 1990, Glenmorangie Original 10 anos

Longmorn

LONGMORN • ELGIN

A vizinha próxima da Glen Elgin também se inclinou a seguir seu próprio conselho. O Longmorn é um daqueles maltes que, como um músico desconhecido, constrói sua reputação entre uma base de fãs obsessivos que então, de algum modo, se ressentem do fato de que seu herói pode estar se tornando mais conhecido.

A Longmorn foi fundada em 1893 por John Duff, que nasceu na cidade próxima de Aberchirder. Duff havia projetado previamente a Glenlossie antes de rumar para a província de Transvaal para tentar dar início à indústria do whisky na África do Sul. Quando fracassou nisso, voltou para casa em Lossie para projetar e construir a Longmorn, nas férteis terras de fazenda de Laich O'Moray, perto da turfa de *foggie loans* (musgo e turfa) da vizinha Mannoch Hill.

Os negócios de Duff afundaram no final do século XIX, quando a Longmorn passou para as mãos de James Grant. Logo a casa foi elevada à categoria A1 pelos blenders.

"O Longmorn é uma verdadeira joia", declara Colin Scott, mestre harmonizador na proprietária Chivas Brothers. "É um amigo de verdade de um blender, uma vez que tem o poder de influenciar e a elegância de harmonizar os outros whiskies no blend." Esses blenders é que eram os fãs ciumentos. Mesmo quando ele se tornou parte do grupo de Destilarias Glenlivet, ao contrário de seus parceiros de portfólio Glen Grant e The Glenlivet, o Longmorn nunca foi promovido à posição de marca de single malt.

O que os blenders estão guardando é um espírito novo suave, rico, complexo, produzido em alambiques robustos, simples. É doce, frutado, tem profundidade, tem amplidão. É fragrante e, ainda assim, poderoso.

O complexo espírito novo da Longmorn flui até um dos mais ornamentados "cofres" de espírito da indústria.

É gentil e influenciado pelo mel em barris de carvalho americano, mais rico e expansivo de modo picante em pipas, misteriosamente rico e poderoso em barris de ex-xerez. Tem a habilidade de realizar múltiplas funções.

Como a base principal de muitos blends, também é um dos alicerces do single malt japonês. O formato dos alambiques originais serviu de modelo para a destilaria Yoichi no Japão porque foi onde um dos pais do whisky japonês, Masataka Taketsuru, experimentou pela primeira vez a destilação artesanal. A notícia se espalha, mas exceto por um Longmorn oficial de 16 anos, de embalagem cara, o Longmorn permanece nas mãos de seus fãs originais.

NOTAS DE DEGUSTAÇÃO: LONGMORN

ESPÍRITO NOVO

Nariz: Suave e frutado – quase como bolo de frutas. Banana madura, pera. Rico e redondo com uma nota suave semelhante a carne ao fundo.

Paladar: As frutas continuam. Maduro e longo.

Acabamento: Um pouquinho de toque floral.

10 ANOS AMOSTRA DE TONEL

Nariz: Dourado claro. As frutas estão amadurecendo, mas há uma leve característica de pêssego verde e, então, surgem baunilha e creme.

Paladar: O aspecto frutado central está se elevando agora; abricó e manga e então, com água, cholocate ao leite derretido e flor de noz-moscada.

Acabamento: Levemente picante.

Conclusão: Apesar de todo o poder suave, a impressão é a de que ele ainda está ligeiramente adormecido.

Campo de sabor: Frutado e picante

16 ANOS 48%

Nariz: Ouro velho. Bolo de frutas. Ainda há frutas suaves, mas também um indício farelento e de especiaria, banana frita, *fondant*, cítrico. Diluído, há toffee cremoso, pêssego e ameixa.

Paladar: Espesso. Chocolate novamente. Frutas tropicais maduras, frutose.

Acabamento: Bolacha de gengibre.

Conclusão: Maduro e complexo.

Campo de sabor: Frutado e picante

Prove também: Glenmorangie 18 anos, BenRiach 16 anos

1977 50.7%

Nariz: Lascas de bananas fritas, produtos Jungle Mix; ganha profundidade com cereal. Aspecto de pêssego, perfumado. Chá chinês, compotas de frutas, cítrico.

Paladar: Profundo. Rico. Abre-se em sândalo, vetiver, ameixa pequena roxa e frutas doces em compota.

Acabamento: Cheio e longo. Canela em manteiga.

Conclusão: Fica exuberante. Um whisky absorvente.

Campo de sabor: Frutado e picante

Prove também: Macallan 25 anos Fine Oak

33 ANOS ENGARRAFAMENTO DUNCAN TAYLOR, 49.4%

Nariz: Mesmo depois de tanto tempo, ele retém o caráter frutado da destilaria. Marmelo cozido, goiaba com um leve gengibre cristalizado em calda. Um pouquinho defumado.

Paladar: Gentilmente doce e frutado. Prolongado na língua. O aspecto de gengibre/ginseng? formigante acrescenta um realce no palato posterior.

Acabamento: As frutas retornam, agora semissecas.

Conclusão: O carvalho é o equilíbrio, permitindo que a personalidade da destilaria apareça em sua expressão máxima.

Campo de sabor: Frutado e picante

Prove também: Glenmorangie 25 anos, Dalwhinnie 1986

BenRiach

ELGIN • WWW.BENRIACHDISTILLERY.CO.UK

A Grã-Bretanha estava se beneficiando imensamente da grande expansão econômica no fim do século XIX. A produção industrial crescia e uma consequência disso foi o aumento de investimentos em novas destilarias. A esse tipo de expansão, inevitavelmente, segue-se a crise e, talvez como decorrência do colapso da casa Pattison de comércio e blending em 1898, o setor começou a entrar em declínio. Embora as exportações para blends estivessem crescendo, as vendas no mercado interno (das quais o Scotch ainda dependia grandemente) começaram a cair, deixando os estoques em desequilíbrio e a possibilidade de o pior ainda estar por acontecer, conforme as grandes fábricas construídas no final do século XIX começaram a proliferar.

Algumas delas foram salvas pelas firmas de blending que buscavam expandir seu próprio patrimônio (e controlar mais de suas próprias demandas). Outras fecharam, consideradas excesso à demanda. Havia 161 destilarias (incluindo as de grãos) abertas na Escócia em 1899. Até 1908, esse número havia caído para 132. Muitas das que fecharam eram empresas de grande porte construídas nos últimos dias do otimismo desenfreado, silenciadas antes de terem tido uma chance de abrir a boca. A Caperdonich, construída em 1898 como Glen Grant Mark II, fechou em 1902; a Imperial, construída como Dailuaine II em 1897, fechou em 1899. Outra fábrica nova que teve vida das mais breves foi a última do Triângulo Fogwatt, a BenRiach, que começou com uma fábrica irmã da Longmorn em 1898 e fechou em 1900. Passaram-se 65 anos até que ela voltasse a destilar whisky outra vez.

Durante esses anos intermediários, a Longmorn usou malte dos solos de maltagem da BenRiach, mas foi somente em meados de outra grande expansão nas vendas de whisky e otimismo entre as firmas de blending que o espírito começou a fluir de seus quatro alambiques novamente.

Ela permaneceu em um papel de apoio, um sussurro manso dentro dos blends, acrescentando um pouco de uma qualidade frutada picante, talvez às vezes agregando um caráter pesadamente turfoso quando os estoques de Islay estavam em baixa. Apesar de ter sido engarrafado ocasionalmente de modo oficial como single malt, esses lançamentos parecem ter indicado um whisky que, embora decente, jamais foi tão surpreendente quanto os dos outros dois membros desse triunvirato, Glen Grant e Longmorn.

Quando fechou em 2003, pareceu que a vida desafortunada da BenRiach continuaria. Dessa vez, no entanto, surgiu um "cavaleiro valente", na forma do antigo diretor da Burn Stewart Billy Walker. Houve espanto diante da notícia da compra – e então os whiskies começaram a aparecer. Complexos, picantes e, em exemplares mais antigos, mostrando a qualidade fascinante, dançante no paladar, que só é discernível em whiskies desse estilo, que tiveram uma longa e tranquila maturação em tonéis reutilizados. Em outras palavras, uma revelação para os consumidores, se não para os blenders.

Atualmente, a produção é simples e o mundo do single malt é o foco principal. "Levamos cinco anos para obter um equilíbrio adequado em tudo", explica o gerente Stewart Buchanan. "Muito equipamento foi removido e, portanto, havia bastante a ser substituído e reajustado.

Maceração na BenRiach: o momento dos estágios iniciais, quando o amido da cevada é convertido em açúcares fermentáveis.

Um discreto fornecedor de espírito para blends por muitos anos, a BenRiach agora tem a capacidade de se tornar uma marca de single malt importante.

Como, antes de assumir, não tínhamos registros do espírito novo, fizemos numerosas experiências no ponto de corte e achamos que conseguimos acertar."

"O que buscamos é uma doçura perfumada, frutada – você pode até obter algumas dessas frutas na sala de mosto, onde o aroma se torna realmente semelhante a maçã. Acho que a fabricação de qualquer whisky envolve cuidar da cevada e, pelo fato de termos um corte amplo, estamos capturando uma boa gama de sabores, desde essa doçura inicial até aquelas notas de cereal de mais tarde no fluxo."

Ele pode ter chegado tarde em cena, mas o BenRiach está se libertando do foco voltado para o blending dessa parte de Speyside e, quem sabe, guiando alguns desses discretos, mas frequentemente espetaculares, espíritos até uma nova arena.

NOTAS DE DEGUSTAÇÃO: BENRIACH

ESPÍRITO NOVO

Nariz: Doce, semelhante a bolo, frutado, abobrinha, erva-doce. Limão e, depois, uma nota doce de biscoito, giz.

Paladar: A suave qualidade frutada altamente concentrada e ligeiramente cerosa lidera o caminho e então surge uma qualidade parda/farelenta. Sensação de mascar.

Acabamento: Crocante e limpo. Mole. Então, uma porção de especiarias.

CURIOSITAS 10 ANOS TURFOSO, 40%

Nariz: Ráfia/cereais matinais da Weetabix para começar e, então, nota defumada de madeira seca/varetas chamuscadas alterando-se para betume e frutas assadas por trás.

Paladar: Bastante defumado, carvalho doce e um paladar levemente frutado. Boa sensação.

Acabamento: Ainda defumado com uma leve nota de cereal.

Conclusão: Curiosidade, de fato. Originalmente feito para fornecer um componente turfoso para os blends da Chivas Brothers.

Campo de sabor: **Defumado & turfoso**
Prove também: Ardmore Traditional Cask

12 ANOS 40%

Nariz: Dourado pleno. Começo picante com um pouco de florais exóticos cerosos/perfumados (jasmim), açúcar de confeiteiro e açúcar normal. Frutas frescas com mais carvalho fresco com água.

Paladar: Permanece levemente ceroso, com uma qualidade de calda grudenta de frutas. Abricó, banana e canela.

Acabamento: Uma explosão de especiarias e, então, um final rápido.

Conclusão: Desenvolvimento lento com carvalho americano e um parceiro ideal.

Campo de sabor: **Frutado e picante**
Prove também: Longmorn 10 anos, Clynelish 14 anos

16 ANOS 40%

Nariz: Dourado pleno. Tudo se aprofundou e as especiarias retrocederam à medida que as frutas emergiam como o parceiro dominante. Toque defumado de madeira. Banana-passa e melão maduro. Um pouquinho de nozes. Retém o quê exótico

Paladar: Mais denso e menos frutas frescas, mais assado/semi-seco. Maior, mais grudento e mais intenso com um pouco de cominho. Com água, há um toque de xerez e, então, notas de xerez.

Acabamento: Carvalho seco e passas brancas.

Conclusão: Flexionando seus músculos.

Campo de sabor: **Frutado e picante**
Prove também: Balvenie Double Wood 12 anos

21 ANOS 46%

Nariz: Dourado. Qualidade defumada e feno úmido, folha de louro, folhas de outono e pera. Restos de melão, mas as especiarias mudaram para um teor farelento leve ao fundo.

Paladar: Defumado e nozes. Casca de noz. Sálvia, mas ainda com aquela qualidade que dá a sensação de mascar. O carvalho mudou para sândalo e cânfora. Contido com o bom apoio do carvalho.

Acabamento: Gengibre e turfa leve.

Conclusão: Mudando para um terceiro estágio de sua evolução.

Campo de sabor: **Frutado e picante**
Prove também: Balblair 1975, Glenmorangie 18 anos

Glenlossie, Mannochmore & Roseisle

GLENLOSSIE & MANNOCHMORE • ELGIN / ROSEISLE • BURGHEAD

Se a BenRiach emergiu totalmente estruturada de sua reclusão, o trio seguinte parece contente em permanecer escondido da vista (apesar de que a mais nova achará isso difícil). A Glenlossie e a Mannochmore compartilham um local; na verdade, a Mannochmore fica dentro dos limites da Glenlossie, um tanto protegida por sua irmã consideravelmente mais velha. Ambas estão na extremidade mais leve da gama de sabor, mas fazem variações diferentes e importantes desse tema.

A Glenlossie é um bom exemplo da busca pela leveza que aconteceu no final do século XIX. Construída em 1876 por John Duff, um antigo gerente da Glendronach, seus alambiques sempre foram equipados com purificadores, o que é uma clara indicação de projeto inteligente sendo utilizado para suprir esse caráter mais delicado.

O refluxo é a chave aqui, a redestilação prolongada, intencional de vapores que se condensam dentro do alambique (veja p. 14-5). A Glenlossie é mais do que leve, entretanto. O nariz do espírito novo mostra uma oleosidade que agrega aroma ao básico, delicada fragrância relvosa e uma qualidade escorregadia no gosto na boca. "Se você conduz a fermentação de maneira a fazer as coisas relvosas e então aumenta o refluxo, obterá essa oleosidade adicional", diz Douglas Murray, blender e destilador mestre da Diageo. "A oleosidade é muito cobre ativo num espírito potencialmente relvoso."

É possível que a Glenlossie tenha sido salva por seu tubo purificador. É certo que teve, discretamente, uma razoável dose de atenções sobre si, sendo ampliada de quatro para seis alambiques em 1962.

ROSEISLE: UM MODELO DE VERSATILIDADE

A costa de Moray produz cevada há muito tempo e, portanto, não é surpresa que existam fábricas de maltagem naquela região. Só a Diageo possui duas, na Burghhead e na Roseisle. Desde 2009, a última também tem sido lar da mais nova destilaria da firma, que inaugurou um novo capítulo na destilação de whisky na Escócia. Enquanto as destilarias tradicionalmente escocesas têm produzido um estilo – há poucas exceções, mas não passam disso –, Roseisle foi estabelecida para produzir estilos múltiplos de whisky: leve, encorpado, maltoso e turfoso, com a possibilidade de que, se necessário, pudessem ser feitas mais variedades de destilados. Embora isso não seja novo na indústria mundial do whisky – a Irish Distillers, a Suntory e a Nikka fazem o mesmo em suas fábricas –, essa definição foi um choque para muitos produtores de Scotch, que a viram como algo que começaria potencialmente a centralização da produção. O fato de que William Grant começou a produzir estilos múltiplos em sua fábrica de Aisla Bay parece ter sido ignorado por muitos dos críticos da Roseisle. A Roseisle, diz a Diageo, foi construída para produzir sabores de whisky para seus blends (o mesmo se aplica a Aisla Bay).

A casa de alambique na notável destilaria Roseisle da Diageo.

Um tranquilo mas importante integrante do mundo do whisky.

É bastante comum que uma das integrantes de um local de ocupação dupla feche. Foi o que aconteceu na Clynelish, por exemplo, quando a Brora desapareceu, enquanto as velhas casas de alambique da Teaninich e da Linkwood também não estão mais produzindo agora. Com a Glenlossie não foi assim.

Em 1971, a Mannochmore de seis alambiques foi construída dentro do local da Glenlossie (junto com uma fábrica de grãos escuros) e começou a produzir sua própria variação do tema leve. Não há óleo aqui; isto gira em torno de um doce frescor floral, quando novo, que desenvolve uma qualidade polpuda ao maturar. Precisa de manuseio cuidadoso – a impetuosidade do xerez de primeiro uso eliminaria sua natureza um tanto discreta.

Isso torna ainda mais surpreendente que tenha sido escolhido como o malte para embasar o melaço preto que criou Loch Dhu, o notório "whisky preto", que apareceu (muito) brevemente no mercado na década de 1990. Rejeitado logo no lançamento, o Loch Dhu agora é altamente desejado para coleções. A Mannochmore, nesse meio tempo, pousou o manto da discrição sobre si mesma mais uma vez.

NOTAS DE DEGUSTAÇÃO: MANNOCHMORE

ESPÍRITO NOVO

Nariz: Doce, cenoura, erva-doce, caules de flores passando a caroços de frutas. Semelhante à grapa.
Paladar: Leve e limpo. Floral gentil e fresco.
Acabamento: Rápido, discreto.

8 ANOS MADEIRA REUTILIZADA, AMOSTRA DE TONEL

Nariz: Uma fragrância mais profunda com um toque de terra molhada e jasmim. Baunilha, ainda um pouco acre como a grapa; giz leve.
Paladar: Gordo e bastante amplo. Pêssego não maduro, então baunilha e uma característica de loja de florista.
Acabamento: Ainda quente.
Conclusão: Aparentemente leve em aroma, mas está construindo o seu momento com todo o vagar. Um azarão que pode acabar vencendo.

Campo de sabor: **Fragrante e floral**

12 ANOS, FLORA & FAUNA 43%

Nariz: Limpo. Flores de videira com um pouco de suco de pêssego se desenvolvendo junto com sobremesa de maçã.
Paladar: Levemente oleoso e ligeiramente picante. Um frescor semelhante à tangerina. Bastante delicado e despojado.
Acabamento: Fresco e ligeiramente cítrico.
Conclusão: Ainda leve e perfumado.

Campo de sabor: **Fragrante e floral**
Prove também: Braeval 8 anos, Speyside 15 anos

18 ANOS EDIÇÃO ESPECIAL 54.9%

Nariz: Cera de abelha, noz e intenso realce de canela. Carvalho recém-polido domina no começo, mas por baixo há uma suave qualidade frutada: banana, ruibarbo cozido, uma característica de pêssego e um pouco de coco.
Paladar: A natureza exuberante do nariz confirmada no paladar junto com abricó, casca de laranja, baunilha e uma sensação de crispação leve do carvalho. Boa acidez. Afunda no meio da boca, onde uma mudança para uma qualidade picante acontece antes, surpreendentemente, que a fruta reapareça junto com bolinho de amêndoa.
Acabamento: Suave de início e, então, uma ligeira crispação do carvalho. Limpo e bom.
Conclusão: Aqui está um whisky que, embora leve na fase de espírito novo, se beneficia grandemente da influência do carvalho americano (claramente o carvalho europeu o domina).

Campo de sabor: **Frutado e picante**
Prove também: Craigellachie 14 anos, Old Pulteney 17 anos

NOTAS DE DEGUSTAÇÃO: GLENLOSSIE

ESPÍRITO NOVO

Nariz: Manteiga derretida, bastante ampla. Groselha branca, camurça molhada. Verde e oleoso, óleo de colza.
Paladar: O óleo aparece no paladar, frutas não maduras, papelão doce.
Acabamento: Morango (não maduro).

8 ANOS MADEIRA REUTILIZADA, AMOSTRA DE TONEL

Nariz: Mais floral com uma nota de pêssego. Nota estimulante de flor de sabugueiro semelhante ao Linkwood, hortelã leve, limão e toranja vermelha. As frutas estão amadurecendo.
Paladar: Intenso e aromático com uma qualidade grudenta.
Acabamento: Fresco e leve.
Conclusão: Em um ponto médio em sua evolução. Precisa de tempo para amadurecer. Novamente, a textura é a chave.

Campo de sabor: **Fragrante e floral**

1999, MANAGER'S CHOICE SINGLE CASK 59.3%

Nariz: Dourado claro. Bastões de críquete sendo esfregados com óleo de linhaça, uvas, jasmim, limões de Amalfi. Bastante animado e direto, mas isso não deve ser confundido com ser imaturo. Há uma intrigante nota antisséptica com água junto com marshmallow tostado.
Paladar: Apimentado, saboroso, relvoso; o carvalho dá uma investida de mentol/eucalipto. Bastante limão. Leve e perfumado.
Acabamento: Fragrante limpo e realçado.
Conclusão: Outra luz menor que está brilhando intensamente.

Campo de sabor: **Fragrante e floral**
Prove também: Glentauchers 1991, anCnoc 16 anos

Linkwood

LINKWOOD • ELGIN

A história oculta de Speyside é a busca pelo leve. As destilarias que se juntaram a ela na perseguição encontraram a si mesmas em lugares variados dentro deste novo mundo de sabor. Ocasionalmente, algumas buscaram o leve com tão incansável motivação que o caráter ficou próximo de ser apagado de seus whiskies; outras seguiram por um rumo relvoso; outras ficaram farelentas com vigor vampiresco; outras enveredaram pelas flores. Todas enfrentaram a realidade de que os whiskies leves precisam ser manuseados com cuidado e discrição: barris reutilizados, um quê de barril de primeiro uso, mas nada de excesso de carvalho para se manter aquela personalidade de destilaria cuidadosamente artesanal.

A outra questão enfrentada por essas destilarias é que, à medida que novos consumidores se voltaram para o single malt, procuraram sabores mais ousados. Nesse aspecto, o single malt não é diferente do vinho: o novo consumidor de vinho enterrando os dentes em bombas de frutas. Nesse novo mercado, que espaço há para o sutil, o discreto?

E se houvesse um single malt em algum lugar capaz de combinar uma delicadeza de aroma com corpo no paladar; que fosse, ao mesmo tempo, fresco como um dia de primavera, mas não fosse tão esvoaçante quanto um vestido de chiffon? Não são muitos os single malts que conseguem alcançar esse complexo equilíbrio, mas o Linkwood, sim.

Esse estilo de whisky, afirma Douglas Murray, guru de blending e de destilação da Diageo, é o tipo mais difícil de se fabricar porque dá a impressão de fazer algo que parece ir contra aquilo de que o whisky se trata: a supressão de sabores. Até a definição de seu espírito novo – "limpo" – parece arrastá-lo para mais perto do mundo da vodca e da neutralidade em vez de para as complexidades ricas em congêneres do single malt.

Não há o que temer. O espírito novo do Linkwood cheira a casca de

Em terras de fazenda nos arredores de Elgin, o espírito da Linkwood está entre os mais aromáticos da Escócia.

Apesar de parecer leve, o Linkwood desabrocha com o tempo.

pêssegos, a leves flores de macieira caindo em um pomar; na boca, ele gruda e parece rodopiar como uma bola no meio da língua. É um ato de conjuração. Você espera uma coisa e obtém outra.

Isso começa cedo no processo, com uma moagem diferente sendo feita com a cevada maltada a fim de prover um leito de filtragem espesso no tanque de mosto. Sólidos produzidos por cereal são indesejáveis no mosto de gravidade baixa, que recebe uma fermentação longa. "A questão toda aqui é impedir que se formem personalidades", explica Murray.

Os alambiques são redondos, robustos e incomuns (embora não únicos), no aspecto de que os alambiques de espírito são maiores do que o alambique de primeira destilação. Eles são preenchidos até um nível baixo e passam por uma destilação longa para maximizar o tempo que o vapor pode cair de volta dentro desses imensos recipientes de cobre, eliminando mais personalidades indesejáveis.

Condensadores são utilizados para estender essa interação com o cobre, embora a velha destilaria de Linkwood, situada do outro lado do pátio, tenha serpentinas de cobre "worm". O velho Linkwood, porém, ainda demonstra essa qualidade primaveril. (Foi no velho Linkwood, incidentalmente, que muito da pesquisa da Diageo sobre o caráter obtido com o cobre e o sistema de "worm tub" foi submetido a experimentação)

É um whisky que está em demanda por parte dos blenders, oferecendo tanto textura quanto notas altas para um blend. Apesar de estar apto a maturar em barris de xerez – a fragrância e a sensação são retidas –, ele mostra o melhor de si em barris reutilizados, permitindo ao consumidor escolher idades diferentes e experimentar uma versão líquida da fotografia da passagem do tempo – como as flores de frutas jovens caindo suavemente sobre um leito de flores secas.

NOTAS DE DEGUSTAÇÃO: LINKWOOD

ESPÍRITO NOVO

Nariz: Perfumado. Abacaxi, flor de pessegueiro/casca de pêssego, marmelo. Algum peso.
Paladar: Incrivelmente fresco. Doces, maçã. Levemente untuoso/sensação de mascar.
Acabamento: Limpo e surpreendentemente longo.

8 ANOS MADEIRA REUTILIZADA, AMOSTRA DE TONEL

Nariz: Palha. Maçã verde, flor de sabugueiro, frutas brancas. Admiravelmente fresco. Com água, há pera.
Paladar: Bom peso. Maçãs e gentilmente pera cozida, então flor de sabugueiro estimulante. Forma uma camada na língua.
Acabamento: Fresco, leve e saboroso.
Conclusão: Uma intrigante mistura de fragrância e corpo.

Campo de sabor: **Fragrante e floral**

12 ANOS, FLORA & FAUNA 43%

Nariz: Grande, fragrante. Camomila e jasmim misturados com maçã. Bastante perfumado e encorpado. Ganha peso conforme evolui.
Paladar: Redondo. A característica untuosa no centro acrescenta agora profundidade extra, permitindo que as frutas maduras e os toques de grama se revolvam em torno dele.
Acabamento: Frutas tropicais e relva.
Conclusão: Um whisky limpo e perfumado que se aprofunda com a idade.

Campo de sabor: **Fragrante e floral**
Prove também: Miltonduff 18 anos, Tomintoul 14 anos

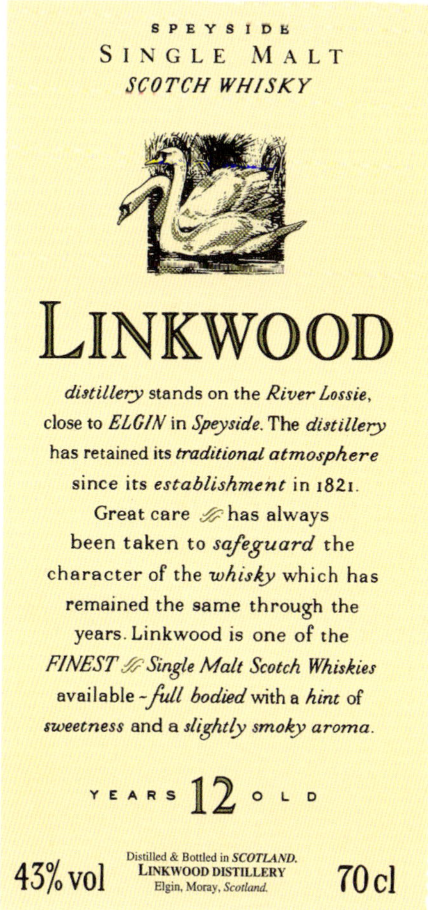

Glen Moray

ELGIN • WWW.GLENMORAY.COM • ABERTA A VISITANTES • OUT.–ABR., SEG–SEX; MAIO–SET., SEG–SÁB

Escondida às margens do rio Lossie e cercada por um conjunto habitacional, a discrição da Glen Moray é uma surpresa, considerando-se o tamanho do local. Originalmente uma cervejaria, esta foi mais uma das destilarias construídas durante o *boom* do whisky no final do século XIX que foram vítimas da mudança na situação econômica no início do novo século, fechando em 1910. Contudo, ao contrário da BenRiach, seu período de silêncio foi relativamente curto, reabrindo em 1923. A casa de alambique, pequena e compacta, parece estar fora de proporção em comparação ao restante das construções que costumavam abrigar as próprias maltagens Saladin da destilaria.

A qualidade frutada que é um traço constante neste grupo de Elgin reaparece aqui com o acréscimo de um teor amanteigado dando ao paladar uma qualidade gentilmente suave que casa com o carvalho americano. Se você gosta de salada de frutas e sorvete, o Glen Moray é o seu whisky.

É no microclima da destilaria que o gerente Graham Coull se concentra quando descreve o DNA do Glen Moray: "O clima ligeiramente mais quente de Moray e a localização da destilaria neste nível baixo realmente ajudam o espírito a assimilar a madeira, aumentando os efeitos do carvalho no sabor. Além disso, os armazéns dunnage com um nível de água baixo (eles foram inundados em várias ocasiões) criam o que achamos que é um amadurecimento maior no produto. Junte a proporção alta de barris de primeiro uso e você cria um whisky com um maravilhoso equilíbrio doce/picante".

Alguns barris de carvalho novos também foram testados aqui. Um barril engarrafado pela Scotch Malt Whisky Society foi generoso com seus sabores, mas, enquanto o whisky mostrou um intenso efeito *crème brûlée*/bala de caramelo/barras de chocolate Mars, apareceu o profundo caráter frutado do Glen Moray. Não foram, porém, suas boas propriedades que se estenderam ao marketing.

As planícies às margens do rio Lossie são o lar deste imenso local de fabricação de whisky.

Apesar de suas evidentes qualidades, o Glen Moray foi vendido como um líder de perdas pela proprietária anterior, a Glenmorangie, que, embora funcionasse bem quanto ao volume, pouco fez por sua imagem – ou pela da categoria. Logo após a compra da LVMH da Glenmorangie, a Glen Moray foi vendida para a destilaria francesa La Martiniquaise.

NOTAS DE DEGUSTAÇÃO: GLEN MORAY

ESPÍRITO NOVO

Nariz: Bastante limpo e frutado (fresco), com uma nota amanteigada e um toque de cereal ligeiramente picante.
Paladar: Uma leve sensação cerosa e então surgem as frutas maduras polpudas com um pouco de sobremesa de maçã.
Acabamento: Limpo.

CLASSIC NAS 40%

Nariz: Dourado claro. Como a maioria das marcas sem especificação de idade (NAS), a madeira é a parceira dominante. Crocante e carvalho com uma qualidade amanteigada e um pouco de frutas verdes. Maçã.
Paladar: Gentil e cremoso. Sensação suave.
Acabamento: Gentil, suave e limpo.
Conclusão: Tudo ligeiramente suprimido. Ligeiramente adormecido.

Campo de sabor: **Frutado e picante**
Prove também: Macallan 10 anos Fine Oak, Glencadam 15 anos

12 ANOS 40%

Nariz: As frutas suaves voltam. Sensação de mascar com frutas, pera seguida de tabaco claro e baunilha. Hortelã em tempo.
Paladar: Bastante semelhante ao bourbon, carvalho novo, seiva de pinho. Maçã leve.
Acabamento: Especiarias e nozes em toffee cremoso.
Conclusão: A influência do barril de primeiro uso acrescenta mais uma camada suave.

Campo de sabor: **Frutado e picante**
Prove também: Bruchladdich 2002, Tormore 12 anos

16 ANOS 40%

Nariz: Dourado. Nota resinosa encontrada com frequência em whiskies mais velhos. Ainda com doçura de calda, creme de coco, óleo bronzeador.
Paladar: A madeira é razoavelmente aderente, mas o suficiente do caráter da destilaria penetra na direção do fim para equilibrar.
Acabamento: Limpo e sedoso.
Conclusão: Ameno.

Campo de sabor: **Frutado e picante**
Prove também: Macallan Fine Oak 18 anos, Mannochmore 18 anos

30 ANOS 40%

Nariz: Maduro e outonal. Agora as especiarias surgem. Novamente, há tabaco, desta vez charuto da República Dominicana e um toque de verniz leve.
Paladar: Madeira defumada. Nogueira americana. Óleo de deque.
Acabamento: Suave e finalmente frutado.
Conclusão: Grande, doce, influência de madeira aqui.

Campo de sabor: **Frutado e picante**
Prove também: Old Pulteney 30 anos

Miltonduff

MILTONDUFF • ELGIN

No começo da década de 1930, um conjunto de circunstâncias globais conspirou contra a indústria de whisky escocês. A queda da demanda no Reino Unido, desencadeada parcialmente pelos efeitos econômicos da Grande Depressão, diminuiu drasticamente a produção. O único lado bom foi a contínua solidez das exportações para o Canadá. O fato de que muitas (se não a maioria) das caixas de blends saíram diretamente dos armazéns dos importadores canadenses em caminhões de carga clandestina e o ainda seco mercado norte-americano não eram fonte de preocupação para os escoceses. Também ficou claro que a Lei Seca estava chegando ao fim e, com a expectativa de um *boom* nas vendas nos Estados Unidos, houve considerável posicionamento nos bastidores.

As vendas não subiram imediatamente após a revogação da Lei Seca em 1933, consequência de um imposto de importação de US$ 5 por galão. Em 1936, um ano depois que essa taxação foi reduzida à metade, o destilador canadense Hiram Walker-gooderham & Worts lançou-se em uma onda de consumismo, comprando sua segunda destilaria escocesa, a Miltonduff, a firma de blending de George Ballantine, e começou a trabalhar na destilaria de grãos Dumbarton, que seguiria adiante para produzir o mais "canadense" dos whiskies escoceses de grãos.

Ao comprar a Miltonduff, Hiram Walker ficou com uma destilaria que, segundo a lenda, fora originalmente o moinho da vizinha abadia de Pluscarden e que havia sido licenciada desde 1824.

Ela também não estava desacostumada à inovação. "A Miltonduff tinha destilação tripla no final do século XIX, e por algum tempo acreditou-se que estava tentando fazer algo semelhante à Highland Park", conta Alan Winchester, gerente de destilarias da Chivas Brothers. "Por alguma razão, Hiram Walker mudou isso para o que temos hoje." Em 1964, também foi adicionado um par de alambiques Lomond, produzindo um malte chamado Mosstowie.

A "razão" de Winchester está com a Ballantine's e com a mudança do palador norte-americano, que passara a ser leve durante a Lei Seca.

Afirma-se que a Miltonduff se situa no local de uma antiga cervejaria de monastério.

Os canadenses forneceram não só capital, mas também uma nova sensibilidade para a fabricação do whisky. Os dias do delicado e gentil, desenvolvendo-se desde o início do século, agora estavam aqui. Isso é demonstrado quando se cheira seu espírito novo floral, verde, untuoso, com uma complexidade realçada que, com um leve toque em se tratando da administração do carvalho, desabrocha.

NOTAS DE DEGUSTAÇÃO: MILTONDUFF

ESPÍRITO NOVO

Nariz: Doce, com pepino. Verde/untuoso com um pouco de flor de limoeiro e flor de videira.
Paladar: Intenso, mas equilibrado, com um centro levemente amanteigado.
Acabamento: Crocante. Amendoim.

18 ANOS 51.3%

Nariz: Redondo, mas ainda com aquela característica de pureza. Camomila, flor de sabugueiro. Bastante frágil e delicado. Semelhante a flor (de planta frutífera).
Paladar: Embora haja carvalho, ainda é doce com florais ligeiramente mais fortes, jacinto, pétala de rosa. Preciso. Mantém-se bem na língua.
Acabamento: Limpo, perfumado.
Conclusão: Rocha de Edimburgo.

Campo de sabor: Fragrante e floral
Prove também: Linkwood 12 anos, Speyburn 10 anos, Hakushu 18 anos, Tormore 1996

1976 57.3%

Nariz: Leve e perfumado: urze e cânhamo, pot-pourri, baunilha, coco e orquídea.
Paladar: Redondo e com carvalho, mas retém a intensidade do espírito novo. Quase como uma geleia de flores. Há muito acontecendo.
Acabamento: Limpo e leve.
Conclusão: A retenção da fragrância é a chave aqui.

Campo de sabor: Fragrante e floral
Prove também: Tomintoul 14 anos

Benromach

FORRES • WWW.BENROMACH.COM • ABERTA O ANO INTEIRO • OUT.–ABR., SEG–SEX; MAIO–SET., SEG–SÁB

A Benromach é um enigma. Quando a empresa independente de engarrafamento Gordon & MacPhail a comprou, em 1994, era uma tela de pintura em branco. Fechada desde 1983, outra vítima da crise econômica do início da década de 1980, era uma carcaça. Tudo que se vê lá dentro agora – tanque de mosto, cubas de lavagem de madeira, os alambiques com seus condensadores externos – é novo. A indagação que a G&M enfrentou foi: começamos do zero e fazemos um whisky novo ou tentamos fazer uma réplica do que acontecia antes? O interessante é que eles conseguiram fazer ambas as coisas.

Como vimos, as destilarias dos anos 1960 e 1970 podem ser agrupadas principalmente dentro de um campo de sabor similar. A Benromach é diferente. No espírito novo, podem-se detectar ecos de uma Speyside mais antiga, quando até seus whiskies mais leves tinham profundidade no meio do céu da boca e um quê defumado. Talvez não tão encorpado quanto o Mortlach, o Glenfarclas ou o Balmenach, mas certamente mais cheio do que a brigada dos superleves. "Tem havido uma leveza gradual de Speyside nos últimos 40 anos, à medida que foram feitas mudanças em matérias-primas e processos de produção", relata Ewen Mackintosh, gerente de distribuição de whisky da G&M. "Quando tratamos de reequipar a Benromach, tomamos a decisão de criar um single malt que fosse típico de um whisky de Speyside encontrado antes dos anos 1960."

O resultado final, entretanto, foi mais misterioso. Os alambiques, por exemplo, são de um formato diferente e menores do que os originais, e ainda assim, conforme Mackintosh explica, quando compararam o espírito novo dos sistemas de produção anterior e atual houve uma marca igual. "Os únicos fatores que permanecem os mesmos são a fonte de água e um pouco da madeira usada para fabricar as cubas de lavagem", diz ele. "Existe também um pouco de mistério em torno do whisky escocês, que sugere que nunca será completamente explicado de onde as características de um single malt são derivadas." Em outras palavras, apesar de mudar tudo, algo no Benromach sempre o tornará o "Benromach".

Seria errado pensar que isso é simplesmente uma réplica. O novo Benromach vem em acabamentos de vinho, é usado carvalho novo, há uma variedade orgânica, uma pesadamente turfosa, uma rica em madeira e a gorda e cremosa Origins, que usa 100% de cevada Golden Promise. Depois de um período de silêncio, a Benromach agora está bastante barulhenta – ou tão barulhenta quanto a cavalheiresca G&M chega a ficar.

NOTAS DE DEGUSTAÇÃO: BENROMACH

ESPÍRITO NOVO

Nariz: Bem doce com banana e maltoso. De médio a encorpado, com cogumelo e defumado leve.
Paladar: Sensação de mascar e bastante espesso, com um leve toque frutado suave.
Acabamento: Limpo e um pouquinho turfoso.

10 ANOS 43%

Nariz: Dourado claro, um pouco de notas de cedro e característica de carvalho fresco. Passa para abacaxi e malte amanteigado, pão integral e casca de banana.
Paladar: Crispação leve, cheio na boca. Leve damasco seco no topo desse centro maltoso. Relaxou até adquirir um caráter expansivo. Parece levemente mais untuoso do que o espírito novo.
Acabamento: Teor defumado de madeira. Duração.
Conclusão: A madeira acrescentou uma nova dimensão, acentuando a riqueza básica do espírito. Um novo estilo antigo de Speyside.

Campo de sabor: **Frutado e picante**
Prove também: Longmorn 10 anos, Yamazaki 12 anos

25 ANOS 43%

Nariz: Uma nota de cedro semelhante ao 10 anos; indícios de couro curtido. Com o tempo, cítrico, manjar, nozes. Relvoso para sua idade. Frescor com água. Turfa leve.
Paladar: Bem doce e direto, com uma linha com o 10 anos, mas este mostra a qualidade picante extra da idade. Gengibre em pó leve e um caráter de compota de frutas.
Acabamento: Relvoso e bastante seco.
Conclusão: Embora os alambiques tenham mudado desde que este foi feito, de algum modo ele permanece o mesmo.

Campo de sabor: **Frutado e picante**
Prove também: Auchentoshan 21 anos

1981 VINTAGE 43%

Nariz: Mogno. Grande, resinoso. Frutas pretas, impacto significativo do xerez. Passando um caráter doce/saboroso e um pouco de madeira. Peso substancial e matéria vegetal seca subjacente. Banana-passa, laranja Seville e marshmallow tostado.
Paladar: Grande e intenso. Verniz e textura ligeiramente untuosa. Biscoito/nozes. Com o tempo, um quê de pimenta-da-jamaica.
Acabamento: Defumado e frutas densas.
Conclusão: Tem o peso para aguentar bem a influência próxima dos tonéis de xerez.

Campo de sabor: **Rico e redondo**
Prove também: Springbank 15 anos

Glenburgie

GLENBURGIE • FORRES

Como a Miltonduff, a 13 quilômetros de distância, a Glenburgie foi outra da destilarias nas quais o então proprietário Hiram Walker instalou alambiques Lomond, inventados por Alastair Cunningham em 1955. Seu projeto continha pratos defletores móveis em seu pescoço espesso. A crença contínua de que isto estava de acordo para se produzir um whisky mais pesado é, entretanto, simplista demais. O objetivo de Cunningham era tentar ampliar a gama de destilados vindos de um alambique. O ajuste dos pratos – como também o fato de que podiam ser resfriados com água ou mantidos secos – produziria, segundo a teoria, diferentes tipos de refluxo e desse modo permitiria que fossem criados sabores diferentes.

O problema foi que os alambiques não funcionaram bem. Quando operados como alambiques de primeira destilação, os pratos ficavam com uma camada de sólidos, diminuindo assim a disponibilidade do cobre, além de produzir potencialmente uma nota queimada no espírito final. Discretamente, os Lomond foram aposentados, desmontados ou canibalizados. Hoje em dia restam apenas dois. O da Scapa, com seus pratos removidos, funciona como um alambique de primeira destilação normal, ao passo que o da Bruichladdich acaba de instalar um chamado "Ugly Betty" (esteticamente os Lomond não são um projeto dos mais agradáveis, parecem mais um tambor de óleo de cobre do que um cisne elegante), que operava na destilaria Inverleven.

De certo modo, a Miltonduff e a Glenburgie podem ser vistas como um reflexo de espelho da Glenlossie e da Mannochmore da Diageo. "Nós sempre intercambiamos entre essas", confirma o gerente de destilarias da Chivas Brothers, Alan Winchester, cuja empresa adquiriu o primeiro par quando comprou a Allied Distillers, "mas eu diria que a Glenburgie tinha mais o que eu chamaria de um estilo mais doce, mais relvoso."

Hoje em dia não há sinal dos Lomond do "Glencraig" na Glenburgie, cujo design ligeiramente rudimentar mostra quanto o whisky chegou longe desde a Revolução de 1823.

O único indício das origens da Glenburgie no século XIX é uma pequena adega de pedra que se mantém de maneira um tanto incongruente no meio da movimentada área da destilaria. Sua presença ali tem um ar simbólico enquanto nos despedimos de Speyside, esta que é o coração da destilação de malte, esta terra de rio, charneca e planície costeira; de ousadia e sutileza; de tradição e inovação; de origens e futuras possibilidades – cuja ampla gama de aromas, técnicas e filosofias tanto influenciou o rumo do whisky escocês.

A única construção original remanescente contém alguns dos estoques mais preciosos da Glenburgie.

NOTAS DE DEGUSTAÇÃO: GLENBURGIE

ESPÍRITO NOVO

Nariz: Bastante limpo e leve, com um toque relvoso, de linhaça e doçura.
Paladar: Delicado e fragrante, mas também untuoso na língua.
Acabamento: Nozes e intenso.

12 ANOS 59.8%

Nariz: Dourado claro. Relvoso, mas estar em um tonel razoavelmente ativo permite que o coco se torne a personalidade mais forte.
Paladar: Quando diluído (é quente e intenso demais quando não diluído), ele é doce e gentil. Fava de baunilha do tonel. A gentil qualidade aderente na língua agrega interesse.
Acabamento: Relvoso. Chá branco chinês.
Conclusão: Madeira assertiva se encaixa na doçura intrínseca do espírito.

Campo de sabor: **Fragrante e floral**
Prove também: anCnoc 12 anos, Linkwood 12 anos

15 ANOS 58.9%

Nariz: Dourado. Muita acetona, leite de amêndoas. Leve e doce. Limpo.
Paladar: A relva secou tornando-se ráfia e acrescentou uma ligeira fragrância semelhante a grama de bisão, e então surge uma agradável nota rural semelhante a pata-de-vaca.
Acabamento: Especiarias leves. Limpo.
Conclusão: Gentil e atraente.

Campo de sabor: **Fragrante e floral**
Prove também: Teaninich 10 anos

HIGHLANDS

Se Speyside ilustra o absurdo da crença de que duas destilarias próximas uma da outra devem produzir um estilo semelhante, como é possível formar um elo entre destilarias de malte que se estendem desde as áreas residenciais de Glasgow até a enseada de Pentland? Legalmente, em termos de whisky, as Highlands (Terras Altas) englobam tudo que está a norte da Linha Highland e que não é Speyside, mas até mesmo essa divisão é política, abandonada em 1816, ao invés da divisão geológica que separa a Low-land (Terra Baixa) da High-land (Terra Alta).

Essa High-land tem um poderoso atrativo. É onde a maioria dos visitantes acha que a Escócia fica realmente: um local de montanhas e charnecas, lagos, castelos, águias planando e veados alertas. Em outras palavras, a Escócia como um clichê. As destilarias da Highland e seus whiskies revelam um cenário mais rico e cheio de vivacidade. Esses whiskies existem devido à batalha entre o homem e seu ambiente, falam de sabedoria popular e tecnologia, de êxodo e repovoamento e de uma teimosa (em escocês, thrawn) recusa ao conformismo. Elas existem porque oferecem algo que está fora do padrão, para além da atração gravitacional de Speyside.

Nas Highlands, é sábio esperar o inesperado. Aqui encontramos relva, defumado, cera, frutas tropicais e groselha, austeridade e voluptuosidade. Mais uma vez, não há uniformidade, mas há trilhas de sabores que podem ser seguidas: o mel que escorre da Deanston até a Dalwhinnie, as diferentes frutas da costa nordeste, a inesperada explosão do teor defumado de turfa na Garioch.

Às vezes o que intriga é o que não está lá. Por que as destilarias sobreviventes de Perthshire estão agrupadas em uma área tão pequena de um condado tão fértil e por que todas são tão completamente diferentes em termos de sabor? Por que as igualmente ricas terras cultiváveis da costa leste não podem apoiar a fabricação de whisky? Por que não há destilarias em Aberdeen ou Inverness?

Até a aparentemente coerente minirregião da costa nordeste, onde cada estação de trem parece ter uma destilaria por perto, confunde as expectativas: dos campos de cevada da ilha Black – logo a norte da foz do Moray, onde a primeira "marca" de whisky da Escócia nasceu e morreu – à surpreendente vista de colinas salpicadas de neve de um lado da estrada e uma plataforma de petróleo atracada no estuário profundo do outro lado. No verdadeiro estilo paradoxal da Highland, é tanto um local de círculos de pedras pícticas[7] e indústria pesada, da criação de mitos e do nascimento da geologia; óleo e whisky, terras alagadiças e frotas de arenque e uma sucessão de destilarias que parecem tentar propositadamente superar umas às outras em termos de alquimia estranha. Seguindo-se ainda mais rumo ao norte, sob a luz que muda constantemente nesse litoral esquecido, a antissizígia caledônia é destilada.

7. Os pictos eram povos que habitavam o que são hoje o leste e o norte da Escócia no final da era do ferro e início da Idade Média. Deixaram muitas inscrições em pedras da região.

A maior parte da Escócia consiste de terras altas, e essa área multifacetada de colinas e charnecas resulta em uma gama díspar de estilos de whisky.

THE HIGHLANDS
Destilaria de malte
Destilaria de grãos
Highlands do Sul
Highlands Centrais
Highlands do Leste
Highlands do Norte
Highlands do Oeste
Maltagens
Aeroporto
0 milhas 30
0 km 30
N
MAR DO NORTE
Cabo Wrath
Canal de Minch
Flow Country
Highlands do Noroeste
Foz do Moray
Montanhas Grampian
Southern Uplands
Enseada de Forth
Enseada de Lorne
Enseada de Clyde
Ilha Skye
Ilha Mull
Ilha Black
Islay
Jura
Arran
Bute
Kintyre
Eigg
Lago Shin
Lago Maree
Lago Ness
Lago Tay
Lago Awe
Lago Lomond
Glen More
Glen Affric
Glen Garry
Monte Ben Nevis
Monte Ben Lawers
Spey
Deveron
Findhorn
Don
Dee
N. Esk
S. Esk
Tay
Forth
Clyde
Thurso
Wick
Brora
Ullapool
Tain
Dingwall
Inverness
Nairn
Elgin
Banff
Fraserburgh
Peterhead
Huntly
Dufftown
Kennethmont
Inverurie
Aberdeen
Aviemore
Fort Augustus
Portree
Mallaig
Arisdig
Fort William
Ballater
Brechin
Montrose
Arbroath
Dundee
Pitlochry
Perth
Crieff
Auchterarder
Stirling
Dunfermline
Killearn
Alexandria
Falkirk
Edinburgo
Glasgow
Ayr
Campbeltown
A9
A96
A95
A97
A90
A86
A82
A87
A835
A837
Old Pulteney
Clynelish
Balblair
Glenmorangie
Teaninich
Dalmore
Invergordon
Glen Ord
Royal Brackla
Baird's Malt
Tomatin
Glenglassaugh
anCnoc/ Knockdhu
Macduff
GlenDronach
Ardmore
Glen Garioch
Royal Lochnagar
Dalwhinnie
Ben Nevis
Edradour
Blair Athol
Aberfeldy
Fettercairn
Glencadam
Boortmalt
Baird's Malt
Oban
Glenturret
Tullibardine
Deanston
Lago Lomond
Glengoyne

Matéria-prima. Campos de cevada nas Highlands com as montanhas Cairngorm ao fundo.

HIGHLANDS DO SUL

Elas podem estar perto dos subúrbios ao norte de Glasgow, mas as destilarias desta parte da Escócia têm sua própria identidade. Menos unificadas em caráter e mais uma coleção de personalidades intrigantes: o local de uma antiga fazenda, uma destilaria pouco conhecida onde a inovação é a palavra-chave, o lugar mais verde da Escócia e uma fábrica ressuscitada.

A montanha Ben Lomond, 974 metros de altura, domina a paisagem das Highlands do Sul.

Glengoyne

KILLEARN, GLASGOW • WWW.GLENGOYNE.COM • ABERTA O ANO INTEIRO • SEG–DOM

Não importando de que maneira você enquadre as coisas – definindo as Highlands como a High-land acima da falha geológica que corta diagonalmente a Escócia, ou como uma linha desenhada arbitrariamente pelos políticos do século XIX para fins de impostos (da maneira como, agora, as regiões estão legalmente definidas) –, Glengoyne é uma destilaria da Highland.

Uma fábrica harmoniosa, caiada, ao estilo de fazenda, situa-se em um pequeno vale sob a formação vulcânica de Dumgoyne, o extremo mais a oeste de Campsie Fells. Ao sul ficam os campos verdes e os arredores de Glasgow.

É uma destilaria intrigante, pequena em proporções (um lugar perfeito para o novo apreciador de whisky aprender sobre destilação). O espírito novo, porém, é leve e intenso com notas relvosas e uma sensação macia no meio do céu da boca, frutada, que se prolonga lentamente durante a maturação. A chave para o gerente Robbie Hughes é a combinação de tempo e de cobre, começando com a fermentação. "O tempo mínimo de fermentação de 56 horas assegura que a maior parte da energia foi retirada do mosto e reduz ajustes no alambique de primeira destilação, o que pode produzir uma nota com mais nozes."

A destilação é igualmente prolongada – novamente são o tempo... e o cobre. "Nós nos empenhamos para obter o máximo de contato com o cobre", explica Hughes. "A destilação lenta flui, maximizando o contato com o cobre, aumentando assim as notas de ésteres. Destilamos bem lentamente, nunca aquecendo demais os alambiques. Isso ajuda no refluxo e, assim, muitos dos componentes mais pesados não terão a energia para passar acima do pescoço e chegar ao ponto de corte do meio. Também temos tubos de cobre por todo o caminho até o spirit safe."

É essa mescla de vigor e de teor frutado central que permite que o Glengoyne desfrute uma longa maturação e dá a ele suficiente intensidade de caráter para lidar facilmente com barris de xerez de primeiro uso. A destilaria, que foi um tanto esquecida no passado, agora está fazendo um trabalho admirável para sua futura inclusão na lista das mais importantes.

O tanque de mosto da Glengoyne.

NOTAS DE DEGUSTAÇÃO: GLENGOYNE

ESPÍRITO NOVO

Nariz: Bastante intenso e realçado. Relvoso (feno doce) com uma leve nota frutada.
Paladar: Doce e sólido no meio do céu da boca. Boa firmeza.
Acabamento: Teso e contido. Grânulos de café instantâneo. Picante.

10 ANOS 40%

Nariz: Dourado claro. Notas imediatas de xerez. Agraz. Mistura de bolinho com um pouco de manteiga e, então, charneca/samambaia verde.
Paladar: Leve e limpo e bastante seco antes que surja a doçura central. Com água, semelhante a bolo.
Acabamento: Teso e secando, tornando-se picante.
Conclusão: O que se presume a partir do espírito novo é que este seja leve, mas há profundidade dentro desse caráter vibrante.

Campo de sabor: Frutado e picante
Prove também: Strathisla 18 anos, Royal Lochnagar 12 anos

17 ANOS 43%

Nariz: Cheio. Chocolate, cedro e hotel fazenda. Noz doce que se une com o cacau. Interessante desenvolvimento doce/saboroso. Poderoso com bastante do tonel.
Paladar: Bem maduro com decidida influência do tonel. As especiarias surgem cedo e há um equilíbrio entre o teor de nozes e o extrato doce da madeira.
Acabamento: Suave e macio e, então, uma crispação por causa do tanino.
Conclusão: Total integração e o perfeito equilíbrio constante entre a destilaria e o tonel.

Campo de sabor: Rico e redondo
Prove também: Glencadam 1978, Cragganmore 12 anos

21 ANOS 43%

Nariz: Ainda mais denso. Cogumelo e um toque de óleo de sela, bolo de frutas e um indício de pimenta-da-jamaica. Cereja preta seca. Ainda tem aquela solidez central encontrada no espírito novo. Mistura para bolo de frutas.
Paladar: Chá Earl Gray e pétala de rosa seca. Café expresso. A doçura está um pouquinho escondida e a qualidade maltosa é, agora, extrato de malte. A água permite que apareça um pouco de framboesa.
Acabamento: Tânico.
Conclusão: O tonel está agora no comando, mas o caráter da destilaria continua a evoluir de modo subjacente.

Campo de sabor: Rico e redondo
Prove também: Tamnavulin 1963, Ben Nevis 25 anos

Loch Lomond

ALEXANDRIA • WWW.LOCHLOMONDDISTILLERY.COM

Uma das destilarias mais notáveis da Escócia (e provavelmente a menos conhecida) situa-se em Alexandria, perto das margens sul do lago Lomond. Essa é uma estranha zona intermediária entre as industriais Lowlands e a romântica Highland, uma terra fronteiriça indecisa que abriga projetos residenciais e clubes de golfe, montanhas e expansão urbana. A destilaria reflete esse ambiente múltiplo (e ligeiramente confuso). É Highland? Lowland? Ambas? Loch Lomond é uma destilaria de whisky de grãos e de malte no mesmo local. É uma fábrica autossuficiente de whisky que produz blends, single malts e whiskies e que dá um nó na cabeça dos legisladores.

A destilaria de malte possui quatro conjuntos de alambiques de três designs diferentes: os alambiques originais de 1966, um conjunto de "pot stills" (alambiques do tipo pot) padrão de 1999, além de um novo conjunto formado por réplicas maiores dos originais, cujo design é intrigante. Com frequência e equivocadamente descritos como alambiques Lomond, eles são "pot stills" com uma coluna no pescoço denominada retificador.

"Gosto de explicar isso dizendo que, uma vez que podemos controlar o fluxo do espírito em diferentes pratos, estamos alongando ou encurtando o pescoço", comenta o diretor de vendas e marketing Gavin Durnin. "Isso tem um efeito direto na personalidade." Os oito tipos diferentes de malte produzidos aqui (incluindo o turfoso) fornecem a base para expressões de single malt e, com grãos da outra fábrica da destilaria, todos os componentes para seu blend High Commissioner.

A inovação é a chave. Veja a levedura. O Scotch é peculiar em sua dependência dos mesmos tipos de levedura. Mas não o Loch Lomond. "Usamos leveduras de vinho há cerca de cinco anos", conta Durnin. "O lado negativo é que elas são duas vezes mais caras do que a levedura das destilarias, mas achamos que contribuem com algo a mais para o whisky – na primeira vez que provei o espírito novo fiquei me perguntando se era whisky!"

A controvérsia está na produção de um espírito de malte, que é feito em um alambique de coluna (veja p. 16). A empresa afirma que é um whisky de malte, a Scotch Whisky Association declara que ele não é tradicional – apesar de essa ser uma técnica do século XIX. Não que a Loch Lomond pareça se importar. Eles fazem as coisas à sua própria maneira. "Não estamos presos a ninguém", declara Durnin. "Faz sentido que um blender produza de acordo com suas próprias necessidades." Talvez seja um modelo para o futuro.

NOTAS DE DEGUSTAÇÃO: LOCH LOMOND

SINGLE MALT NAS, 40%

Nariz: Cor dourada. Vetiver. Barril de malte, gerânio e limão. Com água, notas vegetais e fenóis de madeira doce.
Paladar: Uma qualidade crocante herbácea/de nozes e levemente semelhante a aveia, então ligeiramente aderente no meio do céu da boca. Latão.
Acabamento: Untuoso.
Conclusão: Espírito leve e carvalho fresco trabalhando juntos.

Campo de sabor: **Maltoso e seco**
Prove também: Glen Spey 12 anos, Auchentoshan Classic

29 ANOS, ENGARRAFAMENTO WM CADENHEAD 54%

Nariz: Fofo e leve: marshmallow, rolinhos de pão, açúcar de confeiteiro em um bolo esponja de maçã. Então endurece até lembrar samambaia verde, pepino.
Paladar: Maltoso e doce para começar. Agradavelmente macio.
Acabamento: Limpo e curto.
Conclusão: Uma maturação bastante lenta. Frescor de verão.

Campo de sabor: **Fragrante e floral**
Prove também: Glenburgie 15 anos

SINGLE MALT 1966 STILLS, 45%

Nariz: Cor dourada escura. Abundância de extrato de carvalho. Óleo bronzeador, sauna. Bastante doce e semelhante ao bourbon. Com água, balas de goma e ameixa vermelha.
Paladar: Intenso. Óleos de madeira e pinho. Toque de orégano fresco. Sabor agradável de limão.
Acabamento: Secando.
Conclusão: Espírito limpo, leve e carvalho ativo.

Campo de sabor: **Frutado e picante**
Prove também: Maker's Mark, Bernheim Original Wheat, Glen Moray 16 anos

INCHMURRIN 12 ANOS 40%

Nariz: Bastante semelhante a nozes/farelo de cereais. Excelente. Amendoim, caju e resíduos de trigo.
Paladar: Corpo leve. Espírito limpo com leve toque suculento.
Acabamento: Vivaz. Chá frio
Conclusão: Leve e limpo.

Campo de sabor: **Maltoso e seco**
Prove também: Glen Spey 12 anos

Deanston

DEANSTON • STIRLING

A Deanston, deve ser dito, não se parece com uma destilaria. Nem deveria realmente. Afinal, foi originalmente um moinho do século XVIII que em determinada época ostentou a maior roda-d'água da Europa e foi lar do desenvolvimento da Spinning Jenny [antiga máquina de fiar]. O moinho tinha essa localização graças à água. O rio Teith era utilizado para prover energia, e hoje em dia 20 milhões de litros (4,4 milhões de galões) passam por hora pelas turbinas da destilaria, o que significa que a Deanston não é apenas autossuficiente em termos de energia, mas também vende o excedente ao sistema de abastecimento nacional. Verde e sustentabilidade são as palavras aqui.

A Deanston é relativamente recente, datando apenas de 1964, quando o velho moinho finalmente fechou. De propriedade da Invergordon por um período, agora pertence à Burn Stewart, cujo gerente geral de destilarias, Ian MacMillan, está baseado aqui.

Também é um dos locais mais surpreendentes da Escócia: as turbinas são incomuns, para começar, mas o tamanho também é – o tanque de mosto de 11 toneladas, aberto em cima, os pequenos detalhes, como os abafadores de latão em torno dos pescoços dos quatro alambiques do tipo pot e o ângulo voltado para cima dos "lyne arms".

A maior surpresa, para aqueles que não provaram o Deanston recentemente, é o espírito novo: todo velas recém-apagadas e cera de abelha, esta última se tornando mel à medida que ele matura. Está a quilômetros de distância do estilo simples e seco do passado recente.

"Essa qualidade cerosa era o estilo original da casa", explica MacMillan, "mas durante o período de posse da Invergordon (1972-90) ela se perdeu e eu me incumbi de trazê-la de volta." E como ele conseguiu isso? "Mudando as coisas pouco a pouco, mas principalmente reintroduzindo gravidades mais baixas (ou seja, menos açúcar) no mosto para ajudar a produzir ésteres. As fermentações são mais longas e estamos destilando lentamente e dando períodos de descanso aos alambiques. Acredito que à moda antiga."

No extraordinário armazém de teto abobadado repousam tonéis de whisky orgânico, ao passo que todos os engarrafamentos de single malts estão agora na graduação de 46% e são "non chill-filtered" (não submetidos a filtragem). "O processo de 'chill-filtering' significa perder aroma e sabor", afirma MacMillan. "Levou 12 anos para que esses sabores fossem desenvolvidos. Por que removê-los? Quero que as pessoas os provem!"

Deanston – uma surpresa a cada momento.

NOTAS DE DEGUSTAÇÃO: DEANSTON

ESPÍRITO NOVO

Nariz: Pesado. Vela recém-apagada/cera de abelha e, com o tempo, alho silvestre. Junco molhado e um indício de cereal subjacente.

Paladar: Limpo e bastante espesso na língua. Forma uma camada na língua. Com água, um toque de farelo de cereais, mas é principalmente cera de vela.

Acabamento: Levemente pegajoso.

10 ANOS AMOSTRA DE TONEL

Nariz: Dourado. Grande influência do carvalho americano com abundância de coco. A qualidade cerosa parece ter desaparecido, mas um novo aspecto de mel está surgindo. Loção bronzeadora. Chocolate leve – barra de chocolate Crunchie derretendo.

Paladar: Grande influência do carvalho com doçura profusa. Com bastante mel e gentil. A sensação é semelhante ao espírito novo.

Acabamento: Suave, com bala de caramelo leve.

Conclusão: Os sabores mostram a integração entre a madeira e aquele caráter ceroso que agora está adquirindo mais mel.

Campo de sabor: **Maltoso e seco**

12 ANOS 46.3%

Nariz: Dourado claro. Limpo e doce. Calda dourada. Um pouco de toffee, pêssego em calda conforme ele se abre com chocolate ao leite derretendo. Cereal doce ao fundo junto com clementina.

Paladar: Bem doce e concentrado. Mel, pudim de arroz em lata e ligeiramente ceroso com um toque de carvalho crocante rumo ao final.

Acabamento: Formigante e levemente picante.

Conclusão: Agora com graduação de 46,3% e "non chill-filtered", revelou uma essência mais suave e sucosa do que a expressão mais antiga.

Campo de sabor: **Frutado e picante**

Prove também: Aberfeldy 12 anos, BenRiach 16 anos

28 ANOS AMOSTRA DE TONEL

Nariz: Dourado/âmbar. Personalidade madura clássica. Muitas especiarias e também um quê saponáceo e, então, ligeiramente de mobília polida – estamos quase de volta à cera de abelha do espírito novo, permeado por caramelo e noz-pecã.

Paladar: Secando. Ligeiramente apagado, mas com uma nota de morango (que também está na edição de 16 anos). A qualidade cerosa está de volta. Frágil.

Acabamento: Formigante, limpo, canela.

Conclusão: O Deanston tem estado numa montanha-russa.

Campo de sabor: **Frutado e picante**

Tullibardine

AUCHTERARDER • WWW.TULLIBARDINE.COM • ABERTA O ANO INTEIRO • SEG–DOM

Não é de admirar que a Tullibardine tenha sido construída em Blackford, na extremidade norte da cadeia Orchid. É um local com suprimento de água em abundância. A água mineral Highland Spring é engarrafada aqui, ao passo que a cerveja tem sido fabricada desde 1488. A primeira Tullibardine foi fundada em 1798, mas o local atual foi construído em 1949 durante o *boom* pós-guerra – novamente no local de uma cervejaria. Projetada pelo famoso arquiteto de destilarias William Delmé-Evans, era uma operação pequena que foi reajustada quando o novo proprietário, Brodie Hepburn, assumiu em 1953 – o tanque de mosto de cubas de lavagens originais rumando 13 quilômetros a norte para a Glenturret.

A destilaria acabou ficando com a Whyte & Mackay e foi desativada em 1994, para ser reaberta em 2003 por um consórcio de empresários que teve visão para designar John Black como gerente. Nascido em Cardhu e com 52 anos de experiência no setor, Black, tem-se a impressão, já viu de tudo.

"Eu queria mais dos florais frutados no espírito", relata ele. "Você pode exceder o fluxo dos *foreshots* (cabeça) e perdê-los; assim, nós fazemos alguns ajustes." O maior investimento, entretanto, foi feito em madeira: barris de primeiro uso de bourbon e de xerez. "Esse era um malte de blending, usado jovem, colocado em barris de primeiro uso", diz Black. "Não temos interesse nisso. Tivemos de fazer muitas mudanças." Uma fermentação breve dá o fundo de cereal no qual há uma nuance fragrante no espírito novo, que lembra íris.

Black, porém, se refere à água como uma das chaves do Tullibardine. "Há muita água aqui e chove muito também, e, portanto, há um microclima diferente. Até os nossos armazéns de prateleiras têm chão de terra e, assim, não há altos e baixos na temperatura como acontece nos armazéns modernos com chão de concreto. Um tonel precisa respirar. Você não notará o efeito de um armazém moderno em um blend, mas notará em um single malt. Nos tempos antigos, a maturação era mais lenta. Os contadores podem não ter gostado, mas dava certo, e boa madeira e armazéns abobadados são o segredo."

Os portões da Tullibardine permaneceram trancados por nove anos, mas a destilaria, feliz em voltar, está em pleno funcionamento outra vez.

NOTAS DE DEGUSTAÇÃO: TULLIBARDINE

ESPÍRITO NOVO

Nariz: Acentuado em nozes e bastante firme para começar. Com o tempo, uma nota floral fragrante se desenvolve. Íris.

Paladar: Intenso, picante com essa contínua nota principal perfumada. Leve a meio encorpado com doçura no centro.

Acabamento: Seco. E, então, nozes acentuadas.

2004, AGED OAK 40%

Nariz: Palha. Leve e floral. Parece mais leve que o espírito novo. Doce e açucarado com lilás e uma influência amanteigada do tonel.

Paladar: Fragrante. As notas florais seguindo em direção a jasmim. Bastante extrato de baunilha. Delicado e limpo.

Acabamento: Doce e curto.

Conclusão: Fresco e simples.

Campo de sabor: **Fragrante e floral**
Prove também: Glen Grant 1992, Tamnavulin

1988 JOHN BLACK 56%

Nariz: Âmbar escuro. Noz tostada (como visto no espírito novo), mas ainda doce. Frutas secas, ameixa em lata, frutas pretas. Armazéns *dunnage*. Óleo de castor. As flores agora mudaram para violeta. Ligeiramente azedo e almiscarado.

Paladar: Saboroso, com muito eucalipto. Densamente perfumado. Uma mudança significativa.

Acabamento: Agora as nozes emergem.

Conclusão: Bom tonel, armazém úmido. Há um vestígio do espírito novo.

Campo de sabor: **Rico e redondo**
Prove também: Springbank 18 anos

HIGHLANDS CENTRAIS

Agrupadas em torno da área central de Perthshire – com duas localizadas à parte –, aqui encontramos destilarias cujas histórias falam de segredos, contrabando, moleiros, fazendeiros, realeza e blenders sendo atraídos de volta para as raízes de suas famílias. Este foi outrora um centro de destilação; apenas uns poucos sobreviveram. A razão? Qualidade e individualidade.

A região campestre regada pelo rio Tay é há muito uma região de whisky.

Glenturret

CRIEFF • WWW.THEFAMOUSGROUSE.COM • LAR DA EXPERIÊNCIA DO FAMOUS GROUSE • ABERTA O ANO INTEIRO • SEG–DOM

Com a exceção das duas localizadas à parte, as destilarias da Highland Central estão agrupadas na área central de Perthshire, como que para promover um senso de apoio mútuo. Não haveria surpresa se o fizessem. Embora tenha restado apenas uma meia dúzia de destilarias na Highland central agora, outrora havia mais de 70 só em Perthshire. A maioria delas foi aberta no *boom* de enriquecimento rápido após 1823, quando fazendeiros-contrabandistas, no espírito de Isaías 2:4, se afastaram da ilegalidade e abraçaram uma nova vida na lei e na paz.

Muitos descobriram rapidamente que havia uma diferença entre produzir pequenas quantidades de whisky de qualidade variável para venda na porta dos fundos e vender quantidades maiores de qualidade consistente na porta da frente. Somando-se isso à crise econômica dos anos 1840, a maioria desaparecera até meados do século XIX.

Duas destilarias dessa região, de fato, dão uma ideia de como esses antigos locais de fazendas podem ter sido. A primeira é Glenturret, nos arredores de Crieff. O tanque de mosto é de uma mera tonelada, os alambiques são básicos e angulosos e a impressão geral é de estábulos e construções externas de fazenda sendo destinadas a um uso secundário em vez de formar um local construído para uma finalidade.

A Glenturret é, na verdade, um exercício em se recriar. Desmanchada em 1929, ela permaneceu abandonada por três décadas. Agora parte do Grupo de Edrington, é a casa do whisky The Famous Grouse e da The Famous Grouse Experience – e, em consequência, é uma das destilarias mais movimentadas da Escócia.

De algumas maneiras, a grande perdiz vermelha desviou a atenção do fato de que a Glenturret produz um whisky delicioso... embora esse fato em si tenha sido recriado. "John Ramsay [antigo mestre harmonizador da Edrington] reequipou a Glenturret quando a compramos em 1990, ajustando ritmos de fluxo e pontos de corte e sendo mais coerente na aplicação deles", declara seu sucessor, Gordon Motion. "O estilo anterior era variável e às vezes continha uma nota butírica [regurgitação infantil], que John foi muito sagaz em eliminar." O caráter intensamente limpo, cítrico, do espírito novo mostra que isso foi um completo sucesso. Agora há também uma variante pesadamente turfosa que é usada para o Black Grouse.

Pode ter sido reequipada, mas ainda é a identificável Glenturret? "Não pudemos mudar os alambiques e, assim, ainda podemos fazer apenas certo tipo de whisky", diz Motion. "Qualquer destilaria é um equilíbrio entre o que você herda e o que ela lhe dará. Então você pode fazer ajustes dentro disso."

Com sua fabricação de whisky em miniatura, a Glenturret é uma das poucas destilarias de fazenda remanescentes de Perthshire.

NOTAS DE DEGUSTAÇÃO: GLENTURRET

ESPÍRITO NOVO

Nariz: Laranja verde amarga, curaçau, um pouco de enxofre e milho verde com um pouquinho de tinta brilhante por trás.

Paladar: Nozes acentuadas e picantes como *jalapeño*. A textura é cremosa. Toque de enxofre no palato posterior. Leveza e frescor por trás que irão emergir no tonel.

Acabamento: Limpo.

10 ANOS 40%

Nariz: Dourado leve. Doce. Pão de prova, linóleo, flor de laranjeira.

Paladar: Floral, mas bastante gordo e cremoso na língua. Com água, há pólen e flores secas, trepadeira de jardim e ruibarbo rosa. Realçado e cítrico.

Acabamento: Fragrante e fresco.

Conclusão: Leve no aroma, mas com peso suficiente para passar por uma maturação de longo prazo.

Campo de sabor: Fragrante e floral

Prove também: Bladnoch 8 anos, Strathmill 12 anos

Aberfeldy

ABERFELDY • LAR DO DEWAR'S WORLD OF WHISKY • WWW.DEWARSWOW.COM • ABERTA O ANO INTEIRO • SEG–DOM

Perthshire é a Escócia presa em duas mentes, e se você se ativesse às estradas principais acreditaria que é uma paisagem de suaves colinas verdejantes. Desvie dessa rota movimentada, no entanto, e você encontrará uma região campestre que é High-land, um lugar de picos de 920 metros: Ben Lawers, Meall Garbh, Schiehallion – a última é onde, em 1774, o peso da terra foi calculado e, em consequência, onde as linhas de contorno e o mapeamento moderno foram inventados.

É uma região intermediária, sem ter certeza se é bravia ou de fazenda bem-cuidada, um lugar onde o passado penetra. Dirigindo ao longo de Glen Lyon desde Aberfeldy, você passará por Fortingall, onde, encolhido e escuro no pátio da igreja, há um teixo que se estima ter cinco mil anos; siga pelo vale para oeste e acabará nas áreas de turfa de Rannoch Moor.

Foi nessa terra fronteiriça que John Dewar nasceu em 1805, em uma chácara em Shenavail, a três quilômetros de Aberfeldy. Aprendiz de carpinteiro aos 23 anos de idade, ele rumou para Perth para integrar os negócios de comércio de vinho de um parente distante. Em 1846 ele tinha seu próprio negócio e começara a trabalhar com whisky. Até o final do século o blend da Dewar vendia mais de meio milhão de caixas em todo mundo. A firma precisava de uma destilaria, e em 1898 eles abriram uma em Aberfeldy.

A destilaria Aberfeldy foi construída pelos filhos de John Dewar a apenas pouco mais de três quilômetros da casa de chácara do pai deles.

Por que ali? Os filhos de John, John Alexander e Tommy, poderiam ter construído sua destilaria em qualquer lugar. No final do século XIX, Speyside teria sido o local mais lógico. Em vez disso, construíram-na dentro do raio de visão do humilde local de nascimento de seu pai, onde ele caminhara descalço quando criança, carregando turfa para o fogo como meio de pagar por sua educação. Construíram em Aberfeldy por causa de um elo emocional.

A nota de cera de abelha/mel é desencadeada na fermentação longa e concentrada durante a destilação lenta nos alambiques de pescoço estreito e formato de cebola. Fazer um ponto de corte alto no ciclo preserva uma delicadeza de aroma, vista melhor na maturação em carvalho americano reutilizado ou de primeiro uso, ao passo que a qualidade cerosa agrega espessura ao paladar, permitindo maturação longa.

Pode ter sido destinado a produzir um estilo que se adequasse às necessidades de um blender, mas a sua localização fala de uma ligação física com o lugar. Razões pragmáticas e emocionais se unindo.

NOTAS DE DEGUSTAÇÃO: ABERFELDY

ESPÍRITO NOVO

Nariz: Doce com uma nota ligeiramente cerosa, frutas brancas.
Paladar: Limpo e focado. Acentuadamente doce, textura cerosa, limpo.
Acabamento: Longo e secando lentamente.

8 ANOS AMOSTRA DE TONEL

Nariz: Dourado. Doce. Mel e cravo, notas maltosas, pera.
Paladar: Doce, sedoso e surpreendentemente picante. Tenta atacar, mas é contido por uma espessa doçura central.
Acabamento: Delgado.
Conclusão: Ainda evoluindo.

Campo de sabor: **Frutado e picante**

12 ANOS 40%

Nariz: Âmbar. O mel do 8 anos é bem mais profundo, mas também mais fragrante. A pera verde desapareceu e uma nota floral – as notas de ésteres no espírito novo – emerge com maçã madura. Carvalho fresco e geleia de framboesa.
Paladar: O carvalho lidera, mas agora também foi envolto pela doçura que está desenvolvendo um toque de bala de caramelo. Redondo. *Fondant* e suco de pêssego.
Acabamento: Longo e doce.
Conclusão: A todo vapor agora.

Campo de sabor: **Frutado e picante**
Prove também: Bruichladdich 16 anos, Longmorn 10 anos, Glen Elgin 12 anos

21 ANOS 40%

Nariz: Âmbar. Meio encorpado a encorpado com mais qualidade defumada. Calda dourada, noz macadâmia. Maleável. O carvalho agora é apenas um apoio. Toque de cera de abelha e creme de coco. Com água, mel, urze e turfa.
Paladar: Surpreendentemente defumado, o que adiciona uma camada fragrante (mas também seca) em cima do sedoso doce e do quê de hortelã/ceroso.
Acabamento: Longo e levemente picante. O carvalho surge.
Conclusão: Intrigante.

Campo de sabor: **Frutado e picante**
Prove também: Glenmorangie 25 anos

Edradour & Blair Athol

EDRADOUR • PITLOCHRY • WWW.EDRADOUR.COM • ABERTA O ANO INTEIRO • JAN.–FEV., SEG–SÁB; MAR.–DEZ., SEG–DOM

BLAIR ATHOL • PITLOCHRY • WWW.DISCOVERING-DISTILLERIES.COM/BLAIRATHOL • ABERTA O ANO INTEIRO • VEJA SITE PARA DIAS E DETALHES

Pitlochry é uma cidade vitoriana de aspecto próspero e ruas amplas, mas nos séculos XVIII e XIX o centro do comércio situava-se cinco quilômetros a norte, no vilarejo de Moulin. Embora haja certa controvérsia quanto ao significado do nome, está próximo do gaélico *muileann* (moinho), e onde há um moinho geralmente há uma destilaria. No caso de Moulin, havia quatro. Uma permanece.

Se a Edradour ainda é a menor destilaria da Escócia, não vem ao caso. Quaisquer que sejam menores, serão construções recentes. O elemento mais importante é que ela sobreviveu desde a era vitoriana e, de modo mais significativo, é que ainda está produzindo whisky.

"Essencialmente, é o mesmo pacote", assegura Des McCagherty, da Signatory Vintage, que comprou a Edradour em 2002. "Tanque de mosto aberto em cima, refrigerador Morton, cubas de lavagem de madeira e alambiques pequenos com serpentinas de cobre do tipo 'worm'. Só mudamos coisas que foram necessárias: as serpentinas 'worm' tiveram de ser substituídas e instalamos um novo refrigerador Morton de aço inoxidável." O equipamento tradicional resulta em um espírito novo untuoso, doce que contém mel acentuado, com algumas notas de cereal tostado e uma densidade madura no paladar. Esse caráter robusto está sendo mantido principalmente em madeira tradicional. "O detalhe final é que, agora, o Edradour é todo single malt [em vez de se destinar a blends] e o estamos colocando em madeira de primeiro ou segundo uso", esclarece McCagherty. "A maior parte do Edradour vai para [tonéis de] xerez e o Ballechin [a nova variante pesadamente turfosa] vai principalmente para bourbon de primeiro uso. Esta é mais uma de um grupo pequeno, mas crescente, de destilarias independentes que McCagherty vê como responsáveis por manter vivas as técnicas que teriam morrido e as "destilarias que teriam desaparecido".

Pitlochry também é a casa da destilaria Blair Athol da Diageo, produzindo legalmente desde 1798 e parte do portfólio da Bell's desde 1933. Bell's era um destilador que dirigia a maioria de seus locais de modo semelhante. A Blair Athol está na extremidade pesada disso. O controle feito no alambique de primeira destilação resulta em um novo espírito ruralmente pungente que conduz a uma maturidade ricamente frutada. Como a Edradour, resulta no seu melhor em tonéis de ex-xerez.

NOTAS DE DEGUSTAÇÃO: BLAIR ATHOL

ESPÍRITO NOVO

Nariz: Forte caráter de extrato de malte. Ração de gado/grãos escuros. Sementes e nozes e, então, sabão carbólico.
Paladar: Chamuscado e maltoso. Encorpado e poderoso. Pesado.
Acabamento: Completamente seco.

8 ANOS MADEIRA REUTILIZADA, AMOSTRA DE TONEL

Nariz: Granola: uvas pretas, flocos de aveia. Rico e amplo, as frutas emergindo.
Paladar: Quente, encorpado e levemente terroso. Pesado e ainda chamuscado/seco. Potencial poderoso.
Acabamento: Seco e longo.
Conclusão: Pesado, ele precisa de tempo e tonéis ativos para extrair seus segredos escondidos.

Campo de sabor: **Maltoso e seco**

12 ANOS, FLORA & FAUNA 43%

Nariz: Âmbar escuro. Malte tostado, violeta, filão de pão maltado, um pouco de passas. Ligeiramente ceroso com ameixa seca leve. Doçura com água.
Paladar: Encorpado e doce. Malte seco/profundidade de nozes com passas no topo. A nota chamuscada agora está integrada ao carvalho, acrescentando profundidade e riqueza. Leite maltado com água.
Acabamento: Chocolate amargo.
Conclusão: O carvalho europeu dá a esse grande espírito maltoso as camadas extras que ele precisa para se equilibrar.

Campo de sabor: **Rico e redondo**
Prove também: Macallan 15 anos Sherry, Fettercairn 33 anos, Glenfiddich 15 anos, Dailuaine 16 anos

NOTAS DE DEGUSTAÇÃO: BALLECHIN

ESPÍRITO NOVO

Nariz: Tão encorpado quanto o Edradour com um pouco mais de cereal e qualidade defumada de madeira (toras de bétula).
Paladar: Qualidade defumada imediata, mas as frutas acentuadas e óleos se equilibram.
Acabamento: Untuoso, mas frutado. Um espírito grande, mas equilibrado.

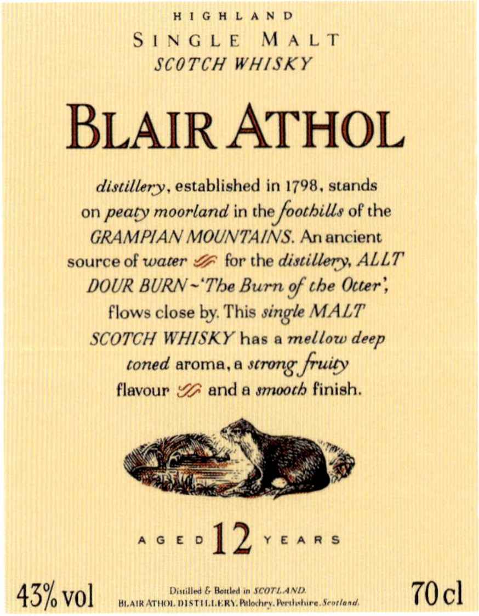

NOTAS DE DEGUSTAÇÃO: EDRADOUR

ESPÍRITO NOVO

Nariz: Encorpado. Limpo. Com mel e levemente untuoso com frutas pretas, casca de banana, feno de campo/palheiro. Cevada.
Paladar: Começo doce e, então, óleo de linhaça e groselha. Com sensação de mascar e vigoroso. Forma uma camada na boca com apoio firme de cereal.
Acabamento: Longo. Seco.

1996 ACABAMENTO EM OLOROSO 57%

Nariz: Dourado total. Óleo de avelã, grama seca, toque de especiaria. Terra leve. Noz assada. Com água, ervas, amêndoa.
Paladar: Começo de nozes e, então, a untuosidade o leva adiante, tornando-o doce no centro. Forma uma camada na boca, generoso.
Acabamento: Anis leve.
Conclusão: Interessante; um tanto semelhante ao conhaque Lepanto.

Campo de sabor: **Frutado e picante**
Prove também: Dalmore 12 anos

1997 57.2%

Nariz: Cobre. Mais contido que o 1996. Qualidade leve de frutas em compota. Ameixa e bolo de frutas. Com água, um indício de grafite e peras cozidas em vinho tinto.
Paladar: A doçura de mel está sob controle. Frutas vermelhas frescas, framboesa seca, morango, indício de chocolate.
Acabamento: Doce.
Conclusão: Como muitos whiskies Edradour, intrigante qualidade vinosa.

Campo de sabor: **Rico e redondo**
Prove também: Dalmore 15 anos, Jura 21 anos

Royal Lochnagar

BALLATER • WWW.DISCOVERING-DISTILLERIES.COM/ROYALLOCHNAGAR • ABERTA O ANO INTEIRO • VEJA SITE PARA DIAS E DETALHES

A destilaria central seguinte fica em Deeside, uma hora ao norte de Moulin, acima do desfiladeiro de Glenshee. A vinda a este cenário de florestas densas e verdejantes pode induzir o visitante a acreditar que este é um lugar fácil de se interpretar como de uma classe média, mas Deeside sempre foi um esconderijo. Seus desfiladeiros proveram pastos e passagem tranquilos a condutores de gado até os mercados centrais – as mesmas trilhas usadas por contrabandistas de whisky que rumavam para o sul desde Speyside ou das próprias cabanas obscuras de Deeside. A rainha Vitória e o príncipe Albert construíram o castelo Balmoral aqui devido ao isolamento da área; seria aqui que a rainha de luto se refugiaria.

A região campestre em volta e ao fundo está salpicada de belos chalés, cabanas, pastagens e antigas destilarias; uma paisagem secreta, hermética, na qual você pode se perder facilmente. A primeira destilaria em Upper Deeside foi supostamente incendiada por destiladores ilícitos depois que seu proprietário, James Robertson, um contrabandista, estabeleceu um local legalizado ao lado do rio em Crathie.

Em 1845, a Royal Lochnagar (ela recebeu o certificado real da rainha Vitória, que apreciava um espírito misturado com clarete) estava construída.

O que supomos ao observar os dois alambiques pequenos e serpentinas "worm" da Royal Lochnagar e que a menor das fábricas da Diageo é um local de whisky encorpado. E, ainda assim, essa é uma destilaria que, um tanto como a Glen Elgin (veja p. 90), trabalha contra o padrão, usando técnicas que prolongam bastante o contato com o cobre.

"Usamos uma abordagem descontraída aqui", diz o gerente Donald Renwick, "operando nossos alambiques apenas duas vezes por semana e dando-lhes um período de descanso entre as destilações para permitir que o cobre rejuvenesça. As serpentinas 'worm' são mantidas aquecidas também para aumentar a interação com o cobre." O que deveria ser sulfuroso é, em vez disso, relvoso, mas o caráter formado internamente da Lochnagar significa que essa relva não é verde, mas seca, oferecendo um eco menor de sua localização e, em sua solidez no meio do céu da boca (sim, inevitavelmente, facilmente ignorada), as pistas de sua adequação para maturação de longo prazo. Em Upper Deeside nada é exatamente o que parece.

NOTAS DE DEGUSTAÇÃO: ROYAL LOCHNAGAR

ESPÍRITO NOVO

Nariz: Feno seco, pera leve e frutas manchadas com apenas um quê defumado. Encorpado, relvoso.
Paladar: Fresco e limpo, com nítida qualidade defumada em um centro sólido. Afunda na língua.
Acabamento: Limpo.

8 ANOS MADEIRA REUTILIZADA, AMOSTRA DE TONEL

Nariz: Adquiriu um pouco de baunilha/chocolate branco do tonel. Ainda com o caráter de feno/palha, mas as frutas agora estão se suavizando. Defumado leve.
Paladar: Uma surpreendente nota de maçã cítrica para começar, então vem a palha doce. Retém boa riqueza de paladar que está começando a desenvolver sabor.
Acabamento: Semelhante a pera. Relva seca outra vez.
Conclusão: Serpentinas "worm" deram essa profundidade extra de malte relvoso.

Campo de sabor: **Frutado e picante**

12 ANOS 40%

Nariz: Limpo. Grama cortada com um toque de cereal por trás. Bastante fresco com uma natureza crocante. Com o tempo, há feno seco, avelã, semente de cominho leve e limão.
Paladar: Mais doce do que se espera. De leve a meio encorpado, mas há um equilíbrio entre as notas secas (malte/feno) e as doces (pralina/frutas leves). Canela.
Acabamento: Gentil e limpo.
Conclusão: Fresco e atraente.

Campo de sabor: **Frutado e picante**
Prove também: Glengoyne 10 anos, Yamazaki 12 anos

SELECTED RESERVE NAS, 43%

Nariz: Grande influência do xerez. Frutas secas doces (fazendo pudim de Natal), um pouco de rum e passas e um pouquinho de melaço.
Paladar: Bolo de frutas com um leve quê de pimenta-da--jamaica. A qualidade relvosa se foi, mas a profundidade do espírito permite que ele interaja bem com o carvalho.
Acabamento: Longo e doce.
Conclusão: Uma expressão audaz na qual o caráter da destilaria desempenha um caráter secundário.

Campo de sabor: **Rico e redondo**
Prove também: Glenfiddich 18 anos, Dailuaine 16 anos

Dalwhinnie

DALWHINNIE • WWW.DISCOVERING-DISTILLERIES.COM/DALWHINNIE • ABERTA O ANO INTEIRO • VEJA SITE PARA DIAS E DETALHES

Após o desvio pelo Deeside, a última destilaria nessa região central situa-se, isolada, em um platô elevado entre as cadeias de montanhas Cairngorm e Monadhliath. A localização, embora espetacular, é inicialmente surpreendente, para dizer o mínimo. Este é um local exposto: a destilaria conjunta mais elevada da Escócia (uma honra que compartilha com a Braeval) situada na propriedade mais fria do Reino Unido. A destilaria costumava ter um alojamento que servia tanto como hospedagem para os trabalhadores que não conseguiam voltar para casa – por causa do tempo, naturalmente – como para motoristas em apuros.

Por que construir nesse local? A resposta está no que a maioria dos visitantes chegando pela estrada pensa ser os fundos da destilaria (é, na verdade, a frente): a linha da estrada de ferro. Eis mais uma destilaria do final da era vitoriana – foi construída em 1897 –, erguida para aproveitar o *boom* do blending e o fácil acesso ao cinturão central. Não está claro se houve destilação aqui antes disso. Certamente a localização em um cruzamento de estradas sugere que uma porção de coisas ilícitas deve ter passado por aqui ao longo dos anos.

A nota de mel que se vê em algumas dessas destilarias da Highland central alcança sua expressão mais concentrada aqui. Rica, espessa e doce, a textura do Dalwhinnie – suficientemente apropriada, considerando-se sua localização – permite que ele seja um single malt que adquire uma nova dimensão quando congelado. O mel, porém, não se evidencia imediatamente no pico alcoólico do espírito novo. O segredo da Dalwhinnie está na entrada da estrada, os grandes tanques circulares de madeira contendo as serpentinas "worm" para seu par de alambiques (veja foto na p. 119).

O espírito novo, privado do contato com o cobre, acaba deixando essas serpentinas "worm" tão sulfurosas quanto o gás de escapamento dos carros. Parece uma maneira estranha de se fabricar whisky. Por que, com toda a tecnologia à sua disposição, a Diageo simplemente não o fabrica sem o enxofre? "É o preço que se paga nesse estágio por querer o verdadeiro caráter da destilaria", diz o guru de blending e de destilação da Diageo, Douglas Murray. "Se você conduzisse o processo de modo a tirar o enxofre, como fazemos na Royal Lochnagar, o espírito novo seria relvoso ou frutado. Se você conduz as coisas para fazer [espírito] sulfuroso, as peças do quebra-cabeça que dão esse caráter relvoso/frutado não se encaixam e, assim, o resultado acaba sendo um caráter leve e delicado. O enxofre é simplesmente um indicador quando é novo, o verdadeiro caráter está abaixo."

E permanece assim por muito tempo. O Dalwhinnie fica adormecido sob esse manto por muitos anos, uma das razões para a expressão principal ser engarrafada com 15 anos. A outra vantagem desse envelhecimento mais longo é que a nota de mel, meramente discernível no espírito novo, tem a chance de se concentrar, o que leva a outra pergunta: de onde vem o mel?

"Acho que o mel é uma etapa no meio do caminho", observa Murray. "Para simplificar as coisas, falamos de ceroso, ou relvoso, ou frutado no espírito novo, mas se você opera a destilaria com a finalidade de produzir a qualidade cerosa, mas não a leva ao extremo (como fazemos na Clynelish), o resultado é um teor amanteigado doce, agradável." A doçura combinada com a qualidade cerosa pode ser percebida como cera de abelha quando jovem e mel quando maduro – o mesmo caráter que se encontra no Aberfeldy ou Deanston.

É aqui, na tundra, com nada além de charnecas e montanhas em volta, que o tempo parece seguir mais devagar. Conforme o visitante respira fundo para acalmar o coração acelerado pela agitação da cidade, está espelhando o whisky Dalwhinnie com o seu espessamento constante, tranquilo, seu acréscimo de densidade, sua verdadeira personalidade.

"WORMS" *VERSUS* CONDENSADOR

Método original de condensação, as serpentinas de cobre "worm" são uma raridade hoje em dia. Condensadores de camisa e tubo foram introduzidos em toda a indústria durante o século XX. Apesar de mais eficientes, eles também alteraram basicamente o caráter, removendo a profundidade. A prova disso foi descoberta aqui na Dalwhinnie quando as antigas serpentinas "worm" foram removidas. Com elas se foi o "Dalwhinnie". Elas foram repostas rapidamente e o "Dalwhinnie" reapareceu.

O espírito novo da Dalwhinnie flui através de serpentinas "worm" até o *spirit safe*.

A mais elevada destilaria conjunta da Escócia, a Dalwhinnie é também a propriedade mais fria da Grã-Bretanha.

NOTAS DE DEGUSTAÇÃO: DALWHINNIE

ESPÍRITO NOVO

Nariz: Sopa de ervilha, chucrute. Bastante enxofre. Encorpado e com um quê defumado de turfa. Gás de escapamento.
Paladar: Seco e profundo com uma verdadeira doçura por baixo. Encorpado.
Acabamento: Enxofre.

8 ANOS MADEIRA REUTILIZADA, AMOSTRA DE TONEL

Nariz: Notas folhosas, um pouco de madeira e ainda um pouco de enxofre (brócolis), mas também de mel escorrendo e manteiga quente.
Paladar: A sensação é de sabores potenciais vagamente vistos. Um aspecto pesado soporífico com indícios de mel, urze e frutas suaves.
Acabamento: Dormente e defumado.
Conclusão: Ainda adormecido. É interessante comparar este, na mesma idade, com outros espíritos novos sulfurosos, tais como Speyburn, anCnoc e Glenkinchie. Só precisa de tempo para que seu caráter maduro possa emergir por completo.

Campo de sabor: **Frutado e picante**

15 ANOS 43%

Nariz: Maduro com doçura rica e acentuado caráter de carvalho americano/*crème brûlée*. Leve quê defumado. Mel com agradável aroma de limão. Torna-se mais semelhante a pólen com água. Bom peso.
Paladar: Um começo imediato e bastante espesso. O defumado é leve, mas se nota. Boa mistura de doçura semelhante a sobremesa/iogurte grego com seiva de acácia e madeira fresca.
Acabamento: Longo e suave.
Conclusão: Agora totalmente acordado, ele se livrou de seu manto sulfuroso para se revelar em seu disfarce de mel.

Campo de sabor: **Frutado e picante**
Prove também: Balvenie 12 anos Signature

DISTILLER'S EDITION 43%

Nariz: Dourado profundo. Gordo e cremoso com uma nova nota de tangerina e marmelada. Mais fragrante e macio do que o 15 anos com o acréscimo de uma nota de nozes, enquanto o defumado se dissipou. Sobremesa de maçã e pera doce se misturando com o mel discreto.
Paladar: Redondo e doce e a noz tostada deu aderência extra e interessante ao paladar. Mel de flor de laranjeira e amêndoas.
Acabamento: Mais longo e ligeiramente mais espesso.
Conclusão: Levemente mais sucoso e interessante. Equilibrado.

Campo de sabor: **Frutado e picante**
Prove também: Glenmorangie The Original 10 anos, Balvenie 12 anos Signature

1992, MANAGER'S CHOICE
SINGLE CASK, 50%

Nariz: Dourado vibrante. Produto para limpar couro que se tornou um pouco duro e grudento. Por trás disso estão alguns florais pesados (pense em lírio), folha de groselha e um toque de enxofre.
Paladar: Maduro e frutado, lembra pacotinhos com porções alimentícias para café da manhã servidos em uma pousada escocesa, um indício de abricó, um pouco de marmelada de tangerina, um pouquinho de mel. Leve.
Acabamento: Creme chantilly, mas breve.
Conclusão: Um tonel ligeiramente menos ativo e o enxofre ainda permanece.

Campo de sabor: **Frutado e picante**
Prove também: Aberfeldy 12 anos

1986, 20 ANOS SPECIAL RELEASE 56.8%

Nariz: Âmbar reluzente. Rico e maduro. Notas leves de charco entram imediatamente, junto com samambaia seca. Então, ele se aprofunda: frutas de outono cozidas, pêssego seco, mel de urze escorrendo sobre *waffle* quente, bolo de passas brancas, torta de pêssego, pudim de toffee grudento. Com água, a impressão é de açúcares de frutas caramelizadas e demerara úmido com hortelã.
Paladar: Suave, com defumado leve e uma qualidade picante previamente escondida. O tempo parece deixá-lo mais vagaroso, aprofundando e adoçando os sabores: especiarias, laranja amarga. Riqueza semelhante a bolo, toffee e maduro.
Acabamento: Generoso e longo. Frutas maduras.
Conclusão: A profundidade do caráter é revelada agora.

Campo de sabor: **Frutado e picante**
Prove também: Balblair 1979, Aberfeldy 21 anos

HIGHLANDS DO LESTE

Apesar de fértil, esta é uma parte da Escócia relativamente pouco povoada e não foi tão propícia para as destilarias no passado. As razões para isso são complexas e surpreendentes – como são os whiskies. Como sempre, não podemos fazer suposições amplas sobre estilo regional. Até o exemplo mais defumado das Highlands do leste também é um dos mais fragrantes.

O rio **Deveron** serpenteia na foz do Moray na Macduff.

Glencadam

BRECHIN • WWW.GLENCADAMDISTILLERY.CO.UK

As Highlands do leste estão pontuadas de lembranças de fábricas que fracassaram. North Port, de Brechin; Glenury-Royal, em Stonehaven; todas as destilarias de Aberdeen. Nossa história, todavia, começa em Montrose, que outrora ostentou três destilarias: Glenesk (também conhecida como Hillside), que também fabricava whisky de grãos e tinha suas próprias maltagens; Lochside, outra fábrica conjunta malte/grãos, e Glencadam. Quando todas as três fecharam, foi como se a história da destilação da costa leste tivesse sido confinada ao passado. Então, em 2003, a Glencadam foi comprada pela Angus Dundee.

O fato de que tanto a Glenesk quanto a Lochside fabricavam whisky de grãos – e que a primeira tinha suas próprias maltagens – demonstra quão abundante em matérias-primas é essa parte do país. Por que, então, as destilarias foram dizimadas? Alguns argumentam que havia falta de água, embora a verdade possa ser mais comercial.

O whisky de malte tem tudo a ver com individualidade. A pergunta em tempos de excedente de estoque é: este whisky é individual o bastante? Todas as destilarias da costa leste eram fábricas pequenas de propriedade de grandes empresas de blending, e a realidade brutal é que elas excederam a demanda em termos de sabor. O whisky de grãos podia ser fabricado em qualquer outro lugar, o espírito vindo das fábricas de malte estava perto o bastante disso, vindo das destilarias maiores. Em tempos de crise – como a do final dos anos 1970 –, corta-se o excedente do acervo.

A Glencadam, no entanto, sobreviveu. Seu estilo floral fragrante de whisky não está tão longe do Linkwood (veja p. 96), com o qual partilha uma qualidade aderente no centro da língua. Essa leveza de caráter, conforme acredita o blender da Angus Dundee, Lorne MacKillop, vem do fato de que os pescoços de cisne dos alambiques estão em um ângulo voltado para cima, aumentando desse modo o refluxo. "Ele não era conhecido como um single malt", conta MacKillop. "E queríamos acentuar esse estilo floral; assim, decidimos engarrafá-lo 'non chill-filtered' e sem acréscimo de caramelo." A costa leste pode não estar exatamente se elevando, mas pelo menos está viva.

NOTAS DE DEGUSTAÇÃO: GLENCADAM

ESPÍRITO NOVO

Nariz: Fragrante/floral com um pouco de eau-de-vie[8] (Poire William), uva verde, um pouquinho de pipoca por baixo.
Paladar: Bastante doce. Verde com um efeito de acúmulo no meio da língua. Torna-se mais floral perto do final.
Acabamento: Limpo e leve.

10 ANOS 46%

Nariz: Dourado leve. Delicado com flores e, então, damasco fresco, pera que amadureceu, limão.
Paladar: Gentil e macio. Doce com baunilha, noz-moscada e, então, cappuccino. Mais uma vez, as frutas se estabilizam no centro antes do realce floral.
Acabamento: Flor de macieira.
Conclusão: Delicado e, ainda assim, com substância.

Campo de sabor: Fragrante e floral
Prove também: Glenkinchie 12 anos, Speyburn 10 anos, Linkwood 12 anos

15 ANOS 46%

Nariz: Dourado. Doce e ligeiramente contido com apenas um pouquinho mais de caráter de folha seca. As flores são um tanto mais pesadas, a madeira agregou uma qualidade equilibrada de nozes.
Paladar: Mais firme do que o 10 anos, mas ainda forma uma camada na língua. Nozes, um indício de tâmara leve, frutas maduras.
Acabamento: As frutas, agora, se libertam.
Conclusão: Crocante com decidido domínio, sendo que a madeira não sobrepuja sua concentração doce.

Campo de sabor: Frutado e picante
Prove também: Scapa 16 anos, Craigellachie 14 anos

1978 46%

Nariz: Âmbar escuro. Cheio e com xerez com um pouco de notas de ranço. As frutas agora rumam para um amadurecimento de fim de outono. A maçã verde é agora maçã e toffee. Muito chocolate. Barra de chocolate Fry's Cream e, então, caixa de charutos/caixa com umidificação.
Paladar: Firme, mas macio. Mais uma vez, rico em castanha e chocolate, mas ainda com aquela qualidade madura inerente. Toffee da Highland.
Acabamento: Suave e nozes.
Conclusão: Manteve-se bem para o que parece um espírito leve.

Campo de sabor: Rico e redondo
Prove também: Glengoyne 17 anos, Glenfiddich 15 anos, Hakushu 25 anos

8. Uma eau-de-vie (literalmente, água da vida) é, tipicamente, um destilado feito a partir da fermentação de fruta prensada.

Fettercairn

FETTERCAIRN • WWW.WHYTEANDMACKAY.COM • ABERTA A VISITANTES • MAIO–SET., SEG–SÁB

O Howe of the Mearns é o cenário da trilogia de Lewis Grassic Gibbon, *Scots quair*, que reconta as mudanças na Escócia à medida que o país passa de uma era dourada na agricultura para a industrialização do século XX. Embora escrito no século XX, pode ser considerado um livro romântico tardio, que celebra um elo mítico com a terra e medita sobre a perda: de raízes, de fé, de crença política. Sua esfera narrativa cobre o mesmo período que o da ascensão do whisky e está centrada na parte do mundo onde se situa a Fettercairn.

A destilaria localiza-se nas planícies com vista para a costa, logo além de uma bela cidade que poderia ter servido de modelo para a Seggie de Gibbon, mas seu pano de fundo é montanhoso. É apenas uma curta (ainda que íngreme) trilha até a Royal Lochnagar.

Em seu interior, o ambiente parece falar de maneiras tradicionais de se fazer whisky... talvez até com alguns ecos dos tempos de contrabando, quando os contrabandistas desciam de Deeside com seus artigos. Há um tanque de mosto aberto em cima, alambiques com moedores de sabão nas laterais (o sabão era usado como tensoativo para reduzir a formação de espuma no alambique, mas não adicionava sabor), embora seja nos armazéns dunnage que um lado mais moderno é revelado.

Os armazéns atuam como um dos locais experimentais onde o mestre harmonizador da Whyte & Mackay, Richard Patterson, pesquisa madeira – aqui mais notavelmente carvalho virgem – e por uma razão específica: tentar vencer a nota queimada/vegetais no Fettercairn mais jovem. "É uma luta", declara Paterson. "Havia condensadores de aço inoxidável aqui, de 1995 até 2009, que davam aquela nota queimada e deixavam o malte um tanto mais duro. Esse é um whisky que precisa de carvalho americano para adoçá-lo e é por isso que comecei a usar carvalho virgem."

As terras exuberantes das Mearns cercam essa destilaria que outrora foi uma fazenda.

O Fettercairn, ocorre-me, é como um delinquente desajeitado que leva um longo tempo para perder o seu jovem mau humor. Quando finalmente atinge a maturidade, parece ter aprendido com seu passado um tanto agressivo e se torna um whisky companheiro. Não o dispense.

NOTAS DE DEGUSTAÇÃO: FETTERCAIRN

ESPÍRITO NOVO

Nariz: Farinhoso, vegetais, enxofre leve, indício de doçura.
Paladar: Firme, ligeiramente frutado e com peso. Parece fechado.
Acabamento: Crocante e breve.

9 ANOS CASK SAMPLE

Nariz: Limão em conserva e nabos. Levemente chamuscado. Muita influência do tonel. Investida de baunilha e lascas de carvalho.
Paladar: Melhor que o nariz com papelão, doce, um pouco de maçã vermelha.
Acabamento: Nozes.
Conclusão: Ainda absorvendo o carvalho, ainda resistindo. Mesmo aos 12 anos, este Fettercairn parece estar se recusando a crescer.

Campo de sabor: Frutado e picante

16 ANOS 40%

Nariz: Âmbar leve. Maior e mais doce com uma mistura de coco/passas brancas e um quê defumado. Melhor equilíbrio.
Paladar: Um pouco do teor defumado da madeira permeia junto com notas semelhantes ao chá Assam, um pouco de passas, castanha-do-pará.
Acabamento: Toffee, bastante redondo.
Conclusão: Precisa de doçura, de direção. É um whisky rebelde.

Campo de sabor: Rico e redondo
Prove também: Dalmore 15 anos, The Singleton of Glendullan 12 anos

21 ANOS AMOSTRA DE TONEL

Nariz: Balsâmico leve. Levemente sucoso. Toque de *pot ale* (líquido residual).
Paladar: Taninos de grande carvalho europeu. Semelhante a Manzanilla Pasada[9]. Amêndoa e, então, mato queimando. Com água, um pouquinho defumado.
Acabamento: Firme e teso.
Conclusão: Bastante influência do tonel tentando dobrar à força um freguês difícil.

Campo de sabor: Rico e redondo
Prove também: GlenDronach 12 anos

9. Manzanilla Pasada é uma variedade de vinho fino xerez feito na Andaluzia, Espanha.

30 ANOS 43.3%

Nariz: Âmbar. Bastante suave para começar, toques de creme, mas uma qualidade terrosa, de couro, se desenvolve. Frutas. Defumado.
Paladar: Frutas pretas, bolo de frutas, charuto. Bastante couro.
Acabamento: Mostra ligeira fragilidade, mas equilibrado.
Conclusão: O adolescente rebelde cresceu, mostrando uma natureza avuncular sentado em uma poltrona de couro.

Campo de sabor: Rico e redondo
Prove também: Benrinnes 23 anos, Tullibardine 1988

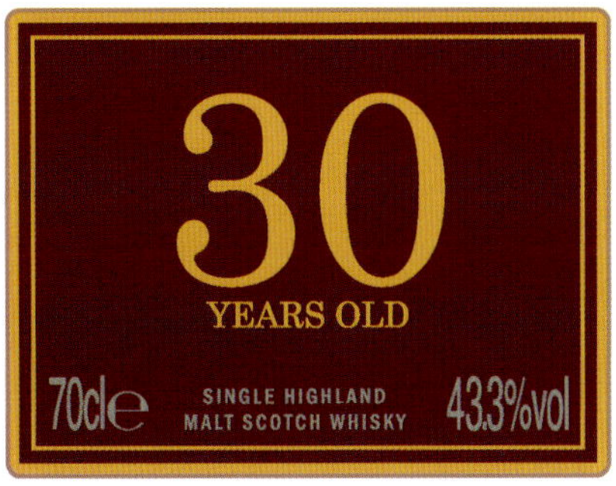

Glen Garioch

OLD MELDRUM, NR ABERDEEN • WWW.GLENGARIOCH.COM • ABERTA O ANO INTEIRO • SEG-SEX

"Num pedaço de Garioch, nas terras de Leith Hall, morava em Earsfield um fazendeiro malvado e pestilento..." Essa balada de *choupana*, cantada primeiro no início da revolução agrícola, fala da vida dura de trabalhadores contratados por temporada na região de Garioch (pronuncia-se Geerie), os 388 quilômetros quadrados de terras férteis centradas em torno de Inverurie se estendendo a noroeste até Strathbogie, que foi "melhorada" no final do século XVIII e início do XIX. É um lugar fecundo, uma paisagem antiga, dominada pelas colinas-mãe de Tap O'Noth e pelo Mither Tap. Talvez ao final de seu serviço ao mestre "pestilento" (perverso), o cantor tenha provado o whisky feito em uma das destilarias do trio de Garioch.

Se esse foi o caso, talvez tenha sido na mais antiga, a Glen Garioch. Fundada em 1798, foi absorvida no século XX pela DCL (a precursora da Diageo) e estava se abastecendo da turfa local, junto com sua vizinha, a Ardmore, o que resultou naquele estilo incomum, o Highlander defumado. Em 1968, a DCL precisava do aumento da produção de whiskies defumados para os seus blends, mas alegava que a água disponível era insuficiente para expandir a Glen Garioch. Assim, fecharam a fábrica e procuraram em outro lugar – uma atitude que resultou na reabertura da Brora nas Highlands do Norte.

Falta de água nessa área de fontes? O proprietário da Bowmore, Stanley P. Morrison, não foi dessa opinião. Ele comprou a Glen Garioch, contratou um adivinho local para achar água (há um elo com a sabedoria antiga) e encontrou uma fonte de água nova e abundante.

Atualmente, essa pequena destilaria cuja casa de alambique lembra um conservatório faz um espírito livre de turfa, mas a riqueza de seu destilado permanece. Os alambiques pequenos produzem um espírito poderoso.

"O que busco no espírito novo é um caráter carnudo, de sebo, que desapareceu na época em que estava sendo usado na Founder's Reserve, deixando uma rica profundidade", diz Iain McCallum, blender da MBD.

Os alambiques da Glen Garioch localizam-se em uma casa de alambique que lembra um conservatório e produzem um espírito ricamente doce.

"Para mim, o Glen Garioch é impetuoso e robusto." Não tem absolutamente nada de "pestilento".

Após anos permanecendo nos bastidores, o Glen Garioch tem uma nova imagem, novas expressões, e há potencial para mais por vir. "Ele é quase silenciosamente eficiente", afirma McCallum. "Uma daquelas pedras preciosas ainda não descobertas." Quanto há de verdade nisso também em relação a esta parte do mundo?

NOTAS DE DEGUSTAÇÃO: GLEN GARIOCH

ESPÍRITO NOVO

Nariz: Vegetais cozidos: repolho, urtigas. Corante para molho e, então, massa de pão integral. Com água, resíduos de destilação doces e curral de vaca.

Paladar: Farináceo, doce e longo. Tem um peso rico e uma nota sulfurosa.

Acabamento: Nozes.

FOUNDER'S RESERVE NAS 48%

Nariz: Dourado claro. O enxofre se foi, revelando sândalo e um teor radicoso levemente herbáceo/de urze. Ficando com um pouco de mel; com o carvalho surgem indícios de *crème brûlée* de laranja e seiva de pinho.

Paladar: Começo seco e crocante. A solidez do espírito dá uma boa sensação agora que a madeira teve seu efeito suavizador. Com água, biscoitos amanteigados.

Acabamento: Longo. Friável.

Conclusão: Substancial, mas doce.

Campo de sabor: **Maltoso e seco**
Prove também: Auchroisk 10 anos

12 ANOS 43%

Nariz: Dourado pleno. Cereal torrado. A doçura semelhante a resíduos de destilação se acentua aqui. Polpudo com um toque de noz-moscada e aquela nota de urze.

Paladar: Castanha-do-pará, um pouco de pimenta. Meio do palato profusamente frutado e rico. Com água, mostrando um leve tom de cera de abelha, e então as ervas voltam.

Acabamento: Longo e nozes leves.

Conclusão: Ousado e generoso.

Campo de sabor: **Frutado e picante**
Prove também: Glenrothes Select Reserve, Tormore 12 anos

Ardmore

KENNETHMONT • WWW.ARDMOREWHISKY.COM

A segunda das destilarias de Garioch é outra que passou a existir à medida que os principais blenders começaram a querer possuir suas próprias instalações de produção; a Dewar na Aberfeldy, Johnnie Walker na Cardhu e aqui, logo além de Kennethmont, o blender sediado em Glasgow, Teacher's, construiu a Ardmore em 1898. Seu tamanho fala da maneira como os blenders tiveram acesso à classe alta das terras – Adam Teacher descobriu o local quando foi visitar o coronel Leith-Hay em Leith Hall (ecos do "fazendeiro malvado e pestilento") e ele recebeu o nome já usado pela própria Teacher's na enseada Clyde.

A razão para a localização da destilaria desdobra-se em três: acesso a matérias-primas (cevada cultivada localmente e turfa de Pitsligo), abundância de água e o fato de que Kennethmont situava-se na estrada de ferro da Great North of Scotland Railway, que ligava Inverness a Aberdeen. É um local de grande porte, outrora lar de uma fábrica de maltagem Saladin, e seu ar pesado, industrializado, parece destoar desse ambiente rural. Seus elos com o passado vitoriano se mantiveram até 2001, quando o fogo abastecido a carvão finalmente foi removido.

O Ardmore é um whisky paradoxal que consegue, ao mesmo tempo, ser pesadamente turfoso e fragrante. Esse caráter de fogueira no pomar de macieiras destacou-o dos demais e o valorizou entre os blenders.

Não se pode imaginar como um local agora tão isolado teria sobrevivido se não oferecesse algo significativamente incomum.

Embora as cubas de lavagem de madeira possam exercer sua influência, é na casa de alambique que se encontram os segredos do Ardmore. "O fogo alimentado por carvão teve de ser removido devido à lei", explica o gerente Alistair Longwell. "O difícil para nós foi manter aquele caráter de fogo de carvão, que dá peso, quando mudamos para vapor. Levamos sete meses para recuperar o sabor, ajustando pontos de corte e criando pontos quentes dentro dos alambiques."

Embora atualmente seja feita uma versão não turfosa (o Ardlair), é o caráter defumado que destaca o Ardmore. "O restante do setor se afastou de nós", diz Longwell. "Esse foi o caráter que fez a Teacher's." Ele faz uma pausa. "É o último pedacinho da Teacher's que resta. É um trabalho de amor." Aqui, nas terras cultiváveis, o paradoxo prossegue em uma tradição perdida.

NOTAS DE DEGUSTAÇÃO: ARDMORE

ESPÍRITO NOVO

Nariz: Qualidade defumada de madeira e suave untuosidade, com uma leve nota relvosa por trás. Com o tempo, casca de maçã, limão-galego e cereal bem leve.

Paladar: Doce e defumado. Decididamente, peso e untuosidade com um toque cítrico e flor seca dando realce. Um espírito novo complexo com muitos caminhos de aproximação em potencial.

Acabamento: Defumado leve. Limpo.

TONEL TRADICIONAL NAS 46%

Nariz: Dourado pleno. Notas doces de carvalho, folhas queimadas, mato seco, ligeiramente exótico. Incenso, purê de maçã, grama cortada em uma fogueira. Madeira nova.

Paladar: Mais frutado do que o espírito novo, o teor defumado está contido, mas, quando surge, há um indício de presunto defumado e, então, pimenta. Alguma sensação untuosa, tornando-se mais doce e mais guiado pela baunilha.

Acabamento: Qualidade defumada de madeira apimentada.

Conclusão: Terminado em meias pipas, esse whisky jovem mostra a fusão de fruta leve e teor defumado que é típica do Ardmore.

Campo de sabor: **Defumado e turfoso**

Prove também: Young Ardbeg, Springbank 10 anos, Connemara 12 anos, Bruichladdich Port Charlotte PC8

TRIPLE WOOD (UM TRABALHO EM ANDAMENTO), 55.7%

Nariz: Grande e movido a carvalho, baunilha cremosa, permeado com qualidade defumada de madeira e bolo de frutas. Qualidade defumada bem integrada e, então, uma explosão estimulante de limão-galego.

Paladar: Aqui os barris parecem ter retirado o caráter untuoso e acentuado os indícios cítricos do espírito novo.

Acabamento: Só agora a qualidade defumada se mostra.

Conclusão: Apesar de uma maturação *triple wood* (madeira tripla) – cinco anos em ex-bourbon, três anos e meio em meias pipas e, então, três anos em carvalho europeu firme –, ele pode aguentar bem.

25 ANOS 51.4%

Nariz: Dourado claro. Defumado seco, madeira de macieira, um pouco de terra, cedro, tigela de frutos secos (noz) sortidos, turfa pesada e, entao, garam masala (especiarias). Bastante realçado.

Paladar: Ardmore clássico, as notas dominantes agora liberadas, a casca de maçã verde agora fruta velha, o teor defumado totalmente integrado. Parece delicado, mas o peso do centro une as notas complexas.

Acabamento: Longo e defumado.

Conclusão: Pálido devido ao fato de ter sido envelhecido em um tonel reutilizado. Uma linha clara até o espírito novo.

Campo de sabor: **Defumado e turfoso**

Prove também: Longrow 14 anos

1977, 30 ANOS ENGARRAFAMENTO EM TONEL DE MALTE VELHO, 50%

Nose: Hálito de vaca e feno doce com um indício de qualidade defumada perfumada. Limão. Maduro. Fica mais fresco e mais verde com o tempo. Alfena.

Paladar: Limpo, folhoso com energia ácida. Frutas de pomar e, então, avelã e qualidade defumada leve. Equilibrado.

Acabamento: Teso e defumado.

Conclusão: Maduro e equilibrado. Apesar de defumado, a fragrância o leva ao campo fragrante.

Campo de sabor: **Fragrante e floral**

Prove também: Hakushu 18 anos

GlenDronach

FORGUE, BY HUNTLY • WWW.GLENDRONACHDISTILLERY.COM • ABERTA O ANO INTEIRO • SEG-DOM

A última do trio do Garioch encontra-se no vilarejo de Forgue e foi construída em 1826 por um consórcio de fazendeiros locais. De maneira incomum, em um setor em que a consolidação sempre foi a norma, a GlenDronach se manteve em mãos privadas até 1960, quando se tornou parte da Teacher's, a casa de blending que também é proprietária da destilaria próxima, Ardmore.

O Teacher's é um blend vigoroso e o GlenDronach se encaixou muito bem. É um grande whisky, cujo espírito novo é encorpado com um efeito amanteigado que se espalha sobre a língua. É feito para responder bem por um envelhecimento prolongado – em tonéis de ex-xerez.

Embora a outrora proprietária Allied tenha tentado fazer dele uma marca de single malt como seus vizinhos do Garioch, o GlenDronach pareceu ser destinado a ser um cult, até que foi comprado em 2006 por Billy Walker, da BenRiach (veja p. 92). Agora o foco é o single malt.

Seu vigor, acredita o gerente Alan McConnochie, consiste na adesão a métodos tradicionais, por exemplo, um sistema de pás no tanque de mosto. "É algo engraçado", comenta ele. "Obtemos o mesmo malte que a BenRiach, mas se você esticar o pescoço até o tanque de mosto daqui, o cheiro é totalmente diferente. Dizem que a água não faz diferença? Não estou tão certo disso."

Fermentações longas em cubas de lavagem de madeira levam o mosto a uma destilação lenta. "Há pouco refluxo", explica McConnochie. "Não há estresse aqui, nada daquela agitação para cima e para baixo dentro do alambique." Ele também não notou diferença alguma quando o fogo a carvão foi extinto em 2005.

O GlenDronach , um malte de conduta séria cuja breve demonstração de exuberância juvenil na versão 12 anos logo se aprofunda, tornando-se sério novamente enquanto o faz, parecendo ser puxado de volta para a terra pesada de seu nascimento. Os novos proprietários o estão colocando agora por cinco anos em tonéis de ex-bourbon antes de tornar a acondicioná-lo em barris de xerez oloroso e, às vezes, de lá para Jerez Pedro Ximenez. "As pessoas associam o GlenDronach com xerez", diz McConnochie.

Profundo na cor, exuberante no aroma, o estilo rico do GlenDronach é feito para tonéis de ex-xerez.

NOTAS DE DEGUSTAÇÃO: GLENDRONACH

ESPÍRITO NOVO

Nariz: Pesado, mas doce e rico. Uma ligeira qualidade frutada e terrosa.
Paladar: Robusto, mas ao mesmo tempo amanteigado na textura, o que acrescenta peso e flexibilidade.
Acabamento: Bem longo e frutado. Ameixa.

12 ANOS 43%

Nariz: Dourado profundo. Doce e com xerez. Lembra tweed com um pouquinho de caroço de ameixa, nota de cereal farelento.
Paladar: Grande, rico com frutas secas, já uma boa concentração. Sensação untuosa, então ameixa pequena roxa. A água lhe dá uma repentina centelha de realce na qual a qualidade relvosa se desenvolve.
Acabamento: Terra, defumado, fuliginoso.
Conclusão: Já cheio e profundo com uma faísca de audácia adolescente.

Campo de sabor: Rico e redondo
Prove também: Glenfiddich 15 anos, Cragganmore 12 anos, Glenfarclas 12 anos

15 ANOS 46%

Nariz: Âmbar profundo. Qualidade de couro com um pouco de enxofre do tonel dando realce. Concentrado. As ameixas, agora, se tornaram secas. Mentol, rum e passas. Chocolate amargo.
Paladar: Mais forte do que o 12 anos, com frutas pretas machucadas. Vigoroso e profundo. Leve toque defumado.
Acabamento: Frutas pretas doces concentradas.
Conclusão: Ficando cada vez maior e de nenhuma maneira dominado pela madeira.

Campo de sabor: Rico e redondo
Prove também: Glengoyne 21 anos, Glenrothes 1991, Dalmore 15 anos, Macallan 18 anos Sherry

1989 AMOSTRA DE TONEL

Nariz: Mogno rico. Resinoso, cravo e café. Doce e saboroso com um pouco de purê de tomate, ameixas secas, melaço e tabaco.
Paladar: Firme e pesado no xerez, mas a profundidade frutada da destilaria ainda aparece. Café e tabaco de cachimbo.
Acabamento: Levemente amargo. Sumagre.
Conclusão: Até agora não se curva.

Campo de sabor: Rico e redondo

anCnoc, Macduff e Glenglassaugh

ANCNOC • KNOCK • WWW.ANCNOC.COM / MACDUFF • PORTSOY / PORTSOY • WWW.GLENGLASSAUGH.COM

Aqui está uma anomalia. Uma destilaria que não consegue se decidir sobre como é chamada e que, de um ponto de vista regional, parece não conseguir resolver a que região pertence. Confuso? A destilaria Knockdhu, no vilarejo de Knock, foi construída em 1893 pelo então poderoso blender John Haig & Co. Quando o whisky foi lançado como um single malt, seu novo proprietário, a Inver House, achou que o nome era parecido demais com Knockando e, portanto, tornou-se anCnoc.

A destilaria fica perto da divisa com Speyside, mas, como vimos, essa é uma linha que segue uma divisão parlamentar em vez de possuir alguma lógica geográfica, e portanto o Knockdhu é um Highlander. Apenas para confundir mais um pouco as coisas, ela produz um whisky que o mestre harmonizador da Inver House, Stuart Harvey, diz que "é típico do que a maioria das pessoas pensa como sendo um 'Speyside'. Os consumidores habituados a um malte leve, com fragrância de maçã, podem se surpreender com o espírito novo: um membro da brigada dos sulfurosos. O fundo é intenso e cítrico e é esse caráter subjacente que se manifesta totalmente na garrafa.

"Ele é, na verdade, ligeiramente mais encorpado que o Old Pulteney", afirma Harvey, "porque há menos refluxo nos alambiques, ao passo que as serpentinas 'worm' acrescentam aquela nota de vegetais ao espírito novo. A maior mudança no caráter do whisky escocês surgiu quando as destilarias removeram as serpentinas 'worm' e instalaram condensadores. Podem ser mais eficientes, mas, por retirar o enxofre, também podem retirar o peso subjacente e a complexidade." Aqui o enxofre é uma indicação do que há por baixo. Uma variante pesadamente turfosa está sendo produzida agora, mas no momento é usada apenas para blending.

As Highlands do Leste acabam no litoral de Moray com um par de destilarias costeiras: Macduff e Glenglassaugh. A Macduff parece sofrer de uma crise de personalidade, uma vez que seu espírito é engarrafado com um nome diferente, Glen Deveron. Uma "nova" destilaria, construída por um grupo de comerciantes de whisky sediados em Glasgow para aproveitar o *boom* do blend dos anos 1960, ela está no coração do blend da William Lawson. É tudo o que uma destilaria dos anos 1960 deve ser – altamente equipada, tanque de mosto Lauter, condensadores, alambiques que operam a vapor.

A leveza aqui se manifesta como um caráter maltoso, ou "nozes/picante", como Keith Geddes, mestre harmonizador assistente da proprietária John Dewar & Sons, o descreve. "Obtemos mosto turvo e usamos fermentações curtas de menos de 50 horas para ajudar a promover isso." Enquanto alguns locais de "nozes/picante" rumam para uma delicadeza farelenta, este se encontra do lado mais pesado, graças, acredita Geddes, ao sistema de condensação. Os condensadores dos alambiques de primeira destilação são verticais, mas os dos alambiques de espírito são horizontais, resultando no que Geddes chama de "quase um meio-termo entre o caráter leve que se obtém dos condensadores e o estilo mais pesado das serpentinas 'worm'".

A Glenglassaugh, no belo vilarejo de Portsoy, foi construída em 1878 e funcionou de maneira intermitente até 1986, quando a proprietária Highland Distillers a desativou. Sempre na dependência da vontade dos blenders, sua capacidade de alambique foi dobrada no final dos anos 1950, a fim de produzir um estilo mais leve. Ela está em operação novamente com novos proprietários, a empresa de energia sediada na Holanda Scaent.

NOTAS DE DEGUSTAÇÃO: ANCNOC

ESPÍRITO NOVO

Nariz: Repolho/notas sulfurosas semelhantes a brócolis, mas com um intenso realce de toranja e limão-galego.
Paladar: Sulfuroso novamente. Médio corpo, então surge a casca cítrica junto com as notas fragrantes.
Acabamento: Limpo e longo. Corpo surpreendente.

16 ANOS 46%

Nariz: Carvalho mais óbvio, mas os aromas parecem estar crescendo no mesmo ritmo. Flor de macieira, flor cortada, limão-galego e um pouco de hortelã.
Paladar: Doce e ligeiramente mais cheio com mais extrato de carvalho. Uva verde, fresco (mais Sancerre do que absinto).
Acabamento: Farelento/gredoso antes da volta das ervas verdes do 12 anos.
Conclusão: O frescor é a chave aqui, mas aliado a uma sensação maleável.

Campo de sabor: Fragrante e floral
Prove também: The Glenlivet 12 anos, Teaninich 10 anos, Hakushu 12 anos

NOTAS DE DEGUSTAÇÃO: MACDUFF

ESPÍRITO NOVO

Nariz: Verde, maltoso. Óleo de amendoim e feijão-fava com uma nota pesada de cereal por trás.
Paladar: Gordo e espesso com um quê de enxofre e, então, groselha preta intensa.
Acabamento: Seca de repente.

1984 ENGARRAFAMENTO BERRY BROS & RUDD 57.2%

Nariz: Mogno. Anis e malte. A folha de groselha transformou-se em maconha/cânhamo.
Paladar: Um tanto paradoxal, uma vez que começa bastante seco, mas então as frutas gordas se juntam no centro.
Acabamento: Muitas nozes com um leve salpico de pimenta branca.
Conclusão: Idiossincrático até o fim.

Campo de sabor: Maltoso e seco
Prove também: Deanston 12 anos

NOTAS DE DEGUSTAÇÃO: GLENGLASSAUGH

SCAENT ERA (O ESPÍRITO QUE NÃO OUSA DIZER SEU NOME, OU SEJA, ESPÍRITO NOVO)

Nariz: Muito doce, erva-doce, untuosidade, pureza precisa de espírito.
Paladar: Limpo, doce. Um pouco de cereal, um quê relvoso subjacente.
Acabamento: Limpo.

HIGHLAND DISTILLERS ERA 1983 ENGARRAFAMENTO BERRY BROS & RUDD 46%

Nariz: Maduro. Qualidade de urze acentuada com cereal, madeiras leves, nota chamuscada seca equilibrando baunilha. Frutas suaves maduras. A água o deixa mais herbáceo, um indício de seiva de bétula.
Paladar: Cravo, mel, creme e frutas puras. A água mostra leve aderência untuosa com banana, pêssego e urze.
Acabamento: Limpo.
Conclusão: Sugere que o estilo novo está bem alinhado com o antigo.

Campo de sabor: Fragrante e floral
Prove também: Miltonduff 18 anos, Glen Grant 1992

HIGHLANDS DO NORTE

A costa esquecida do Scotch se estende do norte de Inverness a Wick e, embora seja lar de uma das maiores marcas de malte, a maioria de seus whiskies permanece bem menos conhecida. Aqui, contudo, você encontrará algumas das destilarias mais idiossincráticas e individuais da Escócia. Esta é uma região onde o aroma, o sabor e a textura são levados ao extremo.

Terras do norte. A costa esquecida do whisky termina aqui em Thurso Bay, mas a jornada continua até o horizonte – e Orkney.

Tomatin e Royal Brackla

TOMATIN • INVERNESS • WWW.TOMATIN.COM • ABERTA O ANO INTEIRO • SEG-DOM / ROYAL BRACKLA • NAIRN

Se você quiser ver uma manifestação física das mudanças de humor do setor do whisky escocês, siga para Tomatin. A destilaria foi construída em 1897 com dois alambiques. Esse número dobrou em 1956; elevou-se para seis em 1958; para dez em 1961 e 14 em 1974. Então, enquanto o restante do setor fechava destilarias no início dos anos 1980, a Tomatin elevou o seu número para 23 alambiques em 1986. A essa altura, havia sido comprada por Takara Shuzo, um destilador japonês, que precisava de whisky para blends.

Atualmente há seis pares de alambiques e a produção, que já chegou ao máximo de 12 milhões de litros por ano, é agora de dois milhões. Não que a Tomatin esteja se queixando. "Eu diria que houve decididamente uma melhora ao longo dos anos", declara o diretor de vendas Stephen Bremner. "Isso se deu graças a uma mudança de estratégia, mudando da produção de um malte para blending para a de um single malt de boa qualidade." Isso, quando se pensa a respeito, também é um reflexo razoável do mercado. O espírito é fragrante e intenso, com frutas de ésteres e um quê picante – o resultado de fermentações longas e destilação em alambiques pequenos, mas de pescoço comprido, cujos condensadores ficam ao ar frio. Uma das melhorias de Bremner surgiu como consequência de maior rigor na política de madeira (a Tomatin é uma das poucas destilarias com sua própria tanoaria), com um aumento de bourbons de primeiro uso e barris de xerez.

Uma intensidade semelhante de caráter, dessa vez com o acréscimo de uma nota semelhante a feno, pode ser encontrada em uma destilaria da costa Moray. Brackla (O prefixo Royal foi acrescentado em 1835) faz agora parte da John Dewar & Sons. "Usamos um mosto realmente claro aqui", conta Keith Geddes, master blender assistente da empresa. "O fluxo do espírito também é longo, o segundo mais longo depois de Aberfeldy." Acrescente alambiques grandes com pescoços de cisne inclinados para cima e você cria oportunidades para muito refluxo.

NOTAS DE DEGUSTAÇÃO: TOMATIN

ESPÍRITO NOVO

Nariz: Intenso. Fruta eau-de-vie[9]: Poire William. Floral.
Paladar: Ligeiramente vegetal, sugerindo que há um pouco de peso para surgir, mas excelente no geral e doce.
Acabamento: Quente.

1997 AMOSTRA DE TONEL, 57.1%

Nariz: Dourado claro. Leve. Semelhante a narciso. Semelhante à primavera com uma qualidade farelenta e, então, surge um intenso teor de hortelã. Realçado e fragrante. Açúcar de confeiteiro e amêndoa.
Paladar: Doce e floral. Imensamente fragrante e realçado. Como no nariz, a hortelã explode.
Acabamento: Equilibrado e doce.
Conclusão: Aromático e desenvolvendo aromas secundários interessantes.

Campo de sabor: **Fragrante e floral**

1990 CASK SAMPLE, 58.1%

Nariz: Dourado. Mais profundo com notas mais terrosas. A hortelã está presente, porém mais seca e conduzindo a uma qualidade herbácea. Folhas de carvalho. Mais peso, mas ainda fragrância. Feno.
Paladar: No caráter, mentol e marzipã. Algumas frutas suaves maduras junto com uma originalidade quase escondida.
Acabamento: Leve e formigante.
Conclusão: Como o espírito novo sugeriu, há alguma profundidade aqui. Tornando-se mais complexo.

Campo de sabor: **Fragrante e floral**

1980 AMOSTRA DE TONEL , 47.4%

Nariz: Dourado. A qualidade herbácea mais uma vez recebendo uma maciez de travesseiro com mais integração com o tonel (reutilizado de bourbon), ao qual ele mesmo acrescentou especiarias. A qualidade de hortelã está se retirando e as flores frescas são agora pot-pourri.
Paladar: O tonel acrescentou uma nota cremosa. Continua espesso no meio do palato, mas o caráter realçado ainda acrescenta frescor. Com água, há casca de banana, amêndoa.
Acabamento: Longo e doce.
Conclusão: Uma evolução clara, lenta.

Campo de sabor: **Frutado e picante**

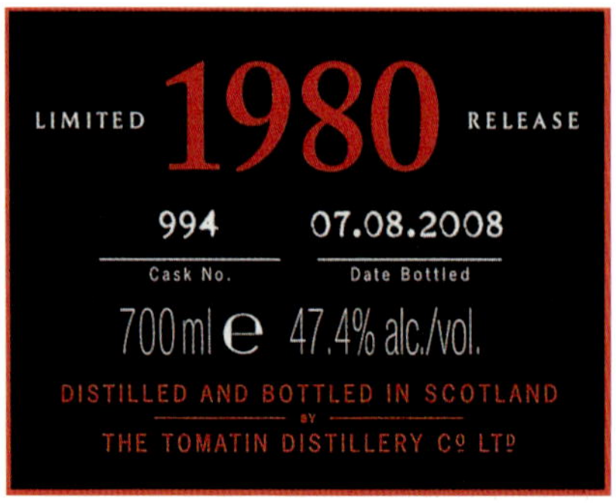

NOTAS DE DEGUSTAÇÃO: ROYAL BRACKLA

ESPÍRITO NOVO

Nariz: Frutado/untuoso com frieza semelhante à porcelana. Pepino.
Paladar: Aguçado. Abacaxi, maçã verde e frutas não maduras. Bastante limpo e ligeiramente untuoso.
Acabamento: Relvoso.

15 ANOS MADEIRA REUTILIZADA, AMOSTRA DE TONEL

Nariz: Qualidade picante assertiva proveniente do tonel. Maçã madura e canela/flor de noz-moscada. O pepino permanece.
Paladar: Reteve a sua pureza. Leve e floral/lilás. Concentrado no centro da língua com um indício de *crème brûlée* conforme prossegue. Com o tempo, um indício de Calvados e açúcares de madeira queimados.
Acabamento: Maduro com toffee cremoso e, então, um final ácido fresco.
Conclusão: Desenvolveu aromas secundários e terciários. Precisa de manejo gentil.

Campo de sabor: **Fragrante e floral**

25 ANOS 43%

Nariz: Sândalo, malte doce, cereja, especiarias e casca de amendoim. *Crème patissière.*
Paladar: Frutas doces: melão, damasco. O pudim doce de baunilha assume com um pouco de nozes subjacentes. O carvalho é firme.
Acabamento: Seco e com nozes.
Conclusão: Um pouco mais maltoso do que o estilo do espírito novo, mas a doçura domina.

Campo de sabor: **Frutado e picante**
Prove também: Macallan 18 anos Fine Oak

Glen Ord e Teaninich

GLEN ORD • MUIR OF ORD, NR INVERNESS • WWW.DISCOVERING-DISTILLERIES.COM/GLENORD • ABERTA O ANO INTEIRO
TEANINICH • ALNESS, ROSS-SHIRE

A ilha Black nem é uma ilha, e, parando-se para pensar, nem é preta. Esse promontório que se situa entre o Moray e a enseada Cromarty é, entretanto, fértil e as condições ideais para o cultivo de cevada ajudaram a torná-lo o local de uma das mais notáveis destilarias pioneiras. A Ferintosh foi fundada no final do século XVII pelo proprietário de terras Duncan Forbes. Como recompensa pelo apoio que deu ao rei protestante Guilherme de Orange em sua batalha contra o rei católico Jaime I, Forbes recebeu o privilégio da permissão para destilar whisky feito de grãos cultivados em suas próprias terras com a isenção de tributos. Eventualmente, ele chegou a ter quatro destilarias em sua propriedade, alcançando um lucro de 18 mil libras por ano (2 milhões de libras, ou R$ 5,35 milhões, em valores atuais). A Ferintosh, acredita-se, foi responsável por dois terços do whisky vendido na Escócia até o final do século XVIII, antes de esse privilégio ter sido retirado em 1784.

Os locais das fábricas originais da Ferintosh se extinguiram há muito. Hoje sua sucessora é a Glen Ord, cuja localização aqui tem tudo a ver com a qualidade da cevada maltada. Esta é uma fábrica autossuficiente, fazendo todas as maltagens de acordo com suas próprias necessidades, graças ao sistema de maltagens "drum" (que retira o excesso de umidade) no local, que também fornece malte para seis outras destilarias da Diageo, incluindo a Talisker.

Cercada de campos verdejantes, nada mais apropriado que a Glen Ord faça um espírito verde relvoso, permeado por um quê de turfa. Várias tentativas foram feitas para comercializá-lo como um single malt, a mais recente de integrá-lo à série da Diageo's Singleton e de maturá-lo em tonéis de xerez.

Esse caráter relvoso une a Glen Ord à primeira destilaria na faixa litorânea que agora seguimos a caminho de Wick. O Teaninich é ligeiramente mais untuoso graças a um filtro de mosto que resulta em um líquido ultralimpo e alambiques de grande porte maximizando o contato com o cobre. Um estranho aspecto exótico permeia seus aromas: chá-verde japonês e chinês, capim-limão e um perfume semelhante a grama de bisão.

Enquanto o meio encorpado Ord mescla-se de modo ameno na madeira, o Teaninich se mantém à parte, impassível, como um florete, rebatendo qualquer tentativa da madeira de domá-lo. Descobriremos que essa singularidade é um tema que continua conforme rumamos para o norte.

NOTAS DE DEGUSTAÇÃO: GLEN ORD

ESPÍRITO NOVO

Nariz: Grama verde recém-cortada e defumado leve. Com água, é apenas cerca viva recém-aparada.
Paladar: Bom peso outra vez com aquela nota relvosa/alfena. Como a sensação de mascar folhas de primavera, brotos de ervilha verde. Com água, emerge um quê defumado.
Acabamento: Vinho branco fermentando.

THE SINGLETON OF GLEN ORD 12 ANOS 40%

Nariz: Âmbar profundo. Geleia de figo verde, tâmara fresca, trepadeira de jardim, fogueira de jardim na distância. Castanha-do-pará. Doce e com qualidade de ameixa com uma nota de gengibre quando diluído.
Paladar: Compota de frutas, leve no paladar até o centro, quando surgem o teor defumado e o caju. Bolo de passas brancas. Baunilha rumo ao final. Espesso.
Acabamento: Levemente relvoso.
Conclusão: O caráter da destilaria está (logo) ali, mas este é uma grande variação doce do tema.

Campo de sabor: **Rico e redondo**
Prove também: Macallan 10 anos, Aberlour 12 anos, Aberlour 16 anos, Glenfarclas 10 anos

NOTAS DE DEGUSTAÇÃO: TEANINICH

ESPÍRITO NOVO

Nariz: Perfumado, aromático, cerca viva, cortador de grama, chá-verde japonês e abacaxi verde.
Paladar: Intenso, bastante verde e ácido. Suaviza ligeiramente com água. Tem substância.
Acabamento: Alfena. Curto e quente.

8 ANOS MADEIRA REUTILIZADA, AMOSTRA DE TONEL

Nariz: Intenso, limpo, agora chá branco chinês, grama de bisão, capim-limão. Com água, um indício de seringueira.
Paladar: Aguçado e ligeiramente austero. Narcisos e grama. Bambu molhado. Com água, uma textura mais suave.
Acabamento: Limpo e com uma qualidade macia de hortelã.
Conclusão: Altamente individual e "asiático".

Campo de sabor: **Fragrante e floral**

10 ANOS, FLORA & FAUNA 43%

Nariz: Ainda tem capim-limão exótico, mas agora é chá-verde chinês. A austeridade permanece com um pouquinho mais de cremosidade do que o 8 anos. Com água, anis verde.
Paladar: Um começo mais suave do que se esperaria com muitas ervas e especiarias. O centro suave ainda está sendo resguardado, embora a água amacie as coisas consideravelmente.
Acabamento: Herbáceo.
Conclusão: Leve, mas complexo.

Campo de sabor: **Fragrante e floral**
Prove também: Glenburgie 15 anos, anCnoc 16 anos, Hakushu 12 anos

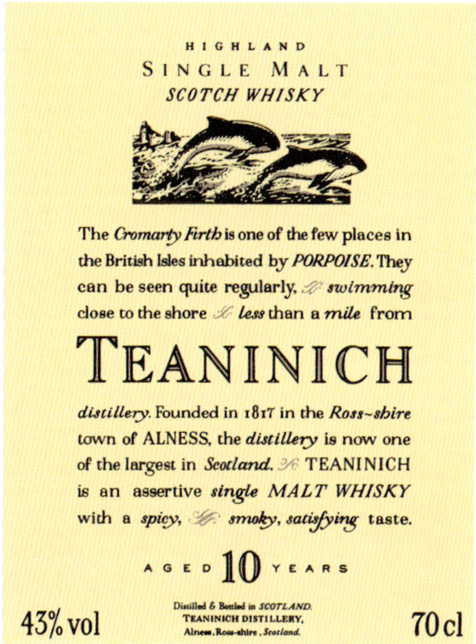

Dalmore

ALNESS • WWW.THEDALMORE.COM • ABERTA O ANO INTEIRO • SEG-SEX

Um acentuado senso de individualidade é a chave de todos os whiskies desde a costa nordeste, e o Dalmore não poderia estar mais distante da rigidez do Teaninich. Este é um whisky que se deleita com sua riqueza e profundidade. Se a Teninich parece falar de uma eterna primavera fria, na Dalmore, bem na costa da enseada Cromarty, é como se fosse outono o ano inteiro. Você sai com o suco de pequeninos frutos enchendo sua boca.

A Dalmore foi fundada em 1839 e o sistema de destilação parece ter nascido de algum incidente maluco por parte do fundador. Talvez a excentricidade seja normal nesta parte da Escócia, e a casa de alambique da Dalmore certamente se delicia com isso.

Os alambiques de primeira destilação têm coberturas planas e pescoços de cisne se estendendo dos lados; os alambiques de espírito têm camisas hidráulicas com muflas em torno do pescoço. Ambos os tipos ajudam a estimular o refluxo e coletam sabores específicos.

Para tornar as coisas ainda mais complicadas, porém, todos têm tamanhos diferentes. A Dalmore tem duas casas de alambique. Os dois alambiques de primeira destilação da velha casa de alambique diferem em tamanho um do outro – os dois na casa de alambique nova são compatíveis em tamanho, mas são diferentes dos dois na casa velha de alambique. O resultado? Diferentes graduações e caráter de vinhos baixos. Esta semelhança no design, mais a discrepância de tamanho, é repetida nos alambiques de espírito.

Todas as destilarias redestilam a cabeça e a cauda (ou seja, os foreshots e os feints) do fluxo prévio com os vinhos baixos (veja p. 14-5). Na Dalmore, a graduação desse lote variará porque os alambiques são todos diferentes em formato e tamanho. Em qualquer ponto poderá haver feints de graduação alta chegando do lado do alambique de espírito junto com vinhos baixos de graduação alta do lado do alambique de primeira destilação; igualmente, poderá haver feints de graduação baixa e vinhos baixos de graduação baixa; ou feints de graduação alta e vinhos baixos de graduação baixa etc. Há uma miríade de sabores diferentes sendo combinados para a redestilação.

Em qualquer destilaria, a proporção de vinhos baixos para feints exerce um efeito significativo no caráter do espírito novo. Quando essa proporção varia tão desenfreadamente como na Dalmore, o espírito novo é complexo, doce e encorpado, mas com qualidade cítrica, um toque de groselha preta e também um pouco de cereal.

"Não sei de nenhuma outra destilaria que faz as coisas dessa maneira", diverte-se David Robertson, chefe da marca na Dalmore. "É um pesadelo de se conduzir, mas também oferece uma complexidade quase infinita. Uma razão para não mudarmos isso é porque o espírito é muito bom."

Essa qualidade também ajuda a ditar a política de madeira da Dalmore. Esse é um espírito que se deleita com as atenções próximas de tonéis de ex-xerez que acrescentam estrutura, mas também pega a doçura e a leva profundamente até áreas misteriosas. Aos cinco anos de idade, ele parece estar absorvendo a madeira, mas mantendo sua opinião; até os 12 anos, há uma sensação de que as forças das trevas estão se reunindo atrás dos portões de carvalho, e apenas aos 15 anos é que o macio Dalmore começa a sair.

Nos anos recentes, esse gigante esquecido foi relançado, colocando-se no patamar do luxo com uma sucessão de expressões ultraenvelhecidas e ultracaras. As edições Sirius, Candela e Selene têm meio século no tonel e são repletas dos exóticos e concentrados cheiros rançosos da maturidade.

"Às vezes me pergunto se esse estranho arranjo todo permitirá que a Dalmore tenha força de caráter para seguir adiante", comenta Robertson. "Embora talvez lhe falte elegância quando jovem, ele pode prosseguir por 40 ou 50 anos." Enquanto um whisky encorpado semelhante não aparece outra vez nesta costa, descobriremos que o aspecto estranho continuará.

A Dalmore fica bem na costa da enseada Cromarty.

Os alambiques da Dalmore não são apenas alguns dos mais estranhos no setor do Scotch, mas a maneira como operam é o suficiente para que uma pessoa normal tenha uma crise nervosa.

NOTAS DE DEGUSTAÇÃO: DALMORE

ESPÍRITO NOVO

Nariz: Frutas pretas doces com um pouquinho de suco de laranja/kumquat (fruta cítrica). Teor de groselha.
Paladar: Maduro e encorpado com cereal subjacente.
Acabamento: Adquire um frescor cítrico.

12 ANOS 40%

Nariz: Bastante contido e crocante para começar. Este é mais movido a malte. Um pouco de frutas secas.
Paladar: Limpo, bolo de Natal, casca de laranja e folha de groselha.
Acabamento: Longo e frutado.
Conclusão: Já adoçando, mas ainda encontrando seu caminho.

Campo de sabor: **Frutado e picante**
Prove também: Edradour 1996 Oloroso Finish

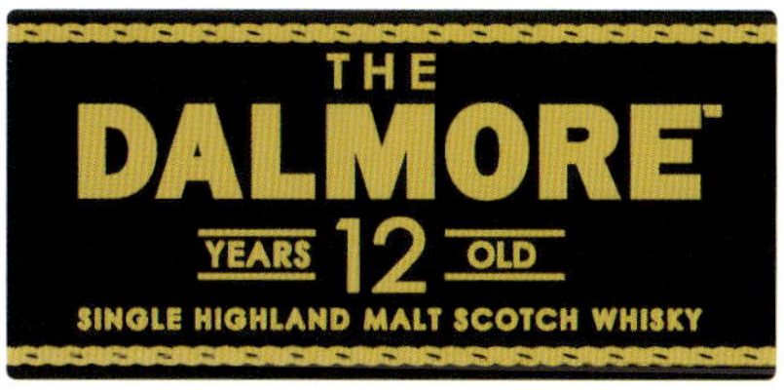

15 ANOS 40%

Nariz: Doce com uma acentuada influência do xerez. Qualidade de geleia, com frutas de arbustos (a folha se tornou fruta). Substancial e encorpado.
Paladar: Suave e gentil. Frutas secas, chá-preto de laranja.
Acabamento: Kumquat (fruta cítrica).
Conclusão: Uma mistura de barris ativos de xerez; a destilaria e a madeira alcançaram um equilíbrio nesta idade.

Campo de sabor: **Rico e redondo**
Prove também: Glenrothes 1991, The Singleton of Dufftown 12 anos

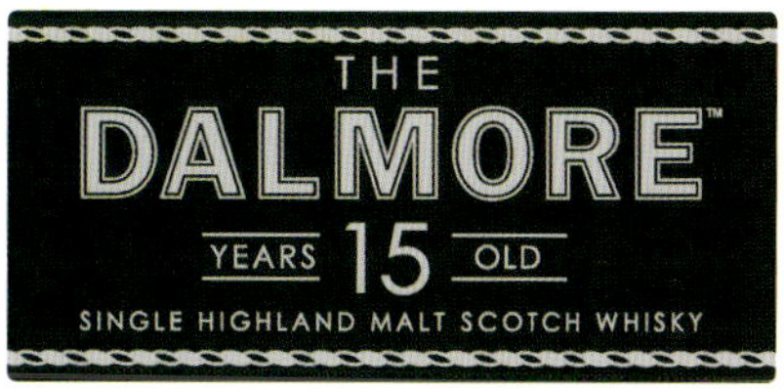

1981 MATUSALEM 44%

Nariz: Redondo e rico com amora, café, um toque de ranço semelhante a queijo, noz. Laranja Seville.
Paladar: Longo, suave e poderoso. Charuto robusto, matéria vegetal, expresso.
Acabamento: Longo com crispação leve.
Conclusão: Cresceu em intensidade e poder graças à séria atenção do barril de xerez intenso e doce.

Campo de sabor: **Rico e redondo**
Prove também: Aberlour 25 anos, Macallan 18 anos Sherry

CANDELA 50 ANOS 50%

Nariz: Mogno. Oleoso, original. Imenso e intenso. Bastante cogumelo/semelhante a trufa, ranço de whisky. Toque de soja.
Paladar: De intensidade semelhante. Doce, mas com uma acidez fresca e surpreendente antes da doçura do meio do palato. Termina com uma explosão de sumagre, cominho, alfova e açafrão. Teso e delgado.
Acabamento: Longa duração. Cogumelo.
Conclusão: Um whisky venerável, mas com notável frescor – e um preço notável.

Campo de sabor: **Rico e redondo**
Prove também: Glenfiddich 40 anos

Glenmorangie

TAIN • WWW.GLENMORANGIE.COM • ABERTA O ANO INTEIRO • SET.-MAIO, SEG-SÁB; JUN.-AGO., SEG-DOM

Em um campo nos arredores do vilarejo de Hilton of Cadboll respousa uma recriação do escultor Barry Grove da maior pedra píctica entalhada já encontrada. Em torno de seus animais entrelaçados e relevos trabalhados há um ornamento de pássaros estilizados, sendo que cada um deles está ligeiramente separado de seu parceiro no lado oposto.

O painel ao fundo da pedra é a fonte da marca registrada que simboliza a Glenmorangie, um labirinto rebuscado de padrões intercalados que parece tanto uni-la a seu lócus, mas que também são uma réplica das espirais assimétricas que se veem quando a água é acrescentada ao whisky (ou seja, viscosimetria) e que ecoam na água gorgolejando através do leito arenoso das fontes Tarlogie da Glenmorangie.

Essa água mineral, rica em magnésio e cálcio, pode exercer um efeito no caráter da Glenmorangie. "Se todos os sabores da Glenmorangie se igualarem a 100%, a água pode ser 5% – no máximo", esclarece o dr. Bill Lumsden, chefe de destilação e de criação de whisky da Glenmorangie.

Originalmente uma cervejaria, as antigas construções de arenito Old Red da Glenmorangie cascateiam colina abaixo até a enseada Dornoch, um projeto prático, alimentado pela gravidade do século XIX, permitindo que a cevada entre no topo da colina e surja transformada em espírito claro no fundo.

O começo do processo da Glenmorangie é contido em tanques de mosto e cubas de lavagem funcionais de aço inoxidável, mas, como em qualquer destilaria, você tem de encontrar a linha de sabor e desvendá-la, assim como faria para desvendar os relevos da Pedra de Cadboll.

A primeira parte de se desatar os nós da Glenmorangie acontece na casa de alambique, onde alambiques altos e esguios permanecem como supermodelos, seus pescoços arqueando-se com elegância até os condensadores. Há uma abundância de cobre em ação, nesses que são os alambiques mais altos do setor.

O ponto de corte do espírito começa excelente, repleto de esmalte de unha e pepino; depois se refresca até cítrico, banana, melão, erva-doce e frutas suaves. Aromático, realçado e limpo, há também uma nota discreta de cereal acrescentando um toque subjacente crocante e impedindo que as coisas fiquem exuberantes e frutadas demais, tudo resultado do estreitamento do corte de Lumsden enquanto era gerente aqui.

Construída com o arenito da região Old Red, a Glenmorangie foi originalmente o local da cervejaria de Tain.

A linha de sabor, então, segue para os armazéns. Embora, atualmente, todas as destilarias apreciem a importância do carvalho, para Lumsden isso é uma obsessão. Ele usa tonéis apenas duas vezes e o utilizado é, principalmente, de carvalho americano. Em um armazém úmido, de chão de terra, ele explica por que mantém todos os tonéis de segundo uso nesse ambiente: "Há muito mais oxidação motivada pelo tonel no segundo uso – você obtém uma gama maior de complexidades e esse ambiente é perfeito para que isso aconteça".

O Original (como o 10 anos foi rebatizado) é 100% carvalho americano – um conjunto de primeiro uso, "resultando no coco e na baunilha", e esses tonéis de segundo uso envelhecidos em armazém *dunnage*, "resultando em caráter de mel e hortelã". Enquanto a personalidade do Glenmorangie está interagindo lentamente, tornando-se docemente frutada, há um terceiro elemento na mistura, uma parte de whisky envelhecido em tonéis reservados da Glenmorangie feitos de carvalho americano de crescimento lento e ar seco. Essas "joias" caras são vistas claramente em Astar – "O Original com esteroides", segundo Lumsden descreve –, resultando em pipoca, eucalipto e *crème brûlée*.

Lumsden foi um pioneiro do acabamento – a técnica de dar um segundo período de maturação em um tonel ativo. Quando funciona bem, ela propicia uma nova virada à linha de sabor, mas também pode ser facilmente desastrosa. "A madeira faz o whisky, mas a madeira também pode arruiná-lo", declara ele. Como sempre, o equilíbrio é a chave. De muitas maneiras, a Glenmorangie opera como aquele trabalho em relevo píctico – um equilíbrio assimétrico no qual o caráter da destilaria e o tonel disputam um com o outro. A madeira espreme gentilmente as frutas, os sucos escorrem, o carvalho se revela, mas sempre, de modo subjacente, flui o caráter original, como um padrão píctico levando você de volta ao começo.

Tonéis reservados repousando em um dos muitos armazéns da Glenmorangie. A empresa é uma das pesquisadoras líderes sobre a administração da madeira.

NOTAS DE DEGUSTAÇÃO: GLENMORANGIE

ESPÍRITO NOVO

Nariz: Intenso. Floral. Frutas cristalizadas. Balas Opal Fruit. Cítrico e banana, erva-doce.
Paladar: Doce e intenso com frutas puras. Flores com um leve teor de nozes por trás. Giz e algodão doce.
Acabamento: Limpo.

THE ORIGINAL 10 ANOS, 40%

Nariz: Dourado claro. Frutas suaves, açúcar, pêssego branco, urtiga, hortelã leve, baunilha, banana-split e sorvete de coco, sorbet de manga, tangerina.
Paladar: Toques de carvalho leve. Baunilha e creme e, então, canela. Leve toque de maracujá.
Acabamento: De hortelã e frio.
Conclusão: O carvalho está dando um apoio bastante sutil e aromaticamente harmonioso.

Campo de sabor: Frutado e picante
Prove também: Glen Elgin 12 anos, Aberfeldy 12 anos

18 ANOS 43%

Nariz: *Crème brûlée*, chocolate leve, eucalipto, resina de pinho, framboesa, mel, creme de caramelo e jasmim.
Paladar: Frutas secas, hortelã. Maduro e espessamento no paladar com ameixa leve e toffee duro.
Acabamento: Pimenta-da-jamaica e pimenta longa. Vetiver.
Conclusão: A idade acrescentou uma camada mais profunda de sabor – a madeira está integrada, mas o caráter da destilaria ainda está aparecendo.

Campo de sabor: Frutado e picante
Prove também: Longmorn 16 anos, Glen Moray 16 anos, Yamazaki 18 anos, Macallan 15 anos Fine Oak

25 ANOS 43%

Nariz: Maduro profundo e doce. Favo de mel, cera e casca cítrica com um pouco de marzipã, noz e invólucro de charuto. Frutas vermelhas cortadas com ervas e caroço de pêssego. Indício de cravo. O maracujá reaparece. Toffee exuberante. Casca de laranja doce.
Paladar: Forma uma camada na boca. Mel. Noz-moscada, lascas de pimenta vermelha. Começa doce e, então, se aprofunda no centro com uma estrutura de carvalho leve. *Crème brûlée* de laranja, morango, água de flor de laranjeira. Complexo.
Acabamento: Toffee, folha de framboesa e mel com especiarias. Achocolatado quente.
Conclusão: Com camadas.

Campo de sabor: Frutado e picante
Prove também: Longmorn 1977, Aberfeldy 21 anos, Balvenie 30 anos

Balblair

EDDERTON, TAIN • WWW.BALBLAIR.COM

Seguindo-se para norte de Tain, os campos de terra negra que nos acompanharam desde Dingwall ficam espremidos entre a montanha e o litoral. A luz em constante mudança que se reflete do estuário lança sombras sobre colinas desgastadas e cobertas de urze. Esses são os arredores da Balblair, conhecidos como o "distrito da turfa" – a prova está lá no emaranhado do charco de urze. Existe uma destilaria no vilarejo de Edderton desde 1798, mas a produção mudou aqui, ficando próxima da ferrovia em 1872.

Pequena e sólida, há um senso de permanência em torno de Balblair que se reflete na filosofia de fabricação de whisky em vigor no seu interior. Como na Glenmorangie, o tamanho da equipe da Balblair é elevado para os padrões de hoje, em que, às vezes, se pode andar por uma destilaria sem ver vivalma. "Temos nove pessoas trabalhando aqui", diz o gerente assistente Graeme Bowie. "Prefiro o modo manual de se fazer whisky.

Tradicional é uma palavra apropriada aqui. Esta é uma daquelas antigas destilarias aconchegantes, um conjunto de salas e lintéis[10] baixos, um lugar cheio de energia, coração e desenvolvimento de aromas. "Pode-se dirigir uma destilaria como uma cervejaria moderna", aponta Stuart Harvey, mestre harmonizador da proprietária da Balblair, a Inver House. "Mas pode se tornar algo estéril demais e então perde-se o caráter, e caráter é exatamente o que se deseja."

As cubas de lavagem são de madeira, mas é nos alambiques que paira o DNA da Balblair. Bowie explica: "Na Balblair, obtemos aquela qualidade picante natural. Há um leito profundo no tanque de mosto e um mosto brilhante e, portanto, encorajamos ésteres florais/cítricos, mas também queremos profundidade e uma qualidade frutada". É quando os alambiques entram em ação. Baixos e achatados como cogumelos invertidos, há três na casa de alambique, mas apenas dois são usados.

"É o único dos nossos locais a ter condensadores", comenta Harvey. "Mas esses alambiques produzem um espírito complexo e encorpado.

10. Viga de materiais diversos (madeira, pedra, concreto etc.) que forma o acabamento da parte superior de portas e janelas.

Acompanhando o progresso. A Balblair situa-se logo ao lado da estrada de ferro que liga a costa nordeste a Inverness.

Armazéns dunnage tradicionais são considerados como tendo um impacto significativo no caráter dos whiskies da Balblair.

Nós rompemos as células da levedura na destilação, que é de onde vêm as frutas – é o equivalente a battonage em Burgundy, e esses alambiques curtos e gordos vão capturar isso. Queremos um espírito carnudo/sulfuroso, de modo que quando o colocarmos no tonel ele reagirá com a madeira e produzirá bala de caramelo e toffee."

Esse espírito novo mais encorpado leva mais tempo para interagir com a madeira. Embora possamos descrever tanto o Balblair quanto o Glenmorangie como "frutados", são tipos diferentes de frutas: o Glenmorangie é leve, carregado por uma onda de carvalho, enquanto o Balblair é mais encorpado e mais rico, precisando de tempo.

Ele certamente foi paciente à medida que se tornou um malte de primeira linha. Trata-se de mais um espírito que foi repaginado por blenders e cuja "marca nova" (uma garrafa modernista completa com o símbolo píctico, edições vintage em vez de com a indicação de idade) foi reveladora para os consumidores de malte. As frutas e o toffee estão sempre presentes, mas à medida que ele envelhece os temperos aromáticos exóticos, inebriantes, chegam crescentemente até a parte posterior do palato. Um espírito que se desenvolve lentamente também se comporta com vagar na boca. Outro estilo bastante diferente.

"Existe essa individualidade nos maltes do norte", afirma Harvey. "Acho que eles têm identidades mais originais do que os whiskies de Speyside, que, para ser franco, são um pouco como um labirinto." Isso está de acordo com os comentários do autor (e apaixonado por whisky) Neil M. Gunn, que nasceu na região.

NOTAS DE DEGUSTAÇÃO: BALBLAIR

ESPÍRITO NOVO

Nariz: Enxofre de vegetais (repolho) com frutado, quente, notas pesadas; couro seco. Com água, cremoso.

Paladar: Um pouquinho de nozes, mas dominado por qualidade picante e frutas.

Acabamento: Picante.

2000 AMOSTRA DE TONEL

Nariz: Dourado claro. Limpo, doce e picante com toques de gengibre e flor de noz-moscada junto com coco leve e marshmallow. Bastante doce. Com água, talco e limão.

Paladar: Começo imensamente picante, *ras el hanout*[11]. Leve e dançante na língua. Fruta não madura subjacente. Doce e suavizando. Muito do caráter da destilaria.

Acabamento: Vigoroso. Picante em profusão.

Conclusão: Apesar de precisar de um pouco mais de tempo para que as frutas suavizem, o completo caráter picante da Balblair está à mostra.

Campo de sabor: **Frutado e picante**

11. Especiaria marroquina que pode conter mais de 30 ingredientes, incluindo, entre outros, cominho, gengibre, canela, pimenta-do-reino, coentro, noz-moscada e cravo.

1990 43%

Nariz: Dourado pleno. Frutas tropicais e cereal leve. Voluptuoso com um pouco de abricó recém--maduro, sândalo. Fragrante. Produto de chocolate Terry's Chocolate Orange, aroma agradável.

Paladar: Mais interação com o carvalho, permitindo uma sensação mais espessa, e também mais aderência. Favo de baunilha e abundância de especiarias doces. As frutas agora são assadas e há menos qualidade cítrica. Com água, *crème brûlée*, pétala de rosa.

Acabamento: Alfova. Carvalho seco.

Conclusão: O tonel está se mesclando com as frutas, suavizando-as e, com o cereal leve, acrescentando aderência e um fundo tostado.

Campo de sabor: **Frutado e picante**

Prove também: Longmorn 1977, Glen Elgin 12 anos, Miyagikyo 1990

1975 46%

Nariz: Âmbar rico. Profundo, ligeiramente resinoso e complexo. As especiarias estão no comando: cardamomo, fruto de coentro, manteiga. Nota de couro com jasmim carregado. Um pouquinho defumado. Verniz com água.

Paladar: Grande e defumado. Pez, melaço, cardamomo e gengibre, quase japonês em sua intensidade. É melhor puro. Charuto leve, chumbo e notas de antiquário.

Acabamento: Ainda as especiarias. Pó de cedro e rosa.

Conclusão: A chave aqui é seguir as especiarias e ver como interagem com as frutas.

Campo de sabor: **Frutado e picante**

Prove também: BenRiach 21 anos, Glenmorangie 18 anos, Tamdhu 32 anos

Clynelish

BRORA • WWW.DISCOVERING-DISTILLERIES.COM/CLYNELISH • ABERTA A VISITANTES • ABR.-OUT., SEG-SEX

Caithness é cortado por vales amplos (straths) que entram longinquamente pelo interior. As pegadas do homem são difíceis de discernir – algumas pilhas de pedras, algumas marcas no solo indicando antigos trabalhos no campo. Ainda assim, até 1809 a região havia sido de pastagens. Na estrada para Brora, passa-se pelo castelo Dunrobin, a residência do duque e da duquesa de Sutherland. Foram eles e seu administrador, Patrick Sellar, que varreram essa terra, substituindo famílias por ovelhas e animais de caça, forçando seus inquilinos a irem para a costa, instalando-os em chácaras com terra insuficiente para cultivar a fim de obter o próprio sustento. Alguns se aventuraram ao mar em busca de arenque, outros foram colocados para trabalhar na nova mina de carvão do duque em Brora, no distrito de Clyne.

O carvão transformou Brora. Havia duas pequenas olarias, um moinho de lã, processo de extração de sal – e, em 1819, uma destilaria, que podia usar os grãos que eram cultivados nas chácaras, o carvão que escavavam, e propiciar excelentes lucros ao duque. Até o final do século XIX o whisky de Clynelish era o mais caro do mercado. Essa popularidade – ele se tornou parte do portfólio da Johnnie Walker – resultou na construção de uma nova destilaria em 1967.

A velha fábrica, porém, teve um período de alívio em 1969. Um período de seca em Islay fez cessar a produção e a DCL precisou de fornecimento de malte pesadamente turfoso. Os dois alambiques da velha Clynelish (agora rebatizada de Brora) foram ativados mais uma vez. Essa fase de qualidade turfosa pesada durou até 1972, quando, com Islay em plena operação, os níveis do teor turfoso caíram. Eles continuaram a flutuar durante o restante do último renascimento da Brora até o seu fechamento em 1983.

O Brora é (geralmente) defumado, untuoso e apimentado, com uma nota subjacente de relva. O Clynelish, nesse meio-tempo, moveu-se em uma direção diferente. Seu espírito novo recende a vela recém-apagada e oleados molhados. Aqui, os aromáticos efusivos, diretos, de seus vizinhos foram incluídos graças à textura. A qualidade cerosa é bem deliberada e criada no reservatório de feints (cauda) e foreshots (cabeça), onde uma precipitação natural de óleos se acumula ao longo do ano. Na maioria das destilarias isso é removido, mas não aqui.

Da janela panorâmica da casa de alambique, pode-se olhar para a antiga Brora, tomada por líquens e decadente. O equivalente industrial das cabanas arruinadas nos vales.

NOTAS DE DEGUSTAÇÃO: CLYNELISH

ESPÍRITO NOVO

Nariz: Cera de lacre, naartjie (fruto citrino, laranja azeda). Bastante limpo. Vela apagada e oleados molhados.

Paladar: Uma sensação nitidamente cerosa com uma qualidade aderente. Preenche a boca. Amplia-se e se aprofunda. É mais uma questão de textura do que de sabor nesta etapa.

Acabamento: Longo.

8 ANOS MADEIRA REUTILIZADA, AMOSTRA DE TONEL

Nariz: A cera pesada no nariz parece ter desaparecido, revelando geleia de abricó, pinho, casca cítrica doce e então, com água, volta a emergir vela perfumada.

Paladar: Limpo e suave. Ainda aquela qualidade de textura, agora com mais frutas doces, cacau e profusão de laranja. Um pouco de carvalho.

Acabamento: A cera volta.

Conclusão: Já se abriu, mas continuará a se desenvolver.

Campo de sabor: Frutado e picante

14 ANOS 46%

Nariz: As notas de vela apagada (com fragrância de laranja) permanecem. Untuoso e limpo com um pouco de grama fragrante e cera de lacre. Aberto e fresco. Gengibre. Com água, frescor costeiro.

Paladar: Boa sensação. Envolve mais sensação do que sabores específicos. Com o tempo, um realce ceroso ligeiramente floral, ligeiramente cítrico. Indício marinho.

Acabamento: Longo e gentil.

Conclusão: Aromaticamente, há uma pequena mudança em comparação ao 8 anos; mais uma integração lenta com o carvalho e um aprofundamento do sabor.

Campo de sabor: Frutado e picante
Prove também: Craigellachie 14 anos, Old Pulteney

1997, MANAGER'S CHOICE SINGLE CASK, 58.8%

Nariz: Dourado vibrante. Aromático e ligeiramente herbáceo: sálvia e manjerona com notas cítricas realçadas: kumquat (fruta cítrica) mais limão; então, frutas maduras de verão: maçã, marmelo.

Paladar: Começo bem picante, junto com frutas suaves e gentis e um toque do mar. A água permite que carvalho amanteigado se revele junto com *crème brûlée*.

Acabamento: Longo e macio com qualidade cítrica.

Conclusão: Um exemplo realmente ceroso, com a nota de marmelo que também parece ser parte do estilo.

Campo de sabor: Frutado e picante
Prove também: Old Pulteney 12 anos

Old Pulteney

WICK • WWW.OLDPULTENEY.COM • ABERTA O ANO INTEIRO • SEG-SEX; PÁSCOA-SET., SEG-SÁB

A cidade de Wick, onde pode ser encontrada a destilaria mais ao norte da área continental, situa-se em uma ilha separada do restante da Escócia pela vastidão de Flow Country, uma infinidade de tons pardacentos e amarelados, composta por lagoas pretas, turfa e junco. A localização diz respeito a mais do que um lugar no mapa; é um estado psicológico.

O peixe criando o homem. A destilaria, por sua vez, recebeu seu nome de Pulteneytown, construída por Thomas Telford, uma destilaria urbana no centro da comunidade, produzindo espírito para uma cidade sedenta. Pulteneytown foi batizada em homenagem a Sir William Pulteney, membro do Parlamento, que, no final do século XVIII, havia feito lobby para a criação de novos portos de pesca no remoto norte. O novo porto que a visão dele construiu podia comportar embarcações maiores, que, por sua vez, carregavam mais peixe. No século XIX a cidade de Wick era como o Klondike, no Canadá, na época da corrida do ouro, com homens indo atrás dos "silver darlings" (arenque) em vez de ouro. Eles precisavam de whisky. Entra James Henderson, cavalheiro destilador que estivera fabricando whisky na propriedade de sua família em Stemster. Henderson mudou a produção para a cidade em expansão.

Nessa época, outras destilarias aproveitaram a oportunidade para mudar seu equipamento de destilação. Henderson não: seus alambiques, Alfred Barnard escreveria em 1886, eram "do padrão mais antigo conhecido, semelhantes à chaleira do antigo contrabandista". Um alambique de primeira destilação com um "boil bulb" exagerado e topo plano, o alambique de espírito com purificador e um pescoço de cisne serpenteando como um animal píctico estilizado. Ambos afundam em tanques do sistema "worm tub". Eles falam de improvisação, extravagância, mas funcionam. "O alambique de primeira destilação é a chave do caráter do Pulteney", diz Stuart Harvey, mestre harmonizador da proprietária Inver House. "Obtemos um imenso refluxo e capturamos aqueles ésteres no final, mas também couro. O Pulteney tem uma qualidade menos picante e mais fragrante do que o Balblair, mas tem mais óleo."

O Porto de Wick – e a Old Pulteney – foram construídos para atender as demandas da frota de arenque da cidade.

NOTAS DE DEGUSTAÇÃO: OLD PULTENEY

ESPÍRITO NOVO

Nariz: Encorpado. Fósforo riscado com uma oleosidade quase cremosa. Óleo de linhaça. Indício de salinidade/temperos aromáticos. Casca cítrica/caixa de laranjas.

Paladar: Espesso e untuoso com frutas suaves suculentas. Toque de baunilha.

Acabamento: Frutado.

12 ANOS 44%

Nariz: As frutas estão agora se manifestando plenamente. Caqui e pêssego. Ligeiramente salino e untuoso. Geleia de nêspera, melão.

Paladar: Sensação untuosa. Uma bolha espessa de óleo. Suculento mas com um ligeiro teor de frutas verdes.

Acabamento: Fragrante.

Conclusão: Espesso, forma uma camada na língua.

Campo de sabor: Frutado e picante

Prove também: Scapa 16 anos

17 ANOS 46%

Nariz: Ligeira qualidade de pão (pão com manteiga) com marmelo e madeira chamuscada. Mais influenciado pelo tonel.

Paladar: Fisicamente mais amplo que o 12 anos. Um toque a mais de creme.

Acabamento: Sucoso e longo.

Conclusão: O tonel influenciou mais e cortou a untuosidade.

Campo de sabor: Frutado e picante

Prove também: Glenlossie 18 anos, Craigellachie 14 anos

30 ANOS 44%

Nariz: Âmbar. Grande, resinoso. Estábulo de corridas: produto para limpar couro, óleo de casco, nozes doces. Cedro. Indício de levedura. Limpo.

Paladar: Marzipã. Mais uma vez o realce cítrico, mas agora o óleo voltou com toda a força.

Acabamento: Espesso.

Conclusão: Uma estranha complexidade típica do Pulteney.

Campo de sabor: Frutado e picante

Prove também: Balmenach 1993, Glen Moray 30 anos

40 ANOS 44%

Nariz: Âmbar. Imensamente perfumado. Limão em conserva, canela, aquela nota de produto para limpar couro novamente, defumado leve e flores secas. Um desabrochar tardio. Produto Oddfellows[12].

Paladar: Alecrim. Intenso e, então, a típica untuosidade do Pulteney forma uma camada na língua. O teor defumado acrescenta uma nova dimensão.

Acabamento: Fragrante e longo.

Conclusão: Concentrado e reduzido.

Campo de sabor: Frutado e picante

Prove também: Longmorn 1977

12.Oddfellows: empresa canadense com um vasto cardápio para aperitivos e café da manhã, combinando produtos como, entre outros, frango, rosbife, ovos, bacon, batatas etc.

HIGHLANDS DO OESTE

Bem-vindo à menor "região" de whisky da Escócia, que conta atualmente com apenas duas representantes. As razões para terem sobrevivido não se devem apenas ao bom sistema de transporte de suas respectivas cidades, mas também às suas personalidades individuais e, talvez, a uma crença compartilhada sobre uma maneira mais antiga de se fazer whisky.

A ilha Seil fica perto de Oban, o portão das ilhas Ocidentais.

Oban

OBAN • WWW.DISCOVERING-DISTILLERIES.COM/OBAN • ABERTA A VISITANTES • FEV.-DEZ. • VEJA SITE PARA DETALHES

A destilaria de Oban fica espremida entre um rochedo e as construções que ladeiam o porto, dando-lhe o ar de uma operação ligeiramente furtiva, como se a cidade estivesse tentando mostrar uma face diferente para o mundo. A respeitabilidade é um elemento importante na Escócia calvinista, e beber é, para muitos, algo decididamente não respeitável. Não que isso tivesse incomodado John e Hugh Stevenson, que tiraram proveito de um esquema no final do século XVIII, quando o duque de Argyll ofereceu arrendamentos de 99 anos em forma de aluguel nominal para quem desejasse construir uma casa. Os Stevenson acabaram efetivamente construindo uma cidade e uma cervejaria que, até 1794, se tornara uma destilaria licenciada. No que dizia respeito ao whisky dos Stevenson, era decididamente respeitável. Eles, o filho e o neto, dirigiram a destilaria até 1869.

Outras empreitadas relacionadas ao whisky foram tentadas e falharam nessa área costeira, consequência de problemas com transporte. Oban, entretanto, estava perfeitamente localizada. E permanece com uma boa infraestrutura: estrada de ferro, porto de balsa, o final (ou o começo) da estrada entre Glasgow e as ilhas Ocidentais.

É outra daquelas destilarias que hoje trabalha contra o padrão. Seus dois alambiques pequenos em formato de cebola estão ligados a serpentinas "worm", levando-nos a concluir, logicamente, que este deve ser um espírito novo pesado e possivelmente sulfuroso. Longe disso.

Na realidade, a Oban tem uma qualidade frutada intensa com um toque cítrico, resultado do descanso dado aos alambiques entre as destilações para permitir que o cobre se reavive e fique pronto para extrair os componentes sulfurosos conforme tentem passar pelos pescoços de cisne. Serpentinas "worm" mais aquecidas também ajudam a prolongar o contato entre o vapor e o cobre, revelando a qualidade frutada por trás e acrescentando um toque picante ao espírito novo que poderia ser interpretado como salinidade.

A fermentação em uma das cubas de lavagem da Oban.

NOTAS DE DEGUSTAÇÃO: OBAN

ESPÍRITO NOVO

Nariz: Frutado. Toque defumado radicoso para começar. Notas de pêssego assado e cítrico/caixa de laranja elevadas. Perfumado e complexo. Tem profundidade.

Paladar: Cremoso e gentil. Então a casca de laranja chega e se espalha pela língua.

Acabamento: Defumado.

8 ANOS MADEIRA REUTILIZADA, AMOSTRA DE TONEL

Nariz: Terroso, perfumado, banana verde/laranja verde, flor-do-imperador. Pesado e ligeiramente salino.

Paladar: Doce e denso. Abundância cítrica. Concentrado. Dormente.

Acabamento: Um quê defumado.

Conclusão: A impressão é de frescor e peso. Ele talvez precise de tempo, mas pode aguentar bem com um tonel ativo.

Campo de sabor: Frutado e picante

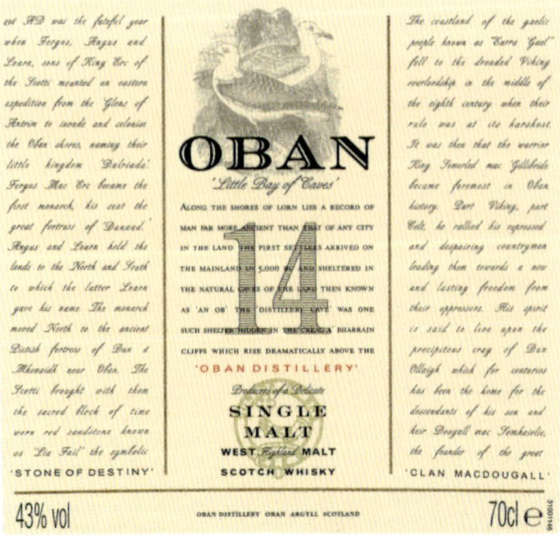

14 ANOS 43%

Nariz: Limpo e crocante. Baunilha leve, algum chocolate ao leite e muitas especiarias doces. Fragrante com apenas um toque defumado. Cascas secas. Carvalho firme.

Paladar: Começo doce suave com um caráter saboroso correndo por todo o caminho. Bastante limpo com notas de laranja, hortelã e melado.

Acabamento: Bem picante e com formigamento.

Conclusão: Limpo e equilibrado e agora aberto.

Campo de sabor: Frutado e picante

Prove também: Arran 10 anos, BenRiach 12 anos

Ben Nevis

FORT WILLIAM • WWW.BENNEVISDISTILLERY.COM • ABERTA O ANO INTEIRO, SEG-SEX; PÁSCOA-SET., TAMBÉM SÁB; JUL.-AGO., DOM

Se retomássemos a teoria equivocada de que alambiques "velhos" sempre tendem a produzir um estilo de espírito mais pesado, a Ben Nevis seria um exemplo perfeito disso. Também parece apropriado que uma destilaria próxima à base da montanha mais elevada da Grã-Bretanha fabrique um espírito poderoso – algo leve e etéreo simplesmente pareceria errado nessas redondezas.

Fundada (legalmente) em 1825, a destilaria Ben Nevis teve uma carreira intrigante – em determinada altura possuiu um alambique Coffey e foi a única destilaria da Escócia a juntar os componentes de malte e de grãos para seu blend em tonel antes da maturação.

Quando, em 1989, foi comprada por um destilador japonês, Nikka, muitos acreditaram que chegaria uma nova fase de fabricação de whisky de estilo moderno. Na verdade, deu-se o oposto: crenças da velha-guarda ajudaram a produzir esse whisky de "estilo antigo" que é rico, frutado e com sensação de mascar e um intrigante tom de couro que se aprofunda com a idade.

Também é apropriado que o gerente de longa data, Colin Ross, seja um orgulhoso tradicionalista. "Criado nos procedimentos tradicionais de destilação, tenho tentado mantê-los rigorosamente dentro da nossa destilaria. A destilação evoluiu ao longo desses mais de 185 anos como um tradicional meio de vida. Todas essas mudanças que estão sendo implementadas rapidamente não só estão destruindo o setor como, em minha opinião, a qualidade dos espíritos que resultam de cada destilaria."

Essa adesão a valores consagrados pelo tempo significa, no caso da Ben Nevis, uma volta a cubas de lavagem de madeira e processo de levedura "tradicional". De fato, a Ben Nevis é provavelmente a única destilaria de single malt na Escócia que continua a usar levedura de cervejaria por insistência de seu gerente – e seu proprietário é japonês. Isso acontece especificamente para a criação do sabor.

"Pode muito bem ser que esses dois fatores tenham contribuído para o caráter", declara Ross. "Meu primeiro gerente sempre me disse que a fermentação era o mais importante de tudo, mas há vários outros fatores que contribuem: ter as condições certas para a destilação, manter o cobre limpo dentro dos alambiques de espírito para permitir que os vapores entrem em contato próximo." Essa destilaria pode ser remota fisicamente – em termos de whisky –, mas está no coração da fabricação tradicional da bebida.

NOTAS DE DEGUSTAÇÃO: BEN NEVIS

ESPÍRITO NOVO

Nariz: Rico e untuoso, com uma pequenina nota carnuda de enxofre. Frutado por trás.

Paladar: Espesso e doce. Pesado no meio do palato. Bastante sensação de mascar e limpo. Rico. Menos carne no paladar e mais alcaçuz vermelho e frutas vermelhas.

Acabamento: Espesso.

10 ANOS 46%

Nariz: Dourado pleno. Uma mistura de coco e até de um pouco de camurça macia. Tem a gordura do espírito novo. Espesso, quase uma qualidade de pasta de frutas com calda. O carvalho acrescenta um fundo de nozes.

Paladar: Coco novamente – creme de coco desta vez. A sensação permanece espessa e doce com toffee.

Acabamento: Longo, levemente com nozes.

Conclusão: Um whisky audaz que acha bem-vindas as influências de belos tonéis ativos.

Campo de sabor: **Frutado e picante**

Prove também: Balvenie 12 anos Signature

15 ANOS AMOSTRA DE TONEL

Nariz: Dourado claro. Realçado limpo e ligeiramente fragrante como se uma nova delicadeza tivesse emergido. Ainda assim, o couro é o caráter dominante. Encorpado e doce. Leve qualidade defumada de turfa.

Paladar: Espesso e com sensação de mascar, mas agora com o acréscimo de sabor de castanha e mel. Bastante cremoso com água e pralina adicional.

Acabamento: Maleável e longo.

Conclusão: Mantém-se um malte substancial que simplesmente continua a assimilar o que quer que o carvalho lhe ofereça.

Campo de sabor: **Frutado e picante**

25 ANOS 56%

Nariz: Âmbar escuro. Rico com toffee escorrendo, frutas leves secas. O traço a seguir aqui é o couro: desde camurça macia até poltrona antiga.

Paladar: Imensamente concentrado. Toffee amargo, chocolate escuro, cereja preta. Semelhante a bourbon bem velho.

Acabamento: Coco seco. Doce e longo.

Conclusão: O poder espesso e doce permite que ele amadureça bem.

Campo de sabor: **Rico e redondo**

Prove também: GlenDronach 1989, Glenfarclas 30 anos

LOWLANDS

Drumchapel, Bellshill, Broxburn, Airdrie, Menstrie, Alloa. Embora isso possa se parecer mais com uma lista de times de futebol da Terceira Divisão Escocesa Irn-Bru[13], esta é uma lista de bases de poder escondidas do whisky escocês. Conforme olhamos para o mapa das Lowlands e o ignoramos como um deserto de whisky ponteado por uns poucos oásis de single malt, negligenciamos o fato de que é aqui que o grosso do whisky da Escócia é produzido, maturado e submetido a blending.

A mentalidade do destilador da Lowland sempre foi diferente da de seu contemporâneo da Highland. No século XVIII, a onda frenética do gim em Londres havia criado um mercado de exportação saudável para as famílias da destilação, como os Haig e os Stein, cujo espírito era embarcado para o sul, retificado e metido goela abaixo dos habitantes de Spitalfields e Southwark. Foi o frenesi do gim que estimulou muito da legislação precária que deu origem aos contrabandistas da Highland.

Os destiladores da Lowland foram igualmente afetados. A maneira de se fazer dinheiro era exportar para a Inglaterra, mas os alvarás de exportação eram difíceis de ser obtidos. Além disso, os alambiques deles eram taxados com relação à capacidade (atingindo impressionantes 54 libras por galão/4,5 litros). A única solução era destilar mais rapidamente. Um alambique de 253 galões (1.151 litros) na destilaria Canonmills reportou ao departamento de impostos escocês em 1797: "Trabalhava na média de 47 ciclos completos no espaço de 12 horas... o que mesmo com a tributação de 54 libras por galão (capacidade)... reduz o imposto no galão de espírito para muito abaixo de qualquer coisa que tenhamos tido a honra anterior de representar".

Eles podem ter-se mantido no negócio, mas como era o espírito? Queimado e transbordando com óleos fúseis. Pode ter sido aceitável depois que retificado para gim, mas e para os consumidores locais da Lowland? Mesmo se a qualidade do malte ilícito da Highland não estava à altura do padrão de hoje, era significativamente melhor do que isso.

Quando o single malt legalizado chegou, depois de 1823, os destiladores da Lowland reiniciaram a produção, mas desta vez com um novo design de alambique, que dava tanto volume quanto qualidade. Em 1827 Robert Stein, de Kilbagie, inventou um alambique "contínuo". Então, em 1834, o alambique de coluna de Aeneas Coffey foi instalado na Grange em Alloa (veja p. 197). As Lowlands se tornaram a capital da produção de grãos.

Mas e quanto aos maltes da Lowland? Tradicionalmente, tinham sido leves, mas cada destilaria abordou a leveza de uma maneira diferente. Demanda alta equivale a alambiques maiores; a chegada da especialidade de destilação irlandesa equivale à destilação tripla; não há necessidade do uso de turfa. Talvez, simplesmente, as sensibilidades da Lowland exijam o caráter leve.

A chegada do blending em 1853 foi uma ligação pragmática e simbólica de duas abordagens na fabricação de whisky. Foi o que estabeleceu as bases de poder e a ascensão mundial do Scotch. Por essa razão, Glasgow é tanto uma capital do whisky quanto Dufftown, um lugar de armazéns nas docas, adegas, salas de jantar elegantes e laboratórios de blending de madeira escura, jalecos brancos, bujões planos, o tinido das linhas de engarrafamento, o combustível âmbar da classe trabalhadora.

Whisky é mais do que apenas "hills" e "stills" (colinas e alambiques); também pode ser urbano.

13.Irn-Bru é a marca de uma bebida tradicional na Escócia. A empresa patrocina um time da Segunda Divisão do campeonato escocês de futebol.

Terras divisórias – vista ao longo de baía Wigtown para o Ben John e Cairnharrow a partir de Carrick Point.

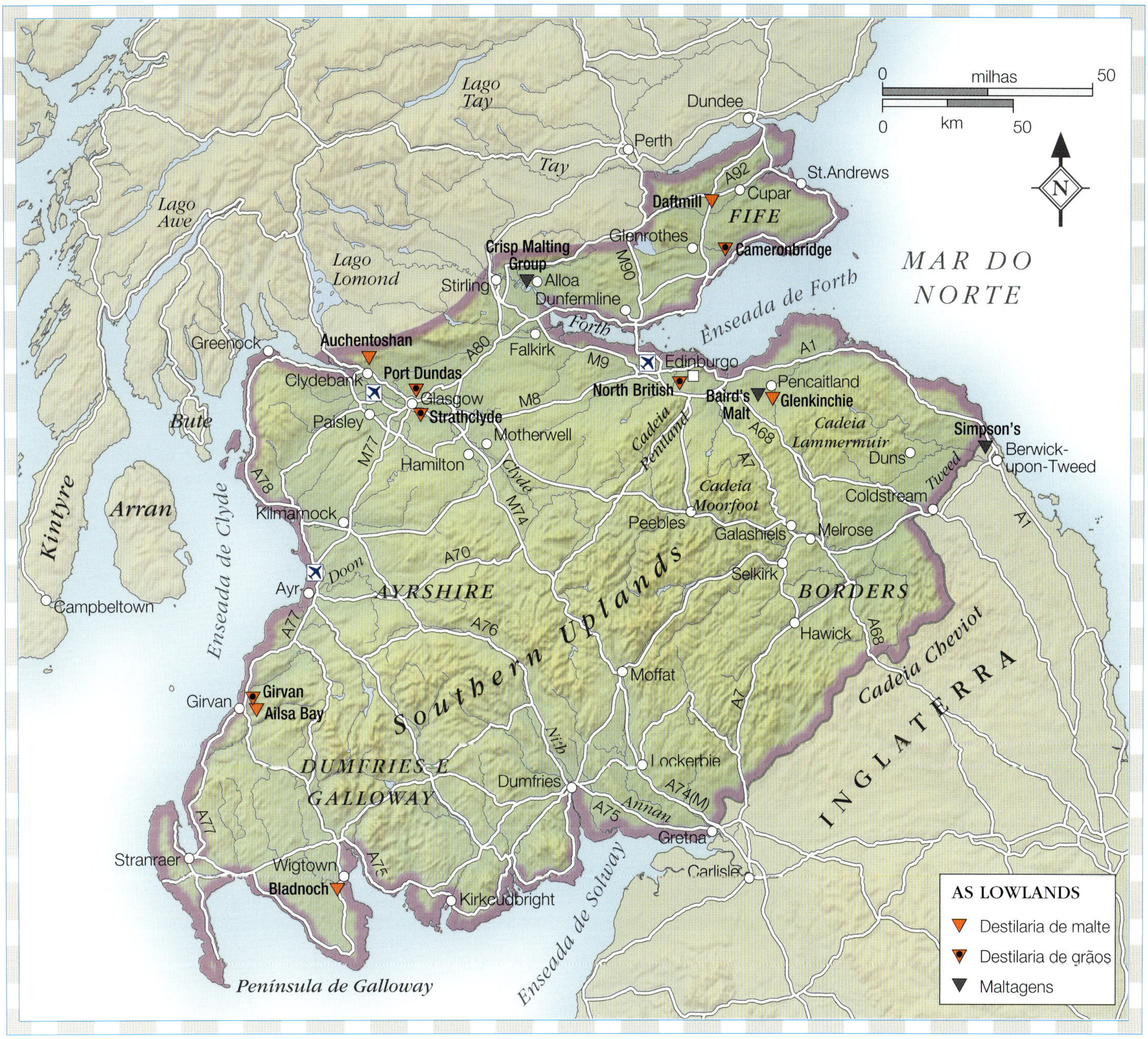
AS LOWLANDS
Destilaria de malte
Destilaria de grãos
Maltagens
MAR DO NORTE
INGLATERRA
FIFE
AYRSHIRE
BORDERS
DUMFRIES E GALLOWAY
Southern Uplands
Daftmill
Cameronbridge
Crisp Malting Group
Auchentoshan
Port Dundas
Strathclyde
North British
Baird's Malt
Glenkinchie
Simpson's
Girvan
Ailsa Bay
Bladnoch
Edinburgo
Glasgow
Dundee
Perth
St.Andrews
Cupar
Glenrothes
Stirling
Alloa
Dunfermline
Falkirk
Greenock
Clydebank
Paisley
Motherwell
Hamilton
Kilmarnock
Ayr
Campbeltown
Girvan
Stranraer
Wigtown
Kirkcudbright
Dumfries
Gretna
Carlisle
Lockerbie
Moffat
Hawick
Selkirk
Galashiels
Melrose
Peebles
Coldstream
Duns
Pencaitland
Berwick-upon-Tweed
Lago Tay
Lago Awe
Lago Lomond
Kintyre
Arran
Bute
Enseada de Clyde
Enseada de Forth
Enseada de Solway
Península de Galloway
Cadeia Pentland
Cadeia Lammermuir
Cadeia Moorfoot
Cadeia Cheviot
Tay
Forth
Clyde
Tweed
Doon
Nith
Annan
milhas
km
N

A paisagem plácida e gentil – exatamente como o único single malt de Wigtown.

Bladnoch & Ailsa Bay

WIGTOWN • WWW.BLADNOCH.CO.UK • ABERTA O ANO INTEIRO • SET.-JUN., SEG-SEX; JUL.-AGO., SEG-DOM / AILSA BAY • GIRVAN

A 1,5 quilômetro de Wigtown, às margens do rio sinuoso do qual recebe o seu nome, a Bladnoch é um local grande e desarmônico cujo complexo considerável de armazéns se estende pelo campo até os fundos da destilaria. Uma caminhada pelo local nos deixa com a nítida impressão de que cada recinto em que entramos foi acessado pela porta dos fundos – talvez nem sequer haja uma porta da frente.

A Bladnoch, menos do que uma destilaria construída propositadamente, é mais uma coleção a esmo de construções de pedra escura e telhados de ardósia que, por acaso, abriga equipamentos de fabricação de whisky. As outras abrigam uma loja, um café, escritórios, um bar que serve de ponto de encontro, como também um antigo forno que pode se desdobrar em um local de entretenimento – além de uma área de acampamento. A Bladnoch é mais uma comunidade do que uma destilaria, que é o que se espera de um lugar que foi o ponto de enfoque do vilarejo desde 1817.

Essa sensação de que cada recinto contém uma surpresa começa na casa de mosto (na qual se entra por uma porta lateral), onde mosto ligeiramente turvo vai para uma das seis cubas de lavagem de pinho do Oregon, onde é deixado para uma fermentação em um estilo vagaroso que o proprietário Raymond Armstrong define como "faltando quatro horas para três dias". A casa de alambique é mais uma sala de alambique. Não há nada das costumeiras trancas, escadas e vigias em torno dos alambiques que atravessam o chão. O mestre de alambique John Herries controla as coisas de uma mesa precária, ao lado da qual há uma caixa de madeira com botões e válvulas. É quando nos damos conta de que a Bladnoch fabrica whisky de improviso.

O fato de que está funcionando já é uma surpresa. Ela ficou fechada de 1938 a 1956 e foi mantida em operação desde então até 1992 (nos últimos tempos, como parte da Bell's), antes de fechar novamente em 1993. Armstrong, um supervisor licenciado baseado em Belfast, comprou-a no ano seguinte, pretendendo converter o local em chalés de férias, mas apaixonou-se pelo lugar. O eloquente homem teve de voltar à Diageo para perguntar se podia reiniciar a produção.

Eventualmente, eles concordaram, permitindo que ele fabricasse 100 mil litros (22 mil galões) por ano. O espírito começou a fluir novamente em 2000, tendo sido ocupado nesse ínterim com questões legais e com a necessidade de reequipar a fábrica. "Quando [a Bell's] saiu, levaram desde uma serra de cadeia até a parte elétrica para garantir que nunca mais

AILSA BAY: A RECÉM-CHEGADA COM UMA MISSÃO

Destilaria de grãos da William Grant, a Girvan, é o lar de uma das mais novas fábricas de malte da Escócia, a Ailsa Bay. Ela não foi, contudo, construída como uma nova destilaria da "Lowland", mas, conforme o master blender da Grant Brian Kinsman explica, "como algo flexível para pegarmos todas as coisas de que gostávamos em nosso local em Dufftown e duplicá-las". Usando a Balvenie como modelo, a Ailsa Bay existe para que a marca de malte cresça. "Os alambiques têm o mesmo formato dos da Balvenie pela simples razão de que ela está crescendo como um single malt, mas é também um importante componente em blends e, portanto, há pressão quanto ao fornecimento." Kinsman não parou aí. Quatro estilos – com ésteres, maltoso, leve e turfa pesada – são produzidos no local.

A destilaria mais ao sul da Escócia vem completa com café, bar/ponto de encontro e local para acampamento.

Descansar os alambiques nos intervalos da destilação ajuda a preservar o caráter fragrante do Bladnoch.

funcionasse outra vez. Tudo, com exceção dos alambiques e das cubas de lavagem, foi removido ou destruído", conta ele, olhando para o espírito novo fluindo até o "spirit safe" e sorrindo.

O caráter fragrante também está de volta. "Eles o estavam perdendo antes de fecharem", relembra Herries. "Tudo era forçado demais. Agora estamos conseguindo relaxar mais outra vez." Isso explicaria o caráter semelhante ao Blair Athol que se percebe no 17 e no 18 anos e por que o espírito novo e o Armstrong-era 8 anos parecem lembrar flores carregadas de néctar.

"O problema no setor do whisky é que muitos entusiastas não apreciam as sutilezas e elegância dos maltes da Lowland", declara esse renascido evangelizador do whisky. "Simplesmente temos de convencê-los."

NOTAS DE DEGUSTAÇÃO: BLADNOCH

ESPÍRITO NOVO

Nariz: Fresco e gentil com notas limpas florais e qualidade cítrica leve.
Paladar: Limpo e saboroso com boa acidez, flor de planta frutífera e um pequeno toque de mel.
Acabamento: Limpo e curto.

8 ANOS 46%

Nariz: Dourado claro, marshmallow, flores colhidas e maçã doce com um leve toque de cera de abelha. Massa folhada de limão. Com água, um lento realce de cravo e favo de mel.
Paladar: Limpo e ligeiramente amanteigado. Centro suave com flores fragrantes e aquela nota de mel. Torna-se ligeiramente picante no acabamento.
Acabamento: Leve e limpo.
Conclusão: Fresco como um dia de primavera.

Campo de sabor: Fragrante e floral
Prove também: Linkwood 12 anos, Glencadam 10 anos, Speyside 15 anos

17 ANOS 55%

Nariz: Dourado claro. Mais amplo e com mais nozes com aquela nota subjacente doce ainda em evidência, embora isto seja mais semelhante a mosto do que mel. Pão recém-assado e geleia de abricó. Torrada quente com manteiga.
Paladar: Qualidade ligeiramente perfumada, então se estabiliza na forma de flocos de milho Honeynut.
Acabamento: Picante e um tanto saponáceo.
Conclusão: Típico dos últimos dias do antigo regime.

Campo de sabor: Fragrante e floral
Prove também: Glenturret 10 anos, Strathmill 12 anos

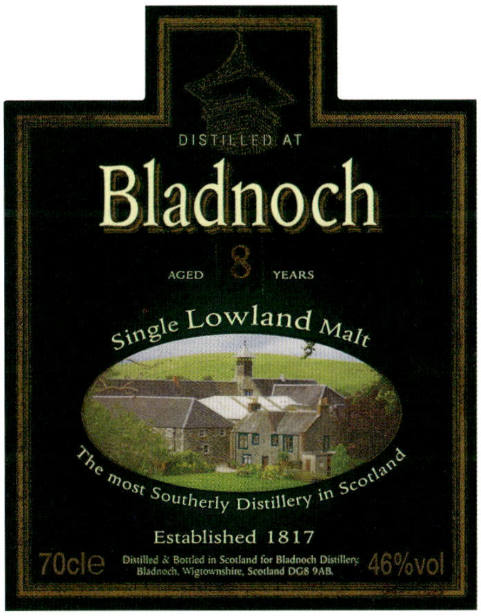

NOTAS DE DEGUSTAÇÃO: AILSA BAY

Nenhum espírito envelhecido foi lançado. Os espíritos novos também não têm nomes. Aqui estão seis exemplos dos tipos de espírito diferentes que estão sendo feitos.

1.

Nariz: Leve e com ésteres. Gergelim. Abacaxi com uma ligeira nota de latão. Seco.
Paladar: Bastante puro, abacaxi de ésteres, pera, nota de goma de mascar junto com melão.
Acabamento: Suave e gentil.

2.

Nariz: Limpo, livre, crocante com nuances de cereal leve.
Paladar: Muito limpo. Bastante puro com qualidade relvosa verde. Tem gordura no meio do céu da boca.
Acabamento: Crocante.

3.

Nariz: Nozes com um indício de enxofre de vegetal cozido. *Pot ale* residual. Mais pesado.
Paladar: Gordo no palato. Maduro e encorpado. Lentilha.
Acabamento: Amplo e maduro.

4.

Nariz: Cereal e acetona. Amêndoa verde.
Paladar: Puro. Muitas nozes com frutas ao fundo. Noz/casca de noz leve. Seco e limpo.
Acabamento: Uma súbita doçura. Vai se desenvolver de uma maneira interessante.

5.

Nariz: Defumado de turfa fragrante. Radicoso com charuto e presunto leve. Madeira queimada, pera e tênis novos.
Paladar: O teor defumado seco surge imediatamente. Sólido, mas com um centro doce.
Acabamento: A fumaça agora sobe e flutua para longe.

6.

Nariz: Fogueira de jardim com um indício de óleos. Pesado e seco.
Paladar: Limpo, porém mais com um efeito anuviado.
Acabamento: Longo.

Auchentoshan e Daftmill

AUCHENTOSHAN • CLYDEBANK • WWW.AUCHENTOSHAN.COM • ABERTA O ANO INTEIRO / DAFTMILL • CUPAR • WWW.DAFTMILL.COM

Embora seja a quarta do punhado de destilarias da Lowland e romanticamente situada – entre o rio Clyde e a estrada principal de Glasgow até o lago Lomond –, ela oferece outro sistema de produção de espírito leve: a destilação tripla. No século XIX esse era um método razoavelmente comum de produção, sobretudo no cinturão da Lowland, talvez como resultado da imigração irlandesa, ou até como uma tentativa de se copiar o que, na época, era o estilo de whisky de maior sucesso. A economia em ação novamente. Hoje em dia, entretanto, a Auchentoshan (apelidada de "Auchie") é a única destilaria escocesa que faz isso exclusivamente.

Aqui a destilação tripla é utilizada para desenvolver graduação alcoólica e um caráter leve, resultando em um espírito novo fresco, altamente focado. O fluxo para o terceiro alambique (de espírito) é feito com as "cabeças" de alto teor alcóolico do alambique intermediário. Quando isso é destilado, o ponto de corte do espírito é feito entre 82% e 80% abv (veja p. 14-5).

"Fica no espírito por talvez 15 minutos", diz Iain McCallum, blender da proprietária Morrison Bowmore. "Obviamente, isso nos tem dado um caráter leve, mas não quero neutralidade. O Auchentoshan deve ter doçura, uma nota maltosa, frutas cítricas e, conforme matura, um caráter de avelã." A delicadeza de caráter inerente do Auchie significa que McCallum não pode ter muito a mão pesada com o carvalho.

"É um espírito tão leve que poderia ser facilmente sobrepujado. Acredito firmemente em ter o caráter do espírito vindo do coração da marca", declara McCallum. "E, em relação ao Auchie, você tem de ir com calma com o carvalho." Leve, mas com arrojo, essa é outra faceta do estilo Lowland, facilmente ignorado.

DAFTMILL: PEQUENA, MAS DE IDEIAS FORTES

Ailsa Bay não é a única destilaria nova da Lowland. Em 2003, a diminuta destilaria artesanal do fazendeiro de Fife Francis Cuthbert começou a produzir. Ao contrário de muitos empreendimentos novos, ele decidiu ater-se ao whisky até que o considerou pronto para lançamento. A julgar pelo espírito novo limpo, rico, e as amostras de tonel até então, ele está destinado a se tornar um cult.

NOTAS DE DEGUSTAÇÃO: AUCHENTOSHAN

ESPÍRITO NOVO

Nariz: Bem leve e intenso. Ruibarbo rosa, papelão doce, casca de banana, frondoso.
Paladar: Teso e quente. Ligeiramente abiscoitado, intenso realce de limão.
Acabamento: Rápido. Maçã.

CLASSIC NAS 40%

Nariz: Dourado claro. Carvalho doce. Ligeiramente farelento com uma leve nota floral; toques de coco da interação com o carvalho.
Paladar: Doce e de nozes com bastante baunilha, que leva as coisas ao campo do chocolate. As notas excelentes do espírito novo ainda em evidência.
Acabamento: Fresco.
Conclusão: O carvalho administrado com habilidade permite que o caráter apareça.

Campo de sabor: **Maltoso e seco**
Prove também: Tamnavulin 12 anos, Glen Spey 12 anos

12 ANOS 40%

Nariz: Mais uma vez o carvalho lidera o caminho. Toques de rosca doce quente, amêndoa coberta de páprica tostada. Realce cítrico.
Paladar: Suave e limpa, a nota de cereal agora está indo rumo a especiarias. Ainda aquela qualidade folhosa.
Acabamento: Crocante e limpo.
Conclusão: Auchie identificável.

Campo de sabor: **Maltoso e seco**
Prove também: Macduff 1984

21 ANOS 43%

Nariz: Maturidade com leve originalidade. Frutas escuras concentradas, depois vêm as especiarias secas: coentro, castanha assada, mas ainda aquela qualidade farelenta e frescor intensos.
Paladar: Rico e com alcaçuz e com um sabor semelhante a lavanda no palato.
Acabamento: Perfumado.
Conclusão: Mesmo aos 21 anos um espírito leve se mantém firme.

Campo de sabor: **Frutado e picante**
Prove também: The Glenlivet 18 anos, Benromach 25 anos

NOTAS DE DEGUSTAÇÃO: DAFTMILL

ESPÍRITO NOVO

Nariz: Doce. Meio encorpado a encorpado. Frutas gordas e um pouquinho untuoso. Doce delícia turca.
Paladar: Notas principais intensas agindo acima da pera e uma espessa sensação cremosa. Limpo.
Acabamento: Doce e fresco, mas com verdadeira substância.

EX-BOURBON AMOSTRA DE TONEL

Nariz: Palha. Herbáceo, grama fragrante, lírio e limão. Adquire uma qualidade intensa de hortelã com um indício de coco.
Paladar: Doce e ligeiramente floral. O carvalho está equilibrando e dando um pouquinho de crispação. Em processo de formação. A sensação é de suavidade.
Acabamento: Longo e macio.
Conclusão: Embora um trabalho ainda em andamento, está mostrando grande potencial.

Campo de sabor: **Frutado e picante**

EX-XEREZ AMOSTRA DE TONEL

Nariz: Mogno escuro. Bolo Dundee, pão de nozes e um pouco de resina. Grande efeito do tonel. Ainda jovem.
Paladar: Carvalho assertivo. Óleo de nozes, cera de couro. Ainda bastante doce, especialmente com água. Um tonel bastante ativo teve essa influência rapidamente.
Acabamento: Nozes.
Conclusão: Precoce – tanto pode ser engarrafado logo como dar peso e estrutura a um whisky vatted (mescla de dois ou mais barris de single malt).

Campo de sabor: **Rico e redondo**

Glenkinchie

PENCAITLAND • WWW.DISCOVERING-DISTILLERIES.COM/GLENKINCHIE • ABERTA O ANO INTEIRO • DEZ.-MAR., SEG-DOM; ABR.-NOV., SEG-DOM

As Lowlands estão esparramadas em matéria de whisky. Para encontrarmos a destilaria seguinte, temos de viajar para leste, até o extremo das Borders, em um cenário similarmente bucólico. A Glenkinchie se situa dentro de terras cultiváveis, o que significa que não deve ter havido problemas em relação a matérias-primas quando ela foi fundada em 1825 em terras que haviam pertencido à família de Quincey (daí "Kinchie").

Reconstruída nos anos 1890, hoje ela apresenta um ar de sólida respeitabilidade burguesa. É construída de tijolos, sólida, e fala de uma sensação de prosperidade e certeza de propósito. Esse local foi construído para fabricar whisky. Não é de surpreender, então, que, quando entramos na casa de alambique, nos deparamos com um par de alambiques imensos: o alambique de primeira destilação, com uma capacidade de 32 mil litros (7 mil galões), é o maior do Scotch. Ele lembra um pouco o estilo e o tamanho que os destiladores da Irlanda estavam desenvolvendo aproximadamente ao mesmo tempo em que a Glenkinchie foi reconstruída. À medida que a demanda aumentou, os alambiques ficaram maiores, e o estilo do whisky mudou de encorpado para leve. O fato de que as Lowlands fazem whiskies gentis não tem nada a ver com o ambiente: deve-se às forças do mercado.

Gentil, porém, não é a descrição em que se pensa quando se cheira o espírito novo. Sopa de repolho talvez seja a descrição mais precisa. As pistas para isso também estão na casa de alambique. Aqueles alambiques imensos têm pescoços de cisne que atravessam a parede até mergulhar em tanques através do sistema de serpentinas "worm". Como o Dalwhinnie, o Speyburn e o anCnoc, este é um espírito maduro leve que começa e, como nessas outras destilarias, o que está subjacente é que é importante.

Uma luta colina acima. Os whiskies da Lowland são lamentavelmente ignorados por muitos.

As notas de repolho somem mais depressa do que no Dalwhinnie, deixando um whisky que é limpo e delicado, com uma qualidade relvosa ao fundo, mas com aquele peso no palato distinto e derivado das serpentinas "worm". Uma recente mudança no engarrafamento padrão do 10 anos, em que havia o ocasional indício de teor sulfuroso, para o 12 anos provou ser uma ótima decisão, uma vez que esses dois anos a mais têm ajudado a dar corpo e a revelar todo o caráter maturado.

NOTAS DE DEGUSTAÇÃO: GLENKINCHIE

ESPÍRITO NOVO

Nariz: Fósforo riscado e água leve de repolho. Fragrante por trás. Bastantes aromas agrícolas.
Paladar: Grande investida de enxofre e, então, grama seca, vegetais cozidos. O que está escondido por baixo?
Acabamento: Enxofre.

8 ANOS MADEIRA REUTILIZADA, AMOSTRA DE TONEL

Nariz: Feno úmido; então, cravo, roupa de cama lavada. O enxofre já quase desapareceu. Com água, frutas cobertas com geleia; goiaba.
Paladar: Doçura intensa. Puro e limpo com um leve quê floral seco, e então surge o enxofre residual.
Acabamento: Gentil, com um indício de fósforo riscado.
Conclusão: Uma borboleta emergindo.

Campo de sabor: Fragrante e floral

12 ANOS 43%

Nariz: Limpo, semelhante a campo. Levemente floral, maçã, laranja.
Paladar: Doce com um pouco de nozes, mas geralmente uma boa sensação sedosa. Direto e limpo com um pouquinho de baunilha.
Acabamento: Realçado. Bolo de limão e um pouco de flores.
Conclusão: Atraente, com substância. A borboleta adquire asas.

Campo de sabor: Fragrante e floral
Prove também: The Glenlivet 12 anos, Speyburn 10 anos

1992, MANAGER'S CHOICE SINGLE CASK, 58.2%

Nariz: Aromas de início de verão de tomilho, erva-cidreira, melão verde, uva moscatel, goiveiro com perfume noturno.
Paladar: Gentil, com aquelas flores mais uma vez junto com um pouco de cremosidade e figo fresco.
Acabamento: Levemente amargo. Limão.
Conclusão: Um exemplo leve e perfumado.

Campo de sabor: Fragrante e floral
Prove também: Bladnoch 8 anos

DISTILLER'S EDITION 43%

Nariz: Dourado. Mais gordo que o 12 anos, com frutas mais maduras, semissecas. Maçã assada. Um pouco de carvalho seco. Mais substancioso. Ligeiramente com mais alcaçuz. Bolo esponja Victoria, passas brancas ao fundo. Nenhum enxofre.
Paladar: Menos excessivamente doce para começar e mais amplo na língua. Um pouco de açúcar de cevada, damasco seco, florais mais pesados. Polpudo, ligeiramente mais tropical no caráter.
Acabamento: Leve, especiarias doces e óleos cítricos.
Conclusão: Aqui o acabamento acrescentou um novo elemento sem liquidar o caráter da destilaria.

Campo de sabor: Frutado e picante
Prove também: Balblair 1990

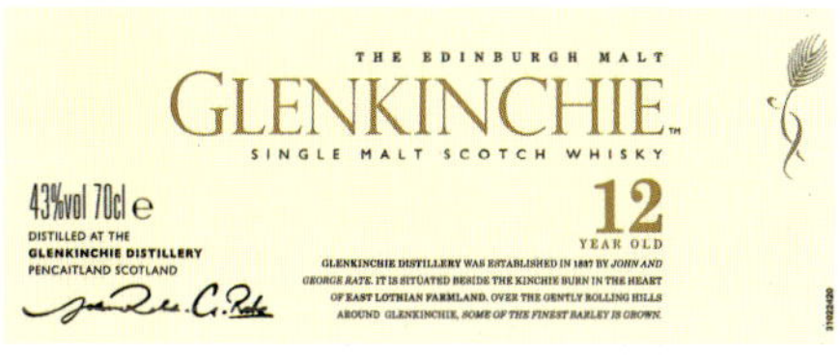

ISLAY

Calmaria na costa sul de Islay. O barco mal consegue atravessar preguiçosamente as algas marinhas acobreadas que vão de encontro à cadeia de ilhotas que protegem este canal do mar. Gaivotas nos observam, olhos arregalados. Areias brancas correm sob a quilha. Letras pretas surgem lentamente em uma parede branca do lado oposto. Fim da jornada. Pode-se ir de avião até Islay, mas para apreciar completamente a ilha deve-se navegar até lá. Afinal, o mar, tanto quanto a terra, ditou o *terroir* mais amplo de Islay. Ilhas comportam-se de maneira diferente da área continental.

Todas as destilarias de Islay estão na costa. Isso permitiu que matérias-primas entrassem e o whisky saísse.

Sente-se no alto das Opera House Rocks em sua costa oeste ao pôr do sol e observe. O mar está ondulando sob um céu azul-turquesa, o vento soprando através da grama machair , uma luz suave envolve o mundo. Tudo brilha como se fosse iluminado de dentro para fora. A próxima terra é o Canadá. Você está no extremo do mundo.

Islay tem sido habitada há dez mil anos, mas sua era "moderna" começa na costa, em lugares como a pequena capela de Saint Ciaran (Kilchiaran). Os monges da Irlanda buscaram esse deserto a norte e a oeste para seus retiros.

Teria sido ideal se alguém como Saint Ciaran tivesse trazido a destilação consigo da Irlanda, mas é improvável. A arte só passou ao pensamento ocidental no século XI. Entretanto, Islay pode alegar que é o lar espiritual da destilação na Escócia, graças à chegada da família MacBeatha (também conhecida como Beaton), que conhecia o segredo da destilação. Em 1300 eles se tornaram os médicos hereditários dos lordes das ilhas, os MacDonald, chegando como parte da comitiva de casamento de Agnes O'Cathain em seu matrimônio com Angus MacDonald. Esta ilha, portanto, é o sustentáculo em torno do qual a destilação – e, com o tempo, o whisky – girou. Islay não é insular. Faz parte do mundo mais amplo.

No século XV, embora estivesse longe do espírito de hoje, fabricava-se whisky ali. Teria sido feito com uma variedade de cereais, adoçado com mel e aromatizado com ervas, mas teria sido defumado. Não se pode escapar da turfa em Islay. É o DNA de seus maltes. Aqui o terroir geográfico não apenas fala, ele ruge.

Os maltes de Islay começam sua vida na turfa. Seus aromas são produtos de milhares de anos de maceração, compressão, declínio e transformação. A turfa de Islay é diferente da turfa da área continental: talvez seja de onde tenham se originado os aromas de algas marinhas medicinais, semelhantes a arenque.

Perguntei a Mike Nicolson, um ex-gerente da Lagavulin, como era ser um forasteiro na ilha. "Há um relacionamento mais próximo entre os gerentes e a comunidade daqui. Você começa a pensar de maneira mais ampla quando toma decisões. Sabe que faz parte de uma comunidade que está lá há muito, muito tempo, de fato, e isso leva você até aquela coisa da continuidade, quando é lembrado que a vida é curta e que está seguindo os passos daqueles que vieram antes, que fizeram um espírito excepcional naquele lugar, durante gerações."

Lago Indaal. As praias deste lago raso são o lugar perfeito para se sentar com um drinque ao pôr do sol – ou dois – e contemplar a magia da localização de Islay.

OCEANO ATLÂNTICO
Ilha Nave
Ardnave Point
Carraig Bhan
Sanaigmore
Lago Gruinart
Sgarbh Breac
Estreito de Islay
Bunnahabhain
JURA
Caol Ila
Port Askaig
Opera Rocks
Lago Finlaggan
Lago Gorm
B8017
Ballygrant
A846
Sorn
Kilchoman
A847
Bridgend
Baía Machir
Bruichladdich
Bowmore
Laggan
Port Charlotte
ISLAY
Lago Indaal
Rhinns de Islay
Beinn Bheigeir
Duich
Beinn Bhan
A846
B8016
Baía Laggan
Portnahaven
Baía Claggain
Port Wemyss
Rinns Point
Glenegedale
Beinn Sholum
Lago Uigedail
Lagos Leorin
Ardbeg
Port Ellen
Lagavulin
Península de Oa
Laphroaig
Texa
Costa de Kildalton
A846
Lago Kinnabus
ISLAY
Destilaria de malte
Costa Sul
Costa Leste
Centro e Oeste
Maltagens
Aeroporto
Balsa
0
milhas
10
0
km
10
N

Mantendo a tradição. A Bowmore é uma das destilarias de um pequeno grupo que ainda faz a maltagem de uma parte de sua própria cevada.

COSTA SUL

A costa sul de Islay é um lugar de recifes próximos à costa, pequeninas baías frequentadas por focas e localidades célticas cristãs antigas. Também é o lar do trio Kidalton, três destilarias legendárias que fabricam o maior e mais turfoso de todos os whiskies. Não se deixe enganar pelas primeiras impressões, porém – sob suas fachadas defumadas batem corações repletos de doçura.

Islay não atrai apenas bandos de aficionados por whisky, mas também é um renomado centro de observação de aves.

Ardbeg

PORT ELLEN • WWW.ARDBEG.COM • ABERTA O ANO INTEIRO • SET.-MAIO, SEG-SEX; JUN.-AGO., SEG-DOM

Fuligem. É o que ocorre a você. Uma chaminé sendo limpa, mas há um quê cítrico; é toranja? Há também dulse (a alga marinha comestível local) nas rochas, um arroubo de violeta, depois banana, alho-silvestre e arvoredos de primavera. O espírito novo da Ardbeg é uma criação equilibrada entre o defumado e o doce, entre a fuligem e as frutas. O odor permanece com você durante todo o perímetro da destilaria; está impregnado nos tijolos. Mas e quanto àquele elemento doce? Vá até a casa de alambique.

Há um tubo ligando o pescoço de cisne do alambique de espírito à sua barriga, desviando qualquer líquido que tenha se condensado de volta ao alambique. Esse refluxo não só ajuda a desenvolver complexidade, mas a deixar o espírito mais leve, dando ao vapor mais contato com o cobre. O resultado? Aquela doçura.

A história recente de Ardbeg espelha perfeitamente as vicissitudes da indústria do whisky. Esse é um negócio de longo prazo, os estoques são formados com base em uma mistura de experiência e projeções otimistas de mercado. No final dos anos 1970, era um otimismo cego. As vendas caíram, mas os estoques continuaram a ser formados. Até 1982, o lago do whisky resultou em uma desativação em massa de fábricas. A Ardbeg foi uma delas.

Nos anos 1990, o lugar estava esquecido, fantasmagórico. Quando você desliga o aquecimento em uma destilaria, fica cercado por um frio intenso que penetra em sua alma. O eco do metal frio faz você se dar conta de que as destilarias têm alma própria.

TURFA E QUALIDADE DEFUMADA

O Ardbeg, o Lagavulin, o Laphroaig e o Caol Ila são todos turfosos em mais ou menos o mesmo grau; ainda assim, a natureza da qualidade defumada em cada um é diferente. Por quê? Devido principalmente à destilação. O formato e o tamanho do alambique, a velocidade em que é operado e, vitalmente, os pontos de corte (veja p. 14-5). Os fenóis não aparecem simplesmente no final do ciclo do espírito, eles pairam por todo o caminho. Sua concentração e composição também mudam, o que significa que os fenóis coletados cedo no fluxo são diferentes daqueles que aparecem no final. Os pontos de corte são estabelecidos com a finalidade de reter – ou rejeitar – fenóis específicos.

No final dos anos 1990, porém, o malte estava no auge, e a Glenmorangie comprou o local e o estoque por £ 7,1 milhões (R$ 20,04 milhões) em 1997. Mais uns poucos milhões foram gastos desde então para a reestruturação e operação.

Houve alguns ajustes. "Estamos fazendo fermentações mais longas", explica o dr. Bill Lumsden, diretor das destilarias da Glenmorangie e criador de whisky. "As fermentações curtas dão uma pungência de fumaça, mas com fermentações longas obtemos cremosidade e ligeiramente mais

Os armazéns com telhado semicilíndrico da Ardbeg dão para o mar – é interessante considerar que efeito isso pode ter no caráter de seu whisky.

Turfa de Islay – e um bocado dela. Um ingrediente-chave na criação do caráter individual de Ardbeg.

acidez. Os alambiques são os mesmos, o uso da turfa é o mesmo, mas o espírito foi ajustado um pouquinho."

Uma política de madeira foi implementada com mais carvalho americano de primeiro uso no sistema. "A principal mudança foi que a qualidade da madeira agora é mais elevada", conta Lumsden. "Agora podemos engrossar essa crueza." Passou-se um longo tempo entre a compra e o lançamento do primeiro Ardbeg de propriedade da Glenmorangie, um processo registrado por edições que marcaram o aumento do progresso do espírito: "Muito Jovem", "Ainda Jovem", "Quase Lá".

"O meu objetivo foi recriar o estilo original da casa", afirma Lumsden. "A linha 'Jovem' foi irônica, mas mostrou o que estávamos fazendo. O velho Ardbeg tinha um teor fuliginoso e alcatrão, mas a qualidade também era inconsistente e a cada ano era diferente. Precisávamos de consistência."

O problema era que a cultura do Ardbeg foi construída sobre essas inconsistências. Os produtores de whisky podem odiar variações nas safras, mas os aficionados por whisky as adoram. Tentar manter os dois lados felizes envolveu uma ação de equilíbrio: uma linha principal suplementada por uma seleção de "singularidades maravilhosas", como Lumsden as chama. Exemplos como o do recente e pesadamente turfoso Supernova.

Falhas no perfil do estoque também significaram uma necessidade de blending criativo que, por sua vez, liberou o Ardbeg de afirmações de idade. "O Uigeadail foi para dar uma ideia do estilo antigo; o Corryvreckan para mostrar o Ardbeg em carvalho francês; o Airigh nam Beist foi minha homenagem ao velho 17 anos", descreve Lumsden.

Há certa jactância na Ardbeg ultimamente, como se a destilaria tivesse reinvidicado seu destino. "É difícil falar empiricamente sobre quanto uma destilaria dita o que vai fabricar", diz Lumsden, "mas acho que somos 30% nós e o restante é o caráter do lugar, a história. Tivemos de trabalhar de maneira simpática em torno do que havia lá. As destilarias são, de algum modo, vivas."

NOTAS DE DEGUSTAÇÃO: ARDBEG

ESPÍRITO NOVO

Nariz: Doce e com um toque de fuliginoso de nori/alga comestível e lagoas rochosas. Levemente oleoso e, então, fumaça de turfa, banana não amadurecida, alho, raiz de violeta, folha de tomate. Com água, creosoto e xarope para a tosse chinês, solvente.
Paladar: Grande, fuliginoso e intenso, ligeiramente apimentado. Centro doce. Bastante turfa, toranja.
Acabamento: Bolo de aveia.

10 ANOS 46%

Nariz: Dourado claro. Bastante carvalho americano, pudim de maçã, baunilha. Levemente medicinal e, então, toranja. A alga marinha mudou para molhada. Com água, produtos medicinais Elastoplast e Savlon (creme antisséptico).
Paladar: Doce e concentrado, mudando para pimenta e, então, há o desenvolvimento de teor defumado. Pera doce no meio.
Acabamento: Toffee defumado.
Conclusão: A pungência do espírito novo se foi, conforme a madeira agora começa a se integrar.

Campo de sabor: **Defumado e turfoso**
Prove também: Caol Ila Cask Strength

AIRIGH NAM BEIST 1990 46%

Nariz: Amplia as notas de algas marinhas, mas agora traz também um pouco de coco fresco. A turfa se tornou mais acentuada, junto com capim marram. Então vêm uma grande e espessa nota oleosa e limão-galego.
Paladar: Alta salinidade e, então, alcaçuz negro, creosoto, fondant, carvão vegetal. Folha de limão-galego/óleo. Fragrante, encorpado e maduro. O teor defumado mudando atrás.
Acabamento: Oleoso. Alcatrão e creosoto.
Conclusão: Uma expressão elegante e, ainda assim, poderosa.

Campo de sabor: **Defumado e turfoso**
Prove também: Lagavulin 16 anos, Longrow 14 anos

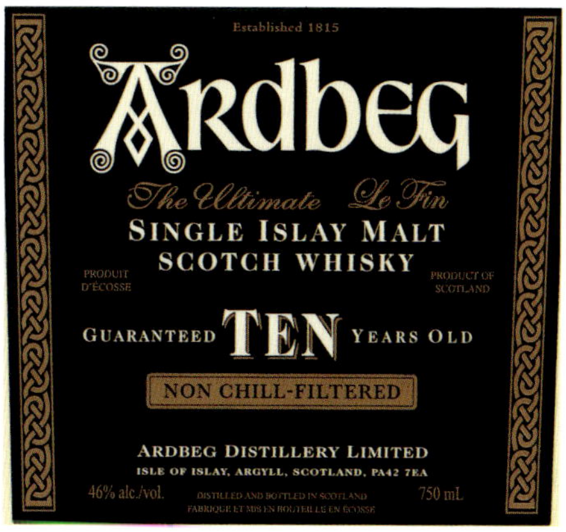

LORD OF THE ISLES 25 ANOS 46%

Nariz: Mistura concentrada de frutas ficando passadas e praia tempestuosa: algas marinhas secas, madeiramento. A fumaça e o creosoto foram reduzidos a bálsamo e mirto. Gentil oleosidade conforme ele diminui.
Paladar: Velho com toques de caixas de peixe, hortelã e folha de louro. Macio, mas ainda com doçura subjacente. Corda de cânhamo e fumaça de cachimbo.
Acabamento: Fumadouro. Longo.
Conclusão: A fumaça não se foi, apenas foi absorvida.

Campo de sabor: **Defumado e turfoso**
Prove também: Laphroaig 25 anos

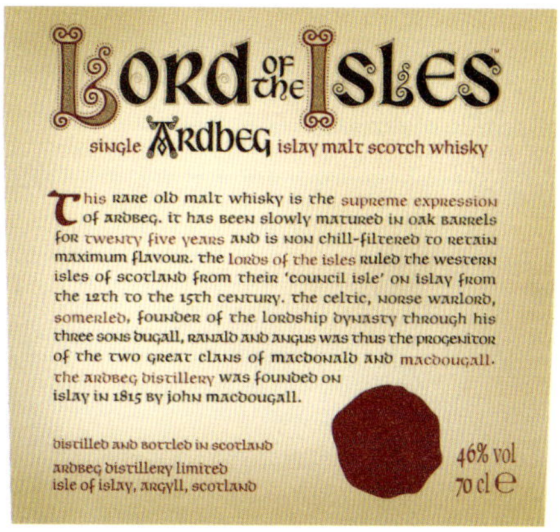

Lagavulin

PORT ELLEN • WWW.DISCOVERING-DISTILLERIES.COM/LAGAVULIN • ABERTA O ANO INTEIRO • VEJA SITE PARA DIAS E DETALHES

A costa Kildalton é recortada por baías de pequenas pedras, suas rochas fraturam a terra fina, um lugar de esconderijos e práticas herméticas. Daqui você pode ver outros pontos do berço da destilação: Kyntire do outro lado, as montanhas azuis de Antrim no horizonte. Guardando a baía Lavagulin estão as ruínas do castelo Dunyvaig, destino final da flotilha enviada para o casamento de Aine O'Cathain em 1300 (veja p.152).

Se a Ardbeg se esparrama por sua baía, a Lagavulin parece comprimida por sua localização, as construções forçadas para cima, o presente dominando o passado, o sino silencioso na colina. Os tempos dos lordes se foram, ela parece dizer, agora são os tempos do whisky.

A cena não teria sido nem de perto tão grandiosa quando as duas destilarias legalizadas que antes se situaram aqui foram fundadas na Fazenda Lagavulin em 1816 e 1817. A baía era considerada o centro da produção na ilha, com dez destilarias de pequena escala (ilícitas) operando aqui antes de os fiscais de impostos e senhores de terras de Islay encerrarem a prática. Em 1835 havia uma única fábrica que se desenvolveu e se tornou a maior fábrica de Islay até o final do século XIX.

A água desce de lagos na colina através do *lade* (canal) até a casa de mosto, enquanto você entra no que parecem ser os escritórios vitorianos originais, mas são, na verdade, os celeiros originais de malte após uma agradável reforma. Se você respirar com atenção, notará a fumaça novamente. Um antigo gerente, recém-chegado do continente, tocou o alarme de incêndio quando chegou aqui, achando que o lugar estava se incendiando. Mas parece um teor defumado diferente do de Ardbeg. Ainda assim, todo o malte de Lagavulin é submetido à turfa no mesmo lugar, nas maltagens Port Ellen, e também está na chaminé de "fumaça elevada".

A trilha de fumaça nos leva até a sala do tanque carregado de CO^2, para além dos aromas quentes de cereais matinais da Weetabix do tanque de mosto até uma passagem curta, coberta. A fumaça parece soprar para fora,

WHISKY DE MALTE DA PORT ELLEN: FINDO, PORÉM NÃO ESQUECIDO

A proprietária da Lagavulin, a Diageo, também possui a Caol Ila e a Maltagens Port Ellen, que fornece malte turfoso a algumas das fábricas da ilha. Até 1983 a empresa também tinha uma terceira destilaria. A Port Ellen foi construída em 1830 e sua produção foi exportada como single malt no século XIX, mas a combinação da expansão na Caol Ila na década de 1970 selou seu destino. Agora é um malte cult, cujos aromas austeros se tornaram reverenciados.

A baía de Lagavulin foi originalmente o local de um dos castelos ocupados pelos lordes das Ilhas.

mas a meio caminho o aroma muda, ainda com fumaça, porém agora com uma doçura dominante – uma pungência exótica estranha. Despeje um pouquinho do espírito novo nas mãos e inale. Se o Ardbeg é fuliginoso, o Lagavulin é mais como uma fogueira na praia, mas com um intenso centro doce.

Uma segunda destilação bem lenta é um dos segredos da complexidade do Lagavulin.

Os alambiques de primeira destilação são imensos, mas com pescoços de cisne bastante inclinados que se precipitam até condensadores (este é o único do antigo "Classic Six" da Diageo sem serpentinas "worm"). Os alambiques de espírito são significativamente menores, com diâmetros largos e planos. Nesses alambiques, o aquecimento é diminuído, permitindo refluxo máximo, polindo, removendo: retendo o teor defumado, mas afastando o enxofre.

É uma dissecação cirúrgica de peso, uma revelação lenta do centro doce que deve estar no coração de qualquer espírito defumado se é para ser equilibrado, maduro.

O destilado é envelhecido, para single malt, em barris reutilizados que são supervisionados por Iain MacArthur, arrendatário, funcionário de armazém, sábio. Aqui, retirando amostras para uma seleção de barris, ele mostra como a impetuosidade da juventude é lentamente temperada pelo carvalho, introduzindo uma nova complexidade. O Lagavulin é como a remoção de camadas, enquanto leva você até o píer para olhar para além do castelo, pensando em Agnes e em sua frota de embarcações, adiante no horizonte.

NOTAS DE DEGUSTAÇÃO: LAGAVULIN

ESPÍRITO NOVO

Nariz: Defumado, fuliginoso. Semelhante a fogueira. Denso e enevoado. Semelhante a forno. Genciana, caixas de peixe, alga marinha. Indício de enxofre.

Paladar: Grande, complexo com temperos aromáticos realçados, quase floral, mas contido por teor defumado terroso/litorâneo.

Acabamento: Longo e turfoso.

8 ANOS MADEIRA REUTILIZADA, AMOSTRA DE TONEL

Nariz: Carapaças secas de caranguejo, algas marinhas. Margem de turfa molhada, fumaça de cachimbo. Fornos. Doce e defumado. Encorpado e realçado.

Paladar: Fuligem. Fogo apagado. Frutas maduras. Urze e mirtilo, algas marinhas. Vibrante, profundo.

Acabamento: Explosivo. Turfa. Especiarias, bolos de aveia e concha do mar.

Conclusão: Pronto para ir.

Campo de sabor: **Defumado e turfoso**

12 ANOS 57.9%

Nariz: Palha. Teor defumado. Sabão carbólico, hadoque levemente defumado, mas doce. Murta. Wasabi em aranque fresco. Ozônio. Fuliginoso leve.

Paladar: Seco com defumado intenso para começar; queijo defumado, envolto em mingau de aveia. Teso e, ainda assim, efervescente. Fragrante. Determinado, mas aberto. A água permite que apareça um centro doce – e também jovem.

Acabamento: Defumado, seco, firme.

Conclusão: Intenso, complexidade crescente tanto no teor defumado quanto na doçura.

Campo de sabor: **Defumado e turfoso**
Prove também: Ardbeg 10 anos

16 ANOS 43%

Nariz: Grande, robusto e complexo. Defumado, tabaco de cachimbo, forno, fogueira na praia, fumadouro, tudo aliado a uma frutada madura. Toque de creosoto e de chá Lapsang Souchong.

Paladar: Levemente oleoso e defumado. As frutas vêm primeiro com toque medicinal junto com murta, ao passo que o teor defumado se desenvolve estavelmente em direção ao fim.

Acabamento: Longo e mistura complexa. Algas marinhas e teor defumado.

Conclusão: Seu caráter efusivo começa a se concentrar em uma essência de turfa litorânea.

Campo de sabor: **Defumado e turfoso**
Prove também: Longrow 14 anos, Ardbeg Airigh nam Beist 1990

MANAGER'S CHOICE 54.7%

Nariz: Âmbar profundo. Tinta de lula, algas marinhas secas, alecrim salpicado em um churrasco na praia, creosoto, tabaco Latakia, frutas secas. Frutado, com alcatrão e defumado.

Paladar: Encorpado e concentrado. Começo com frutas secas com teor defumado ao fundo. Amora, teor terroso, pinheiro queimado e indícios de salmoura.

Acabamento: Fumaça seca, mas frutas secas o suficiente para adoçar.

Conclusão: Maciço, mas sofisticado.

Campo de sabor: **Defumado e turfoso**
Prove também: Ardbeg Lord of the Isles 25 anos

DISTILLER'S EDITION 43%

Nariz: Mogno. Com mais madeira que o 16 anos e ligeiramente vinoso. As frutas pretas agora estão secas e há geralmente menos definição no nariz, como se todas as complexidades quase paradoxais tivessem sido amarradas. Quase discreto, ele se abre com o tempo e com água.

Paladar: O teor defumado parece ter sido desviado para a parte posterior (mesmo que seja apenas poque o acabamento é tão mais doce). Uma boa mistura de espírito rico, frutas secas e um toque de rabanada com canela.

Acabamento: Espesso e defumado. Doce.

Conclusão: Lagavulin com acréscimo de doçura.

Campo de sabor: **Defumado e turfoso**
Prove também: Talisker 10 anos

Laphroaig

PORT ELLEN • WWW.LAPHROAIG.COM • ABERTA O ANO INTEIRO • VEJA SITE PARA DIAS E DETALHES

A última integrante do trio de Kidalton situa-se a pouco mais de três quilômetros de Lagavulin. Também tem caráter defumado, mas, mais uma vez, este é fundamentalmente diferente do das suas vizinhas. O Laphroaig é encorpado e radicoso, como andar por uma estrada à beira-mar recém-coberta com alcatrão em um dia quente. Certa época, foi um estilo invejado por seu vizinho Sir Peter Mackie, que era proprietário da Lagavulin – ele perdera a representação da Laphroaig em 1907. Construiu uma réplica, chamada Malt Mill, na Lagavulin usando a mesma água, os mesmos alambiques e até (após persuasão financeira) o mesmo destilador. O whisky era diferente. "É algo que os cientistas tentam explicar, mas não conseguem", declara o gerente da Laphroaig, John Campbell. "O caráter tem tudo a ver com a localização; talvez seja por isso que as destilarias estão todas espalhadas pela Escócia, em vez de concentradas em uma destilaria gigantesca. Talvez seja a altitude, a proximidade do mar, a umidade... Eu não sei, mas o caráter existe."

O caráter também está contido no processo criativo na destilaria. A Laphroaig ainda opera as suas próprias maltagens de solo, que suprem 20% de suas necessidades. Segundo Campbell, as maltagens não estão lá como uma atração para os turistas, elas certamente não geram nenhuma economia nos custos fixos, mas resultam sem dúvida em um caráter diferente. "Obtemos uma qualidade defumada diferente aqui do que conseguimos com [o malte da] Port Ellen. Usamos um sistema diferente com a turfa no forno e depois fazemos a secagem com temperaturas baixas. Isso nos dá níveis mais altos de cresol (um fenol-chave) e é o que resulta naquela nota de alcatrão no espírito. Não estaria presente sem as maltagens de solo."

A casa de alambique é, inevitavelmente, diferente. Para começar, existem sete alambiques, sendo que no lado dos de espírito há dois tamanhos diferentes – um com o dobro do tamanho dos outros três. "Estamos efetivamente fabricando dois espíritos diferentes, que então juntamos antes de colocar no tonel", esclarece Campbell.

Tanto a Arbeg quanto a Lagavulin se esforçam para obter um elemento de refluxo para obter notas de ésteres mais doces. A Laphroaig, por sua vez, segue por outro caminho. Aqui, Campbell quer manter aquele corpo pesado de alcatrão, que significa ter o ciclo de foreshots (cabeça) mais longo do setor (45 minutos), de modo que os ésteres doces do começo do fluxo são reciclados em vez de coletados (veja p.15-5). "Fazemos o ponto de corte em 60%, que não é tão baixo como o de alguns, mas, pelo fato de obtermos menos das notas de ésteres, há uma porcentagem maior do teor defumado e, portanto, o espírito parece mais pesado."

A doçura existente no Laphroaig resulta do uso praticamente exclusivo dos barris de carvalho americanos – todos provenientes da Maker's Mark, "para a obtenção de consistência", diz Campbell. É esse caráter de baunilha que abranda o quê mais rústico do espírito novo e adiciona uma doçura sutil ao espírito maduro. Um bom exemplo desse processo é a edição Quarter Cask, na qual o Laphroaig jovem passa por um breve período de maturação extra em pequenos e novos barris equivalentes a meias pipas, feitos de carvalho americano. A baunilha e o teor defumado estão em seu auge aqui.

Maré baixa na praia coberta de algas marinhas no terceiro dos poderosos maltes de Kildalton, Laphroaig.

A Laphroaig acredita que os sabores que são a sua assinatura vêm em parte de suas próprias maltagens de solo.

Para Campbell, no entanto, a Laphroaig envolve mais do que apenas tecnologia, é feita também de pessoas: "Eu diria que somos o resultado das pessoas que trabalharam aqui. Pessoas influenciaram o estilo e a atitude na fabricação do whisky, nenhuma tanto quanto Ian Hunter [que foi o proprietário de 1924-54]. Foi ele quem criou a receita que temos agora. Nos anos 1920, estávamos engatinhando e foi apenas a partir de 1940, após a Lei Seca, que ele começou a recorrer a tonéis ex-bourbon e a envelhecer o whisky no próprio local".

Assim, voltamos novamente para a questão da localização. "Um armazém tradicional dá mais corpo ao whisky, talvez porque se tenha mais oxidação em um armazém *dunnage* úmido do que em prateleiras. Temos ambos os tipos no local e eu sei que há uma diferença." Talvez ele devesse ter dito isso a Sir Peter Mackie.

NOTAS DE DEGUSTAÇÃO: LAPHROAIG

ESPÍRITO NOVO

Nariz: Encorpado, teor defumado de alcatrão. Mais oleoso que seus vizinhos. Um leve tom medicinal (iodo, hospital) junto com uma qualidade maltosa crocante e raiz de genciana. Tem complexidade.

Paladar: Brasas quentes seguidas por rico teor defumado espalhado. Tanto escuro quanto limpo. Estradas quentes em um dia de verão junto ao mar.

Acabamento: Limpo seco. Crocante.

10 ANOS 40%

Nariz: Dourado intenso. A fumaça está sendo, ao mesmo tempo, restrita e manipulada pelo carvalho doce. Óleos de madeira, pinheirais. Litoral, gaultéria. Fundos de nozes e, com água, iodo.

Paladar: Começo suave e macio com vários toques de baunilha e, então, um lento surgimento de teor defumado, mas o carvalho é equilibrado. Adquire uma qualidade de alcatrão perto do fim.

Acabamento: Longo, teor defumado levemente apimentado.

Conclusão: A chave aqui é o equilíbrio entre o seco (teor defumado) e o doce (carvalho).

Campo de sabor: **Defumado e turfoso**
Prove também: Ardbeg 10 anos

18 ANOS 48%

Nariz: Dourado intenso. Contido e gentil. O teor defumado, tendo ganhado mais tempo com o carvalho, agora é musgoso e adquiriu um quê mais picante junto com aquele carvalho cremoso. Iodo leve e aquela qualidade radicosa do espírito novo.

Paladar: Começo de nozes. Nozes e passas mergulhadas em whisky. Uma nota um pouquinho cítrica elevando-se acima da fumaça ligeiramente tímida.

Acabamento: Castanha-de-caju salgada e defumada.

Conclusão: Um exemplar diminuído.

Campo de sabor: **Defumado e turfoso**
Prove também: Caol Ila 18 anos

25 ANOS 51%

Nariz: A fumaça voltou! Molho de soja, caixas de peixe, alcatrão seco, tabaco pesado, carapaças de lagosta queimadas. Rico. Original.

Paladar: Após o enorme impacto do nariz, este parece quase gentil. O envelhecimento o deixou mais espesso. Tornou-se coerente com a total integração (e, portanto, complexidade) do caráter da destilaria e do carvalho junto com novos sabores exóticos.

Acabamento: Ainda com alcatrão.

Conclusão: A fumaça não desaparece, apenas se torna mais concentrada e é absorvida no sabor geral.

Campo de sabor: **Defumado e turfoso**
Prove também: Ardbeg Lord of the Isles 25 anos

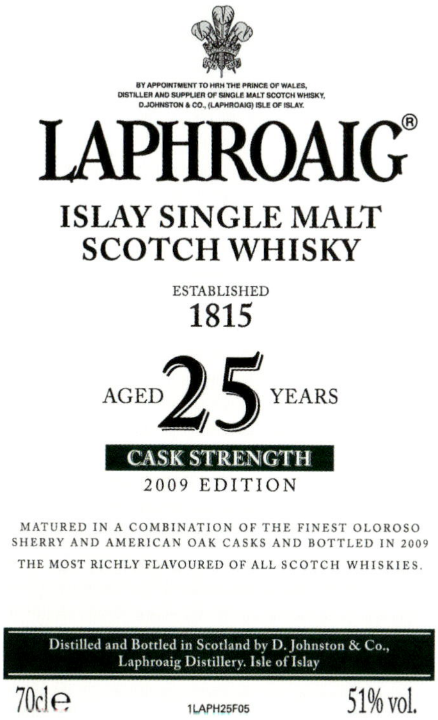

COSTA LESTE

As destilarias da costa leste de Islay desfrutam de vistas panorâmicas ao longo do rápido avanço da maré do estreito de Islay até as praias elevadas de Jura e ao norte nas costas de Colonsay e Mull. De algumas maneiras, o fato de estarem distantes é surpreendente, porque esta dupla é formada pelos maiores produtores da ilha – e, talvez, os menos conhecidos de Islay.

Observando as praias elevadas de Jura; as destilarias da costa leste de Islay têm uma vista espetacular.

Bunnahabhain

PORT ASKAIG • WWW.BUNNAHABHAIN.COM • ABERTA A VISITANTES • ABR.-SET., SEG-SEX

A costa nordeste de Islay era deserta no fim do século XIX, quando a Companhia de Destilação de Islay começou a trabalhar não apenas em uma nova destilaria, mas em um vilarejo inteiro, agora conhecido como Bunnahabhain. Uma estrada, um píer, casas, um ponto de encontro... e também uma importante destilaria, a Bunnahabhain é um bom exemplo do otimismo em torno do Scotch nos anos 1880 e das atitudes paternalistas das novas empresas de destilação.

As empreitadas da Companhia de Destilação de Islay (IDC) conquistaram a aprovação de Alfred Barnard quando ele visitou o local em 1886. "Esta parte da ilha era vazia e desabitada", escreveu o primeiro especialista em whisky, "mas a atividade da indústria da destilação a transformou em uma colônia cheia de vida e civilizada", uma opinião que provavelmente se destinou a soar menos condescendente do que parece agora.

A Bunnahabhain foi construída com a finalidade de prover espírito para blends. Seis anos após sua fundação, ela fez uma fusão com a Glenrothes para formar a Highland Distilleries, que salvou esse local de alta capacidade em uma ilha quando eclodiram as crises do início dos anos 1900 e dos anos 1930. Embora lançado como um single malt no final da década de 1980, o Bunna' nunca recebeu o apoio que precisava (e merecia). Os imensos alambiques do local produziram um espírito novo limpo, com um ligeiro quê de gengibre que foi ignorado pelos aficionados por teor turfoso que inundaram Islay a partir dos anos 1990.

Essa situação está sendo resolvida pela nova proprietária, a Burn Stewart, que assumiu em 2003. Um malte pesadamente turfoso está sendo usado a cada ano, um estilo que o dono anterior negou que já tivesse sido feito ali. "Tolice!", exclama o master blender da Burn Stewart, Ian MacMillan. "O Bunnahabhain foi turfoso até o início dos anos 1960 e só mudou porque eles não precisavam de [whisky] defumado para os seus blends. Quero recriar como teria sido nos anos 1880 e mostrar que poderia ser o que as pessoas consideram um whisky de 'Islay'."

Olhando na direção do monte Paps of Jura encoberto por nuvens, não é difícil acreditar que a Bunnahabhain é a mais remota destilaria de Islay.

"Há uma diferença nos ciclos de maturação da ilha", declara MacMillan. "Há uma influência costeira. O Bunna' maturado em Bishopbriggs é uma fera diferente do mesmo whisky maturado em Islay."

NOTAS DE DEGUSTAÇÃO: BUNNAHABHAIN

ESPÍRITO NOVO

Nariz: Doce e cheio com ligeira oleosidade e um quê de nota de levedura e um indício de enxofre. Com o tempo, um aroma semelhante a molho de tomate (teor picante) e, quando diluído, muito malte.

Paladar: Qualidade radicosa semelhante a violeta e um peso doce no meio do céu da boca antes de ficar consideravelmente seco.

Acabamento: Condimentado com gengibre.

10 ANOS AMOSTRA DE TONEL

Nariz: Palha clara. Limpo e crocante. Leve, ligeiramente fofo e crocante, com uma qualidade cítrica suculenta por trás. Ainda bastante firme, sugerindo que talvez precise de tempo para se abrir. Farinha de castanha, bolo.

Paladar: Meio encorpado. Doce, com o mesmo centro sólido visto no espírito novo. Semelhante a chá e bolo, mais uma vez uma nota de cereal e, então, geleia de damasco. Está assimilando madeira, mas permanece tenso.

Acabamento: Nozes e aquela nota de violeta outra vez.

Conclusão: Todos os componentes estão lá, mas ainda está se formando.

Campo de sabor: **Maltoso e seco**

16 ANOS CASK SAMPLE

Nariz: Mogno. Café de acampamento/raiz torrada de chicória, chocolate amargo, semente de anis, caules cristalizados de gengibre e, surpreendentemente, purê de tomate.

Paladar: Cereja seca. Com alcaçuz e sensação de mascar, os taninos do tonel de xerez são forçados para trás conforme o peso do espírito interage e os empurra para os cantos da boca. Só agora há uma qualidade frutada.

Acabamento: Malte leve e bolo de frutas.

Conclusão: Fica evidente que o Bunnahabhain precisa apenas de tempo para se erguer de sua sonolência.

Campo de sabor: **Rico e redondo**

34 ANOS AMOSTRA DE TONEL

Nariz: Elegante. Um fluxo constante de aromas oxidados e doces, mistura de pêssego, figo, ameixa madura junto com assoalhos encerados, óleo para arma e couro. Com o tempo, um indício de papel velho.

Paladar: Começo restrito. Cereja seca, bolo de frutas, gengibre com melado, noz-moscada, pimenta-longa.

Acabamento: Temperos aromáticos frescos.

Conclusão: Como se quisesse enfatizar que essa é uma destilaria que se beneficia com o tempo...

Campo de sabor: **Rico e redondo**

Caol Ila

PORT ASKAIG • WWW.DISCOVERING-DISTILLERIES.COM/CAOLILA • ABERTA A VISITANTES • MEIO/FEV.-DEZ., SEG-SEX; ABR.-OUT., SEG-SÁB

Embora se situe bem perto do Port Askaig, um dos dois terminais de balsas de Islay, até o momento de zarpar você não saberia que Caol Ila existe. Foi construída em 1846 por Hector Henderson, que, entusiasmado depois que outros dois projetos de destilação tinham sido fundados, viu possibilidades de fabricação de whisky em uma baía protegida por um rochedo ao lado de uma das marés de avanço da Escócia.

Islay era, como agora, popular em termos de single malt e cresceria em importância conforme o século avançava e harmonizadores se deram conta de que um pequeno toque defumado em seu blend agregava complexidade e um quê misterioso. Os blends são vitais para a Caol Ila. É tanto a maior destilaria em termos de capacidade na ilha como também, em vários sentidos, a menos conhecida, a figura discreta de uma ilha na qual grandes personalidades disputam atenção constantemente umas com as outras. Seu gerente, Billy Stitchell, é a personificação perfeita dessa serenidade.

Sua importância para o blending fez com que a antiga destilaria fosse demolida em 1974 e que a fábrica atual, maior, fosse construída. Aqui, o design da casa de alambique com a fachada envidraçada como a vitrine ampla de uma loja de carros resulta em um grande efeito. A Caol Ila tem o mais pitoresco panorama que se pode ter de uma casa de alambique na Escócia, com vista ao longo do estreito de Islay até o monte Paps of Jura, a paisagem emoldurada por seus imensos alambiques.

O malte da Caol Ila chega sorrateiramente até você. Há uma qualidade defumada, mas é subjacente. O creosoto e as algas marinhas da costa de Kidalton foram substituídos por bacon defumado, conchas do mar e um realce relvoso. É menos "turfoso", ainda assim a cevada maltada é exatamente a mesma que vai para a Lagavulin. Tudo na Caol Ila é administrado de maneira diferente... o sistema de moagem e maceração, a fermentação e, mais importante, o tamanho daqueles alambiques e os pontos de corte. Saber as partes por milhão (ppm) fenólicas (ou seja, grau turfoso) pode ser fácil em um jogo de perguntas e respostas, mas não significa nada, uma vez que a qualidade turfosa se perde durante o processo de fabricação do whisky.

A imensa Caol Ila está de algum modo encaixada em uma pequena garganta litorânea.

Você pode até encontrar a Caol Ila com ppm zero porque desde a década de 1980 ela opera durante parte do ano sem teor turfoso e com um sistema de destilação diferente. Lançamentos ocasionais mostram um malte com um caráter de melão verde fresco. Os quietos sempre surpreendem.

NOTAS DE DEGUSTAÇÃO: CAOL ILA

ESPÍRITO NOVO

Nariz: Fragrante e defumado. Zimbro e grama molhada. Óleo de fígado de bacalhau e *kilt* molhado. Levemente maltoso com um frescor litorâneo.
Paladar: Teor defumado seco e, então, uma explosão de óleo e pinho. Quente.
Acabamento: Relvoso e defumado.

8 ANOS MADEIRA REUTILIZADA, AMOSTRA DE TONEL

Nariz: Essa qualidade relvosa continua. A oleosidade é agora de gordura de bacon, o zimbro continua. Gordo e defumado... uma mescla de doce, oleoso e seco.
Paladar: Oleoso e com sensação de mascar. Mais salgado que o espírito novo. Pera e ozônio. Pele salgada e frutas frescas.
Acabamento: Defumado intenso.
Conclusão: Todos os componentes estão lá, com o teor defumado na frente.

Campo de sabor: **Defumado e turfoso**

12 ANOS 43%

Nariz: Mistura equilibrada de frescor de ozônio, presunto defumado e um pequeno toque de algas marinhas. Bastante limpo e levemente defumado com um pouco de doçura por trás. Angélica e frescor litorâneo.
Paladar: Oleoso e forma uma camada na língua. Peras e zimbro. Seco em direção ao final, embora a fumaça permeie constantemente, acrescentando fragrância e um elemento que seca e equilibra.
Acabamento: Gentilmente defumado.
Conclusão: Mais uma vez, tudo aqui gira em torno do equilíbrio.

Campo de sabor: **Defumado e turfoso**
Prove também: Glan ar Mor, Kornog (France), Highland Park 12 anos, Springbank 10 anos

18 ANOS 43%

Nariz: Intenso. Marítimo/litoral, peixe defumado, campânula, presunto defumado. Madeira doce.
Paladar: Suave e bastante rico e menos oleoso também. A fumaça retrocedeu um pouco, conforme a madeira combinou com as frutas.
Acabamento: Ligeiramente defumado e herbáceo.
Conclusão: Um tonel mais ativo abrandou um pouco a qualidade turfosa.

Campo de sabor: **Defumado e turfoso**
Prove também: Laphroaig 18 anos

CENTRO E OESTE

Um trio de destilarias se encontra neste grupo final de Islay. Duas se localizam às margens do lago Indaal; a terceira fica no extremo mais a oeste da Escócia e é um dos locais mais novos de destilação. Bem-vindo a Rinns, com sua igreja redonda, algumas das rochas mais antigas da Escócia, incansável inovação e o lugar onde os primeiros destiladores da Escócia podem ter-se estabelecido.

Uma imagem de tranquilidade; pôr do sol no lago Indaal. Agora vire a página...

Bowmore

BOWMORE • WWW.BOWMORE.COM • ABERTA O ANO INTEIRO • SEG-SÁB; JUL.-AGO., SEG-DOM

As paredes da destilaria Bowmore formam parte das defesas contra o mar para esse vilarejo ordenado e pintado de branco às margens do lago Indaal, sendo que o próprio vilarejo data apenas de 1768 – uma época em que as melhorias agrícolas que mudariam significativamente a paisagem escocesa estavam ganhando importância. Em 1726, o "Grande" Daniel Campbell de Shawfield usou as 9 mil libras que recebeu como indenização por sua casa ter sido incendiada durante os tumultos do imposto do malte em Glasgow para comprar Islay. Suas melhorias foram levadas adiante por seu neto, Daniel, "o mais jovem", que construiu a Bowmore. A ilha estava sendo dirigida como um negócio. Havia fibra para tecer e transformar em linho, uma frota de pesca e a introdução de dois lotes de cevada nas novas fazendas ampliadas, as quais, com sua produção melhor e maior facilidade com malte, resultaram na chance de destilar em uma escala mais comercial.

Significa que, em vez de ser uma fábrica isolada, construída devido ao acesso ao mar – ou pelo fato de sua localização obscura ser perfeita para o contrabando –, a destilaria Bowmore se situa no coração dessa pequena comunidade. O aquecimento excedente esquenta a piscina (um antigo armazém), a fumaça de seus fornos perfuma o ar. Ela está enraizada em sua localização.

A fumaça que sai pela chaminé pagode é prova de que a Bowmore, como a Laphroaig, manteve suas próprias maltagens de solo. "Conseguimos suprir 40% de nossas necessidades", conta Iain McCallum, blender da proprietária Morrison Bowmore Distillers (MBD). "Como uma indústria, sempre falamos de herança e tradição, mas realmente fazemos as coisas da maneira tradicional; é por essa razão que as pessoas vêm nos ver." Há também uma razão pragmática, uma vez que as maltagens de solo podem permitir que a destilaria opere mesmo se o fornecimento de cevada for impedido de ser enviado da área continental devido às condições do tempo.

A nota turfosa da Bowmore também é diferente. Embora não seja o malte mais carregadamente turfoso das ilhas, é o mais defumado, com o mais nítido "peat reek" (cheiro da queima de turfa). Assim como os locais de espírito novo sulfuroso na área continental estão escondendo algo, os espíritos novos turfosos ocultam características de base que só se revelam com o envelhecimento.

No caso do Bowmore, são as frutas tropicais que estão lá no espírito novo, mas que podem ser obscurecidas pela turfa quando jovem, adormecidas em tonéis de xerez de primeiro uso, mas que, em tonéis reutilizados e com o envelhecimento, desabrocham de repente e surpreendentemente, dando um exótico toque caribenho a um whisky de uma pequena e gelada ilha hebridense[13]. É um caráter que os apaixonados pelo Bowmore sempre reverenciaram.

"Alguns dos whiskies dos anos 1970 que estão sendo lançados agora são tão bons quanto os lendários dos anos 1960", comenta McCallum.

13. As Hébridas compreendem um largo arquipélago na costa oeste da Escócia.

Tempestades no lago Indaal frequentemente atingem os armazéns da Bowmore, que ajudam a agir como defesas da cidade contra inundações.

A Bowmore ainda faz a maltagem de uma porcentagem significativa de sua própria cevada. Aquela que não for secada acima de um forno de turfa, porém, começará a brotar!

"Temos whiskies fantásticos, apenas não temos sido eficazes em contar às pessoas no que somos bons. Como uma empresa, éramos um blend, éramos fortes, mas agora somos um single malt que nos permite focar-nos no portfólio, enxugá-lo e lançar alguns whiskies espetaculares."

Leva tempo para que uma empresa de whisky comece a dar retorno, mas há provas suficientes de que o aprimoramento da política da madeira da MDB agora está dando frutos (se me permitem o trocadilho) com tonéis de seus armazéns voltados para o lago Indaal.

"Efetivamente, todo o nosso single malt é envelhecido na Bowmore", revela McCallum. "Estamos bem ao lado da água e o microclima será diferente. Há sempre um teor salino no Bowmore. Agora sou químico e sei que não há realmente sal nele, mas posso distinguir esse caráter no whisky. Talvez haja alguma magia naqueles armazéns úmidos, de teto baixo e abobadado."

NOTAS DE DEGUSTAÇÃO: BOWMORE

ESPÍRITO NOVO

Nariz: Imensamente doce, com teor defumado fragrante de turfa, giesta/vagem de ervilha e um toque de grama molhada, cevada e baunilha. Com água, cera de couro e frutas com geleia concentradas ao fundo.

Paladar: Teor defumado úmido e denso de turfa cobrindo a língua. Uma nota subjacente de nozes. Doçura com água. Avelã.

Acabamento: Teor defumado fragrante.

LEGEND NAS, 40%

Nariz: Dourado claro. A fumaça está subindo lentamente, enquanto o carvalho crocante acrescenta uma nota fresca seca à fumaça fragrante do Bowmore.

Paladar: Limpo, doce e atraente. Um pouco de páprica picante, banana. Levemente salgado, limão em conserva.

Acabamento: Litoral.

Conclusão: O carvalho acrescentando um elemento crocante.

Campo de sabor: Defumado e turfoso

Prove também: Laphroaig Quarter Cask

12 ANOS 40%

Nariz: Dourado rico. Mais uma vez carvalho tostado, um pouco de tâmaras. Mais espesso com madeira chamuscada mesclando-se com o "peat reek" (cheiro de queima de turfa). Toques que dão sensação de mascar, com manga. Maduro e polpudo. Sabor agradável de laranja.

Paladar: Mais profundo, com mais qualidade frutada. Ervas doces, toffee, levemente salgado. O teor defumado muda em direção à parte posterior.

Acabamento: Um desenvolvimento defumado junto com chocolate maltado leve.

Conclusão: Equilibrado e mostrando uma integração estável.

Campo de sabor: Defumado e turfoso

Prove também: Caol Ila 12 anos

15 ANOS DARKEST 43%

Nariz: Âmbar. Profundo com notas significativas de xerez, mudando para cereja coberta com chocolate, melaço, sabor agradável de laranja, fogueira na praia.

Paladar: Concentrado, com um indício de lavanda. Semelhante a Jerez Pedro Ximenez, chocolate amargo/salgado e café. A oleosidade do espírito novo agora volta graças aos barris de xerez.

Acabamento: Espesso e longo. Agora o teor defumado é liberado, mas as frutas tropicais desapareceram.

Conclusão: Rico e poderoso, com teor defumado equilibrado.

Campo de sabor: Defumado e turfoso

Prove também: Laphroaig 18 anos

Bruichladdich e Kilchoman

BRUICHLADDICH • WWW. BRUICHLADDICH.COM • ABERTA O ANO INTEIRO • SEG-SÁB

KILCHOMAN • BRUICHLADDICH • WWW.KILCHOMANDISTILLERY.COM • ABERTA O ANO INTEIRO NOV.-MAR., SEG-SEX; ABR.-OUT., SEG-SÁB

29 de maio de 2001. Rhinns de Islay. O sol corta o céu. Portões de ferro se abrem e, ao que parece, a população inteira da ilha lota o pátio de uma destilaria recém-pintada. Após sete anos de silêncio, a Bruichladdich tornava a abrir seu negócio. O simbolismo foi mais além. Após alguns anos duros, difíceis, remontando também à crise dos anos 1980, com o ressurgimento da última destilaria desativada de Islay a ilha estava realmente de volta.

Construída em 1881 pelos filhos do proprietário da destilaria Yoker em Glasgow, a Bruichladdich era moderna em sua época. Agora ela possui alguns dos equipamentos mais antigos do setor: o moinho é algo da genialidade de Heath Robinsonian, o tanque de mosto tem um sistema de pás e é aberto em cima, há cubas de lavagem de madeira e seu quarteto de alambiques de pescoço esguio está instalado em uma casa de alambique com chão de madeira, produzindo um espírito doce, com mel, semelhante a açúcar de cevada e limão.

A Bruichladdich não demorou a fazer nome. Tirando uma folha do livro de Springbank, ela começou a engarrafar no local, elevou a graduação alcoólica para 46%, eliminou a "chill-filtering" e parou com a adição de caramelo para ajustes de cor. Mas, após a euforia do dia da reinauguração, o trabalho árduo teve de começar... e isso significou que o mestre de destilação Jim McEwan (que deixou a Bowmore para se reunir à nova equipe) lançou um olhar longo e contrariado ao que estava nos armazéns. Não foi algo bom de se ver.

"Estávamos com um rombo de sete anos no estoque e o que se encontrava lá estava em tonéis de quarto, quinto... sétimo uso", conta ele. "Tive de administrar essa lacuna na produção e mudar cada barril na destilaria – cada um deles! Nosso princípio todo é usar madeira de primeira qualidade. Agora temos armazéns repletos de todos os tipos de barris que se pode imaginar."

E aí está uma das críticas feitas à Bruichladdich, a de que eles lançaram expressões demais, acabamentos demais. "Precisamos do dinheiro!", diverte-se McEwan. "Por exemplo, tínhamos tonéis do châteaux premier cru[14] Bordeaux, e assim a escolha era a de um único whisky, ou de seis, um de cada premier cru? O que você faria?"

"Realmente não vejo por que as pessoas se incomodam conosco. Nós somos 0,09% do setor... é como os Estados Unidos estarem preocupados em ser invadidos pela ilha de Man!"

14. Expressão da viticultura francesa, significando primeiro crescimento.

KILCHOMAN: SITUADA PERTO DE ONDE TUDO COMEÇOU

A mais nova, e menor, destilaria de Islay localiza-se na costa oeste, perto de onde os MacBeathas/Beatons se estabeleceram. Em operação desde 2005, na ocasião em que este atlas foi escrito ela havia acabado de engarrafar seu primeiro whisky oficial. "O que nos surpreendeu foi como o espírito tem maturação rápida", diz o proprietário Anthony Wills. "Havíamos planejado esperar até que ele estivesse com cinco anos... mas ele se superou." Bom planejamento ou sorte? "Sabíamos que estilo estávamos esperando e tivemos uma boa surpresa. Ele se manteve consistente desde o início." São fabricadas ali duas expressões, uma turfosa média de suas próprias maltagens e uma "Ardbeg spec" das maltagens da Port Ellen. Considerando que todo o lote do primeiro lançamento foi vendido instantaneamente, eles planejam se expandir? "Não! Produziremos 100 mil litros (22 mil galões) por ano. É o bastante."

O tanque de mosto aberto em cima da Bruichladdich é um dos poucos desse tipo ainda em operação na indústria.

Estendendo-se ao longo da faixa litorânea, ao lado da praia, as construções da Bruichladdich são agora lar de um imenso número de experiências na fabricação de whisky.

A multiplicidade de expressões se equiparou à multiplicidade de destilados. "Estamos fazendo o Laddie não turfoso, o Lochindaal com turfa média, o Port Charlotte pesadamente turfoso, o Octomore ultrapesadamente turfoso, e há também o orgânico, cevada de Islay, cevada bere, destilação tripla, destilação quádrupla... e acabei de instalar um alambique Lomond. Você não precisa de 22 destilarias."

Há um entusiasmo irrepreensível e contagiante em McEwan enquanto expõe sua visão para o futuro, mas ela está arraigada em sua crença nas pessoas, na qualidade... e em Islay. "Esta destilaria é uma comunidade de 46 pessoas e estamos tentando fazer o melhor possível por ela. Ainda obtenho aquela movimentação todos os dias. Tem sido ótimo trazer esta antiga dama de volta e observá-la ficar mais bonita a cada dia".

NOTAS DE DEGUSTAÇÃO: BRUICHLADDICH

ESPÍRITO NOVO ORGÂNICO

Nariz: Cheio, gordo e bastante doce com açúcar de cevada e limão, baunilha, ésteres leves, um toque de cravo (flor) e cereal acentuado ao fundo.
Paladar: Espesso e doce, com indícios de bala de caramelo, e então açúcares grudentos com um realce cítrico fresco.
Acabamento: Teor cremoso de nozes.

2002 FRESH BOURBON, 65.5%

Nariz: Dourado claro. Grandes notas de carvalho chamuscado. Coco, pralina, manjar e bala de caramelo. O caráter generoso doce do espírito novo retido.
Paladar: Mais vegetal com notas relvosas e toques florais leves. Tem a espessura do espírito novo com o acréscimo de uma nota perfumada (de alecrim).
Acabamento: Laranja e cominho.
Conclusão: Tem frescor e energia.

Campo de sabor: Frutado e picante
Prove também: Glen Moray 12 anos, Macallan 10 anos Fine Oak

16 ANOS OLD BOURBON 46%

Nariz: Doce. Baunilha e *fondant*. Demerara e um pouquinho de limão-galego. Realçado e fresco. Carvalho chamuscado.
Paladar: Suave e aderente. Pêssego e, então, favo de baunilha e açúcar de cevada. Com água, tangerina, óleo de laranja.
Acabamento: Limpo e doce.
Conclusão: Carvalho americano acentuando a doçura do caráter da destilaria.

Campo de sabor: Frutado e picante
Prove também: Aberfeldy 12 anos, Glenmorangie The Original 10 anos, Miyagik anos 15 anos, Oban 14 anos

OCTOMORE 5 ANOS 63.5%

Nariz: Malte cristal/tostado. Madeira sucosa queimada, vagem, óleo leve. Pântano, riacho e curral de vacas.
Paladar: Semelhante à qualidade relvosa do Port Charlotte, mas significaticamente mais oleoso. Azeite de oliva italiano apimentado. Com água, barco queimado.
Acabamento: Páprica. Óleo. Biscoito.
Conclusão: Ainda jovem, mas se formando.

Campo do sabor: Defumado e turfoso
Prove também: Chichibu Newborn

PORT CHARLOTTE PC8 60.5%

Nariz: Dourado. Uma qualidade turfosa assada. Fumaça de madeira, folhas queimando, com grama seca. Perfumado. Jovem.
Paladar: Caráter intenso de urze. Uma névoa de fumaça acima do palato.
Acabamento: Brasas quentes.
Conclusão: Limpo e se desenvolvendo de maneira interessante.

Campo de sabor: Defumado e turfoso
Prove também: Longrow CV, Connemara 12 anos

NOTAS DE DEGUSTAÇÃO: KILCHOMAN

INAUGURAL RELEASE 3 ANOS 46%

Nariz: Possui o agradável nariz denso/semelhante a óleo de linhaça, típico de whiskies jovens turfosos. Bastante limpo com peixe defumado leve (salmão quente defumado talvez), até alguma concha de vieira e uma nota de frutas secas suaves: figo.
Paladar: Este é um espírito doce, defumado, com um decidido ar marítimo. Boa sensação no centro da língua, onde uma explosão de doçura acentuada pelos tonéis de xerez o ancora enquanto a fumaça começa a se formar.
Acabamento: Cítrico leve, limão em conserva.
Conclusão: Um espírito a ser observado.

Campo de sabor: Defumado e turfoso
Prove também: Sempre para cima!

O lago Scavaig e a porta dos fundos para os Montes Cuillin. Por trás desses picos poderosos está a Talisker.

Arran

LOCHRANZA • WWW.ARRANWHISKY.COM • ABERTA O ANO INTEIRO • OS DIAS VARIAM NO INVERNO; MEIO DE MAR.-OUT., SEG-DOM

Arran já é bem difícil de definir como uma ilha, quanto mais um whisky. Dividida pela falha geológica que corta as Highlands, é o paraíso de um geólogo: incrustações de granito, rochas metamórficas dalradianas, camadas sedimentárias, vales de geleiras, praias elevadas. Sua metade a norte é íngreme e montanhosa; a sul é formada por pastagens ondulantes. Highland ou Lowland? Talvez simplesmente Escócia destilada. Em matéria de whisky, é mais complexo. A destilaria situa-se em Lochranza, no norte, portanto é legalmente Highland, mas está em uma ilha, e assim... certamente é um destilado de uma ilha? Talvez as definições não signifiquem nada. É o caráter específico de pequena escala do local o que importa, é a atitude das pessoas da destilaria que ajuda a criar sua individualidade.

CRIANDO UM NEGÓCIO SUSTENTÁVEL

Construir a própria destilaria é o sonho de muitos amantes do whisky. A realidade comercial é algo diferente. Começar e fazer o espírito é, talvez, a parte mais fácil. Na Escócia, o fabricante tem, então, de esperar três anos antes de poder chamá-lo de whisky e, embora as pessoas possam comprar o seu 3 anos por curiosidade, a realidade é que o mercado só o leva a sério quando o whisky já é envelhecido por 10 anos. O tempo todo o fabricante está investindo dinheiro para fabricar mais espírito e comprar madeira para envelhecê-lo. Isso requer um gerente de banco bastante compreensivo.

Arran sempre foi surpreendente e reveladora. Foi em Lochranza que o pai da geologia, James Hutton, descobriu uma de suas "inconformidades", onde rochas mais jovens se colocam horizontalmente no topo de rochas mais velhas e submetidas a profunda erosão que foram erguidas na vertical, revelando o imenso período de tempo em que ocorreram os processos geológicos.

A destilaria foi construída em 1995, um retorno bastante tardio à fabricação do whisky para uma ilha que outrora foi famosa por suas atividades de destilação ilícita. Isso leva a outra pergunta. Por que, após quase 160 anos, a nova destilaria de Arran foi construída no norte em vez de no sul, onde, segundo a história, aconteceu a maior parte da atividade de destilação?

"Eles verificaram uma dezena de locais", conta o gerente original (e lenda da destilação) Gordon Mitchell. Escolheram Lochranza por causa da água. "O lago na Davie dá volume, um bom pH para ajudar na fermentação... e não há nenhuma ovelha morta nele também!"

Como a maioria das destilarias de construção recente, o desenho é de uma só sala, que também contém, de maneira um tanto incongruente mas atraente, um grande vaso de planta. Originalmente, o malte moído era trazido de fora, mas agora foi instalado um moinho. "Quero controle sobre o processo inteiro", declara o atual gerente James MacTaggart, natural de Ileach, com mais de três décadas de experiência em fabricação de whisky na Bowmore. Não é de admirar que todo ano seja produzido um pouco de espírito turfoso.

A Arran adiciona um intenso borrifo cítrico desde o primeiro dia, propiciando uma contraposição realçada à base de cereal crocante. "É difícil dizer exatamente de onde ele vem", comenta MacTaggart

Construída em 1995, a destilaria Arran levou a fabricação de whisky de volta à ilha após um intervalo de 160 anos.

Projetada habilmente em um único andar, a Arran é o lugar perfeito para se aprender sobre os detalhes intrincados da destilação.

a respeito deste caráter, "mas apenas opero esses três alambiques pequenos bem devagar e dou bastante tempo para o refluxo. Acho que é de onde vem aquele leve teor cítrico".

O caráter leve foi uma decisão comercial. A Arran foi construída pouco antes do boom dos whiskies jovens turfosos e havia uma necessidade de se fabricar um espírito de maturação relativamente rápida. Às vezes é algo descrito como "fácil", mas não é bem o caso. Agora a Arran, em seu 15º aniversário, ainda está crescendo. Tem sido mostrado em anos recentes que o Arran pode dar conta das influências do xerez como parte da mescla de madeira, e, ao menos para este escritor, a redução do número de acabamentos foi um passo positivo, permitindo que o verdadeiro caráter do whisky se revelasse. A Arran fez o mais difícil. Ela sobreviveu.

A inconformidade pode ser uma descrição exata para essa destilaria. Nem clássico Highland, Lowland, nem, de fato, o que se presumiria que um espírito de ilha deveria ser. Mas isto é certo e adequado porque, como vimos, a própria Arran dificilmente se encaixa em qualquer definição precisa. Arran (a ilha e o whisky) é Arran.

NOTAS DE DEGUSTAÇÃO: ARRAN

ESPÍRITO NOVO

Nariz: Realçado e bastante cítrico: suco fresco de laranja, abacaxi não maduro, permeado por uma nota subjacente de farelo de cereais/aveia. Verde.
Paladar: Efeito de formigamento. Limpo e bastante cítrico. Bem focado e doce. Cereal.
Acabamento: Limpo e intenso.

5 ANOS, ENGARRAFAMENTO DA SCOTCH MALT WHISKY SOCIETY NÚMERO 121.25, 61.6%

Nariz: Rubi escuro. Imenso nariz de xerez com bastante óleo de nozes, um pouco de purê de tomate e até um pouquinho de sangue. Frutas secas o tanino adstringente. O teor cítrico passou a ser marmelada Olde English e Jaffa Cake. Com o tempo, biscoito com bourbon, couro molhado e um pouquinho de borracha.
Paladar: Doce e saboroso. Bastante quente com um pouco de notas de fenóis. Firme e teso. O tonel assumiu o comando.
Acabamento: Firme.
Conclusão: Um whisky instrutivo: isto é o que um tonel bastante ativo pode fazer com um espírito leve. Um bom drinque, mas é Arran?

Campo de sabor: **Rico e redondo**
Prove também: Glenfiddich 18 anos

10 ANOS 46%

Nariz: Começa com uma nota de cereal, então surgem laranja seca e limão com banana suave. Um pequenino toque de baunilha do tonel.
Paladar: Leve e doce. Açúcar de cevada e então surgem as cascas mistas mais farinha fragrante (o cereal e o teor cítrico se invertem no palato). Meio encorpado.
Acabamento: Banana-passa.
Conclusão: A doçura no meio do palato é a chave aqui. Desenvolvimento claro de caráter da destilaria.

Campo de sabor: **Frutado e picante**
Prove também: Hazelburn 12 anos, Oban 14 anos

1996 SINGLE CASK AMOSTRA DE TONEL

Nariz: O malte crocante continua a surpreender, mas as cascas agora se tornaram marmelada mantida junto com leves notas de xerez. A qualidade maltosa retorna então, mas agora está misturada com vinho oxidado e nozes. Tâmaras roliças e um realce de enxofre.
Paladar: Sensação de mascar, e surgem as cascas em compota, deixando o cereal em um papel de apoio. Maduro e longo.
Acabamento: Sucoso com tangerina.
Conclusão: O Arran se desenvolve um pouquinho como o Balvenie, com um lento desprendimento da casca da cevada revelando o ponto doce no meio.

Campo de sabor: **Rico e redondo (apenas)**

Jura

CRAIGHOUSE • WWW.ISLEOFJURA.COM • ABERTA A VISITANTES • MAIO.-SET., SEG-SÁB; ESSENCIAL LIGAR ANTES

O fato de existir uma destilaria na ilha de Jura é uma verdadeira façanha. Esta não é uma das mais populosas das ilhas Hébridas, e o transporte – tudo tem de seguir por Islay – não contribui muito para se manter o controle dos custos fixos. Quando a destilaria em Craighouse (chamada também de Caol nan Eilean, Craighouse, Small Isles, Lagg e Jura) fechou, em 1910, pareceu provável que os habitantes locais teriam de importar seu destilado da vizinha Islay.

Em 1962, entretanto, dois proprietários de terras, Robin Fletcher (o senhorio de George Orwell durante seu tempo na ilha) e Tony Riley-Smith (tio do editor da *Whisky Magazine*), preocupados com o declínio na população, contrataram William Delmé-Evans para construir uma nova fábrica.

Se há uma coisa que a ilha de Jura tem em abundância é turfa, mas até recentemente nenhuma foi utilizada na produção de seu whisky. Embora os registros mostrem que a Small Isles fazia whisky pesadamente turfoso, o principal cliente da Fletcher e Riley-Smith era a Scottish & Newcastle, que queria espírito leve e não turfoso para seus blends. Assim, como a maioria das destilarias dos anos 1960, esse era o estilo que ela fabricava, com alambiques imensos instalados para auxiliar o processo.

É o que está acima da turfa da ilha que dá ao Jura uma das características aromáticas que o definem: samambaias... verdes em seus bosques úmidos no verão, secando com o tempo, tudo apoiado com uma rigidez de cereal. O Jura é um whisky durão. "Ele tem de sossegar antes de ser colocado em tonéis de xerez", explica Richard Paterson, mestre harmonizador dos proprietários Whyte & Mackay. "É quase como dizer 'Estou feliz num terno, não num casaco de marta. Coloque-me no xerez cedo demais e eu rumarei em outra direção'." Esse processo lento de persuasão engloba a melhor parte do 16 anos para começar e atinge seu pico aos 21 anos (ou com mais idade). A antiga regra de "não turfoso" desapareceu, com engarrafamentos single cask (de um único tonel) de whisky pesadamente turfoso mostrando um quê de pinho junto com aquele teor de samambaia, enquanto o turfoso Superstition oferece um caráter diferente – e, de algumas maneiras, mais complexo. Abraçar seu ambiente em vez de trabalhar contra ele pode ser o melhor para o Jura no decorrer do caminho.

Jura, a ilha singular: uma estrada, um vilarejo, um whisky.

NOTAS DE DEGUSTAÇÃO: JURA

ESPÍRITO NOVO

Nariz: Farelento, seco, samambaia verde. Leve nota relvosa.
Paladar: Intenso e leve com um toque de perfume no meio do céu da boca, então farinha. Bastante teso.
Acabamento: Doce como ele é, é uma noz dura de quebrar.

Campo de sabor: Maltoso e seco

9 ANOS AMOSTRA DE TONEL

Nariz: Dourado. A qualidade farelenta agora tomou forma de malte verde com uma nota subjacente de avelã. Teor cítrico surgindo agora (limão) e aquele caráter de samambaia verde permanece junto com um pouquinho de nogado. Ainda crocante.
Paladar: Bastante seco e firme. Lascas de amêndoas, frutas não maduras, malte.
Acabamento: Começa a abrir bem no final, oferecendo um centro de doçura.
Conclusão: Simples e uma clara extensão do caráter do espírito novo. Ainda aquela firme nota subjacente.

16 ANOS 40% ABV

Nariz: Âmbar. Notas ricas de extração de madeira: baunilha, fruta seca doce, ameixa seca, castanha e geleia de moráceas. Ligeiro toque láctico. Um caráter seco por trás.
Paladar: Mais redondo e suave, comparado com o 9 anos. Sensação suave e gentil. Frutas maduras permeadas por vegetação verde (a evolução daquela samambaia verde).
Acabamento: Mistura de xerez doce e espírito firme.
Conclusão: A mistura de carvalho ativo ajudou a persuadir a doçura subjacente a se mostrar.

Campo de sabor: Rico e redondo
Prove também: Balvenie 17 anos Madeira Cask, The Singleton of Dufftown 12 anos

21 ANOS AMOSTRA DE TONEL

Nariz: Mogno. Maduro com nota cheia de *clootie dumpling* (pudim escocês); pimenta-da-jamaica, gengibre, passas, cascas secas. Então, surge melaço, uma nota de *tweed* (talvez a secura finalmente desaparecendo). O começo da concentração.
Paladar: Enorme influência de xerez: Palo Cortado. Caráter doce/saboroso. Bolo de frutas e nozes. Maduro e longo.
Acabamento: Frutas doces maduras.
Conclusão: A intrigante qualidade picante emerge tarde na evolução do Jura.

Campo de sabor: Rico e redondo

Tobermory

TOBERMORY • WWW.TOBERMORYMALT.COM • ABERTA O ANO INTEIRO • SEG-SEX

Quem quer que tenha navegado pela costa oeste da Escócia deve concordar que você tem de colocar na balança o fato de estar em um dos lugares mais espetaculares do mundo para se viajar de barco e ao mesmo tempo ter de enfrentar muitas intempéries do clima. Tobermory, a capital da ilha de Mull, é um dos principais redutos para iates cercados de espuma, cansados após mais um dia lutando com a natureza bravia. Quando, meio cambaleante, você deixa o ancoradouro a caminho do Mishnish Hotel, a primeira construção que o saúda parece estar em um estado semelhante ao seu – castigada pelas ondas e exaurida. A destilaria Tobermory, deve-se dizer, não é exatamente uma das mais belas da Escócia.

A história dela, de algumas maneiras, tem um paralelo com as ilhas propriamente ditas. Começando a vida no final do século XVIII como uma cervejaria, passou por uma sucessão de proprietários que a trataram. Agora, aos cuidados da Burn Stewart, é outra fábrica que está sendo trazida de volta pelo gerente geral de destilarias Ian MacMillan. (veja p. 110, Deanston).

Ele obteve êxito e, apesar de o espírito novo untuoso, semelhante a vegetal, ser um tanto estranho, há um interessante caráter musgoso que se desenvolve junto a uma qualidade de frutas vermelhas. Há certamente algo peculiar nos alambiques, que têm uma curvatura em forma de S no alto do pescoço de cisne. "A curvatura é a chave aqui", afirma ele. "Dá bastante refluxo, o que ajuda naquela leveza subjacente."

Essa leveza de caráter também permeia a versão pesadamente turfosa dessa destilaria, Ledaig (pronuncia-se Lea-Chick), cujo espírito novo é repleto de mostarda, lapas e teor defumado, como uma locomotiva. As edições das versões de mais de 30 anos de ambas, entretanto, mostram como essa dupla pode se tornar refinada.

Em outras palavras, ambos os destilados são altamente individuais e, como o Jura, precisam de tempo. "Eles levam mesmo um pouco de tempo para se desenvolver, mas isso é apenas o estilo", diz MacMillan. "Quem disse que o whisky deve levar apenas cinco minutos?"

O frontão da destilaria Tobermory é uma visão bem-vinda para muitos navegantes cansados.

NOTAS DE DEGUSTAÇÃO: TOBFRMORY

ESPÍRITO NOVO

Nariz: Untuoso, vegetais e, estranhamente, doces sortidos de alcaçuz. Quanto isto se dissipa, há musgo e latão, alcachofra e farelo de cereais.

Paladar: Untuoso. Gordo e sólido para começar, mas completamente seco no término.

Acabamento: Duro e curto.

9 ANOS AMOSTRA DE TONEL

Nariz: Muito frutado (balas Opal Fruit e limão-galego estimulante), sensação de mascar com morango. Biscoitos molhados, alfova (feno grego), untuoso e, então, uma nota de xerez.

Paladar: Óleo de linhaça. Em vez das frutas, agora emerge um caráter de farinha integral, tornando-se mais doce conforme prossegue. Com água, há um pouco de pau-de-balsa.

Acabamento: Crocante.

Conclusão: O caráter doce e o seco vistos no espírito novo ainda estão brigando.

Campo de sabor: **Fragrante e floral**

15 ANOS 46.3%

Nariz: Âmbar profundo. Grande impacto de xerez: passas brancas em cima das notas verdes vistas no espírito novo. Um pouco de chocolate com hortelã e uma qualidade madura de geleia se desenvolvendo.

Paladar: Picante, um pouco de cereja (como também de xerez) mostrando as frutas vermelhas se desenvolvendo de modo interessante. Avelã.

Acabamento: Seco com um toque de melaço.

Conclusão: O tonel arredondou as coisas, mas permanece a sensação de que isto tem um caminho a prosseguir.

Campo de sabor: **Rico e redondo**
Prove também: Jura 16 anos

32 ANOS 49.5%

Nariz: Âmbar profundo. Maduro, sabugueiro, passas, ligeiramente defumado, bosques de outono, terra vegetal com folhas, aquele musgo novamente.

Paladar: Domínio firme com notas pesadas e assertivas de xerez. Cedro e uma gentil e suave cremosidade.

Acabamento: Duradouro.

Conclusão: Finalmente ele emerge.

Campo de sabor: **Rico e redondo**
Prove também: Tamdhu 18 anos, Springbank 18 anos

Talisker & Abhainn Dearg

TALISKER • CARBOST • WWW.DISCOVERING-DISTILLERIES.COM/TALISKER • ABERTA O ANO INTEIRO • SEG-SEX
ABHAINN DEARG • CARNISH, ILHA DE LEWIS • WWW.ABHAINNDEARG.CO.UK

Situada na cabeceira do lago Harpot, no vilarejo de Carbost, a Talisker é uma das destilarias de localização mais espetacular da Escócia. Este é um lugar de praia e montanha. Atrás da destilaria erguem-se as montanhas Cuillins, seu cume fraturado atuando como uma barreira para o sul. Pare na praia e respire fundo. Algas marinhas e salmoura. Então, faça o mesmo com o espírito novo: defumado, ostras, lagostas, conchas. O Talisker destila-se a si mesmo. Mas, com certeza, isso é tolice romântica, evocada pela localização remota, essa ilha onde você confronta a insignificância da mortalidade.

Hugh MacAskill, o "Grande Hugh", não construiu uma destilaria aqui por nenhum motivo metafísico. Sobrinho de um proprietário de terras de Mull – cuja propriedade Mornish ele herdaria –, MacAskill pegou as "rédeas" da Talisker em 1825 e aplicou a economia brutal do "aperfeiçoamento" em seus inquilinos – ou aos que ainda permaneciam lá depois que o senhor de terras anterior, Lauchlan MacLean, havia terminado.

A Talisker, como a Clynelish (veja p.132), é uma destilaria da época das expulsões. As pessoas tiveram uma opção: ficar em Carbost e trabalhar na destilaria ou rumar para as Colônias. A beleza desolada de Skye não é apenas consequência de sua geologia, mas resultado da economia capitalista do século XIX. "Skye não está vazia", escreveu o autor britânico Robert Macfarlane. "Foi esvaziada."

O whisky também não parece, inicialmente, envolver ligações abstratas. O Talisker tem a ver com refluxo, purificadores e turfa. Envolve "processo"... e, ainda assim, esse processamento de sabores na língua ainda leva você de volta ao litoral. O solo fino de Skye significa que há 21 fontes alimentando a destilaria, a cevada é turfosa (e atualmente vem da Glen Ord), a fermentação é longa e em madeira. Tudo isso resulta em um líquido que vai para dois dos alambiques de formato mais intrigante da indústria.

ABHAINN DEARG: LEWIS OBTÉM SUA PRÓPRIA DESTILARIA

Se você acha que Loch Harport é um lugar remoto, pense outra vez. A mais nova destilaria da Escócia (na época da elaboração deste atlas) localiza-se na costa oeste de Lewis. Aqui, em Red River, Marko Tayburn construiu uma pequena e, esperemos, autossuficiente destilaria, com um alambique que parece uma cruz entre um chapéu de bruxa e uma rocha espatifada. O espírito novo é fragrante e, ainda assim, com uma nítida natureza untuosa.

Situada entre o litoral e as montanhas Cuillins, a Talisker é uma das destilarias de localização mais espetacular da Escócia.

Verificando o cratur (whisky). O estilo defumado apimentado do Talisker está em constante interação com as sutis carícias do carvalho de seu tempo passado no tonel.

Os segredos do Talisker começam nesses alambiques altos cujos pescoços de cisne têm uma acentuada forma de U. Os vapores terão refluxo aqui e podem ser conduzidos de volta ao alambique por um tubo purificador. O pescoço de cisne recua até sua altura original, atravessa a parede e se curva em serpentinas "worm" frias. Estas são máquinas notáveis de criação de sabor. Os vinhos baixos, então, vão para dois de três alambiques de espírito plano (talvez um remanescente de quando o Talisker passava por destilação tripla) e resultam em um espírito novo complexo.

Há o teor defumado, obviamente, mas também enxofre aqui: essa é a combinação de serpentinas "worm" com cobre exaurido, mas também uma doçura untuosa de todo aquele refluxo no grande alambique de primeira destilação com seu purificador. É a nota de enxofre que eventualmente retrocede até o palato posterior para dar ao Talisker a sua nota apimentada característica.

Assim, a Talisker é uma fábrica produzindo whisky, ou aquelas paredes caiadas são uma manifestação do lugar em si? "É claro que você pode captar o lugar no whisky", diz Douglas Murray, blender e destilador mestre da Diageo. "Você não pode condensar o espírito sem capturar algo da essência do local. Há algo neste lugar que faz o Talisker ser... Talisker. Jamais saberemos como acontece... e nem queremos." Terroir específico do local.

Todos esses whiskies de ilha sobreviveram porque são pragmáticos – a fabricação de whisky é um dos poucos negócios que dão certo aqui –, mas também porque seus sabores (direcionados principalmente pela turfa) são obstinados, a exemplo da paisagem. Dessa maneira, o whisky reflete tanto de onde ele é quanto as pessoas que o fazem. É o terroir cultural também.

NOTAS DE DEGUSTAÇÃO: TALISKER

ESPÍRITO NOVO

Nariz: Defumado leve para começar. Bastante doce com enxofre ao fundo. Salmoura de ostra, carapaça de lagosta. Teor defumado perfumado no fim.

Paladar: Defumado seco e sulfuroso. Alcatrão leve. Couro novo. Frutas suaves. Salino.

Acabamento: Longo, defumado e apimentado com enxofre subjacente.

8 ANOS MADEIRA REUTILIZADA, AMOSTRA DE TONEL

Nariz: Perfumado. Qualidade turfosa de urze/terrosa. Grãos de pimenta-branca, tem as notas marítimas semelhantes a ostras do espírito novo. Iodo e hortelã seca. Com água, mirto e larício.

Paladar: Grande investida de grãos de pimenta-branca. Textura espessa sólida com um pouco de óleo. Complexo.

Acabamento: Seco, e então doce. Então, seco e apimentado outra vez.

Conclusão: Já alcançando seu caráter maduro.

Campo de sabor: **Defumado e turfoso**

10 ANOS 45.8%

Nariz: Dourado. Fumaça de fogos de artifício. Urze, raiz de alcaçuz e baga de mirtilo. Uma mistura de fumaça terrosa (fogueiras), torresmo de porco e um leve toque de algas marinhas. Doçura subjacente. Equilibrado. Complexidade leve.

Paladar: Imediato. Uma mistura de pó de pimenta e, uma qualidade frutada leve doce, tudo ligado por um teor defumado fuliginoso/musgoso. Indício de enxofre. Uma mescla de mar e praia, o doce, o ardente e o defumado.

Acabamento: Apimentado e seco.

Conclusão: O equilíbrio se encontra entre elementos aparentemente contraditórios.

Campo de sabor: **Defumado e turfoso**

Prove também: Caol Ila 12 anos, Springbank 10 anos

1994 MANAGER'S CHOICE SINGLE CASK 58.7%

Nariz: Dourado pleno. Bastante marítimo. Todo pedriscos lavados pelo mar e alga comestível molhada, antes que surja no topo o teor defumado semelhante a raiz de nogueira americana/urze. Há um indício de raiz de violeta, peras cozidas com vinho tinto e um realce semelhante a giesta e vagem de ervilha.

Paladar: Equilibrado e turfoso, com um toque salino. Semelhante a comer queijo defumado e também a madeira de macieira à beira-mar sob uma ventania. A água o deixa mais gentil, permitindo que doce de frutas brancas se revele junto com pedra de sal defumada.

Acabamento: Longo, com uma qualidade característica de fragrância duradoura de pimenta.

Conclusão: personalidade forte.

Campo de sabor: **Defumado e turfoso**

Prove também: Yoichi 12 anos, Manager's Choice

18 ANOS 45.8%

Nariz: Dourado. Complexo, urze queimando, tabaco doce, armazém velho, fogueira quase apagada. Há pasta de amêndoa/biscoitos amanteigados com nogado e uma nota herbácea. Defumado. Rico e complexo.

Paladar: Um começo lento, então pimenta, uma leve nota de peixe defumado, mas a chave é a calda de frutas doces que dá um elemento de equilíbrio. Desenvolve-se em estágios até um acabamento explosivo.

Acabamento: Grãos de pimenta vermelha.

Conclusão: Retém o ataque identificável do Talisker, mas com um crescente centro doce.

Campo de sabor: **Defumado e turfoso**

Prove também: Bowmore 15 anos, Highland Park 18 anos

25 ANOS 57.8%

Nariz: Dourado. Qualidade turfosa radicosa (urze/íris) e terrosa. Oleados, marca-textos, galpão de carvão úmido no inverno e frutas: bolo recém-assado de maçã, banana... e algas marinhas. Sempre mudando. Então surgem borrifos salgados.

Paladar: Suavidade de bolo esponja de maçã com pudim para começar, então ele alcança o meio da língua e muda drasticamente, emergindo um caráter mais seco e mais crocante. Evolui em poder (e calor) à medida que a qualidade apimentada começa a avançar. Isto aflora e, então, volta a seu ponto de partida untuoso.

Acabamento: Começa gentilmente e, então, ataca. Pimenta, hortelã-pimenta.

Conclusão: Envelhecido em um tonel reutilizado que permite que o caráter da destilaria se desenvolva com um pouquinho de incentivos do carvalho.

Campo de sabor: **Defumado e turfoso**

Prove também: Highland Park 40 anos

ILHAS ORKNEY

Orkney é um mundo à parte do restante da Escócia. Este é um lugar de misteriosos círculos de pedras, câmaras de sepultamento neolíticas e fortes antigos de casas redondas, um lugar onde o mar bate incansavelmente nos penhascos e as sagas dos vikings ainda parecem contemporâneas. Tudo parece coexistir nesse conjunto encantado de ilhas cujas duas destilarias usam diferentes abordagens para expressar sua localização.

Simultaneidade temporal: o passado antigo de Orkney está palpavelmente vivo.

Highland Park e Scapa

HIGHLAND PARK • KIRKWALL • WWW.HIGHLANDPARK.CO.UK • ABERTA A VISITANTES • SET.-ABR., SEG-SEX; MAIO-AGO., SEG-DOM

SCAPA • KIRKWALL • WWW.SCAPAMALT.COM

As asas do avião cortaram a nuvem, revelando uma faixa litorânea ondulante que, desta altura, parece mais uma valsa gentil entre a terra e o mar do que o caminhar incerto de bêbado da costa oeste escocesa. As ilhas Orkney são diferentes do restante da Escócia, em paisagem, cultura, pessoas... e whisky. Este arquipélago de círculos baixos esverdeados permanece tanto um posto avançado da cultura nórdica, embora não sendo escandinavo, quanto na Escócia, mas não da cultura escocesa. Novamente, aqui temos ilhas cuja insularidade e autossuficiência criaram suas próprias soluções e as duas destilarias das ilhas. Highland Park e Scapa representam duas abordagens criativas diferentes na fabricação de whisky: uma naturalista, a outra tecnológica.

Highland Park, conforme o nome sugere, situa-se no alto da colina acima de Kirkwall, suas paredes de pedra escura fazendo-a parecer como se tivesse brotado diretamente da rocha. Passar debaixo de seu portão ornamentado – "Estd. 1798" – é como entrar numa outra dimensão estranha, com becos sinuosos calçados de pedra, seguindo por entre as construções que parecem ter crescido de maneira orgânica à medida que as necessidades da destilaria aumentavam.

Ela faz maltagens de solo de 20% da cevada que utiliza no local, um dia com turfa e um dia com coque, resultando em um caráter médio/encorpado. É feito, então, o blend com malte não turfoso do continente. É usada levedura seca em um sistema de fermentação longa; a destilação é lenta. O resultado é um espírito novo que mescla teor defumado fragrante e um realce cítrico. O Highland Park é doce desde o início, e esta dança entre defumado, doçura, laranja e frutas ricas continua ao longo de todas as suas expressões. Às vezes a turfa domina, em outras a doçura sobressai, ao passo que o envelhecimento reúne estavelmente ambos os elementos em um volume compacto, denso, com mel. O equilíbrio é a chave.

O DNA da Highland Park encontra-se no início e no fim de sua criação. Como parte do Grupo Edrington, sua madeira está sob a observância do mestre da madeira George Espie, e desde 2004 não foram utilizados quaisquer tonéis de bourbon (nem tampouco, aliás, é feita qualquer coloração com caramelo). Esse é um whisky de tonéis de ex-xerez feitos com carvalho seco e amadurecido europeu e americano. "Essa política de madeira dá coerência ao caráter", explica o embaixador da marca Gerry Tosh, "uma vez que esse é o maior desafio quando se tem sete expressões

SCAPA: UMA VARIAÇÃO EM ESTILO

Olhando para além de Scapa Flow, o whisky de Scapa não poderia ser mais diferente. Não turfoso e frutado de modo suculento, a chave para seu caráter está na casa de alambique, onde um alambique Lomond está instalado. Apesar de seus pratos com defletores terem sido removidos, seu pescoço largo e o uso de um purificador resultam em imenso contato com o cobre. Reformada pela nova proprietária, a Chivas Brothers, esta bela destilaria e seu excelente espírito estão finalmente se tornando mais conhecidos.

Os becos inclinados e calçados da destilaria Highland Park dão-lhe o ar de uma cidade medieval autossuficiente.

variando de 12 anos a 50 anos, sem acabamento." Se Espie e o fabricante de whisky Max MacFarlane estão atentos no controle de surpresas indesejadas no final, o começo está em Orkney.

Ande por Hobbister Moor, onde a Highland Park extrai 350 toneladas de turfa por ano, e você notará uma mudança no aroma da terra: uma fragrância herbácea, semelhante a pinheiro, que é duplicada no whisky. Para se ter um verdadeiro entendimento da razão pela qual a Highland Park é diferente, viaje de lá até os rochedos de Yesnaby, onde aquela ilusão aérea de uma gentil dança costeira é banida. Aqui, no alto desse estrato multicolorido e atingido pelas ondas, os ventos alcançam mais de 160 km/h, 80 dias por ano. "É a turfa de Orkney que torna o Highland Park diferente", afirma Tosh, "e é aí que ele começa. O borrifo salino significa que nunca houve árvores em Orkney, deixando apenas turfa. Devido a esse fato a turfa é diferente e, por sua vez, o aroma quando ela é queimada também é diferente... e isso faz o Highland Park."

O caráter de uma destilaria enraizado em seu local de nascimento.

NOTAS DE DEGUSTAÇÃO: HIGHLAND PARK

ESPÍRITO NOVO

Nariz: Defumado e cítrico. Realçado e doce. Fresco, casca de kumquat (fruta cítrica) e leves frutas suculentas.
Paladar: Leve de nozes. Grande expansão de um elemento cítrico doce e, então, de um defumado fragrante.
Acabamento: Continua ficando doce com um toque de pera no final.

12 ANOS 40%

Nariz: Dourado claro. As frutas surgiram, abrandando a turfa. Ainda há aquele grande toque cítrico (naartjie), bolo de frutas úmido, bagos de frutas e azeite de oliva. Com água, há frutas assadas e um quê defumado gentil.
Paladar: Suave e gentil, com indícios de passas brancas e turfa permeando lentamente a partir do meio do palato. Tudo concentrado no centro da língua.
Acabamento: Defumado doce.
Conclusão: Já aberto e adquirindo complexidade.

Campo de sabor: **Defumado e turfoso**
Prove também: Springbank 10 anos

18 ANOS 43%

Nariz: Dourado pleno. Maduro e mais gordo que o 12 anos, com frutas mais frescas em vez das cascas do 12 anos. Bolo Madeira, cereja doce e mais temperos aromáticos. Chocolate e mel leve. A fumaça está se extinguindo na lareira.
Paladar: A progressão mais densa continua. Pêssego seco, mel, carvalho polido, noz. Sucoso com um pouco de marmelada.
Acabamento: Defumado integrado.
Conclusão: Uma clara semelhança de família e ganhando peso do carvalho.

Campo de sabor: **Rico e redondo**
Prove também: Balvenie 17 anos Madeira Cask, Springbank 15 anos, Yamazaki 18 anos

25 ANOS 48.1%

Nariz: Âmbar. Sedutor, com abundância de frutas secas doces. Mais fumaça de urze/mel de urze que o 18 anos. Há também o começo de tons de ranço de whisky, de lustra-móveis e terra úmida.
Paladar: Marmelo e açúcares concentrados de frutas. Pimenta-da-jamaica, noz-moscada, e permanece doce.
Acabamento: Casca de laranja seca e fumaça fragrante. Chá Darjeeling.
Conclusão: Começando a entrar em sua terceira idade, mas o caráter da destilaria está presente.

Campo de sabor: **Rico e redondo**
Prove também: Springbank 18 anos, Jura 21 anos, Ben Nevis 25 anos, Hakushu 25 anos

40 ANOS 43%

Nariz: Maduro. Toques leves de ranço. Altamente exótico. Camurça e uma nota almiscarada sexual, suada. Há teor defumado na parte posterior e, então, o retorno da doçura de chocolate/semelhante a *fondant*. Cresce com água e se mantém durante horas, mudando para teor defumado perfumado (pântano queimado) e teor radicoso semelhante a íris leve.
Paladar: Começo seco, então se torna oleoso e forma uma camada na língua. O couro volta junto com notas de amêndoa amarga, passas e cascas secas. Com o tempo, o teor defumado emerge e, eventualmente, passa a dominar.
Acabamento: Crocante, e então fica doce.
Conclusão: Maduro e evoluído, mas é claramente Highland Park.

Campo de sabor: **Defumado e turfoso**
Prove também: Laphroaig 25 anos, Talisker 25 anos

NOTAS DE DEGUSTAÇÃO: SCAPA

ESPÍRITO NOVO

Nariz: Nariz: Ésteres com banana, ervilha verde, marmelo, ameixas quetsch. Um pouco de terra úmida por trás e um toque de cera.
Paladar: Doce e levemente oleoso. Gomas de frutas.
Acabamento: Limpo. Breve.

16 ANOS 40%

Nariz: Dourado. Bastantes camadas de carvalho americano. Banana e sensação de mascar com frutas. Leve e aromático, um indício de tomilho fresco.
Paladar: Oleosidade leve ainda. Uma sensação bastante gorda e, ainda assim, de algum modo arejado. Notas leves tostadas provenientes do carvalho. As frutas o ancoram no centro da língua.
Acabamento: Untuoso e maduro.
Conclusão: Eufórico e ansioso para agradar.

Campo de sabor: **Frutado e picante**
Prove também: Old Pulteney 12 anos, Clynelish 14 anos

1979 47.9%

Nariz: Dourado. Caráter mais integrado com cacau leve, banana amassada/banana-passa. O marmelo retorna. Cheio e vibrante.
Paladar: Complexo e rico. Biscoito de bourbon, goiaba. Carvalho chamuscado. Doce.
Acabamento: Picante gentil. Frutas.
Conclusão: Ainda tem muito o caráter da destilaria, mas é mais calmo que o eufórico 16 anos. Precisa de tempo para ficar sério.

Campo de sabor: **Frutado e picante**
Prove também: Craigellachie 14 anos

CAMPBELTOWN

"Lago Campbeltown, eu gostaria que você fosse de whisky", dizia a antiga canção popular escocesa. Bem, a certa altura o sonho do cantor se tornou realidade. Essa pequena cidade ao pé da península de Kintyre foi, em uma determinada época, lar de pelo menos 34 destilarias. Quinze delas desapareceram durante a Depressão dos anos 1850, mas até o final do século XIX o malte de Campbeltown era um produto desejável, seu caráter defumado e untuoso era uma parte integrante dos blends. Campbeltown era uma cidade em plena expansão.

Um porto profundo e abrigado possibilitou que Campbeltown se tornasse um importante porto de pesca e produtor de whisky com rápido acesso aos mercados da Lowland.

As *villas* no lado leste de sua baía são prova da riqueza que existiu aqui. Era o paraíso da fabricação de whisky: havia um porto natural profundo, um veio de carvão local, 20 maltagens nas redondezas trabalhando com uma mistura de cevada local e grãos da vizinha Irlanda e do sudoeste da Escócia. As destilarias apinhavam ruas e becos. Ainda assim, até o final dos anos 1920, apenas uma, a Riechlachan, estava operando, e mesmo ela foi desativada em 1934, quando as sobreviventes de hoje, Springbank e Glen Scotia, reabriram.

A pergunta sobre o motivo para as outras 17 destilarias terem fracassado nunca foi totalmente respondida. Várias teorias surgiram: excesso de produção levando a uma queda na qualidade (embora possamos descartar o mito de que o whisky era envelhecido em barris de arenque), uma incapacidade de se livrar dos resíduos (um problema no século XIX, quando "os porcos caipiras de Dalintober se deliciavam com a cerveja de alambique e eram frequentemente vistos desfrutando essa bebida no Pottle Hole"), a desativação da mina de carvão de Machrihanish. Tudo isso influiu, mas não há uma resposta única para o declínio. Simplesmente era a região mais exposta no meio de uma terrível tempestade.

Nos anos 1920, os blenders haviam fixado seus estilos mais populares, restringindo desse modo a necessidade do estilo predominantemente defumado/untuoso de Campbeltown. Eles também estavam lidando com as consequências da queda de consumo durante a Primeira Guerra Mundial e um declínio na produção que deixou os estoques ainda mais baixos do que o nível de demanda. Além disso, os tributos do Reino Unido haviam subido significativamente em 1918 e 1920, mas os destiladores não tinham permissão para repassar esse custo ao consumidor, o que tornou a reposição dos estoques mais dispendiosa.

A exportação era igualmente difícil devido à Lei Seca nos Estados Unidos e à Grande Depressão. Acuada entre a elevação dos custos e a queda nas vendas, a fabricação de whisky passou a ser inviável economicamente, em especial para destiladores pequenos, independentes.

Tendemos a esquecer que o setor inteiro foi afetado. Cinquenta destilarias espalhadas por toda a Escócia foram fechadas nos anos 1920 e apenas dois alambiques do tipo pot estavam em operação no país inteiro em 1933. Quando a crise passou, o setor havia sido racionalizado pela Distillers Company Ltd. (um eco dos anos 1850, um precursor do selecionamento dos anos 1980). Estava mais "enxuto", talvez até mais "ajustado". O que fica claro é que (principalmente) as pequenas destilarias de Campbeltown simplesmente não se enquadravam nesse novo mundo do whisky.

E, assim mesmo, há um final feliz. Hoje Campbeltown foi reinstituída como uma região de whisky por seu próprio mérito e é lar de três destilarias fabricando cinco whiskies diferentes. Um desses produtores atua como modelo para a nova onda de destilarias pequenas, independentes; o outro foi trazido de volta do túmulo. O lago pode não estar se enchendo de whisky, mas Campbeltown está de volta.

Numa certa época, a produção de 34 destilarias era transportada por essas águas. Hoje restaram apenas três.

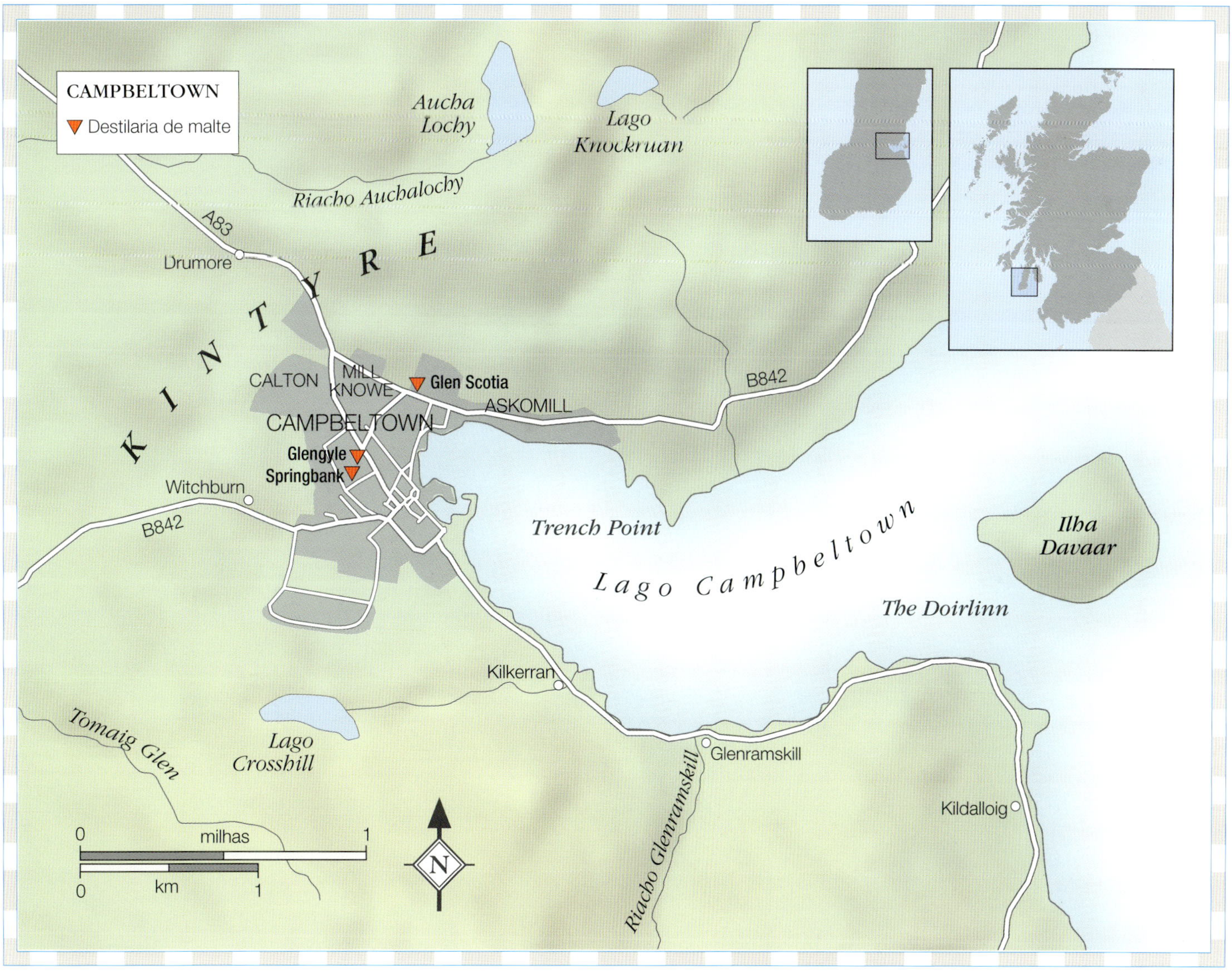
CAMPBELTOWN
Destilaria de malte
Aucha Lochy
Lago Knockruan
Riacho Auchalochy
A83
Drumore
KINTYRE
CALTON
MILL KNOWE
Glen Scotia
ASKOMILL
B842
CAMPBELTOWN
Glengyle
Springbank
Witchburn
B842
Trench Point
Lago Campbeltown
Ilha Davaar
The Doirlinn
Kilkerran
Lago Crosshill
Tomaig Glen
Glenramskill
Riacho Glenramskill
Kildalloig
0
milhas
1
0
km
1
N

Springbank

CAMPBELTOWN • WWW.SPRINGBANKWHISKY.COM • ABERTA A VISITANTES • ABR.-SET., SEG-QUI

Escondidas em uma rua estreita atrás de uma igreja, as construções da destilaria Springbank têm sido de propriedade da mesma família desde 1828, o mais longo exemplo de longevidade no whisky escocês. Autossuficiência é a palavra-chave aqui. A destilaria executa todas as etapas de maltagem, destilação, maturação e engarrafamento no local – a única destilaria escocesa desse tipo a manter tudo sob um único teto. Essa completa autossuficiência é relativamente nova, entretanto. Como qualquer destilaria dependente de contratos para engarrafamentos, ela se viu exposta durante a crise dos anos 1980 e reagiu retornando ao fundamental. A mensagem foi clara: o destino da Springbank ficaria em suas próprias mãos, não na dos grandes.

É esse equilíbrio na retenção de tradições antigas, ao mesmo tempo que está de olho no futuro, que intriga mais. Vejamos, por exemplo, o que acontece dentro dos fermentadores de larício. "Sempre tentamos duplicar condições que existiram tão remotamente quanto os registros nos permitem checar", declara o diretor de produção Frank McHardy. Isso significa mosto de gravitação baixa (em torno de 1046°), fermentações bastante longas (100 horas) e um líquido de graduação baixa (entre 4,5 e 5%, quando o padrão do setor é de 8 a 9%). "Essa fermentação prolongada em larício promove muito teor frutado, a gravitação mais baixa ajuda a criar ésteres."

Os três alambiques da destilaria – um alambique de primeira destilação aquecido por fogo direto e dois alambiques de vinhos baixos, sendo um deles com o sistema de "worm tub" – produzem três espíritos novos diferentes. O próprio Springbank é destilado 2,5 vezes: o alambique de primeira destilação resultando em vinhos baixos, ainda dando *feints* e a mistura final no segundo alambique de vinhos baixos é uma mistura de 20% de vinhos baixos e 80% de *feints* (veja p. 14-5). O espírito novo é grande, um dos mais complexos do setor do Scotch, capaz de envelhecimento prolongado e dando a sensação de que todos os estilos da Escócia estão compactados aqui em um único pacote.

"É um método de produção que tem se mantido por todo esse tempo desde que temos registro", relata McHardy. "Uma coisa de que temos absoluta certeza é que a destilaria Springbank foi a única em Campbeltown a levar adiante esse processo." Poderia ser o motivo de sua sobrevivência.

Dos outros dois estilos, o fragrante, com teor de maçã, não turfoso e de destilação tripla Hazelburn, está mais condizente com as Lowlands ou talvez com a Irlanda ao norte, onde McHardy passou 13 anos como gerente da Bushmills.

A Springbank permanece um baluarte de costumes tradicionais na fabricação de whisky... ainda assim, serve de modelo para muitas destilarias novas.

Da cevada à garrafa. A Springbank é a única destilaria a maltar, destilar, maturar e engarrafar no mesmo local.

turfosos e também pode crescer em complexidade (veja p. 192).

Todos os três são não lineares. Essa é uma destilaria em que os sabores vão contra a norma, são instigados, encorajados, trabalhados e refinados. Mas não subestime a Springbank pensando em algum museu da fabricação de whisky. Sua crença calculada nos métodos antigos, mas também de correntes múltiplas, a adoção de uma política de madeira rigorosa e autossuficiência a tornaram um modelo para outras destilarias mais novas. Não é apenas o passado, é Um Futuro.

No final, foi a habilidade da Springbank de se manter à frente dos tempos que lhe permitiu sobreviver ao longo dos anos.

Nesse ínterim, o pesadamente turfoso Longrow é "normal", o que significa que passa por destilação dupla, mas talvez esteja mais perto do modelo original de "Campbeltown". Ousado quando jovem, ele é livre de qualquer aspecto borrachento de imaturidade que pode arruinar whiskies jovens

NOTAS DE DEGUSTAÇÃO: SPRINGBANK

ESPÍRITO NOVO

Nariz: Imenso, sedutor e complexo. Frutas suaves assadas, um pouco de baunilha, um toque de creme para cabelo Brylcreem e cereal bastante leve. Doce, rico e encorpado. Com água, defumado e um pouquinho de levedura.

Paladar: Encorpado, untuoso. Bastante encorpado com defumado rico e um pouquinho de salmoura. Encorpado, terroso e maduro.

Acabamento: Terroso e cheio.

10 ANOS 46%

Nariz: Dourado claro. Ligeiro acréscimo de notas de raspas de carvalho. Defumado, frutas maduras, azeite de oliva extravirgem e madeira fragrante. Rico e chamuscado. Tostado com um leve realce cítrico.

Paladar: Começo mais doce e, então, as azeitonas pretas surgem antes que se desenvolva o teor defumado marítimo. Ainda tenso.

Acabamento: Defumado. Longo.

Conclusão: Um desenvolvimento gentil, lento, do espírito novo. Como um jovem burgundy branco ou Riesling, já é excelente para o consumo, mas com ainda muito mais por vir.

Campo de sabor: **Defumado e turfoso**

Prove também: Ardmore Traditional Cask, Caol Ila 12 anos, Talisker 10 anos

15 ANOS 46%

Nariz: Dourado leve. Anis, fumaça de cinzas, carvão e aquela nota terrosa do espírito novo retornando. Um pouco de marzipã, pasta de azeitonas e então surgem frutas suaves maduras misturando-se com avelã. Com água, surgem antigas livrarias/papel velho.

Paladar: Começo doce. A sensação ainda é semelhante ao espírito novo untuoso/sensação de mascar, mas agora há o acréscimo de frutas quase secas. Rico.

Acabamento: Defumado leve e um toque de salmoura.

Conclusão: Agora se abriu plenamente e a madeira está totalmente integrada.

Campo de sabor: **Rico e redondo**

Prove também: Benromach 1981, GlenDronach 15 anos, Highland Park 18 anos

18 ANOS 46%

Nariz: Dourado pleno. Frutas assadas e madeira integrada. Cera de couro, defumado e coco, frutas secas e alcaravia. Ainda aquele caráter de azeitona preta permeando. Encorpado e perfumado.

Paladar: Mais defumado evidente, mas equilibrado por um intenso teor de hortelã e eucalipto que se transforma em xarope para a tosse/cereja. Permanece terroso e radicoso. Precisa de água para que surjam as frutas doces e também aquela nota de salmoura.

Acabamento: Musgoso.

Conclusão: O caráter da destilaria está bem presente, apenas se desenvolvendo em complexidade.

Campo de sabor: **Rico e redondo**

Prove também: Highland Park 25 anos

NOTAS DE DEGUSTAÇÃO: HAZELBURN

ESPÍRITO NOVO

Nariz: Limpo e picante. Excelente, com qualidade de limão-galego com um pequeno toque de amido por trás. Intenso e puro. Maçã verde.
Paladar: Leve e uma intensidade de mais maduro, mas com boa sensação suave.
Acabamento: Ameixa verde.

HAZELBURN 12 ANOS 46%

Nariz: Dourado pleno. Notas de xerez: teor de nozes semelhante a amontillado, mesclado com melaço, ameixa seca e passas brancas. Verdadeira doçura realçada por trás.
Paladar: Suave. A madeira deixou a sensação mais espessa, mas a intensidade penetrante atravessa o carvalho. Torna-se mais cítrico conforme se move: laranja e frutas secas doces.
Acabamento: Limpo.
Conclusão: Cheio, integração equilibrada da destilaria e do carvalho.

Campo de sabor: **Frutado e picante**
Prove também: Arran 12 anos

HAZELBURN CV 46%

Nariz: Dourado claro. Bastante fresco e cítrico, com muito chá de jasmim. Carvalho leve e bolo esponja de maçã. Flor de laranjeira. Realçado. Tinta a óleo – ateliê de artista.
Paladar: Muito suave, com carvalho bem firme antes que os lírios e o jasmim assumam o controle. Chá-verde e chocolate branco.
Acabamento: Ligeiramente untuoso.
Conclusão: Uma expressão direta e fresca que mostra aspectos florais do Hazelburn.

Campo de sabor: **Fragrante e floral**
Prove também: Bladnoch 8 anos, anCnoc 12 anos

NOTAS DE DEGUSTAÇÃO: LONGROW

ESPÍRITO NOVO

Nariz: Doce. Cassis. Defumado terroso. Ardósia molhada.
Paladar: Começo intenso e doce antes de uma imensa nuvem púrpura de fumaça. Toque condimentado de molho de tomate.
Acabamento: Completamente seco e um indício salino.

14 ANOS 46%

Nariz: Redondo. Teor defumado, mas não dominante, uma vez que há mais madeira agindo – pense em pântano e chaminés, lilases e samambaia. Caráter de ardósia molhada e fogueira.
Paladar: Grande e levemente maltoso. Teor defumado de madeira seca, então frutas pretas maduras vistas no espírito novo fazem sua parte, misturando-se com um pouco de tâmara doce.
Acabamento: O teor defumado avança e se mantém.
Conclusão: Em pleno desenvolvimento.

Campo de sabor: **Defumado e turfoso**
Prove também: Yoichi 15 anos, Ardbeg Airigh nam Beist 1990

LONGROW CV 46%

Nariz: Dourado claro. Defumado. Radicoso, fuliginoso. Um pouco de lírio e violeta com toques de neoprene e lanolina, mas uma energia vibrante que o impede de se tornar pesado demais. Com água, um pouquinho de funcho marítimo e um teor ceroso.
Paladar: Pimenta e, então, gaultéria/bálsamo e um ligeiro quê relvoso conforme a fumaça permeia abaixo. Com água, há limão e uma sensação untuosa e cerosa.
Acabamento: Espesso na garganta. Defumado.
Conclusão: Um whisky grande, mas fresco.

Campo de sabor: **Defumado e turfoso**
Prove também: Ardbeg 10 anos, Yoichi 10 anos

NOTAS DE DEGUSTAÇÃO: KILKERRAN

ESPÍRITO NOVO

Nariz: Limpo. Feno molhado. Padaria e enxofre leve. Com levedura e um peso escorregadio.
Paladar: Peso semelhante ao seu vizinho, porém mais gordo e mais semelhante a marshmallow. Começa frutado e, então, mais seco e maltoso.
Acabamento: Perfumado.

3 ANOS AMOSTRA DE TONEL

Nariz: Dourado rico. Precoce. Acréscimo de muitas notas de coco. Feno doce úmido/ráfia e *pâtisserie*.
Paladar: Maduro e doce, com manga equilibrada por carvalho e teor de cereal. Plenitude na boca.
Acabamento: Longo e doce.
Conclusão: Recebeu uma grande influência de um tonel ativo, mas movendo-se rapidamente.

Campo de sabor: **Frutado e picante**

2004 TRABALHO EM ANDAMENTO NO 2, 46%

Nariz: Claro. Bastante leve e tímido. Farelento, palheiro/resíduos de trigo. Um pouco de lascas de carvalho. Com água, há um imenso realce aromático até angélica e orégano seco
Paladar: Bem doce e, então, um repentino teor cítrico. Tem foco e ataca com nota perfumada vista no espírito novo. O paladar tem aquela gordura de destilaria ancorando as coisas.
Acabamento: Perfumado.
Conclusão: Complexo. Desenvolvendo-se de um modo interessante.

Campo de sabor: **Frutado e picante**
Prove também: Arran 10 anos

Glengyle e Glen Scotia

CAMPBELTOWN • WWW.KILKERRAN.COM • CONTATE DESTILARIA PARA VISITA

O declínio do whisky de Campbeltown está visível em sua arquitetura. Vestígios tentadores dos antigos locais permanecem – uma tabuleta rachada e desbotada, o formato das janelas em uma quadra de residências, a visão incongruente de um supermercado com uma chaminé pagode. É uma experiência fascinante, mas que leva à reflexão à medida que expõe a fragilidade da indústria do whisky. Ainda assim, remoer o passado da cidade é agir em detrimento às suas destilarias. Campbeltown não é um lugar para arqueólogos do whisky, mas para amantes do whisky.

Em 2000, Hedley Wright, cuja família havia sido proprietária da Springbank desde sua fundação em 1828, comprou uma carcaça de destilaria logo ao lado. Tratava-se da Glengyle, fechada havia 80 anos. A estrutura da construção foi readaptada para um design ordenado de um único andar e seu par de alambiques foi aproveitado da primeira destilaria de Frank McHardy, Ben Wyvis, que operou brevemente na destilaria de grãos de Invergordon. "Eles foram submetidos a algumas mudanças quando instalados aqui", explica McHardy. "O caldeireiro remodelou o cimácio e também abrandou os ângulos dos ombros dos alambiques. O pescoço de cisne também ficou com o ângulo voltado para cima para dar ao alambique algumas qualidades de refluxo." As primeiras edições mostram um caráter levemente turfoso e meio encorpado.

O whisky se chama Kilkerran, como o nome da marca, e a Glengyle é de propriedade da terceira destilaria de Campbeltown: Glen Scotia. Quando Alfred Barnard chegou a Campbeltown, escreveu que essa fábrica, então chamada Scotia, "parece ter-se escondido da vista, como se a arte de fazer whisky... devesse ser mantida como um segredo obscuro".

Não houve muita mudança. Glen Scotia continua sendo uma das destilarias mais fugidias da Escócia, famosa por ser supostamente assombrada pelo antigo proprietário, Duncan MacCallum. Agora de propriedade da Loch Lomond Distillers, está em plena produção desde 1999, "e nunca com a ajuda das pessoas da Springbank", assegura o diretor Gavin Durnin, da Loch Lomond, pondo fim a um rumor persistente. Na época de escrever o livro, um 12 anos turfoso entrava no mercado.

NOTAS DE DEGUSTAÇÃO: GLEN SCOTIA

12 ANOS 40%

Nariz: Carvão, gesso molhado, bandagens e teor defumado com uma nota subjacente de cereal fresco.

Paladar: Defumado. Encorpado e redondo, com uma qualidade de aderência na língua. Denso. Mais nozes com água.

Acabamento: Defumado durarouro e carvalho bastante leve.

Conclusão: Este poderia ser o estilo antigo de Campbeltown.

Campo de sabor: **Defumado e turfoso**

Prove também: Ledaig (Tobermory turfada)

De volta dos mortos. Glengyle foi reaberta em 1999, após 80 anos de silêncio.

Esquerda: O nariz sabe. O mestre harmonizador da Edrington, Gordon Motion, em seu trabalho.

Direita: Embora a equipe possa ter mudado, o processo de blending permanece o mesmo.

BLENDS DE SCOTCH

O single malt escocês pode formar um elo entre o espírito e a terra, mas a maioria dessas destilarias não existiria se não fosse pelo Scotch blended, que responde por mais de 90% do whisky escocês vendido no mundo inteiro. Quando o mundo fala de "Scotch", está se referindo aos blends. E os blends têm sua própria história a contar.

Os blends envolvem mais a ocasião do que o lugar, sendo que os sabores estão no coração deles. O whisky escocês enfrentou numerosas crises ao longo de sua história. A cada vez ele se reinventou, olhando para o sabor.

Nos anos de 1830, a destilação de whisky era encarada como uma atividade de "enriquecimento rápido", mas, em uma questão de dois meses, o setor estava saturado. O rum era a bebida preferida da Escócia, ao passo que o whisky irlandês estava sendo mais vendido que o Scotch... na Escócia. "Principalmente devido a sua uniformidade de estilo", conforme William Ross, representante do principal integrante, a Distillers Company Ltd. (DCL), relembrou à Comissão Real sobre Whisky e Destilados formada em 1908, que formalizou a definição legal de whisky Scotch.

Uma mudança na lei em 1853 permitira que whiskies de diferentes idades da mesma destilaria fossem submetidos a blending "in bond" (antes de o imposto ser pago), o que permitiu a mistura de diferentes idades e possibilitou mais experimentação em uma proposta para se alcançar coerência de sabor. No prazo de um ano, o Usher's Old Vatted Glenlivet (inicialmente, um malte vatted [mescla de dois ou mais barris de single malt]) apareceu. As casas de blending que conhecemos hoje em dia se desenvolveram em 1860, simultaneamente à primeira emissão de "alvarás para merceeiros", uma medida que possibilitou que uma gama mais ampla de varejistas (especialmente merceeiros) vendesse diretamente ao público.

Foram os merceeiros que tiraram proveito dessa oportunidade, pessoas como John Walker e seu filho, Alexander, os irmãos Chivas e comerciantes de vinho como John Dewar, Matthew Gloag, Charles Mackinlay, George Ballantine e William Teacher.

Os princípios de se reunir sabores e texturas diferentes para criar um todo uniforme e coerente lhes eram algo familiar. A mudança significativa não foi apenas o líquido... no qual o alambique de coluna (patent still) leve de grãos acalmou o temperamento impetuoso dos single malts... mas o fato de os comerciantes colocarem seus nomes na garrafa como uma garantia pessoal de qualidade. Desse ponto em diante, os blends foram o futuro do Scotch e o blender se tornou o árbitro do estilo.

No final do século XIX, as novas destilarias de malte estavam sendo construídas para entrar no mercado de blending ou ficar sob o comando dos próprios blenders. Isso aconteceu em Speyside, à medida que os blenders tentaram dar a seus blends um caráter mais gentil. Por quê? O mercado.

A genialidade dos blenders, tais como as famílias Walker e Dewar e James Buchanan, foi que eles avaliaram o mercado inglês, viram o que a classe média queria beber e ajustaram um blend de acordo com esses parâmetros. O mesmo processo aconteceu ao redor do mundo. Os blends foram criados para se adequar a uma preferência e uma ocasião. O Scotch se tornou um símbolo de sucesso.

Esse processo continuou ao longo dos anos faiscantes da Lei Seca e dos tempos do pós-guerra até o mercado de hoje, mudando dos copos tumblers de cristal lapidado de Londres para os bares nas praias do Brasil, os clubes noturnos de Shangai ou os bares de Soweto. Os blends, por natureza, são fluidos, flexíveis, vivem no mundo real.

Whisky de grãos

O whisky de grãos é sem dúvida o mais incompreendido de todos os estilos de whisky. Para a maioria dos consumidores, whisky de alambiques de coluna equivale a neutralidade em álcool. Whisky de grãos? Nada mais do que vodca escocesa cuja existência em um blend é simplesmente diluir ou dar volume aos maltes. Certo? Não. Nada disso é verdade. O whisky de grãos tem caráter próprio e desempenha uma função vital dentro de um blend.

Segundo a lei, o whisky de grãos deve ter sabor. A Lei do Whisky Escocês de 1988 declara que ele deve ser destilado "a uma graduação alcoólica por volume de menos de 94,8%, de modo que o destilado tenha um aroma e um sabor derivados das matérias-primas utilizadas e do método de sua produção". Em outras palavras, embora o whisky de grãos possa ter uma graduação alcoólica elevada, as normas dizem que ele deve ter sabor e caráter.

Sua produção é diferente (veja p. 16). O cereal escolhido (atualmente trigo, no passado milho) é cozido a fim de se hidrolisar o amido. "É como cozinhar batatas", declara Billy Mitchell, da Destilaria Cameronbridge, em Fife. "A água quente os muda [os grãos] de duros para macios." Cevada maltada é então acrescentada para suas enzimas naturais, que convertem amido em açúcar. O mosto resultante é escoado, fermentado e depois destilado em um alambique de coluna.

No início do século XIX, destiladores de todo o mundo tentavam tornar a produção mais eficiente. Um alambique no qual se pudesse colocar mosto fermentado de um lado e obter álcool do outro era um sonho almejado por engenheiros como Blumenthal, St. Marc e Robert Stein, que instalou dois em Kirkliston, Edimburgh, e Wandsworth, Londres, em 1827.

Então, em 1831, o irlandês Aeneas Coffey, que estava familiarizado com todos esses projetos, patenteou uma variação aperfeiçoada. Seu *design* ainda está em uso hoje em dia. Ele consiste de duas colunas interligadas (o analisador e o retificador), sendo que cada uma é dividida horizontalmente por pratos perfurados.

Esquerda: Através de um copo obscurecido. A master blender da Diageo, Maureen Robinson, usando copitas[15] coloridas a fim de não se deixar distrair pela cor do whisky.

Direita: Os alambiques de coluna são de todos os formatos e tamanhos, mas o princípio é o mesmo – produzir um espírito consistente, de corpo leve.

Mais adiante à direita: Eles são revestidos de aço inoxidável, mas o interior dos alambiques de coluna é geralmente feito de cobre.

15. Copita é um tipo de copo de xerez. Caracteriza-se por ter um cone estreito, de modo a reforçar o aroma e o sabor da bebida.

O mosto percorre um tubo de cima a baixo do retificador e então é espalhado por cima do alto do analisador. Conforme desce, ele encontra vapor que vaporiza o álcool, que é enviado de volta até a base do retificador e liberado.

À medida que ascende, o vapor começa a esfriar e os elementos mais pesados começam a ter refluxo. Dessa maneira, prato a prato de refinação, o vapor de sabor cada vez mais leve sobe, até ser desviado para um condensador. Pelo fato de as colunas serem enormes, apenas os alcoóis mais elevados e de sabor mais leve conseguem alcançar esse ponto de coleta.

Atualmente, equipamentos mais complexos (tais como o alambique a vácuo e colunas múltiplas no local da Girvan, da William Grant) também são usados seguindo o princípio de que quanto mais colunas houver, mais leve e limpo o espírito será. O espírito de alambique Coffey ainda tende a ser ligeiramente mais rico e untuoso na textura. Isso significa que todas as destilarias de whisky de grãos da Escócia produzem um caráter diferente de espírito novo: intenso e cítrico da Girvan, untuoso do Coffey da Cameronbridge, limpo da North British e assim por diante.

A maioria das destilarias envelhece o espírito novo de grãos em tonéis ex-bourbon de primeiro uso. Isso tanto acrescenta um caráter de baunilha/coco como ajuda a "temperar" o tonel para maturação de longo prazo de malte. O whisky de grãos maduro é sedutor e gentil, com uma qualidade sedosa, e forma uma camada na língua – e isso é o que o blender quer especialmente.

A arte do blending

CHIVAS BROTHERS • WWW.CHIVAS.COM • VEJA TAMBÉM WWW.MALTWHISKYDISTILLERIES.COM
DEWAR'S • ABERFELDY • WWW.DEWARSWOW.COM • ABERTA O ANO INTEIRO • SEG-SÁB
JOHNNIE WALKER • WWW.JOHNNIEWALKER.COM / WWW.DISCOVERING-DISTILLERIES.COM/CARDHU
GRANT'S • DUFFTOWN • WWW.GRANTSWHISKY.COM • WWW.WILLIAMGRANT.COM

O princípio da criação de um blend é simples. Pegamos alguns whiskies de grãos e alguns de malte e os misturamos de modo a obter um sabor final aceitável. Todos nós podemos fazer isso como uma única expressão e produzir talvez uma garrafa que achemos satisfatória. E se estivermos produzindo milhões de garrafas anualmente? A cada vez que você fizer seu blend, ele terá de ser o mesmo. Novamente, o princípio não parece tão difícil. Desde que tenhamos uma receita, podemos pedir ao computador que selecione os tonéis necessários e pronto. Não pode ser assim tão difícil, pode?

Há, porém, um problema. Cada tonel é diferente. Sua receita original pode incluir whiskies de destilarias que não existem mais... ou de empresas das quais você se desligou. O blending não é como seguir uma receita, é fazer um produto consistente com uma gama de componentes que mudam constantemente. Não é algo que possa ser feito por um computador, apenas por um ser humano.

O blender precisa ter um conhecimento íntimo de sua paleta de sabores. Não tem de saber apenas qual é o gosto do whisky A, mas qual é o gosto dele quando reunido ao whisky B, C e D. Ele também precisa criar o máximo de opções possíveis para si mesmo.

Temos a tendência de olhar para o componente de malte dentro do blend como sendo composto de single malts que conhecemos como marcas engarrafadas. Nada poderia estar mais longe da verdade. Como princípio, hoje em dia poderíamos usar whiskies de 96 destilarias de single malt, cada uma com o seu próprio caráter de destilaria. Eles então são envelhecidos em tonéis de três tamanhos, sendo que cada um resulta em um sabor diferente. Esses tonéis são feitos de duas espécies diferentes de carvalho, cada qual dando um sabor diferente. Os tonéis podem ser preenchidos uma vez, reutilizados e, então, queimados por dentro novamente. Cada tipo desses resultará em um sabor diferente.

Pode-se retirar espírito de qualquer um desses tonéis, se seu conteúdo tiver mais de três anos de idade, e continuar retirando até qualquer idade que se desejar. Cada ano resultará em um sabor diferente. Você precisa conhecer todas as opções e permutações. É um tanto mais complexo do que apenas pegar uma destilaria X 12 anos com alguns de seus amigos e juntar tudo. Agora me diga, você ainda acha que pode ser um blender?

Há também a questão do espírito de grãos, que, como vimos, não pode ser considerado apenas um mero ingrediente adicional. Ele tem caráter próprio. O whisky de grão agrega textura a um blend – aquela qualidade de camada na língua –, assim como extrai sabores dos maltes. Ele realça os maltes, os acentua e os molda. O whisky de grãos é o aperfeiçoador.

É normal querer respostas para perguntas como: quantos maltes há nesse blend? O que são? E qual a idade deles? As respostas são: o número certo para que o sabor seja alcançado; os maltes certos para que o sabor funcione; e as idades certas para que o sabor funcione. Os números não importam, a receita não importa... o sabor sim.

Formar um blend é uma coisa. Os blends tiveram êxito porque os blenders deram aos consumidores o que eles queriam... mas os gostos dos consumidores mudam. Aeneas MacDonald, escrevendo sobre blends em 1930, comentou:

"O blending tornou possível fazer um whisky que se adequaria a um clima diferente e a classes diferentes de clientes. O grande comércio de exportação de whisky deve-se quase inteiramente à elasticidade que o blending trouxe ao setor. Mesmo hoje, a estética do whisky tem um aspecto decididamente geográfico. Londres gosta de um whisky mais brando, menos acentuado do que Lancashire, [que prefere um] menos pungente do que Edimburgo, que é superado por Glasgow, onde eles adoram os mais densos e mais encorpados deleites dos maltes de Campbeltown".

Os blends obtiveram êxito porque os blenders entenderam a "elasticidade" de MacDonald. Na época em que ele escreveu a respeito, uma importante mudança acontecia nos Estados Unidos. Durante a Lei Seca, a América do Norte passou a preferir a leveza. Percebendo essa tendência, o comerciante de vinho de Londres Berry Bros. & Rudd contratou um blender, Charles H. Julian, para fazer um whisky leve – Cutty Sark. Foi um sucesso imediato. Em 1933 o ex-agente norte-americano do Cutty procurou outro comerciante de vinho de St. James's Street, Justerini & Brooks, e pediu o mesmo estilo de blend. Contrataram um certo Charles H. Julian, que criou o J&B. Esse processo de leveza continuou no pós-guerra. Blends mais leves, como o Johnnie Walker Red Label, começaram a ser divulgados, e em 1954 a Seagram relançou o Chivas Regal 12 anos, reformulado por... Charles H. Julian.

Julian estava demonstrando o pensamento por trás de cada novo blend: quando isto vai ser consumido? De que maneira será consumido? E, agora que sei isso, quais whiskies posso usar para fazer um blend que seja adequado à ocasião? A primeira pergunta do blender ao criar um blend não é como os whiskies serão usados, mas quando esse blend será consumido. Também deve permanecer fiel ao estilo da casa e criar variações em cima desse tema. O Walker envolve um sabor grande com teor defumado; o Chivas é mais delicado e fragrante, o Dewar's é doce e com mel, o Grant's é rico, o Famous Grouse é meio encorpado, mas com notas de xerez subjacentes.

Olhar para os blends desta maneira faz com que você deixe de se preocupar com especificações de idade e se concentre, em vez disso, no sabor e na ocasião. O Johnnie Walker Blue é "melhor" do que o Red? O Dewar's Signature é melhor do que o White Label? Em certas circunstâncias, sim, mas o oposto é igualmente verdade. Os blends têm tudo a ver com o sabor certo no momento certo.

NOTAS DE DEGUSTAÇÃO: BLENDS DE SCOTCH

CHIVAS REGAL 12 ANOS 40%

Nariz: Palha. Fragrante e floral: flor de macieira, frésia. Nozes com um toque de creme.
Paladar: Leve com um pouquinho de frutas verdes e um pouco de notas relvosas perfumadas.
Acabamento: Levemente picante. Curto.
Conclusão: Leve e delicado.

Campo de sabor: **Fragrante e floral**
Prove também: Cutty Sark

CHIVAS REGAL 18 ANOS 40%

Nariz: Doce e meio encorpado. Frutas assadas, nozes e teor cítrico fresco. Com água, qualidade maltosa doce.
Paladar: Gentil, frutado. Bem doce. Bala de caramelo, um toque de pinhão/castanha e moca.
Acabamento: Toffee de baunilha.
Conclusão: Muita diferença entre este e o 12 anos.

Campo de sabor: **Frutado e picante**
Prove também: Dewar's 12 anos

DEWAR'S WHITE LABEL NAS, 40%

Nariz: Suave com muita baunilha fresca. Grão macio e um pouco de mel, leve elemento relvoso. Doce e limpo.
Paladar: Gentil e extremamente cremoso. Manteiga de cacau. Sensação sedosa com um pouco de sabor agradável de limão, pêssego; uma nota de trigo.
Acabamento: Levemente picante, com grão jovem e firme dominando.
Conclusão: O mais doce e suave dos principais integrantes.

Campo de sabor: **Frutado e picante**
Prove também: Ballantine's Finest

DEWAR'S 12 ANOS 40%

Nariz: Dourado. Mais crocante com mais cacau e carvalho abiscoitado. O chocolate está presente, mas agora fragmentado e semelhante a pralina. Com o tempo, aroma de laranja e bolo de frutas. Um pouco de limão verde e grão submetido a secagem.
Paladar: Influência de xerez. Sensação semelhante ao White Label, mais profundo. Mel escuro. Frutas maduras.
Acabamento: Picante outra vez.
Conclusão: Mais complexo, equilibrado. Firme e redondo.

Campo de sabor: **Frutado e picante**
Prove também: Famous Grouse 12 anos

DEWAR'S SIGNATURE NAS, 43%

Nariz: Doce com bastantes frutas vermelhas maduras e um pesado caráter floral. Um pouquinho de compota de damasco, cera de lacre, passas brancas, especiaria doce e frutas cristalizadas.
Paladar: Fragrante e semelhante a flor (de planta frutífera). Lírio junto com feno seco e frutas suaves, típicas do estilo da casa, junto com maçã seca e chocolate amargo. Sensação mais espessa.
Acabamento: Qualidade doce e picante do Classic Dewar's.
Conclusão: Como o Walker Blue, este é um blend de primazia de whiskies mais raros o qual está inteiramente no estilo sedutor, frutado, da Dewar.

Campo de sabor: **Frutado e picante**
Prove também: Royal Salute 21 anos

GRANT'S FAMILY RESERVE NAS, 40%

Nariz: Dourado. Meio encorpado e limpo. Malte crocante com toques de especiarias. Banana madura demais e um toque de passas brancas. Maçã madura e defumado com água.
Paladar: Suave e generoso com tangerina. Bastante intenso no meio da língua antes de se tornar mais rico e mais dirigido por frutas na parte posterior. Coco.
Acabamento: Picante e seco.
Conclusão: Equilibrado e uma das marcas sem especificação de idade mais ricas.

Campo de sabor: **Frutado e picante**
Prove também: Famous Grouse

GRANT'S 25 ANOS 40%

Nariz: Âmbar. Maduro com notas clássicas de ranço de whisky: frutas assadas, passas embebidas em rum, cedro, ameixa e toffee. Com água, notas caramelizadas de *crème brûlée* de grãos velhos, pudim de toffee grudento.
Paladar: Bastante perfumado: lavanda e sálvia. Levemente defumado. Um pouco de figo, azeitona preta. Maduro e longo.
Acabamento: Cheio, com aquela nota perfumada.
Conclusão: Outro blend que pode se manter firme perante o single malt.

Campo de sabor: **Rico e redondo**
Prove também: Johnnie Walker Blue Label

JOHNNIE WALKER RED LABEL NAS, 40%

Nariz: Avermelhado (!) na cor. Vibrante com raiz de gengibre. Indício de malte e frescor semelhante a ozônio. Aroma agradável. Fumaça leve de urze e, então, um toque de tojo e capim-limão. Bastante limpo.
Paladar: Vivaz com um meio do palato sedoso. Forma uma camada na língua.
Acabamento: Picante com aquela nota de gengibre.
Conclusão: Um estilo aberto e ao ar livre de whisky.

Campo de sabor: **Fragrante e floral**
Prove também: Grant's Family Reserve

JOHNNIE WALKER BLACK LABEL 12 ANOS, 40%

Nariz: Âmbar. Frutas pretas maduras (ameixa pequena roxa, amora) com um pouco de ameixa seca e passas. Sândalo e uma riqueza de geleia com a fumaça de urze característica pairando ao fundo.
Paladar: Maduro e rico. Mais uma vez, sedoso. Mel escuro (quase melaço), passas. Preenche a boca.
Acabamento: Longo com teor defumado fragrante.
Conclusão: O frescor do Red foi substituído por notas que dão sensação de mascar; maduro.

Campo de sabor: **Rico e redondo**
Prove também: Grant's 12 anos

JOHNNIE WALKER BLUE LABEL NAS, 43%

Nariz: Âmbar. Maduro. Cogumelos, fragrância de limão em conserva, flores secas, íris, uma casa de campo antiga com muitos cômodos: cera de assoalho, indício de couro, passas, casca de ameixa e cedro. Complexo. Precisa de tempo.
Paladar: Rico e constante. Pétala de rosa, figo, melaço, armazém dunnage. Frutas secas, mas também um realce fresco. Maleável e altamente complexo.
Acabamento: Bastante defumado.
Conclusão: Tem a imediatez do caráter do Walker, peso no palato e complexidade defumada.

Campo de sabor: **Rico e redondo**
Prove também: Grant's 25 anos, Whyte & Mackay 40 anos

IRLANDA

Agnes observou o mar cinzento. Lá adiante, um contorno escuro no horizonte, estava a costa de Islay, a ilha de seu futuro marido. Duas grandes famílias, os O'Cathain e os Macdonald, se uniriam: os dois antigos Dalriadas (reinos) unidos. Um casamento importante, tanto que integrando a comitiva dela estava Padraig MacBeathad, seu médico, assim como o pai dele havia sido médico do pai dela. Dessa maneira, é concebível que o conhecimento sobre destilação tenha passado pelo canal do Norte até a Escócia. A família de Padraig, que mudou seu nome para Beaton, traduziu textos antigos sobre destilação para o gaélico. Os primeiros destiladores irlandeses? Os primeiros escoceses? Não sabemos...

Página anterior: Até o século XIX a maior parte do whisky da Irlanda era feita por pequenos fazendeiros.

Abaixo: A fabricação de whisky tem sido parte da área rural da Irlanda há séculos.

O início da história do whisky na Irlanda é fragmentado. Há evidências de que era amplamente consumido no século XVI, e em 1608 havia licenças que davam a proprietários (ou seja, os protegidos do rei) direitos exclusivos para destilar. Entre eles, Sir Thomas Phillipps, que tinha autorização para destilar "dentro da região [sic] de Colrane também chamada de região de O'Cahanes... no Condado de Antrim". O fantasma de Agnes se manifesta.

A história do whisky irlandês tem um paralelo com a do Scotch: uma luta entre a destilação de pequena escala de poitin[16] e a do amplamente regulamentado whisky "Parlamentar". A principal mudança aconteceu após a legalização geral do setor em 1823. De imediato, os destiladores irlandeses começaram a pensar grande. Em Dublin, destiladores como John Jameson começaram a produzir imensos volumes de whisky em alambiques muito grandes – e colocaram seus nomes na garrafa como um selo de qualidade. Fundamentalmente, esses novos whiskies irlandeses eram consistentes em termos de qualidade. Tornaram-se o padrão de ouro para a destilação de whisky, mas o século XIX foi o ponto alto deles.

A destilaria Bow Street de Jameson em Dublin ainda continua lá, mas é um centro de herança e tradição. O whisky irlandês passou pela mais cruel falta de sorte, má administração e a maior interferência já vista do governo para perseguir um setor. No final do século XIX, a Scottish Distillers Company Ltd. (DCL) começou uma verdadeira operação de extermínio na Irlanda, comprando fábricas de whisky de grãos no norte e no sul e fechando-as a fim de proteger sua base escocesa. Em 1930, seu representante William Ross escreveu: "A Irlanda é uma irrelevância". A independência arruinou as vendas no Império Britânico, uma recusa em fazer negócios com fabricantes clandestinos isolou-o da América da era da Lei Seca, e então Eamon de Valera impediu as exportações de whisky e aumentou os tributos nacionais. Em 1966, as últimas três destilarias da República da Irlanda fizeram a fusão de suas operações e, em 1975, centralizaram a produção em uma nova destilaria em Midleton. Em 1986, a Irish Distillers Ltd. (IDL) comprou a Bushmills, a única destilaria no norte.

Mas então, de maneira lenta e incrível, as coisas começaram a mudar. Em 1988 o whisky começa a surgir de uma feia unidade industrial na península Cooley; o trabalho de liderança mundial na administração da madeira da equipe de produção da IDL muda os whiskies deles imensuravelmente e então, em 2005, o parceiro da IDL, o grupo Pernod-Ricard, vende a Bushmills para sua maior rival, a Diageo. De repente, existe uma categoria irlandesa novamente. Quando estávamos prestes a fazer a impressão deste atlas, a William Grant & Sons anunciou planos de construir uma nova destilaria com a finalidade de produzir Tullamore Dew.

Observando bem, percebemos que não existe uma única coisa que possa ser definida como "whisky irlandês". Existem três destilarias na Irlanda fazendo whisky de três maneiras diferentes. Isso é diversidade.

A Irlanda existe em histórias e lembranças. Em antigos alambiques silenciosos, amontoados de pedras, gostos meio esquecidos; um lugar de suave melancolia e do sorriso plácido que a acompanha. Mas o whisky irlandês não está morto. Ele vive novamente, em pubs, em canções, nas lembranças do povo e em destilarias.

Uma irrelevância? Não mais.

16. Uma das bebidas de mais forte teor alcoólico do mundo, o *poitin* é um tradicional destilado irlandês, produzido com cevada maltada ou batata.

3,000m (9,843 pés)
2,000m (6,562 pés)
1,000m (3,281 pés)
500m (1,640 pés)
200m (656 pés)
100m (328 pés)
0m
Canal do Norte
Bushmills
Coleraine
Lago Swilly
Lago Foyle
Derry
Foyle
A6
Bann
Lifford
Larne
ULSTER
IRLANDA DO NORTE
Antrim
M2
Omagh
Cookstown
Lago Neagh
Belfast
Baía de Donegal
Lago Lower Erne
Enniskillen
M1
Lago Belfast
Sligo
Armagh
Lago Upper Erne
Bann
Lago Allen
Shannon
Baía de Clew
N5
Dundalk
Cooley
Lago Mask
CONNAUGHT
N3
MAR DA IRLANDA
Boyne
Drogheda
M1
OCEANO ATLÂNTICO
Lago Corrib
Lago Ree
Kilboggan
Galway
N6
Brosna
M4
Dublin
Baía de Galway
Tullamore
Liffey
Dun Laoghaire
REPÚBLICA DA IRLANDA
M7
N18
Lago Derg
LEINSTER
Wicklow
Shannon
N8
N9
Slaney
Foz do Shannon
Limerick
Kilkenny
Barrow
N21
N20
MUNSTER
Suir
N25
Wexford
Waterford
Rosslare
Baía de Dingle
N72
Canal de St. Georges
Blackwater
Midleton
N25
Cork
Mar Céltico
IRLANDA
Destilaria de malte
Aeroporto
Terminal de balsa
0 milhas 50
0 km 50
N

A arte da destilação difundiu-se da costa rochosa da Irlanda até a Escócia.

Bushmills

BUSHMILLS • WWW.BUSHMILLS.COM • ABERTA O ANO INTEIRO • SEG-DOM, EXCETO FERIADOS

O canal do Norte tem sido há muito uma passagem marítima movimentada entre a Irlanda e a Escócia. Anos de histórias, canções e poesia partilhadas, de política e ciência, um grande fluxo de humanidade e ideias. O whisky é uma parte integrante disso. Especificamente, a Bushmills é parte disso; embora, em se tratando da Irlanda, para chegar aos fatos, você precisa primeiro esclarecer meias verdades.

Por exemplo, a destilaria não foi fundada em 1608. O alvará para a destilação no distrito foi concedido nessa época, mas a destilaria Bushmills surgiu em 1784, completa com dois alambiques pequenos do tipo pot. Até 1853, ela havia sido "aperfeiçoada" e acabara de ter luz elétrica instalada, apesar de que, duas semanas depois de a energia ter sido implementada, a destilaria foi destruída por um incêndio. Não está claro se os dois fatos têm alguma ligação.

Quando o cronista do whisky Alfred Barnard fez uma visita nos anos 1880, relatou com entusiasmo que a então ampliada destilaria estava "viva com todas as invenções modernas". Mas ela não fazia whisky de destilação tripla. Esse sistema começou apenas na década de 1930, depois que Jimmy Morrison foi contratado como gerente para aprimorar o espírito. Sua solução foi tentar "um tipo triplo de alambique pot [destilação] que não era usado em nenhum outro lugar" (veja p. 17). Oh, e o espírito era turfoso até a década de 1970.

Atualmente, ela produz um malte leve, relvoso, de destilação tripla, como também os seus próprios blends, o rico e frutado Black Bush e o fresco e condimentado com gengibre Original. Ele é tanto imediato como fácil de sorver, mas ao mesmo tempo complexo – mais ou menos o que se esperaria de um lugar de tantas mudanças.

O coração da Bushmills é o espírito proveniente de seus nove alambiques, distribuídos de uma maneira aparentemente casual pela casa de alambique, cujos pescoços delgados comprimiram o vapor em um íntimo contato com o cobre, aumentando o refluxo.

O sabor desejado aqui é o leve, alcançado fazendo-se o ponto de corte do espírito nos alambiques intermediários em três. A cabeça é enviada para o recipiente de vinhos baixos, então é feito um corte do meio, que vai para o recipiente de feints fortes. O restante, os feints fracos, acaba indo para o recipiente de vinhos baixos (veja p. 17).

Os dois alambiques usados para o ciclo do espírito são, então, preenchidos cada um com 7 mil litros (1.540 galões) de feints fortes. Apenas um pequeno corte (de 86% a 83%) é coletado como espírito. A destilação continua, entretanto, com o restante do destilado sendo coletado como feints fortes. É claro que os feints fracos e o excesso do alambique de espírito continuam sendo redestilados, submetidos a corte, redestilados e assim por diante. Isso faz com que a Mortlach e a Dalmore pareçam simples.

"Dizemos que é destilação tripla", conta o gerente Colum Egan, "mas provavelmente estamos destilando uma parte disso seis ou sete vezes. O fato de que temos quatro, talvez até seis pontos de corte ao longo do processo, também dá uma melhor oportunidade para acrescentar força ou eliminar sabores que não queremos."

Hoje o espírito novo é maturado em uma elevada porcentagem de tonéis de primeiro uso. "Esse whisky é leve, complexo, mas há menos óleos fúseis", comenta Egan. "Se você tem um espírito delicado, não ousa colocá-lo em tonéis ruins."

Tudo em relação à destilaria e a seus whiskies evolutivos fala de um

Whisky nas pedras. A Calçada dos Gigantes, formada por colunas de basalto, fica próxima à destilaria Bushmills.

Um local grande, dissonante – sempre se acreditou que a Bushmills tem sido uma sequência de encarnações diferentes em sua história longa e variada.

lugar que sempre se manteve consciente de si. Ela seguiu pelo que pode parecer o caminho não convencional, difícil, mas essa decisão, quer tenha sido consciente ou intuitiva, foi a exata razão para a destilaria ter sobrevivido. Ela nunca fez exatamente "whisky irlandês", ela fez Bushmills. O detalhe exato que destaca a Bushmills das demais: seu sabor e a maneira como é criado falam de sua herança, de seu terroir cultural.

Esta é uma parte do mundo em que a fabricação de whisky está no sangue. As ruelas quietas de Antrim, sua costa recortada, geraram pessoas que são destiladores natos, que se deleitam com sua mentalidade questionadora e com a crença em uma individualidade não convencional.

NOTAS DE DEGUSTAÇÃO: BUSHMILLS

ORIGINAL BLEND, 40%

Nariz: Dourado claro. Bastante fresco com um delicado quê herbáceo. Argila quente e relva perfumada.
Paladar: Doce com um pouco de teor farelento. Doce no centro com um pouquinho de flor de laranjeira, mel se tornando qualidade relvosa na parte posterior.
Acabamento: Crocante e com gengibre.
Conclusão: Feito para mistura... e isso é um elogio.

Campo de sabor: Fragrante e floral
Prove também: Johnnie Walker Red Label

BLACK BUSH BLEND, 40%

Nariz: Dourado pleno. Carvalho limpo. Especiarias e melão Gália com um pouquinho de tâmara, suco de uvas pretas, então coco e cedro. Com água, *clafoutis* (frutas assadas por cima de massa de bolo) de ameixa e compota de ruibarbo.
Paladar: Suculento, frutado e maduro. Bolo de frutas, açúcar de cevada. Profundo. Acumula-se no centro.
Acabamento: Cremoso e longo.
Conclusão: Serve-se com uma pedra de gelo.

Campo de sabor: Rico e redondo
Prove também: Johnnie Walker Black Label

10 ANOS 40%

Nariz: Dourado. Relva verde tornando-se feno claro, barril de malte, então gesso fresco, pau-de-balsa. Cravo-da-índia.
Paladar: Crocante, mas com doçura de baunilha de tonéis ex-bourbon. Levemente fragrante.
Acabamento: Relva seca e especiarias farelentas.
Conclusão: Ligeiramente mais cheio que no passado.

Campo de sabor: Fragrante e floral
Prove também: Cardhu 12 anos, Strathisla 12 anos

16 ANOS 40%

Nariz: Âmbar profundo. Grande caráter doce de xerez, muitas frutas pretas concentradas, ameixa seca, mas também carvalho doce. Reteve o teor suculento do caráter. Passas e pão para o chá.
Paladar: Maduro e vinoso. Geleia de amora, groselha. Toque de tanino e, cereja preta antes de toffee.
Acabamento: Uvas novamente.
Conclusão: Maturação em três tipos de carvalho.

Campo de sabor: Rico e redondo
Prove também: Balvenie 17 anos Madeira Cask

21 ANOS ACABAMENTO EM TONEL DE MADEIRA, 40%

Nariz: Mudando para bolo de café com cobertura amanteigada. A água, uma taverna de xerez. Então surgem hortelã, sabor cítrico agradável e couro recém-curtido. Doçura semelhante a grão moído.
Paladar: Doce e dominante, com frutas secas escuras, melaço, alcaçuz vermelho.
Acabamento: Firme, nozes e limpo.
Conclusão: Tratamento de tonel duplo agregou corpo.

Campo de sabor: Rico e redondo
Prove também: Dalmore 15 anos

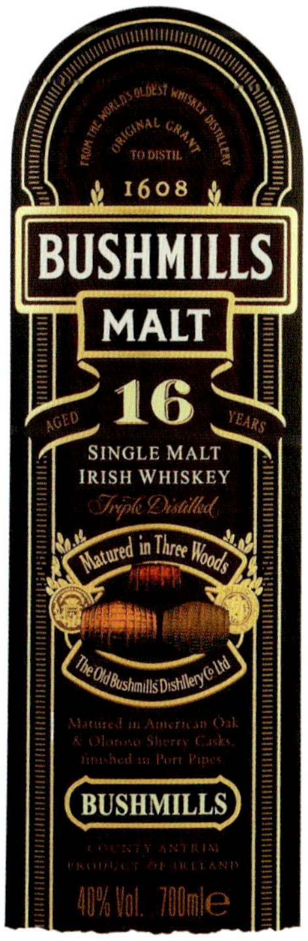

Cooley e Kilbeggan

COOLEY • DUNDALK • WWW.COOLEYWHISKEY.COM / KILBEGGAN • TULLAMORE • WWW.KILBEGGANWHISKEY.COM • ABERTA O ANO INTEIRO

Se se leva um pouco de tempo para se destrinchar a história de Bushmills, isso não é nada em comparação com a mais nova destilaria de whisky da Irlanda, a Cooley. Sua saga passa por lenda, agricultura, carros movidos a batatas, o rompimento de um monopólio e a mais nova, e ainda assim mais antiga, destilaria do país. A Irlanda, você logo perceberá, não é linear.

A península Cooley no Condado Louth é um dos cenários do Táin, o épico medieval irlandês em que um rei e uma rainha travam uma batalha pela posse de um touro branco mágico – uma excelente analogia da luta pela alma do whisky irlandês, na qual a Cooley tem estado no centro desde seu nascimento.

Agora, com mais de 20 anos de existência, a Cooley tem sido caracterizada como peculiar, definida (por suas rivais) mais pelo que não fez do que pelo que fez. Para os "puristas", a Cooley simplesmente estava fazendo Scotch na Irlanda. Afinal, o whisky irlandês não foi sempre triplamente destilado e não turfoso? "Quem disse?", indaga o diretor de produção, Noel Sweeney. "Essa ideia é equivocada. Leia Alfred Barnard. Havia destilação tripla, destilação dupla, apenas malte, malte misturado... e usava-se turfa. A IDL [Irish Distillers Ltd.] precisava se diferenciar do Scotch, mas isso nunca significou que todo o whisky irlandês tinha de ser feito dessa maneira.

A vista ao longo da baía Dundalk pode ser bucólica, mas a destilaria é utilitária, um conjunto de blocos de concreto pintados de verde que começou sua vida como uma de cinco fábricas de propriedade do governo irlandês, que originalmente produzia combustível de batata para carros, embora até o final dos anos 1970 estivesse fabricando espírito para a Bailey's.

Em 1989, foi vendida para John Teeling, que decidira quebrar o monopólio da IDL. O fato de que a Cooley ainda está aqui sugere que ele teve êxito, mas foi uma luta. A certa altura, com dívidas acumuladas, ele ia aceitar a oferta da IDL para comprar o negócio... e fechá-lo. Foi apenas uma encomenda gigantesca da Heaven Hill que a salvou de ser mais uma das destilarias abandonadas que podem ser vistas espalhadas pela Irlanda.

Por que, então, adotar uma posição de produção oposta ao modelo da IDL? Para criar água verde-clara? Economia? Perversidade? "Acho que foi um pouco de cada coisa", opina Sweeney. "Não tínhamos experiência em destilação tripla e a IDL não falava conosco! Também tínhamos um destilador escocês [Gordon Mitchell, da Arran] e, assim, prosseguimos dessa maneira."

Os métodos de alambique do tipo pot ("pot still") da Cooley envolvem encher o alambique de espírito com o equivalente a 1,5 preenchimentos provenientes do alambique de primeira destilação. Isto, juntamente com um sistema de destilação lento, pescoços de cisne com ângulo para cima (com tubos de resfriamento por dentro), estimula o refluxo. O resultado é um destilado doce e com teor de mel. É usado para o Connemara (exceto no uso de cevada turfosa), que dá a essa marca um centro doce que equilibra o defumado turfoso pungente. O grão de pipoca amanteigada acentuada da Cooley tem a base de milho e corre por um equipamento de coluna Barbet, acrescentando uma textura aderente a blends como o Kilbeggan.

Com segurança financeira e uma reputação ascendente, a Cooley finalmente parece ter-se firmado, e em 2008 ela voltou sua atenção para a notável destilaria do século XVIII, a Kilbeggan, movida a água, uns 100 km a sudoeste. A velha Kilbeggan, caiada, de paredes grossas, é um museu de destilação, cujo interior obscuro, dissonante, com teto baixo de vigas, abriga artefatos dos primeiros tempos da herança de fabricação

Os bons e velhos tempos. Kilbeggan era uma marca famosa antes do grande colapso do século XX.

Após anos de silêncio, a Kilbeggan está produzindo whisky novamente – prova do novo otimismo na indústria irlandesa.

de whisky do país: um motor a vapor em funcionamento, pedras de moinho, um tanque de mosto que mais parece uma vasta lagoa rasa, com escoamento lateral, e serpentinas "worm" que eram afundadas na corrente de água que aciona a roda da azenha, a corrente deixando o moinho d'água. Do lado de fora há três alambiques raiados com acetato de cobre, do tipo pot. Como nobres rurais falidos, eles são testemunhos do passado do whisky irlandês... mas agora há vida no antigo lugar. Sweeney começou a destilação mais uma vez, em um pequenino alambique de cobre. "As pessoas pensam que isto tudo é bem planejado", diverte-se Sweeney. "Na maior parte, acontece acidentalmente!"

NOTAS DE DEGUSTAÇÃO: COOLEY

ESPÍRITO NOVO GRÃOS

Nariz: Doce e levemente relvoso, com toques de limão-galego e pipoca. Bem limpo.
Paladar: Gordo e suculento, dá água na boca. Notas de milho gordo. Sensação de mascar e maduro.
Acabamento: Quente e sabor agradável.

ESPÍRITO NOVO MALTE

Nariz: Mel. Bem doce, com um pouco de folha de framboesa. Perfumado. Muito puro. Com água, um pouquinho de cera de lacre.
Paladar: Bem leve, com a nota de mel dominando. Sensação cheia e, então, um delicado realce floral na parte posterior.
Acabamento: Amanteigado. Limpo.

ESPÍRITO NOVO MALTE TURFOSO

Nariz: Menos defumado do que se esperaria. Notas leves de pátio de fazenda. Com água, fica mais doce e um ligeiro quê de turfa.
Paladar: Grande doçura turfosa. Fogo úmido com uma juventude ligeiramente sulfurosa, mas há aquela nota subjacente de mel/cera do espírito novo não turfoso. Equilibrado.
Acabamento: Altamente medicinal. Antisséptico e hospitais.

CONNEMARA 12 ANOS 40%

Nariz: Perfumado, com mato cortado, folhas de bambu, maçã seca e um pouquinho de turfa. Como no espírito novo, a turfa parece tímida.
Paladar: Mas não no palato, onde agora se mistura com amêndoa, semente de erva-doce e banana.
Acabamento: Páprica defumada. Fumaça de turfa.
Conclusão: Equilibrado.

Campo de sabor: **Defumado e turfoso**
Prove também: Ardmore Traditional Cask, Bruichladdich, Port Charlotte PC8

TYRCONNEL 10 ANOS MADEIRA 46%

Nariz: Firme e ligeiras nozes com uma qualidade perfumada. Açúcares queimados, jasmim, ameixa pequena roxa. Carvalho doce.
Paladar: Suave e gentil, com um fluxo de ritmo estável de frutas tropicais doces (manga/goiaba), levemente com mel e, então, um pouco de compota de ameixa vermelha.
Acabamento: Chocolate e frutas.
Conclusão: A doçura inerente do espírito de malte não é sobrepujada pelo tonel.

Campo de sabor: **Rico e redondo**
Prove também: Bushmills 16 anos

KILBEGGAN 15 ANOS BLEND, 40%

Nariz: Sólido e espesso, com bastante grão suculento, serragem quente, cereja vermelha, canela e aquela nota de amêndoa novamente... desta vez confeitada.
Paladar: Doce. Iogurte grego. Banana e coco, um pouco de toffee derretido. Domina só o bastante para impedir que ele se torne cansado. Ligeiramente relvoso com água.
Acabamento: Suculento e doce.
Conclusão: Equilibrado e com especiarias leves.

Campo de sabor: **Frutado e picante**
Prove também: Nikka Super

Destiladores irlandeses

MIDLETON • WWW.JAMESONWHISKEY.COM/HERITAGE/VISITOR-CENTRES/MIDLETON_EXPERIENCE_TOUR_INFO.ASPX • ABERTA O ANO INTEIRO

O porte da destilaria Old Midleton invariavelmente causa espanto. Não há nada nesta terra de vitrines coloridas de confeitarias e ruas estreitas repletas de brincos-de-princesa para avisar que, dobrando a esquina, há uma coleção de enormes construções que se parecem mais com celeiros do que com uma destilaria... É só então que se descobre que já foram celeiros e, posteriormente, um moinho de lã, antes de, em 1825, a família Murphy, tendo feito fortuna com chá, decidir tentar a sorte no comércio recém-legalizado de destilação de whisky. Eles instalaram imediatamente um alambique do tipo pot de 143.200 litros (31.500 galões).

A Irlanda teve a primeira indústria de whisky reconhecidamente comercializado do mundo, e em seu coração está o tradicional whisky irlandês de alambique do tipo pot, cujo nascimento surgiu como resultado direto da grande ambição das principais destilarias irlandesas. Vendo o imposto sobre a cevada maltada devorar seus lucros nos anos 1850, eles começaram a usar uma mistura de cevada não maltada e maltada para economizar dinheiro (veja p. 17). O sabor pode ter sido uma segunda consideração, mas isso mudou o whisky. Na verdade, fez o whisky.

O alambique do tipo pot tradicional tem uma textura oleosa que forma uma camada na boca, misturada com maçã e especiarias. Não há nada das notas de cereal que se tem no malte escocês; este é suculento, picante e flexível, mas com firmeza quando jovem. Observe o padrão fragrante do Jameson e, então, verifique a linha inteira, vendo como o elemento de alambique do tipo pot aumenta, acrescentando corpo, teor suculento e especiarias; então vá para a combinação de carvalho americano e alambique do tipo pot pesado na qualidade untuosa do Powers, antes de culminar no alambique do tipo pot 100% do Redbreast 15 anos.

Hoje em dia a proporção de cevada não maltada para maltada tende a ser de 60:40, mas proporções diferentes são usadas. Não há meio de se fabricar whisky na Midleton (para ser preciso, na New Midleton, que se situa atrás da antiga destilaria). A amalgamação da IDL significa que este local produz todos os whiskies para todos os blends da empresa – e alguns contratam engarrafamentos como Tullamore Dew e Green Spot.

Uma parede abriga os três alambiques de coluna, a outra tem quatro alambiques do tipo pot: dois de primeira destilação, um de feints e um de espírito. Todos são do mesmo tamanho, mas a quantidade do preenchimento variará, dependendo do estilo do whisky sendo produzido (aquele aspecto do contato com o cobre/vapor em ação outra vez). São feitos um leve, dois meio encorpados e um encorpado 100% estilo do tipo pot, mas após uma gentil indagação o mestre de destilação Barry Crockett admite que pode haver mais estilos e, de fato, variações, conforme os fluxos do destilado podem ser desviados de pote para coluna, ou vice-versa.

O segredo final está no armazenamento. A IDL é pioneira em tonéis de reserva (iniciando a estratégia antes das destilarias escocesas) e atualmente prepara 4 mil novos tonéis de xerez por ano, como também carvalho americano e reserva de tonéis utilizados previamente para

A "nova" Midleton é uma das destilarias mais notáveis do mundo do whisky. Criada a partir de um espírito de adversidade, ela manteve a bandeira do whisky irlandês tremulando.

Mestres da madeira. A IDL foi pioneira em muitas abordagens na administração de madeira que agora são aceitas como norma no mundo do whisky.

porto e Madeira. "Demos uma séria olhada na madeira em 1979 e, então, fizemos uma revisão fundamental", explica o mestre da madeira Brendan Monks. "Basicamente, dissemos aos chefes que se era para sermos um sério integrante do setor, tínhamos de investir em madeira."

Fatores históricos e econômicos obrigaram a IDL a mudar a produção para um único local. Uma vez lá, porém, têm sido as habilidades dos destiladores, blenders e mestres de madeira que asseguraram que essa destilaria possa fabricar whiskies tão variados quanto o Paddy, o Powers, o Jameson e o poderoso Redbreast mantendo-se fieis à tradição, mesmo em uma destilaria ultramoderna e numa época em que poderiam ter-se retraído e feito apenas um whisky. Se a Old Midleton mostra a partida da velha Irlanda, a New Midleton mostra seu renascimento.

NOTAS DE DEGUSTAÇÃO: IRISH DISTILLERS

JAMESON ORIGINAL BLEND, 40%

Nariz: Dourado, fragrante. Ervas, terra quente, âmbar, madeira perfumada e açúcares de maçã caramelada. Semelhante a hidromel. Fresco e agradável.

Paladar: Suave com bastante baunilha. Suculento no meio do céu da boca e, então, começa a secar, tornando-se ligeiramente mais fino. As especiarias começam a surgir.

Acabamento: Cominho. Pau-de-balsa. Limpo.

Conclusão: Equilibrado e aromático.

Campo de sabor: **Fragrante e floral**
Prove também: Grant's Family Reserve, Hibiki 12 anos

JAMESON 12 ANOS BLEND, 40%

Nariz: Menos perfumado que o "padrão" com mais mel, um pouco de passas brancas, toffee e bala de caramelo. Maçã cozida. Ervas secas e serragem quente.

Paladar: Mais suculento e cheio do que o padrão, com mais coco, baunilha e um indício de frutas secas. Pequeno indício de cânfora.

Acabamento: Pimenta-da-jamaica.

Conclusão: Mais alambique do tipo pot acrescentando peso e sensação.

Campo de sabor: **Frutado e picante**
Prove também: Dewar's 12 anos

JAMESON 18 ANOS BLEND, 40%

Nariz: Dourado pleno. Um tanto fechado para começar, mas então mais alambique do tipo pot mais pesado começa a se desenvolver. O mais polido e oleoso (óleo de linhaça) do trio. Um pouco de resina, mas também aquela nota realçada agora se tornando ervas secas.

Paladar: Sensação de mascar e cheio com mais notas de xerez. Passas pretas em vez de brancas. Com água, bolo de gengibre doce.

Acabamento: Mais uma vez picante; desta vez, flor de noz-moscada junto com mel de castanha.

Conclusão: Clara semelhança de família, mas uma proposta mais encorpada.

Campo de sabor: **Rico e redondo**
Prove também: Chivas Regal 18 anos

POWERS 12 ANOS BLEND, 46%

Nariz: Grande. Suculento, semelhante a flor de planta frutífera. Com mais teor de pêssego. Mais frutado fresco e geralmente mais gordo do que o Jameson.

Paladar: Imensa dose de milkshake de banana adoçado com néctar de pêssego e mel. Textura espessa antes de uma nota de caju/pistache. Sensação cheia na boca.

Acabamento: Maduro e, então, coentro e açafroeira.

Conclusão: Untuoso.

Campo de sabor: **Frutado e picante**
Prove também: Glen Elgin 12 anos

REDBREAST 12 ANOS 40%

Nariz: Âmbar. Resinoso, oleoso com cravo, couro maleável. Pêssego puro/qualidade de banana assada, especiaria doce.

Paladar: Generoso e preenche a boca. Espesso. Pomar suave/frutas polpudas, marmelo em pasta, mais especiarias: flor de noz-moscada.

Acabamento: Óleos e amora-preta. Tabaco.

Conclusão: Uma sensação cheia na boca complexa.

Campo de sabor: **Rico e redondo**
Prove também: Macallan 12 anos

REDBREAST 15 ANOS 100% POT STILL, 46%

Nariz: Imenso. Frutas de outono. Toffee e couro leve, sândalo, pólen. Carvalho encerado. Rico.

Paladar: Gordo e redondo. Couro chamois e, então, abundância de especiarias. Efeito em camadas de cominho, gengibre, misturados com couro novo, frutas secas, maçã assada. Complexo.

Acabamento: Longo e maduro, aderente na garganta.

Conclusão: Como Jameson com esteroides. Alambique do tipo pot clássico.

Campo de sabor: **Rico e redondo**
Prove também: Old Pulteney 17 anos

JAPÃO

Em uma visita à destilaria Karuizawa, vi um pôster de um homem de fisionomia compenetrada, de óculos de lentes grossas e um cavanhaque protuberante. Era Santoka, poeta de haiku. Foi o sincronismo perfeito. Santoka tinha fama de gostar de um drinque, e o que é o haiku se não uma destilação de palavras até a essência da experiência? Ou, nas palavras de Santoka, extrair "o fôlego profundo da vida". O whisky é um haiku. Sua criação diz respeito à concentração do sabor, mas, por trás de seus aspectos técnicos, é uma manifestação de uma cultura mais ampla.

Página anterior: De algum modo familiar e, ainda assim, tão diferente, a paisagem japonesa se reflete em seus whiskies.

Embora seja impossível para qualquer *gaijin* entender completamente a cultura japonesa, certa avaliação da sensibilidade japonesa torna, de fato, os processos criativos por trás de seus whiskies um pouco mais compreensíveis. A história do whisky no Japão adquiriu o brilho de uma lenda de folclore. A chegada de espíritos ocidentais no final do século XIX na forma de uma caixa de Old Parr trazida emi 1872 pela missão de comércio de Iwakura; a subsequente criação da imitação de espíritos estrangeiros em laboratórios japoneses; a fundação da Kotobukiya pelo jovem Shinjiro Torii em 1899; o envio de um jovem estudante de química, Masataka Taketsuru, para Glasgow para estudar química em 1918; a sedução de Taketsuru pela Escócia – seu casamento com Rita Cowan, seu trabalho como aprendiz na Hazelburn e na Longmorn; sua contratação por Torii-san, que na época selecionava pessoal para um destilador japonês para a primeira destilaria do Japão dedicada ao whisky em Yamazaki, em 1923; como eles trabalharam juntos e, então, se separaram: Tori fundando a Suntory, Taketsuru fundando a Nikka, que permanecem como os dois pilares da fabricação de whisky no Japão.

Há um pressuposto de que, pelo fato de os japoneses terem aderido ao modelo escocês de fabricação de whisky, o whisky deles é uma cópia. Nada poderia estar mais longe da verdade. Desde o início o objetivo foi o de criar um estilo japonês, que é precisamente o que aconteceu. Também se acredita amplamente que esses são whiskies tecnológicos, feitos em laboratório, desconectados da terra. Mais uma vez, uma crença totalmente equivocada.

Sim, os fabricantes de whisky japoneses recorreram à ciência em busca das respostas para suas dúvidas. O que mais poderiam fazer? Esperar duzentos anos para construir vestígios de sabedoria popular? Esse era um setor começando
do zero; tinha de ser rigoroso em sua abordagem. Mas, enquanto o whisky japonês pode ter sido movido inicialmente por considerações práticas baseadas na ciência, ele evoluiu da maneira como o fez porque o Japão, o país, entrou no jogo: seu clima, sua economia, sua comida, sua cultura, sua psicologia – a necessidade de relaxar após um dia de trabalho.

O whisky japonês não é necessariamente mais leve, mas possui uma clareza de aroma que o destaca. Sua ausência de uma nota ao fundo de cereal também o diferencia do Scotch, como o faz o uso do carvalho japonês intensamente aromático. Se o single malt escocês é um riacho correndo pela montanha, com todos os sabores disputando uma posição, o malte japonês é uma lagoa límpida onde tudo é revelado.

Existe um termo japonês, wabi-sabi. Essa é a filosofia estética que valoriza a beleza transitória; uma estética que se concentra no que está subentendido; simples e não permanente. Ela sustenta que imperfeições são belas. O whisky jamais pode ser "perfeito" em termos químicos – isso é neutralidade. Os sabores contidos no whisky são "imperfeições"; encontrar o equilíbrio entre o brilhantismo técnico e as variações causadas pela natureza (clima, madeira, cobre) é o que sua fabricação envolve. Como Taketsuru disse: "A fabricação de whisky é um ato de criação cooperativa entre as bênçãos da natureza e a sabedoria do homem". *Wabi-sabi.*

Calmo, tranquilo, ordenado... e, ao mesmo tempo, enigmático. O mundo está desvendando agora os segredos do whisky japonês.

JAPÃO
Destilaria
3,000m (9,843 pés)
2,000m (6,562 pés)
1,000m (3,281 pés)
500m (1,640 pés)
200m (656 pés)
100m (328 pés)
0m
CHINA
RÚSSIA
COREIA DO NORTE
COREIA DO SUL
MAR DO JAPÃO
OCEANO PACÍFICO
Mar de Okhotsk
Mar da China Oriental
Estreito La Perouse
Estreito da Coreia
HOKKAIDO
HONSHU
SHIKOKU
KYUSHU
Vladivostock
Ishikari
Otaru
Sapporo
Yoichi
Hakodate
Aomori
Akita
Montes Ou
Miyagikyo, Sendai
Sado
Niigata
Fukushima
Iwaki
Shinano
Nagano
Karuizawa
Tone
Hakushu, Hokuta
Chichibu
Tokyo
Fuji-Gotemba
Monte Fuji
Yokohama
Shizuoka
Nampo Shoto
Nagoya
Lago Biwa
Kyoto
Eigashima
Yamazaki
Kobe
Osaka
Montes Kii
Ilhas Oki
Tsushima
Hiroshima
Fukuoka
Kitakyushu
Nagasaki
Kumamoto
Montes Kyushu
Kagoshima
N
0 milhas 200
0 km 200

As encostas do Monte Fuji fornecem água para uma das destilarias japonesas – Fuji Gotemba.

Yamazaki

OSAKA • WWW.THEYAMAZAKI.JP/EN/DISTILLERY/MUSEUM.HTML • ABERTA O ANO INTEIRO • VERIFIQUE FERIADOS • VEJA SITE PARA DETALHES

Começa aqui, perto da antiga estrada que ligava Kyoto ao porto de Osaka, do outro lado da estrada de ferro onde, atualmente, trens-bala passam voando; um lugar de umidade abafadiça no verão e invernos gelados. Esta é Yamazaki. Torii-san decidiu construir aqui em 1923 por várias razões. Fazia sentido em termos comerciais a localização entre dois importantes mercados com bons meios de transporte e, além disso, era o ponto de encontro de três rios, o que significava um suprimento abundante de água. Há razões mais profundas, porém. Foi aqui que Sen Rikyu, o criador do século XVI do que conhecemos como a cerimônia do chá, construiu sua primeira casa de chá devido, alguns acreditam, à qualidade da água. Isto é mais do que apenas um conveniente lote plano de terra ao lado da estrada de ferro.

Esse aspecto arraigado não significa que a destilaria está presa ao passado. As destilarias japonesas têm uma vontade quase alarmante de eliminar o antigo e começar do zero. A Yamazaki foi reconstruída três vezes, mais recentemente em 2005. Nesta última reforma, a casa de alambique foi totalmente reequipada, os alambiques substituídos por modelos menores, fogo direto trazido de volta (chamas expostas na base), e os estilos mudaram. Note o plural. Quando se tenta entender o whisky japonês, é sensato relegar a Escócia a um canto da mente. A criação de estilos é mais um exemplo da fusão japonesa do pragmatismo com a criatividade.

A Escócia tem 96 destilarias de malte, permitindo que seus blenders optem a partir de uma imensa variedade de estilos de whisky, os quais trocam uns com os outros. No Japão, as Duas Grandes (Suntory e Nikka) têm quatro fábricas de malte entre si – e não trocam. Se querem uma variedade de whiskies para os seus blends, têm de fabricá-la na própria casa.

A Yamazaki tem dois tanques de mosto, a mistura baixa e a cevada pesadamente turfosa dando um mosto surpreendentemente claro (daí a falta de notas de cereal no espírito) que é fermentado com uma mistura de duas leveduras em cubas de lavagem tanto de madeira (consideradas melhores para fermentação láctica mais longa de geração de sabores) quanto de aço inoxidável. É a casa de alambique que apanha quem visita pela primeira vez de surpresa: seis pares de alambiques, todos de formatos e tamanhos diferentes. Todos os alambiques de primeira destilação recebem fogo direto e um tem o sistema de serpentina “worm”. O envelhecimento se dá em cinco tipos diferentes de tonel: xerez (carvalho americano e europeu), ex-bourbon, novo e carvalho japonês. Isso permite uma abordagem diferente do single malt.

Localizada do outro lado dos trilhos do trem, junto à antiga estrada entre Kyoto e Osaka, a Yamazaki foi a primeira destilaria de whisky do Japão a ser construída com essa finalidade.

Saindo para uma volta. Uma nova técnica de maturação – ou o resultado do grande porte da destilaria?

Na Yamazaki, são fabricados estilos variados de whisky.

Na Escócia, cada destilaria tenderá a produzir um estilo, o que significa que a diferença entre um 18 anos e um 15 anos, em termos simples, é de três anos junto com quaisquer influências dadas pela madeira escolhida. Na Yamazaki, as partes integrantes de cada expressão de idade são diferentes: o Yamazaki 18 anos não é apenas seis anos mais velho que o 12 anos, ele é feito de diferentes tipos de whisky, sendo que todos são unidos por seis meses antes do engarrafamento.

O que é fascinante, entretanto, é que, apesar de toda essa diversidade, há um caráter unificador no Yamazaki: um momento em que o whisky afunda e se mantém no centro da língua, quando as frutas surgem. Ele pode aguentar bem o arrojamento do xerez e o *mizunara* com perfume de incenso (carvalho japonês), cujo caráter ácido age como uma contraposição à riqueza do espírito. Desse modo, ele personifica o arco da vida do whisky japonês: desde seus primeiros tempos, quando Shinjiro Torii e seus sucessores buscavam um caráter leve para se adequar às necessidades do consumidor japonês, até o novo consumidor centrado em malte, que quer mais caráter.

A despeito de todas as suas inovações tecnológicas (e há muitas mais ocultas da vista), a Yamazaki permanece um lugar de tranquilidade, um lugar onde essa fusão japonesa de elementos opostos, que no Ocidente pode parecer diretamente oposta – o moderno com o antigo, a intuição com a ciência –, parece perfeitamente natural.

NOTAS DE DEGUSTAÇÃO: YAMAZAKI

ESPÍRITO NOVO ESTILO MEIO ENCORPADO

Nariz: Gentil, doce, frutado com florais acentuados (lírio), maçã, morango.
Paladar: Redondo, com a característica do Yamazaki de afundar e se manter na língua (veja o texto principal). Frutado com um quê picante. Vibrante.
Acabamento: Macio e longo.

ESPÍRITO NOVO ESTILO ENCORPADO

Nariz: Profundo e rico com notas bem leves de vegetais. Frutas ricas.
Paladar: Dá sensação de mascar, cheio, com um grande toque de baunilha. Aderente e maduro. Espesso com indícios defumados.
Acabamento: Um pouquinho fechado.

ESPÍRITO NOVO ESTILO PESADAMENTE TURFOSO

Nariz: Limpo. Íris e alcachofra. O teor defumado é sólido e fragrante.
Paladar: Doce e espesso (o caráter dominante). Teor defumado confinado principalmente à parte posterior do palato. Fogueira na praia.
Acabamento: Condimentado.

10 ANOS 40%

Nariz: Dourado leve. Fresco com mais dos aspectos picantes à mostra. Carvalho tostado. Ésteres.
Paladar: Limpo e agradável, cítrico leve, indício de tatame (esteiras de palha japonesas). Frutas verdes.
Acabamento: Suave e, então, se torna crocante.
Conclusão: Delicado e limpo. Adequado para o estilo *soda-wari* (com gelo e soda). Semelhante à primavera.

Campo de sabor: **Fragrante e floral**
Prove também: Linkwood 12 anos, Strathmill 12 anos

12 ANOS 43%

Nariz: As frutas começam a aparecer. Melão maduro. Abacaxi, toranja e também um pouco das notas florais. Mais uma vez, o indício de tatame e um pouquinho de frutas secas.
Paladar: Frutas doces. Tem uma sensação suculenta; calda, abricó no meio do palato e um quê de baunilha.
Acabamento: Ligeiramente defumado com a continuação das frutas secas.
Conclusão: Meio encorpado, mas dotado de caráter. Lembra o verão.

Campo de sabor: **Frutado e picante**
Prove também: Longmorn 16 anos, Royal Lochnagar 12 anos

18 ANOS 43%

Nariz: Âmbar leve. Frutas de outono. Maçãs maduras: pêssego quase seco, passas. Leve matéria vegetal de folhas. Um pouco mais de elemento defumado. As notas florais agora se acentuando. Mais perfumado.
Paladar: Bosques. Notas de xerez mais cheias, nozes e ameixa pequena e roxa. Levemente musgoso. Ainda adere ao centro da língua. Complexo.
Acabamento: Carvalho doce. Rico.
Conclusão: Uma jornada mais extensa e mais profunda nos bosques. Outonal.

Campo de sabor: **Rico e redondo**
Prove também: Highland Park 18 anos, Glengoyne 17 anos

Hakushu

HOKUTO CITY • WWW.SUNTORY.COM/BUSINESS/LIQUOR/WHISKY.HTML / WWW.SUNTORY.CO.JP/FACTORY/HAKUSHU/GUIDE

Há uma brisa fresca soprando entre os pinheiros que se estendem até as encostas de granito do Monte Kaikomagatake nos Alpes japoneses do sul. Permeando as árvores, encontram-se armazéns e construções de destilaria, embora seja difícil compreender o tamanho da destilaria Hakushu da Suntory enquanto não se sobe até a ponte bem elevada, o corredor de vidro ligando o topo das duas torres em seu museu. É um local vasto – em parte um parque nacional, em parte um complexo de destilaria –, que ainda pode abrigar 450 mil tonéis; uma indicação da escala da ambição dos destiladores japoneses nos anos 1970, quando uma expansão na economia e uma sede aparentemente insaciável por whisky (blended) levou à construção desta que, por um período de tempo, foi a maior destilaria de malte do mundo.

Foi a água que conduziu a Suntory até aqui. Água de fontes na montanha (que a empresa agora engarrafa) em quantidade suficiente para servir à grande visão da empresa. Infelizmente, porém, não era para ser. O *boom* do whisky no Japão terminou no início da década de 1990, quando a crise financeira asiática começou a deflação pela qual o país continua a caminhar, feito zumbi.

Uma clara manifestação dos efeitos desse declínio nos destinos do whisky está detrás de um par de amplas portas de ferro na West Distillery. O chefe harmonizador Shinji Fukuyo as abre e nós entramos em um frio mausoléu. Entre imensos alambiques de cobre, ele fala sobre como essa destilaria fabricava 30 milhões de litros (6,6 milhões de galões) de espírito por ano em duas casas de alambique – Leste e Oeste.

Agora a produção se mudou para o local do Leste e foi reduzida em um terço. Assim como em Yamazaki, as inconstâncias do mercado resultaram no fato de a Hakushu transformar a si mesma, com o maior ajuste acontecendo em 1983. Antes de seu fechamento, Fukuyo fizera experimentos no lado Oeste. Um dos alambiques tinha uma cobertura plana. "Oh, sim, eu fiz isso", admite ele jovialmente. "Eu queria fazer um estilo diferente, para ver o que aconteceria." É bem típico das mudanças dramáticas que os destiladores japoneses fazem, aparentemente sem pensar duas vezes.

Aliás, a Hakushu é ainda mais radical do que a Yamazaki. Aqui são usados quatro tipos de cevada – de não turfosa a pesadamente turfosa – e o mosto claro é submetido a uma fermentação longa em fermentadoras de madeira usando-se uma mistura de levedura de destilaria e de cervejaria. "As fermentadoras de madeira e a levedura de cerveja ajudam a encorajar a bactéria láctea", explica Fukuyo. "É isso que ajuda a produzir ésteres e uma cremosidade no espírito." Ou, para ser preciso, espíritos.

Um controle obsessivo da madeira é a chave para a qualidade do whisky japonês. **Esquerda:** um tonel sendo chamuscado... **enquanto à direita:** uma amostra está prestes a ser retirada.

Localização idílica. A Hakushu se situa em uma reserva natural nos Alpes japoneses.

Há seis pares de alambiques reluzentes, com fogo direto, em uma espantosa variedade de formatos e tamanhos: alto, gordo, fino, minúsculo; os pescoços de cisne se curvam para cima, para baixo, podem ser destacados e desviados para o sistema de "worm tubs" ou de condensadores. As possibilidades são incríveis, mas, novamente, como acontece com a Yamazaki, parece haver uma coerência nas variações no tipo de espírito.

O Hakushu, mesmo em sua expressão mais encorpada e mais turfosa, tem um foco e uma direção que o separam da profundidade do Yamazaki. Em sua juventude, ele parece encapsular diretamente a sua localização, um single malt que é repleto de um caráter verde, folhoso: bambu molhado, musgo fresco após a chuva e, sim, aquela cremosidade – que se deve em parte à preferência por tonéis de carvalho americano aqui e em parte ao sistema de fermentação mais longo. A turfa está presente, mas quase como uma lembrança tardia.

O estilo do Hakushu poderia também vir da temperatura ambiente. "Aqui a temperatura varia de 4 °C a 22 °C", explica Fukuyo. "Na Yamazaki, fica entre 10 °C e 27 °C, e com maior umidade no verão." O 10 anos com frescor de pinheiro não dá indicação de que a Hakushu tem capacidade para prolongar o envelhecimento. O 25 anos é mais encorpado, mais turfoso também, mas sempre com uma objetividade cristalina e um toque de hortelã que surge como o vento nos pinheiros.

NOTAS DE DEGUSTAÇÃO: HAKUSHU

ESPÍRITO NOVO LEVEMENTE TURFOSO

Nariz: Bem limpo. Pepino, sensação de mascar com frutas. Toque relvoso, pera branca, bananeira. Defumado, bastante sutil.
Paladar: Doce e intenso. Melão verde. Alta acidez. Fresco. A fumaça flutua ao fundo...
Acabamento: ...e, então, surge no final.

ESPÍRITO NOVO PESADAMENTE TURFOSO

Nariz: Robusto e firme com um toque de nozes. Menos "brumoso" do que a qualidade turfosa escocesa. Mais clareza e levemente perfumado. Grama molhada e limão.
Paladar: De sabor agradável e cítrico com formação de teor defumado.
Acabamento: Retrocede gentilmente.

12 ANOS 43.5%

Nariz: Palha. Fresco e verde e levemente perfumado. Pós de *Chypre*[16]. Relvoso e levemente floral, toque de pinho e sálvia. Banana-verde.
Paladar: Macio e sedoso, com um pouquinho de hortelã e maçã verde. Bambu e musgo molhado. Limão-galego e camomila.
Acabamento: O mais leve toque defumado.
Conclusão: Fresco e aparentemente delicado, mas tem substância. Focado.

Campo de sabor: Fragrante e floral
Prove também: Teaninich 10 anos, anCnoc 16 anos

16. *Chypre*: refere-se, aqui, a uma linha de perfumes de teor cítrico.

18 ANOS 43.5%

Nariz: Dourado. Abiscoitado com gengibre e amêndoa/marzipã. Levemente ceroso, ameixas e feno doce. Marzipã, grama verde, maçã verde. Folha de groselha.
Paladar: Meio encorpado e limpo (mais uma vez, boa acidez). Manga, melão maduro com seiva de plantas. Ainda relvoso. Fumaça de madeira delicada e carvalho tostado.
Acabamento: Limpo e levemente defumado.
Conclusão: Equilibrado. Ainda discreto, com um pouquinho mais de teor defumado.

Campo de sabor: Fragrante e floral
Prove também: Miltonduff 18 anos

25 ANOS 43%

Nariz: Âmbar. Intenso com bastantes frutas secas e mobília com lustra-móveis. Toque leve de frutas caramelizadas. Maçã assada, passas brancas, samambaia/musgo e cogumelo. Hortelã seca e teor defumado.
Paladar: Grande, maduro, generoso, e o que se espalha na língua mais amplamente entre os da linha. Vinoso e sedoso com tanino leve. Pralina.
Acabamento: Filete de fumaça através da madeira.
Conclusão: Arrojado, mas ainda tem a acidez fresca que é típica da destilaria.

Campo de sabor: Rico e redondo
Prove também: Highland Park 25 anos, Glencadam 1978

O TONEL DA HAKUSHU TURFA PESADA 61%

Nariz: Dourado. Intenso e apetitoso, com um frescor semelhante a ozônio. Cravo, cebola com teor defumado se desenvolvendo ao fundo; liberado totalmente com água. Retém temperos aromáticos. Frutas frescas e turfa úmida.
Paladar: Igualmente intenso – parcialmente o álcool, parcialmente a destilaria. Espalha-se na língua. Melão e grande teor defumado.
Acabamento: Verde e longo.
Conclusão: Equilibrado e tipicamente idiossincrático.

Campo de sabor: Defumado e turfoso
Prove também: Ardmore 25 anos

Miyagikyo

SENDAI • WWW.NIKKA.COM/ENG/DISTILLERIES/MIYAGIKYO.HTML • ABERTA O ANO INTEIRO

A primeira das duas destilarias de malte da Nikka situa-se no nordeste de Honshu, 45 minutos a oeste da cidade de Sendai. Este é um lugar de estradas sinuosas e colinas cobertas de bordos retorcidos, uma daquelas partes secretas do Japão que o estrangeiro raramente visita. Água quente brota da terra, as discretas e antigas *onsen* (fontes quentes) pontilham os vales da montanha.

Mais uma vez a água foi de fundamental importância na história da fundação da destilaria. No final da década de 1960, Masataka Taketsuru, o lendário cofundador do whisky japonês que criara a Nikka na década de 1930, queria um lugar para mais uma destilaria. Se sua primeira busca o levou diretamente ao frio norte (veja Yoichi, p. 226), desta vez o Japão inteiro foi considerado como tendo potencial. Segundo a lenda da empresa, ele levou três anos viajando para encontrar este lugar no vale Miyagi (Miyagikyo), onde os rios Nikkawa e Hirose se encontram. Ele caminhou até as pedras cinzentas e arredondadas no leito do rio, bebeu a água e declarou que era boa. Em 1969, a destilaria Sendai estava produzindo.

A preocupação de Taketsuru em relação à qualidade da água não é incomum entre os destiladores. Embora a água possa não ter um impacto direto no sabor, destilarias precisam dela em quantidade abundante, enquanto a temperatura certa (fria) e o teor mineral poderiam ter um efeito na fermentação. Quando Taketsuru começou seu aprendizado na destilaria Longmorn, em 1919 (veja p. 91), duas de suas 13 perguntas iniciais ao gerente se referiam à água. Após descobrir qual era a fonte de água da destilaria, ele perguntou: "Vocês já analisaram a água?" A resposta foi uma negativa. Ele, então, perguntou se havia alguma destilaria na Escócia em que se usava um microscópio. A resposta foi: "Acho que não". Pode-se garantir que, uma vez que ele provou a água de Miyagikyo, também providenciou para que fosse analisada. As coisas não são deixadas por conta do acaso hoje em dia.

Posteriormente, a Miyagikyo foi expandida duas vezes e faz espírito em uma fábrica de malte e de grãos. A parte do malte está em conformidade com a abordagem japonesa de curso múltiplo na fabricação de whisky, embora a técnica da Nikka seja diferente da da Suntory.

Usa-se, principalmente, cevada não turfosa, mas turfa média e ocasionalmente pesada também é processada em mosto claro (na maior parte) ou turvo. A fermentação ocorre com uma combinação de vários tipos diferentes de levedura. Os alambiques são todos do mesmo formato: capacidade ampla com a parte de baixo bem larga, um "boil bulb" e pescoços grossos – semelhante de fato à Longmorn.

Em uma paisagem de colinas serenas, florestas e fontes quentes, o vale Miyagi foi escolhido pela qualidade de sua água.

Quando provou a água em Miyagikyo, as intenções de Taketsuru ficaram claras. Na Yoichi, ele criou um single malt encorpado, defumado e de textura rica. Aqui, a leveza do toque era a chave. Se o Yoichi é um whisky de inverno, todo fumaça e poltronas de couros, o Miyagikyo é repleto das frutas do final do verão. Aqui está o equilíbrio no portfólio, o elemento novo para os blends. A fábrica de grãos agrega o elemento final e é prova ainda maior da maneira com a qual as destilarias japonesas, enquanto estão sempre investigando técnicas novas, retiveram os elementos do passado que dão certo.

Além de um alambique de coluna moderno, ela abriga um par de alambiques Coffey fabricados em Glasgow, os quais produzem três diferentes tipos de espírito de grãos: apenas milho, uma mistura de milho e cevada maltada e um destilado só de malte. O último, que é engarrafado em pequenas quantidades como "Coffey Malt", tem sido aclamado (e justamente) por sua qualidade – e também como um típico exemplo da inovação japonesa. De fato, o "Coffey Malt" foi amplamente fabricado na Escócia na época em que Taketsuru estava estudando. Talvez tenha sido simplesmente outra técnica que ele guardou, à espera do momento certo... e o local certo; talvez um local onde as folhas avermelhadas do outono dancem na beira do rio e os risos de prazer das crianças se elevem no ar fresco.

As quatro estações do ano possuem sua própria influência na maneira em que o Miyagikyo se desenvolve no tonel.

NOTAS DE DEGUSTAÇÃO: MIYAGIKYO

15 ANOS 45%

Nariz: Dourado pleno. Suave e doce. Muito toffee derretido, chocolate ao leite e caqui maduro.
Paladar: O caráter gentil e realçado visto no 10 anos agora adquiriu um pouquinho mais de profundidade de pêssego e um toque de elementos de xerez. Passas leves, toque de pinho outra vez.
Acabamento: Longo e frutado.
Conclusão: Doce e fácil de beber.

Campo de sabor: Frutado e picante
Prove também: Longmorn 10 anos

1990 18 ANOS SINGLE CASK 61%

Nariz: Chá Oolong, limão em conserva, leve e limpo. Caramelo duro e então surgem morangos, lactona de carvalho, um indício de untuosidade. Com água, biscoitos de chocolate, carvalho fragrante.
Paladar: Imediato e direto. Bastante gordo, com geleia, e forma uma camada na língua. Evolui de maneira constante no palato posterior. Maçãs em compota e passa de Corinto. Abre-se em tomilho, teor cítrico. Ligeiramente ácido.
Acabamento: Leve de carvalho.
Conclusão: Tem um agradável efeito de acúmulo no palato.

Campo de sabor: Frutado e picante
Prove também: Balblair 1990, Mannochmore 18 anos

NIKKA SINGLE CASK COFFEY MALT 45%

Nariz: Loção bronzeadora, café com leite. Macadâmia. Doce com frutas tropicais maduras. Com o tempo, madeira fragrante e couro de sapato. A água dá um toque ligeiramente floral junto com açúcares de frutas caramelizadas. Equilibrado com alguma complexidade.
Paladar: Quase cremoso para começar, então banana flambada e chocolate branco.
Acabamento: Longo e untuoso.
Conclusão: Altamente individual.

Campo de sabor: Frutado e picante
Prove também: Crown Royal

Karuizawa & Fuji-Gotemba

KARUIZAWA• NAGANO • WWW.KIRIN.CO.JP/BRANDS/SW/KARUIZAWA/INDEX.HTML • CENTRO DE VISITANTES E MUSEU DO WHISKY

FUJI-GOTEMBA • MT FUJI • WWW.KIRIN.CO.JP/BRANDS/SW/GOTEMBA/INDEX.HTML • ABERTA O ANO INTEIRO

É um tanto surpreendente para o estrangeiro que visita o Japão que duas de suas destilarias de malte tenham sido construídas perto de vulcões ativos, mas onde há lava também há *onsen* (fontes quentes) onde se pode relaxar enquanto se fica de olho em alguma erupção iminente. Foram essas fontes quentes que, por sua vez, levaram à construção da pequena cidade de Karuizawa, cujas ruas amplas, ladeadas de construções feitas parcialmente de madeira, lhe deram um ar de uma cidade de mercado inglesa mesclada com um assentamento no meio-oeste norte-americano. Por sua vez, o rico solo vulcânico propiciado pelo eternamente fumegante Monte Asama atraiu produtores de vinho, sendo que um deles, Daikoku-budoshu, converteu a sua vinícola em uma destilaria no início da década de 1950.

A Karuizawa (atualmente desativada) é uma destilaria mais direta do que as grandes operações mantidas pelas principais do ramo. Um estilo: cevada Golden Promise, em especial pesadamente turfosa, alambiques pequenos, tonéis de ex-xerez. É como uma volta a uma Escócia quase esquecida. Ainda assim, no paladar, o Karuizawa só poderia ser japonês. Há uma profundidade e intensidade de foco em seus maltes – resinoso, fuliginoso, perfumado com cardamomo, espesso com cera de abelha, salpicado de sangue –, e isso apenas o Japão pode produzir.

Esse quê feroz poderia ser da cevada, da levedura, e é certamente ajudado pelos alambiques minúsculos e pelos tonéis de xerez menores do que o normal – reduzidos de modo a caberem nas antigas prateleiras de vinho. Há uma solidez que se reafirma nesses maltes e uma qualidade enigmática. Usando-se esse sistema na Escócia, o resultado seria bastante diferente.

FUJI-GOTEMBA: O TOQUE MAIS LEVE VEM À FRENTE

A situação da Fuji-Gotemba é surpreendente. Situada nas proximidades do Monte Fuji, ela tem um estande de tiro da Força de Defesa do Japão no jardim dos fundos. Em termos de estilo, não poderia ser mais diferente da Karuizawa. Este é um malte leve, quase frágil, envelhecido em carvalho americano e feito para parceria com a cozinha japonesa. Criada em 1973 como um empreendimento conjunto entre a Kirin e a Seagram, a Fugi é um local de malte e grãos e é bem parecida como um Gimli em miniatura (veja p. 276).

NOTAS DE DEGUSTAÇÃO: FUJI-GOTEMBA

FUJI SANROKU 18 ANOS 40%

Nariz: Vigoroso, com ésteres. Bastante contido. Madeira encerada, caroço de pêssego, violeta. Com água, há flores brancas, toranja.
Paladar: Doce, fragrante e com mel. Um domínio bem leve, com um pouquinho de limão e serragem quente.
Acabamento: Gentil. Lichia.
Conclusão: Bastante limpo e preciso.

Campo de sabor: Fragrante e floral
Prove também: Royal Brackla 15 anos, Glen Grant 1992 Cellar Reserve

18 ANOS SINGLE GRAIN 40%

Nariz: Dourado. Muito doce e intenso, com um caráter gordo amanteigado. Bastante mel, gergelim e creme de coco.
Paladar: Espesso, suave e doce. A qualidade de milho gordo surge junto com banana assada.
Acabamento: Longo e com melado.
Conclusão: Gentil, suave e doce. Bastante afável.

Campo de sabor: Fragrante e floral
Prove também: Glentauchers 1991, Glenturret 10 anos

NOTAS DE DEGUSTAÇÃO: KARUIZAWA

1985 TONEL Nº 7017, 60.8%

Nariz: Sangue de pombo. Profundo e ligeiramente feroz, torna-se terroso com melaço, gerânio, cassis e cedro antes que surjam ameixas secas com chá Assam fervido. Com água, um depósito de carvão úmido, verniz, passas e enxofre.
Paladar: Bastante fumaça de alcatrão, com uma ligeira nota de borracha. Dominante e profusão de eucalipto lembrando expectorante antigo. Mais uma vez, o enxofre se torna um tanto obstrutivo com água.
Acabamento: Fuliginoso e longo.
Conclusão: Karuizawa clássico. Obstinado.

Campo de sabor: Rico e redondo
Prove também: Glenfarclas 40 anos, Benrinnes 23 anos

1995 NOH SERIES TONEL Nº 5004, 63%

Nariz: Resinoso. Verniz, bálsamo/bálsamo de tigre, gerânio, graxa de sapato, ameixa seca, madeiras oleosas. Bérberis e caixa de pau-rosa. A água o deixa com teor defumado de carvão e couro.
Paladar: Leve qualidade adstringente quando puro, óleos de madeira, oscilando até o amargor. Com água, há eucalipto. Poderia ser um Armagnac defumado. A fragrância o impede de se tornar dominante demais.
Acabamento: Teso e exótico.
Conclusão: Isto é para beber ou para se esfregar no peito?

Campo de sabor: Rico e redondo
Prove também: Benrinnes 23 anos, Macallan 25 anos, Ben Nevis 25 anos

Conservados especialmente em tonéis xerez ficam à mostra no armazém de Karuizawa.

Chichibu e Eigashima

CHICHIBU • SÓ COM HORÁRIO MARCADO / EIGASHIMA • KOBE • WWW.EI-SAKE.JP

A ética da sustentabilidade não é um assunto que se discute normalmente durante uma visita a uma destilaria. As coisas são diferentes na Chichibu, mas, afinal, o proprietário Ichiro Akuto não é o que se pode chamar de destilador comum. Sua família tem produzido álcool (saquê e, então, shochu) na tranquila Chichibu desde 1625. Na década de 1980, começaram a destilar whisky na cidade industrial de Hanyu, transportando a água de Chichibu para a mistura em caminhões pipa. O momento escolhido não poderia ter sido pior. O mercado do whisky entrou em colapso e até 2000 Akuto-san ficou com as ruínas de uma destilaria e 400 tonéis de estoque antigo (agora sendo lançados em sua série Card Series). Em 2007 ele voltou para seu lar em Chichibu, comprou um lote de terra, dois cumes acentuados nos arredores da cidade, e no prazo de um ano estava operando com uma pequenina destilaria.

Então, assim é a Hanyu Mark II? Ele sacode a cabeça. "Não. O ambiente de Chichibu afeta o caráter. Nunca quis duplicar a Hanyu aqui porque não poderíamos ter feito o 'Hanyu' aqui." A nova destilaria, sob a orientação do antigo destilador da Haruizawa, é bem pequena; o espaço, não mais do que uma sala ampla, é impecavelmente limpo e reluzente com o equipamento novo miniaturizado.

É utilizada uma mistura de cevada importada e local (predominantemente não turfosa: "a turfa pesada obscurece as diferenças sutis que estamos tentando [obter]"), embora Akuto pretenda tanto usar turfa com combustível local como, futuramente, fazer maltagens ali. O tanque de mosto com autoescoamento – nada de hastes Lauter aqui, apenas uma pá de madeira libera mosto, que vai para pequenas cubas de lavagem de carvalho japonês. Os alambiques, da Forsyth's de Rothes, são igualmente pequenos.

Atualmente, ele está fabricando três destilados (incluindo o de turfa pesada) ao ajustar a temperatura dos condensadores: fria para encorpado e quente para leve. O tamanho da Chichibu lhe permite se concentrar intensamente em cada etapa do processo. "A cada dia a fermentação é um tanto diferente. Pergunte-me como será daqui a quinze anos!" E o espírito é envelhecido em uma ampla mistura de tonéis – tudo, desde carvalho vermelho, passando pelo uso normal para o whisky até o *mizunara* local. O que virá a seguir é o que o empolga mais, uma visão de total sustentabilidade: tanoaria no local, cevada local, maltagem, turfa local. Talvez seja o que 385 anos de perspectiva deem a uma pessoa. E o que o surpreende mais? "O ciclo inter-relacionado: silvicultura, cultivo e destilação que você precisa para fazer um bom whisky. Comunidade. Eu costumava achar que o tonel era tudo; agora sei quanto a destilação é importante, mas, na realidade, é uma totalidade."

EIGASHIMA: FOI AQUI ONDE TUDO COMEÇOU?

A Eigashima (também conhecida como White Oak) é um enigma. Essa destilaria no estreito de Akashi, perto de Kobe, poderia ter sido a primeira destilaria de whisky do Japão (já tinha alvará em 1919), mas se especializou em saquê e shochu e, como a Hanyu, entrou na fabricação de whisky tarde demais. Hoje em dia a produção de seu single malt "Akashi" leve e fragrante é espremida em dois meses do ano, mas há tentativas de se expandir a produção.

NOTAS DE DEGUSTAÇÃO: CHICHIBU

2008 NEWBORN TONEL Nº 447, DUPLAMENTE MATURADO, 61.3%

Nariz: Dourado intenso. Elevado formigamento no nariz. Nota leve maltosa junto com casca seca de toranja, coco desidratado, muffins recém-assados e um leve aroma de abacaxi. Bastante tostado/cremoso com água, seguindo para bala de caramelo, chocolate e avelã.

Paladar: Bem doce. Espírito leve e com muitos ésteres com mais notas florais à mostra. Frésia e, então, um pouco de creme. Com água, teso e ligeiramente ruidoso. Doces fervidos. Limpo e equilibrado.

Acabamento: Ligeiramente verde.

Conclusão: Notavelmente avançado para um espírito tão jovem. Um prodígio.

Campo de sabor: **Fragrante e floral**

Prove também: Allt-a-Bhainne 1991

Hanyu foi a destilaria anterior de Ichiro Akuto. Agora demolida, ele está lançando o último whisky restante em engarrafamentos single cask (de um único barril).

HANYU MIZUNARA TONEL Nº 370, 57.3%

Nariz: Âmbar. Suave e gentil, com notas semelhantes a pinho, abeto vermelho e qualidade cítrica. Indício de marmelada e distantes notas resinosas.

Paladar: Gentil e contido, quase tímido, antes de um ataque de acidez de limão. As madeiras agora mudaram para cedro/teixo. Amacia com água, quando todos esses extremos são abrandados. Bom peso.

Acabamento: Com água, é longo, doce e satisfaz.

Conclusão: A intensidade de carvalho *mizunara* acrescenta mais uma camada ao caráter rígido do Hanyu.

Campo de sabor: **Frutado e picante**

Prove também: Balmenach 1993, Macduff 1984

Yoichi

YOICHI • WWW.NIKKA.COM/ENG/DISTILLERIES/ YOICHI.HTML • ABERTA O ANO INTEIRO • VERIFICAR NOS FERIADOS • EXCURSÕES EM JAPONÊS

Embora espalhadas pelas áreas central e norte de Honshu, todas as destilarias de malte do Japão têm fácil acesso desde Tóquio. Há uma boa razão para isso: facilidade de transporte e acesso aos mercados principais. Todas, não; há uma exceção. Onde fica a Yoichi? Seus olhos finalmente seguem rumo ao norte até Hokkaido; você traça uma linha até a balsa atravessando entre Aomori e Hakodate, passando por Sapporo, e então, 50 quilômetros a oeste até a costa. Essas são as terras do norte, opostas a Vladivostock. Por que, quando todos se concentraram em Honshu, o cofundador do whisky japonês rumaria para cá?

Masataka Taketsuru sempre acalentou o sonho de fazer whisky em Hokkaido. Era a sua localização perfeita. Enquanto estava na Hazelburn, preocupando-se (novamente) com a qualidade da água no Japão, escreveu: "Mesmo na Escócia, há ocasionalmente uma falta de boa água; portanto, é totalmente irracional construir uma fábrica de alambique do tipo pot em Sumiyoshi (Osaka), onde não podemos ter água sem cavar um poço".

"Se considerarmos a geografia do Japão, seria necessário um lugar que fornecesse constantemente um suprimento de água de boa qualidade, onde se possa obter cevada, com um bom abastecimento de combustível, carvão ou madeira, com uma ligação com a ferrovia e a navegação marítima."

Todos os sinais, acreditava, apontavam para Hokkaido, mas seu patrão, o pragmático Shinjiro Torii, achou que ficava longe dos mercados e, portanto, o lugar escolhido foi Yamazaki. Ninguém sabe a verdadeira história por trás da base do relacionamento entre os dois homens; talvez tenha sido por simples coincidência que Taketsuru foi transferido para dirigir uma cervejaria em Yokohama no mesmo ano em que seu whisky, Shirofuda, foi lançado – e fracassou. Era pesado demais, defumado demais, não "japonês" o bastante.

No final de seu contrato em 1934 e com o financiamento de apoiadores de Osaka, Taketsuru e sua esposa escocesa, Rita, finalmente rumaram para o norte, para Hokkaido, ostensivamente para fazer suco de maçã. Na verdade,

Escócia ou Japão? A Yoichi foi a homenagem de Masataka Taketsuru ao seu lar espiritual, mas também um dos locais onde um caráter único japonês de whisky foi criado.

Alambiques alimentados a carvão permanecem como um componente vital para o caráter encorpado, untuoso, da Yoichi.

ele foi em busca de seu sonho, que tornou realidade no pequeno porto pesqueiro de Yoichi.

E o whisky que apareceu em 1940? Grande. Defumado. Não, nos termos de Torii, "japonês". Atualmente a Yoichi é alta, o forno de telhado vermelho não solta mais nuvens de fumaça da turfa japonesa, cortada nas planícies de Ishikari. Como em todas as destilarias japonesas, o malte vem da Escócia. Inevitavelmente, uma variedade de estilos (a Nikka se mantém educadamente evasiva em relação a quantos) é feita: há diferentes níveis de teor turfoso (de não turfoso a pesadamente turfoso), diferentes variedades de levedura, tempos de fermentação e pontos de corte.

O aspecto evidente das diferenças é o fogo alimentado por carvão abaixo dos grandes alambiques de primeira destilação. É uma arte administrar o carvão, o encarregado dos alambiques sempre prevendo o que está prestes a acontecer, preparando-se para baixar ou aumentar o calor e para manter o controle das chamas. Mas o resultado é uma densidade dada ao espírito final. As serpentinas "worm" ajudam, como também um sistema de temperatura de maturação que varia de -4° C no inverno a 22° C no verão.

O Yoichi é grande. É untuoso, defumado e, ainda assim, fragrante. Tem densidade, mas também a clareza de caráter que permite que as complexidades sejam vistas nitidamente. Seu peso não é o mesmo da solidez inflexível do Karuizawa, este tem toques salgados. Às vezes há lampejos do Ardbeg, mas então... um toque de azeitonas pretas. E o teor defumado... ele nos leva não a Islay, mas a Kintyre. Você olha ao redor e vê um pequeno porto de pesca, a quilômetros da cidade principal mais próxima e um estilo obstinadamente diferente de fabricação de whisky. Poderia ser o de Campbeltown, onde Taketsuru trabalhou, onde poderia ter permanecido trabalhando. O Yoichi não é uma cópia, de maneira alguma; pode ser apenas japonês, mas há um elo psíquico.

Taketsuru permanece um enigma. Pragmático ou romântico? Provavelmente ambas as coisas? Sua mudança para Hokkaido foi apenas por razões práticas ou também houve um desejo de um distanciamento físico do passado, uma necessidade do ar marítimo, do espaço para respirar?

NOTAS DE DEGUSTAÇÃO: YOICHI

10 ANOS 45%

Nariz: Dourado claro. Limpo e fresco. Defumado vibrante. Fuliginoso e ligeiramente salgado. Precisa de água para que surjam a sua verdadeira profundidade e base untuosa.

Paladar: Essa untuosidade permite aos sabores aderirem na língua. Carvalho leve, as notas crocantes de maçã por trás do grande teor defumado.

Acabamento: Novamente um quê de acidez.

Conclusão: Equilibrado e jovem... tome-o com soda.

Campo de sabor: **Defumado e turfoso**

Prove também: Ardbeg Renaissance

12 ANOS 45%

Nariz: Dourado pleno. Imediato teor defumado com nota marítima e um toque de marzipã por trás. Mais pesado do que o dez anos com uma carregada nota floral, um pouco de pêssego assado, maçã e o começo de uma nota de cacau.

Paladar: Untuoso, com aquele caráter de maçã assada surgindo. Doce e semelhante a bolo, um pouquinho de manteiga e, depois, caju e fumaça.

Acabamento: A qualidade defumada se desenvolve.

Conclusão: Um equilíbrio entre o apelo do litoral e o do pomar.

Campo de sabor: **Defumado e turfoso**

Prove também: Springbank 10 anos

15 ANOS 45%

Nariz: Dourado profundo. Menos acentuadamente defumado e mais do profundo e rico elemento untuoso que é típico dos espíritos da destilaria. Charuto, cedro e bolo de nozes. Um indício de azeitona preta por trás.

Paladar: Tem toda a densidade de caráter da destilaria. Mais uma vez aquela untuosidade aderente firma os sabores na língua. Notas de xerez: eugenol (óleo essencial de cravo) e a nota de cacau vista no 12 anos agora mudou para uma nota cheia de chocolate amargo.

Acabamento: Ligeiramente salgado.

Conclusão: Robusto, mas elegante.

Campo de sabor: **Defumado e turfoso**

Prove também: Longrow 14 anos, Caol Ila 18 anos

20 ANOS 45%

Nariz: Âmbar. Intenso e marítimo. Redes de pesca secas, algas marinhas molhadas, óleo de barco, carcaça de lagosta. Sândalo e uma qualidade frutada densa e intensa. Tapenade e molho de soja. Fica mais condimentado com água: alfova, caril.

Paladar: Profundo e resinoso. O teor defumado começa a se desenvolver agora através da oleosidade espessa e escura. Couro leve que foi cortado, além de uma surpreendente nota fresca acima.

Acabamento: Óleo de linhaça e um toque de especiarias antes que o teor defumado volte.

Conclusão: Poderoso e contraditório.

Campo de sabor: **Defumado e turfoso**

Prove também: Ardbeg Lord of the Isles 25 anos

1986 22 ANOS PESADAMENTE TURFOSO, 59%

Nariz: Dourado. Aroma agradável de laranja, incenso e fumaça de turfa. Frutas polpudas, azeitona preta com fumaça assertiva, buddleia, toffee duro e especiaria doce assada. A nota balsâmica sugere idade.

Paladar: Grande teor defumado e uma sólida mistura de bolo de frutas e corda com alcatrão. Substancioso e complexo, embora precisando de um toque de água para mostrar que tem um lado gentil e frutado.

Acabamento: Uma tranquila evolução de todas as complexidades no palato.

Conclusão: O arrojo se mantém com força.

Campo de sabor: **Defumado e turfoso**

Prove também: Talisker 25 anos

Apenas uma amostra da multiplicidade de estilos produzidos na Yoichi.

Blends japoneses

NIKKA • WWW.NIKKA.COM/ENG/PRODUCTS/WHISKY_BRANDY/NIKKABLENDED/INDEX.HTML • VEJA YOICHI E MIYAGIKYO

HIBIKI • WWW.SUNTORY.COM/BUSINESS/LIQUOR/WHISKY.HTML

O whisky japonês, como o Scotch, desenvolveu-se nos blends. Foram as necessidades complexas do mercado de blends que desencadearam as inovações na destilação em destilarias de single malt que tanto definem o produto japonês. Mesmo hoje, com um *boom* no whisky de malte entre a nova geração, são os blends que respondem pela maior parte das vendas. São eles que estão subjacentes à necessidade de tantas expressões em cada destilaria. Ainda assim, enquanto os mecanismos do blending são os mesmos da Escócia, o Japão em si, seu clima e sua cultura ditaram qual devia ser o estilo desses blends. Os blends refletem a sociedade.

O primeiro blend do Japão, o "Shirofuda" (White Label), lançado em 1929, era encorpado e defumado. Não foi um sucesso. Shinjiro Torii voltou para a mesa de criação e fez um estilo leve. Seu lançamento seguinte, o Kakubin, continua sendo um dos whiskies de maior vendagem no Japão. Uma lição fora apreendida, lição que seria completamente explorada no período do pós-guerra, quando a economia japonesa começou a aquecer.

Subitamente, havia bares cheios de dedicados trabalhadores assalariados precisando relaxar, esfriar a cabeça. O que iriam beber? No Japão, a cerveja tem praticamente o mesmo status que na Alemanha: um gênero alimentício... a "cerveja do desjejum" é servida sem que ninguém arregale os olhos em hotéis voltados para os negócios. Whisky? Certamente que não. No úmido Japão, era necessário algo leve e refrescante. A resposta? Whisky mizuwari: whisky blended, gelo, bastante diluído com água. Pode ser politicamente incorreto sugerir isso hoje, mas o preparado mizuwari significava que você podia beber muito... MUITO.

O whisky blended japonês era enorme. Nos anos 1980, o Suntory Old estava vendendo 12,4 milhões de caixas em seu próprio mercado. Isso é quase tanto quanto o total das variações do Johnnie Walker vendidas hoje no mundo todo. "Não se pode comparar aquilo com hoje em dia", declara o blender chefe da Suntory, Seiichi Koshimizu. "Os nossos que venderam mais na época foram [Suntory] Red, White [ou Old], Kakubin, Gold, Reserve e Royal. Era uma pirâmide com um estilo 'Suntory' unificado. Na sociedade também havia uma pirâmide e, se você era promovido, provaria um whisky de um nível mais elevado; assim, conforme ascendia nessa hierarquia, você mudava de whisky."

Quem disse que o blending é fácil? Uma fileira de garrafas... e possibilidades de sabor para o blender japonês criar à vontade.

Isso mudou? "A ideia de hierarquia se foi. Agora você bebe um whisky mais 'elevado' porque quer experimentá-lo! Assim, mesmo como iniciantes, jovens consumidores estão provando whiskies premium e de malte." É uma mudança social e de gerações se refletindo na bebida.

De modo interessante, isso está acontecendo atualmente em duas direções. Uma geração jovem (incluindo uma porcentagem de mulheres mais alta do que a média) que rejeitou o drinque de seus pais e tomou shochu, está se voltando agora para o whisky, tanto com o estilo do single malt quanto... adivinhe... com whisky bem diluído.

Agora estão sendo desenvolvidos blends de primeira linha. A linha premium Hibiki da Suntory (lançada em 1989) tem um novo integrante, uma variação de 12 anos que contém whiskies filtrados com carvão de bambu e um malte que foi envelhecido em barris de licor de ameixa. A edição From the Barrel (direto do barril) da Nikka está oferecendo aos consumidores de malte um ingresso em um mundo que haviam rejeitado, ao passo que a Blender's Bar da empresa oferece uma pequena amostra das possibilidades permitidas pelo blending, mas apresentando whiskies de sabores completamente diferentes feitos de diferentes proporções dos mesmos componentes.

O blending pode parecer friamente analítico, mas é criativo. "Somos artesãos", afirma Shinji Fukuyo, outro membro importante da equipe de blending da Suntory. "Todos nós lutamos para nos tornar artesãos, mas você não pode se chamar assim levianamente. Os artistas almejam criar algo novo, são criadores. Nós, artesãos, somos responsáveis pela criação, mas também por manter a qualidade dos nossos produtos. Temos uma promessa a manter."

Cada whisky será degustado, avaliado, e as anotações serão registradas.

NOTAS DE DEGUSTAÇÃO: BLENDS JAPONESES

NIKKA, FROM THE BARREL 51.4%

Nariz: Um bosque na primavera: casca de árvore, musgo e folhas verdes e uma leve nota floral subjacente junto com óleo de alecrim. Carro novo. A água o deixa mais denso. Bolo de café.

Paladar: Discreto e suave, com melão, pêssego, caqui doce. Seca rumo à parte posterior, onde aquela nota musgosa reaparece.

Acabamento: Carvalho teso.

Conclusão: Intenso e equilibrado. Um blend para os amantes do malte.

Campo de sabor: **Frutado e picante**
Prove também: Johnnie Walker Green Label

NIKKA SUPER 43%

Nariz: Cobre. Polpudo e crocante, leves frutas secas, caramelo e indícios de defumado. Framboesa com uma nota floral leve, radicosa.

Paladar: Limpo e delgado, com um pouco de grão escorregadio ajudando o fluxo. Cítrico leve. Mais doce do que o nariz.

Acabamento: Duração média. Limpo.

Conclusão: Um blend bom e próprio para a mistura.

Campo de sabor: **Fragrante e floral**
Prove também: Chivas Regal 12 anos, Grant's Family Reserve

HIBIKI 12 ANOS 43%

Nariz: Especiarias (farelento, noz-moscada). Uma nota intensa de manga verde/ameixa Victoria. Abacaxi e limão.

Paladar: Gentil, doce. Sorvete de baunilha, pêssego. Picante.

Acabamento: Longo de pimenta, mentol e, então, semente de coentro.

Conclusão: Blending altamente inovador.

Campo de sabor: **Frutado e picante**
Prove também: Jameson

HIBIKI 17 ANOS 43%

Nariz: Frutas suaves e gentis com toques de erva-cidreira e folha de laranjeira, então surgem cacau, geleia de abricó, banana e avelã.

Paladar: Grão gentil dando um caráter exuberante de toffee. Notas de frutas secas estão subjacentes. Cereja preta e bolo de passas brancas. Longo e maduro.

Acabamento: Macio e com mel.

Conclusão: Um efeito de camadas corrobora a abordagem japonesa na fabricação do whisky.

Campo de sabor: **Frutado e picante**
Prove também: Chivas 18 anos

ESTADOS UNIDOS

Os destiladores usam o que cresce à sua volta. Um país novo não os intimida; eles simplesmente se adaptam à mudança de circunstâncias, utilizam um novo ingrediente como base e improvisam em cima dele. No México, os colonizadores aprenderam a transformar agave em tequila, no Caribe fizeram o mesmo com a cana e produziram rum. Nos primeiros anos da colonização dos Estados Unidos, a maçã e outras frutas eram transformadas em conhaques. Foi apenas em meados do século XVIII que o whisky começou a ser feito em quantidades variáveis por fazendeiros imigrantes da Alemanha, Holanda, Irlanda e Escócia, que se estabeleceram em Maryland, Pensilvânia, West Virgínia e na Carolina do Norte e do Sul e plantaram centeio, a base para o primeiro estilo de whisky nativo da América.

A camada de pedra calcária do Kentucky é boa não só para a produção de bourbon, mas também para a criação de cavalos.

O espírito com base de milho teve de esperar até 1776, quando os direitos de "cultivo de milho e habitação" foram concedidos aos novos colonos no território virgem do condado do Kentucky. Eles pegaram aquele "milho nativo"... e o destilaram. Fez sentido em termos econômicos. Um alqueire de milho era vendido a 50 cents, ao passo que os 23 litros (5 galões) de whisky que se podia fazer com aquele alqueire rendiam 2 dólares. Usando o que crescia à volta deles.

Na década de 1860, a Revolução Industrial havia criado uma indústria de whisky comercial. As destilarias aumentaram de tamanho, estradas de ferro possibilitaram a distribuição nacional e, de maneira importante, a qualidade havia melhorado, graças aos avanços científicos empregados por James Crow na destilaria Old Oscar Pepper, no Kentucky (veja p. 236 e p. 240-1).

É interessante especular como o mundo do whisky de hoje poderia parecer se os Estados Unidos não tivessem ficado sob a influência do movimento antialcoólico. É bem provável que o norte-americano tivesse se tornado o espírito dominante, não o Scotch. Jamais saberemos.

O que sabemos é que, em 1915, 20 Estados estavam sob a Lei Seca, incluindo o Kentucky. A produção de whisky parou em 1917 a fim de produzir álcool industrial para os esforços na guerra, e três anos depois, em 17 de janeiro de 1920, a Grande Depressão começou.

Embora os historiadores sociais apontem que mais bebida alcoólica foi consumida nos treze anos de Lei Seca do que antes, isso serviu de pouco consolo para os produtores norte-americanos de whisky, que observaram uma nova geração bebendo Scotch e whisky canadenses. Na época da revogação da lei, em 1933, não apenas havia pouquíssimo estoque como o paladar americano havia mudado. Talvez os consumidores pudessem ter sido persuadidos a voltar a consumir o destilado de centeio e o bourbon se não tivesse sido pelo fato de a Segunda Guerra Mundial ter fechado a indústria novamente. Quando ela recomeçou, no pós-guerra, estivera efetivamente fechada durante quase três décadas. O whisky americano era um estranho em seu próprio país.

Seu renascimento foi longo e paciente. De muitas maneiras, os destiladores tiveram de esperar que os gostos mudassem – suas tentativas de fazer um espírito leve simplesmente diluíram a essência do estilo do whisky americano. Foi apenas quando o sabor acentuado começou a voltar à moda – algo desencadeado pelo vinho californiano e também pelo single malt – que houve sinais de que uma nova geração de consumidores americanos estava pronta para redescobrir seu próprio espírito.

Agora o centeio está de volta e a indústria do bourbon se encontra em um arroubo de criatividade. Além disso, seguida da revolução da cervejaria artesanal – algo que foi motivado pelo fato de os consumidores desistirem do brando e quererem sabor –, houve uma revolução de destilação artesanal a caminho, com novos pioneiros rumando para pontos até então desconhecidos. Suas mensagens das novas fronteiras são uma leitura fascinante. O whisky americano está vivo e vai muito bem.

Olhando na direção das Montanhas Rochosas a partir de Sweet Grass County, Montana.

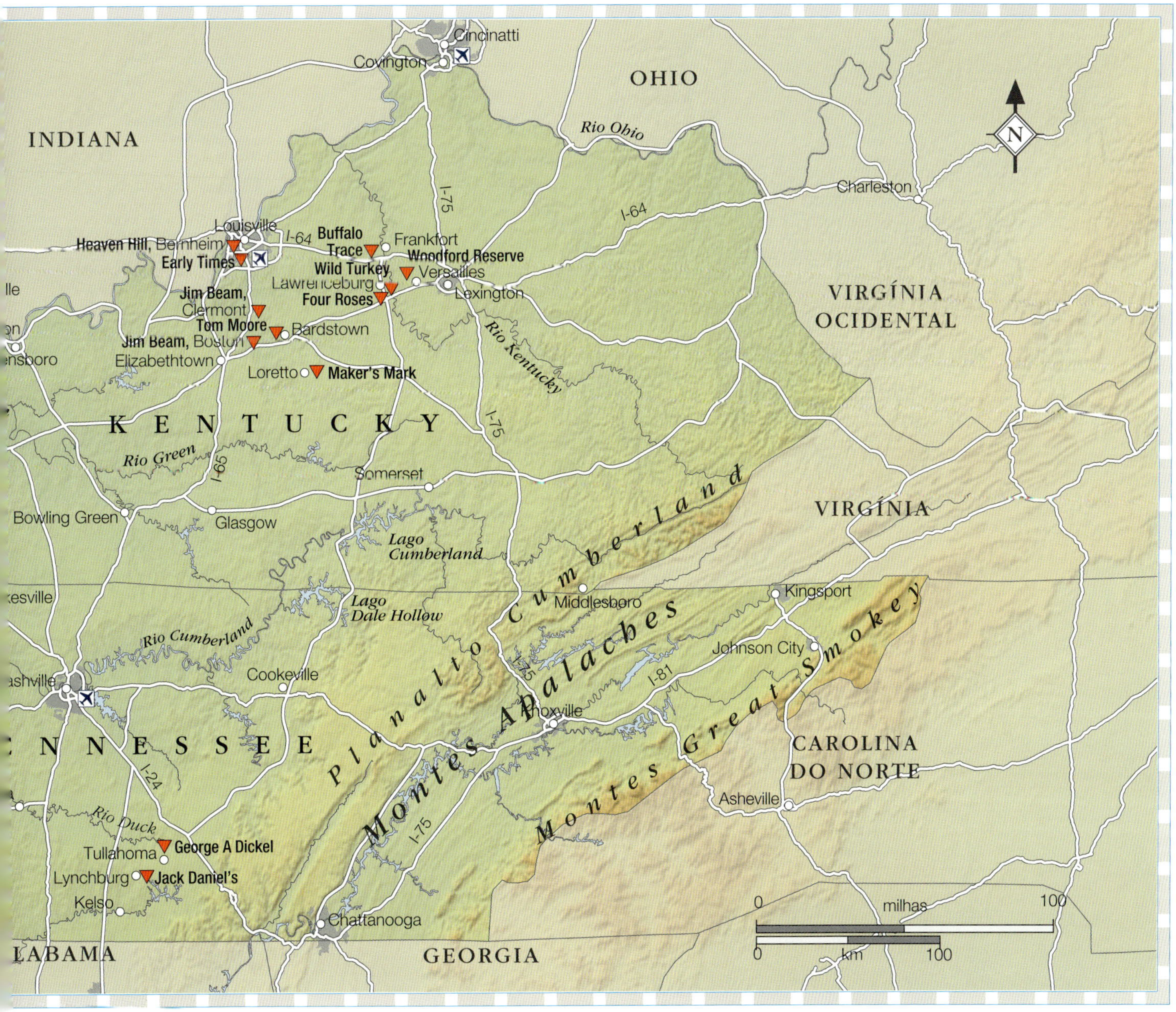

Cincinnati
Covington
OHIO
INDIANA
Rio Ohio
N
Charleston
I-75
I-64
Louisville
Heaven Hill, Bernheim
Early Times
Buffalo Trace
Frankfort
Woodford Reserve
Wild Turkey
Versailles
Lawrenceburg
Lexington
Four Roses
Jim Beam, Clermont
Tom Moore
Bardstown
Jim Beam, Boston
Elizabethtown
Loretto
Maker's Mark
Rio Kentucky
VIRGÍNIA OCIDENTAL
K E N T U C K Y
Rio Green
I-65
Somerset
Bowling Green
Glasgow
VIRGÍNIA
Lago Cumberland
Planalto Cumberland
Middlesboro
Kingsport
Lago Dale Hollow
Rio Cumberland
Montes Apalaches
Johnson City
Montes Great Smokey
I-81
Cookeville
Knoxville
I-24
CAROLINA DO NORTE
Rio Duck
George A Dickel
Tullahoma
Lynchburg
Jack Daniel's
Kelso
Asheville
Chattanooga
GEORGIA
0 milhas 100
0 km 100

Rio Columbia, Crown Point State Park, Oregon, com vista para o Estado de Washington.

KENTUCKY

Nova York, final da década de 1980. É tarde. Você está em um bar. "Faça um Manhattan. Com gelo." O barman lhe dirige um olhar esquisito. Você olha ao redor. Por todo lado há *yuppies* das áreas nobres bebericando martínis de vodca. É a era do coquetel esquálido, o ponto alto do movimento antissabor que vem ganhando importância desde os anos 1950. Você olha para o seu drinque.

Ele pulsa, vermelho. Um drinque perigoso. Um coquetel noir. Mesmo naqueles tempos em que pequenos lotes de bourbons estavam aparecendo no mercado, eram difíceis de vender. Que caminho longo desde os tempos em que o bourbon e o whisky de centeio eram o espírito da América! Você beberica o seu drinque. Onde tudo acabou dando tão errado?

As coisas começaram de maneira bem otimista. As terras concedidas de graça aos colonos do século XVIII propiciaram ao Kentucky o primeiro passo na produção de whisky. Alambiques de fazenda se tornaram pequenas destilarias. No começo do século XIX barris de whisky eram transportados pelo rio Ohio até o Mississippi em direção a Nova Orleans.

Era uma bebida rudimentar, envelhecida por quanto tempo levasse para chegar ao mercado. Foi preciso um escocês, James Crow, para mudar as coisas. De 1825 até a sua morte, 31 anos mais tarde, ele empregou rigor científico na fabricação de whisky: processo de esmagamento, sacarímetros, teste de pH. Com um espírito melhor e o mercado em mudança, o envelhecimento em barris novos queimados por dentro se tornou a norma. Ninguém sabe quem começou isso, embora pudesse ter vindo do primeiro espírito norte-americano, o rum. Os destiladores de rum conheciam o efeito transformador que a madeira exerce sobre um espírito bruto e usavam barris chamuscados desde o século XVII.

Com cada aspecto que se desenvolveu, os sabores do bourbon começaram a se tornar fixos – até pela lei. Hoje o "Straight Bourbon" é um whisky destilado com teor não mais elevado que 160° (80% de álcool por volume abv), feito de uma mistura fermentada de no mínimo 51% de milho, que é colocada no barril com no máximo 125° (62,5% abv) e envelhecida em tonéis de carvalho, novos e queimados por dentro, por um período de dois anos ou mais.

Há certamente flexibilidade: não há restrição ao tamanho do barril, nem é estabelecido que deva ser usado carvalho americano, ao passo que os 51% permitem uma grande variação nas misturas, as proporções precisas de milho/grão. O bourbon é uma série de improvisações nesses temas: aumento e diminuição da proporção de milho para centeio para produzir teor picante ou gordura do milho, substituição de centeio por trigo para equilibrar as coisas, utilização de diferentes tipos de levedura para produzir aromas específicos.

O bourbon nasceu no Kentucky e sobreviveu no Kentucky por causa do Kentucky. Suas águas calcárias requerem processo de *sour mash*[17] que, por sua vez, resulta em sabor. As leveduras silvestres em seu ar têm ajudado a gerar as próprias variedades das destilarias, seu solo fornece o milho e o centeio e o clima têm imenso impacto no sabor final do bourbon. Finalmente, há um terroir cultural no molde das dinastias de fabricação de whisky: os Beam, os Samuel, os Russell; lendas do bourbon como Elmer T. Lee.

Nova York, 2010. É tarde. Você está num bar. "Faça um Manhattan. Com gelo." O barman sorri. Pergunta a você se prefere bourbon ou rye. Olhe ao redor. Por todo lado, as pessoas estão tomando bourbon.

17. Processo de destilação. *Mash* é a mistura de grãos, malte e água. *Sour mash* também pode designar o tipo de mosto utilizado no processo.

Bourbon Street, Nova Orleans: destino dos whiskies transportados do Kentucky pelo Mississippi.

Maker's Mark

LORETTO • WWW.MAKERSMARK.COM • ABERTA O ANO INTEIRO • SEG-SÁB; MAR.-DEZ., SEG-DOM

Em 1844, o *Nelson Record*, fazendo jus a seu nome, registrou que a destilaria de Taylor William Samuel em Deatsville, Kentucky, era: "bem construída e equipada com todos os avanços modernos conhecidos no ramo da destilaria". Taylor William, ao que tudo indica, seguia uma tradição de família. A família Samuel, de origem escocesa e irlandesa, aparentemente estivera convertendo seu milho em whisky desde 1780. Nada mudou. Eles ainda estão.

A história da Maker's Mark é de herança e perseverança, regada com a obstinação que permeia todas as destilarias desta parte do mundo – mas com um importante aspecto. As lendas em torno do bourbon são extraídas de histórias de família, meias verdades e suposições – isso tudo costurado junto, como uma antiga colcha de retalhos. É algo que pode aborrecer os historiadores, mas gera um excelente marketing. Um leitmotiv é que, após a Lei Seca, o destilador se recompôs, sacudiu o pó da velha receita e colocou mãos à obra novamente. É algo bastante americano, louvável e, com frequência, verdadeiro.

Quando Bill Samuels, pai, decidiu reviver a tradição de família em 1953 na Fazenda Star Hill, ele se desviou dessa norma. Recompôs-se, olhou ao redor e disse: "Desta vez faremos as coisas de maneira diferente". Em outras palavras, não apenas recomeçar a destilar, mas começar tudo do zero. Para Bill, os bourbons no mercado eram duros, rústicos, de preço baixo e, mais importante, estavam sendo superados em vendas pelo Scotch. Se era para o bourbon ter um futuro, ponderou ele, teria de elevar sua qualidade e mudar o sabor.

Aqui, no pequeno vale arborizado perto de Hardin Creek, numa destilaria que estivera produzindo desde 1805, ele planejou seu estilo único de whisky (Bill manteve a grafia escocesa "whisky"). Não há centeio na mistura, mas trigo. O Maker's, contrário à crença popular, não é o único bourbon com trigo no mercado. Bill Samuels buscou a orientação do maior defensor do estilo com trigo, Pappy van Winkle, e chegou a uma mistura de 70% de milho, 16% de trigo e 14% de cevada maltada.

"Ele fez uma porção de coisas diferentes", diz a embaixadora da marca Maker's, Jane Conner. "As coisas estavam ruins e, então, ele fez o contrário." Essas "coisas diferentes" são vistas hoje na destilaria:

Barris queimados internamente são um elemento essencial na criação do caráter da Maker's Mark.

equipamentos como um secador de grãos, recipientes abertos para cozimento lento – "para se obter a essência do milho" – o uso de levedura de sua própria casa. Destilação a 130° proof (sistema dos EUA), 65% abv, em uma coluna de cerveja de cobre e um alambique de cobre denominado "pot still doubler". Isso resulta em um agradavelmente focado *white dog* (o termo americano para espírito novo).

"A maturação é a chave", diz Jane. "Nosso carvalho passa por secagem de 12 meses e é queimado por dentro mais levemente por razões de sabor. Não queremos a doçura enjoativa de outros bourbons. O que ele queria era um bourbon mais macio. 'Beber com facilidade' é algo ruim de se dizer hoje em dia, ao que parece, mas não vejo por quê. Com certeza, é bom criar algo que seja bebível, certo?"

Maturando seu whisky em armazéns para empilhamento pintados de preto, distribuídos pela propriedade, a Maker's ainda faz a rotatividade dos barris, tirando os tonéis de maturação lenta do nível mais baixo e mais frio e substituindo-os por aqueles que estiveram escaldando no nível mais alto. Jane diz que isso é para a consistência, mas se apenas um bourbon está sendo feito, uma amostra representativa não seria mais fácil? "Uma amostra representativa pode funcionar se você tiver apenas um armazém, mas temos 19 e cada um é diferente. A rotatividade faz sentido, uma vez que a maturação é simplesmente maluca no Kentucky."

A Maker's se ateve a esse estilo gentil e, ainda assim, vibrante desde 1953. "Tem havido muita pressão para que façamos outra linha", revela Jane, "mas não há nada pior do que pagar 60 dólares por uma garrafa e ficar desapontado. Embora quiséssemos fazer isso, tivemos de encontrar um meio de aperfeiçoar o que já tínhamos". O aperfeiçoamento estava prestes a ser lançado na ocasião em que o livro foi escrito: um Maker's que recebeu um período de maturação em tonéis equipados com aduelas internas, aumentando efetivamente a interação com o carvalho. "Está evidente", ela diz. "É o Maker's sob o uso de esteroides."

Preto e vermelho. A decoração de aspecto ligeiramente soturno da Maker's Mark não poderia estar em maior contraste com este que é o mais coração aberto dos bourbons.

NOTAS DE DEGUSTAÇÃO: MAKER'S MARK

WHITE DOG 90°/45%

Nariz: Doce, gentil e puro, com boa oleosidade de milho. Toque de florais pesados, maçã e fios de linho.
Paladar: Polpudo e maduro, com frutas vermelhas de verão. Fragrante, com uma textura gentil. Bastante vivaz e dinâmico.
Acabamento: Focado, com um pouquinho de erva-doce.

MAKER'S MARK

Nariz: Suave, com carvalho amanteigado. Sensação cremosa. Cereja ao marasquino, sândalo e maçã na parte posterior. Frutas agora plenamente maduras. Com água, mais semelhante a flor de planta frutífera. Madeira equilibrada.
Paladar: Macio, doce e gentil. Com bastante sensação de mascar. Um pouco de louro, melado, coco.
Acabamento: Suave.
Conclusão: Em vez do centeio atuando como o agente dominante, aqui o carvalho pode exercer uma gentil influência no espírito suave.

Campo de sabor: Trigo doce
Prove também: W L Weller Ltd Edition, Crown Royal 12 anos

Early Times e Woodford Reserve

EARLY TIMES • LOUISVILLE • WWW.EARLYTIMES.COM
WOODFORD RESERVE • VERSAILLES • WWW.WOODFORDRESERVE.COM • ABERTA O ANO INTEIRO • TER-SÁB

Louisville é um fascinante amálgama dos grandes e da classe operária: uma cidade com imponentes construções de tijolos aparentes, adornadas com detalhes de ferro forjado, um museu de um campo de beisebol e hotéis com passagens escondidas para que destiladores ilícitos escapassem. Também é o local de nascimento de Muhammad Ali e de uma discreta revolução na música norte-americana. Mas em áreas como Shively estão as carcaças de armazéns e velhas fábricas, outrora lar de poderosos produtores de whisky.

As duas destilarias em operação de Louisville situam-se nessa área: a Bernheim, da Heaven Hill, e a Early Times, da Brown-Forman. Em funcionamento desde 1940, a Early Times produz o Early Times e o Old Forester a partir de duas receitas distintas. "O Early Times é descontraído, o Old Forester é focado."

O Early Times uma mistura composta de 79% de milho, 11% de centeio e 10% de malte de cevada (veja p. 18). "Usamos a linha de levedura IA, em utilização desde os anos 1920", diz Morris. "Isso dá um perfil de congêneres baixos que ajuda a criar aquele caráter moderado. Também fazemos a *sour mash* a 20% [i.e., 20% do mosto são revertidos, ao passo que os sedimentos ácidos ("sour") no fundo da coluna de cerveja são acrescentados à fermentadora.] A mistura do Old Forester tem uma proporção mais elevada de centeio para malte, 18-72%, o que ajuda a elevar o teor picante. Ele também tem a sua própria levedura e passa por sour mash apenas até 12%."

O processo de fermentação pode ser, com muitos consumidores de bourbon afirmando que preferem marcas que passam por processo de *sour mash* em vez de outras porque o termo está no rótulo. Na realidade, todos os whiskies "straight" passam pelo processo. O Kentucky e o Tennessee estão sobre uma camada de calcário, o que significa que a água é rica em minerais, mas também alcalina. Acrescentar a reversão ajuda a acidificar o mosto, impede potenciais infecções por bactérias e facilita a fermentação.

A percentagem de levedura ácida usada tem um impacto significativo no sabor, conforme explica Morris. "Quanto mais levedura ácida você usa, menos açúcar a levedura tem com que trabalhar; assim, uma *sour mash* de 20% e uma fermentação de três dias [como na Early Times] resulta num nível de congêneres mais baixo, enquanto os 12% de *sour mash* e a fermentação de cinco dias do Old Forester dão mais sabor e uma cerveja mais fresca porque há mais material com o qual a levedura trabalhar. A cerveja do Old Forester tem o aroma de pétalas de rosas, a do Early Times tem o de nachos." Ambas são tiradas do recipiente a 140° (70%) e diluídas a 125° (62,5%), e colocadas no tonel.

Enquanto o Early Times está feliz em se manter como um bourbon mais doméstico, fácil de beber (ou, quando envelhecido em barris reutilizados, whisky do Kentucky), o Old Forester tem seguido para a área do lançamento especial com a sua seleção Birthday Barrel de bourbons mais velhos (de 10 a 14 anos em média) tirados de um único dia de produção. "Isso nos permite buscar perfis incomuns", diz Morris. "Uma vez, por exemplo, um esquilo se meteu numa caixa de derivação e fez cessar a energia... e nos deixou com uma fermentação de três dias, o que nos deu congêneres diferentes."

O esquilo talvez tivesse se sentido mais à vontade na outra destilaria da Brown-Forman, a Woodford Reserve, que se situa no coração do território de criação de cavalos, junto ao Glenn's Creek, no condado de Woodford. Aqui, nos anos 1830, Oscar Pepper contratou o pai do bourbon moderno, James Crow. Hoje em dia essas construções claras de pedra calcária contêm uma destilaria de bourbon singular, que usa alambiques do tipo pot – como versões em miniatura dos da Glemorangie – para fazer destilação tripla.

"A destilaria homenageia Pepper e Crow", informa Chris Morris, "mas não é uma recriação do whisky do século XIX." Em vez disso, o Woodford

Barris alinhados ordenadamente atrás das paredes grossas de pedra calcária da destilaria Woodford Reserve.

Reserve é mais como uma continuação da exploração analítica de Crow do que era possível. Feito da mesma mistura do Old Forester, mas com apenas 6% de *sour mash* e uma levedura diferente, ele tem uma fermentação com duração de uma semana. Embora o *white dog* saia do terceiro alambique a 158° (79%), os alambiques do tipo pot, menos "eficientes", desenvolvem mais sabor do que um espírito do mesmo teor alcoólico resultante de uma coluna. Envasado a 110º (54,5%) em carvalho seco, o Distiller's Select sempre contém bourbon da destilaria Shively em seu blend.

O ethos de "por que não?" de Crow se estende ao programa de lançamento limitado da Master's Collection. "Temos cinco fontes de sabor no bourbon", explica Morris. "Grãos, água, fermento, destilação e maturação. A destilação e a água são constantes e, assim, qualquer inovação envolve olhar para as possibilidades nas outras três." Até então, os lançamentos incluíram uma mistura de quatro grãos, com acabamento em barris ex-Sonoma-Cutrer Chardonnay, um mosto doce (i. e., "unsoured") – "chegamos à conclusão de que temos de descobrir por que fazemos sour mash!" –, e há planos em torno dos tipos de madeira e da tanoaria. O legado de Crow vive.

Originalmente a Old Oscar Pepper Distillery, foi na Woodford Reserve que James Crow levou rigor científico à arte da destilação de bourbon.

NOTAS DE DEGUSTAÇÃO: EARLY TIMES E WOODFORD RESERVE

EARLY TIMES 80°/40%

Nariz: Perfumado e semelhante a mel, com algodão-doce e pipoca doce. Coco e um toque de mel.
Paladar: Meio encorpado e suave. O mel mostra boa mescla com doce de chocolate e baunilha, com uma nota profunda de tabaco subjacente mostrando uma seriedade inesperada.
Acabamento: Gentil e longo.
Conclusão: Doce e fácil de beber.

Campo de sabor: Milho macio
Prove também: George Dickel Old Nº12, Jim Beam Black Label, Hedgehog (France)

WOODFORD RESERVE DISTILLER'S SELECT 86.4°/43.2%

Nariz: Âmbar escuro. Notas cerosas de mel. Limão, tomilho e cítrico intenso. Maçã cozida, noz-moscada e bolo de limão. O carvalho dá um caráter de calda/açúcar de cevada. Com água, há madeira chamuscada, folha de milho e óleos de madeira.
Paladar: Limpo e leve para começar. Preciso e quase angular. Paladar agradável e leve. O tomilho volta junto com cascas cítricas. O centeio se abranda em sutileza.
Acabamento: Mistura de citrus e especiaria doce.
Conclusão: Equilibrado e bastante limpo.

Campo de sabor: Centeio picante
Prove também: Tom Moore 4 anos, Maker's Mark

Wild Turkey

LAWRENCEBURG • WWW.WILDTURKEYBOURBON.COM • ABERTA O ANO INTEIRO • SEG-SÁB

Protegida com ferro e pintada de preto, situada na beira de um penhasco acima do rio Kentucky, a localização da Wild Turkey é uma metáfora física do estado da indústria do bourbon no passado. O fato de que ela sobreviveu se deve aos esforços de um homem – Jimmy Russell, que havia sido destilador aqui por 55 anos. Na verdade, poder-se-ia argumentar que os valores do bourbon dos velhos tempos só sobreviveram graças aos destiladores da geração de Jimmy que resistiram à mudança caso isso significasse comprometer o caráter e a qualidade.

Jimmy e o Wild Turkey alcançaram uma forma de simbiose: o Wild Turkey é um grande bourbon, cuja rica e espessa qualidade física faz com que o consumidor o deguste com todo o vagar. Ele representa um tempo mais tranquilo, menos agitado. Jimmy nutre um desdém educado, ao estilo antigo de destilador, por cientistas e se diverte quando se vê diante de perguntas sobre o DNA do Turkey. Eu apenas o faço da maneira como sempre o fiz, ele parece dizer, a maneira como fui ensinado e a maneira como ensinei Eddie. (Eddie é o filho de Jimmy. Ele está em seu trigésimo ano na Wild Turkey.)

A base lógica da Wild Turkey gira totalmente em torno do desenvolvimento do sabor, envolve a maneira de se ancorar esse bourbon na boca. “Estamos nos 70% baixos em se tratando de milho e, portanto, perto de 30% em grãos pequenos. Algumas das outras destilarias estão nos 70% elevados de milho, algumas nos 70% médios. Umas até usam trigo – mas esse é um produto diferente –, mas somos o mais baixo. Somos tradicionais, com mais corpo, mais sabor e mais caráter.”

Esse caráter começa com recipientes para cozimento abertos em cima e fermentação com uma única variedade de levedura. “De quanto tempo é essa variedade? Bem, estamos aqui há 55 anos e ela já estava aqui quando chegamos!”, conta Jimmy. “Ela também tem um efeito no sabor. Está ali para ajudar a promover aquele sabor mais pesado.”

Coletado do alambique a 124-126° (62-63%), o *white dog* é envasado no barril a 110° (55%). “Acredito que quanto maior a porcentagem de álcool, menos sabor teremos. Pelo fato de o colocarmos no barril a uma *proof* baixa e, então, o engarrafarmos a 101° (50,5%), não estamos perdendo muito em termos de sabor, e isso ajuda na fabricação do estilo mais antigo.”

Os imensos armazéns na Wild Turkey, cada um com o seu microclima próprio, desempenham o seu papel em fazer com que este seja o mais estruturado dos bourbons.

Pode até ser um estilo reconhecível para os irmãos Ripy, que se mudaram para cá em 1905 oriundos da destilaria da família em Tyrone, Pensilvânia, que estivera produzindo bourbon desde 1869. Nos anos 1940, a destilaria Rippy foi comprada por Austin Nichols e rebatizada de Wild Turkey depois que seu bourbon se tornou o drinque favorito na caça anual ao peru selvagem ("wild turkey"). Acabou fazendo parte do grupo Pernod Ricard, que nunca pareceu compreender seu potencial, e em 2009 foi comprada pela Campari. Talvez a abordagem despreocupada tenha sido benéfica. Jimmy continuou fazendo seu estilo de bourbon e agora o mercado completou o ciclo.

"Acho que o consumidor está voltando para o que queria anos atrás", afirma ele. "Não é apenas a geração mais velha bebendo Wild Turkey, mas novos consumidores em busca de um bourbon com sabor e corpo que podem bebericar e se entreter com ele. É uma volta à época anterior à Lei Seca. Tudo vai e volta." Até o centeio puro, um estilo que apenas poucas destilarias preservaram (incluindo a Turkey), está de volta.

Ele se sentiu tentado a mudar quando o bourbon ficou leve? "Não poderíamos ter competido nesse mercado e, assim, suponho que foi em parte por razões econômicas do lado dos chefes e em parte pela minha filosofia. Quisemos nos manter verdadeiros ao que era mesmo o bourbon – não aguado."

Agora, sob o comando de seus novos proprietários, a capacidade está sendo dobrada. O bourbon olhou por cima do abismo e voltou para um mundo de sabor. Jimmy Russell foi vingado.

A doçura do carvalho americano se mistura com o milho rico e cevada – e um pouco de magia – para fazer o Wild Turkey.

NOTAS DE DEGUSTAÇÃO: WILD TURKEY

101 101°/50.5%

Nariz: Âmbar. Encorpado e com sabor rico. Folhas de nogueira, melado de bordo/mel de castanha e açúcar-cande que é permeado por um realce de limão e, então, centeio farelento. Com água, framboesa e toffee cremoso.
Paladar: Imediatamente profundo e com preenchimento na boca. Aderente à língua, doce e encorpado, um toque mentolado sólido à medida que o centeio começa a surgir. Refrescando conforme prossegue.
Acabamento: Picante com um pouquinho de cravo-da-índia.
Conclusão: Um imenso pacote de sabor.

Campo de sabor: Rico e influenciado pelo carvalho
Prove também: Old Forester Birthday Bourbon 13 anos

RUSSELL'S RESERVE BOURBON 10 ANOS 90°/45%

Nariz: Enorme e doce com baunilha, chocolate, caramelo, pêssego assado, caldas de frutas e, então, o mel de castanha visto no 101 com resina de pinheiro do labrador. Espesso, sensação quase cerosa. Com água, mais centeio. Noz-moscada.
Paladar: Como o nariz, com doce delícia turca e bastante carvalho dando apoio à espessura licorosa do peso. Amêndoa. Doce.
Acabamento: Realce de centeio, mas equilibrado pelo peso. Canela. Tabaco.
Conclusão: Complexo e com camadas.

Campo de sabor: Rico e influenciado pelo carvalho
Prove também: Booker's

RARE BREED 108.2°/54.1%

Nariz: Âmbar profundo/toques de cobre. Menos espesso que o Russell's Reserve e também uma doçura mais limpa. Laranja e pimenta-da-jamaica com uma nota de couro não vista anteriormente. Fragrante e, para o Turkey, sutil.
Paladar: Abertamente picante. Verniz, aquela qualidade de folha de tabaco e, então, centeio picante.
Acabamento: Longo, mesclando toffee doce e toques de especiarias.
Conclusão: Um pequeno lote de blend de Bourbon entre 6 e 12 anos e engarrafado não diluído.

Campo de sabor: Rico e influenciado pelo carvalho
Prove também: Pappy Van Winkle Family Reserve 20 anos

RUSSELL'S RESERVE RYE 6 ANOS 90°/45%AV

Nariz: Dourado leve. Centeio intenso para começar, mas com bastante mel por trás. Menos ceroso que alguns centeios, mas ainda arrojado com semente verde de erva-doce, abeto vermelho e trepadeira de jardim. Com água, há cânfora, fermento e carvalho doce.
Paladar: Começo lento com mel. Doces cozidos e, então, um caráter de centeio seco começa a mudar a doçura para uma acidez limpa.
Acabamento: Sorbet, efervescente, especiaria.
Conclusão: Um whisky de centeio bastante gentil.

Campo de sabor: Centeio picante
Prove também: Millstone Rye 5 anos (Holland)

Heaven Hill

LOUISVILLE • WWW.HEAVEN-HILL.COM • HERITAGE CENTRE: BARDSTOWN • ABERTA O ANO INTEIRO • TER-SÁB; MAR.-DEZ., TER-DOM.

Há armazéns até onde a vista pode alcançar. Imensas construções de revestimento metálico repletas de whisky espalhadas pela paisagem do Kentucky, parecendo um conjunto habitacional que foi atirado ali por algum tornado errante. O tamanho dos armazéns é testemunho do volume de whiskies diferentes produzidos aqui pelos vários destiladores da Heaven Hill. Esta, afinal, é a destilaria norte-americana com o maior rol de marcas do mercado.

Há uma sensação de permanência neste cenário. Esta é a área central do bourbon. Duas das marcas da Heaven Hill foram batizadas em homenagem a pioneiros lendários da destilação nesta terra abundante em milho: Evan Williams e Elijah Craig. Mas a história da Heaven Hill é relativamente recente, começando com o período estéril da destilação que foi deixado pela Lei Seca. Apenas uma diminuta fração das centenas de destilarias que tocavam o seu negócio antes de a lei entrar em vigor nos anos 1920 se dedicou à produção de whisky após sua revogação. Algumas dessas reiniciaram as operações. Houve também, entretanto, alguns recém-chegados que pressentiram uma oportunidade. Os irmãos Shapira pertenciam a este último grupo. Merceeiros por ofício, eles compraram um lote de terra nos arredores de Bardstown na década de 1930 e começaram a destilar em 1935. Batizaram sua destilaria de Heaven Hill, não devido a alguma alusão romântica, como muitos imaginam, mas em homenagem ao primeiro proprietário, William Heavenhill. Quando ela entrou em funcionamento para valer no pós-guerra, um destilador mestre foi contratado, e quem melhor para se ter no Kentucky do que um Beam? Neste caso, Earl Beam, sobrinho de Jim.

O filho de Earl, Parker, e o neto, Craig, comandam agora o local da fabricação de whisky aqui, enquanto a família Shapira ainda é a proprietária do negócio.

Atualmente, o local da Heaven Hill em Bardstown engloba a sede da empresa, um centro de visitantes premiado e aquela área de armazenamento, mas não

OS GRUPOS DO BOURBON E DO SCOTCH

Um meio no qual a indústria de bourbon difere da do Scotch é nas suas intensas criações pessoais de estilos de whisky. Devido à Lei Seca, o whisky norte-americano teve de recomeçar. A maior parte dos estilos que emergiram de suas destilarias deriva das criações do destilador. Parker aprendeu com seu pai; ele não seguiu uma abordagem passada adiante por mais de um século como é o caso na Escócia. Há um elo físico e emocional direto. Às vezes não é o local o que conta, mas a personalidade das pessoas.

Não é um conjunto habitacional de Bardstown, mas apenas parte do imenso complexo de armazéns da Heaven Hill.

Cheio de cor e vivacidade, o bourbon agora está pronto para a nova fase de sua vida – uma garrafa e o seu copo.

há nenhuma destilaria. Há uma razão para isso. Costumara haver uma. No sopé da colina. Então, em 1995, a queda de um raio em um armazém lançou um rio de bebida flamejante até a destilaria, e ela explodiu.

Hoje todas as marcas da Heaven Hill são produzidas onde costumara ser a destilaria Bernheim da UVD (agora da Diageo) em Louisville, que a gigante dos drinques havia fechado em 1999. Mudar um local não é tarefa fácil e, conforme Parker declara com típico eufemismo, "havia algumas arestas aqui que tivemos de aparar antes de conseguirmos acertar o caráter da Heaven Hill".

A Bernheim era completamente computadorizada, mas Parker e Craig estavam acostumados a "colocar a mão na massa". "O whisky é um negócio em que se tem de pôr as mãos", afirma Parker. "Você tem de torná-lo pessoal. É a maneira pela qual sempre trabalhamos e acho que simplesmente não conheço nenhuma outra." Ele gosta que seus whiskies tenham idade; até mesmo o carro-chefe da Heaven Hill, o Evan Williams, tem sete anos, uma idade considerável para um bourbon.

De fato, a equipe de pai e filho faz whiskies artesanalmente, seguindo a antiga tradição norte-americana. Há bourbons com base de milho e cevada no Evan Williams e no Elijah Craig; milho e trigo no Old Fitzgerald; centeio puro no Rittenhouse e no Pikesville; e a mais recente inovação é o trigo puro no Bernheim Wheat.

Vejo a personalidade quieta de Parker e do Craig em maior escala nos lançamentos epônimos de Parker e ao longo desse tranquilo, subestimado e, ainda assim, inovador portfólio.

NOTAS DE DEGUSTAÇÃO: HEAVEN HILL

BERNHEIM ORIGINAL WHEAT 90°/45%

Nariz: Gentil, com manteiga e assado recente, frutas vermelhas e pimenta-da-jamaica. Limpo e definido.
Paladar: Toque de carvalho fresco raspado. Lembra açúcar cando derretido, com um quê de toffee e uma nota de mentol. Muito bom.
Acabamento: Gentil e, ainda assim, exótico.
Conclusão: Gentil e perigosamente bebível. Abre-se um novo mundo de oportunidades.

Campo de sabor: **Trigo doce**
Prove também: Crown Royal Ltd Edition

OLD FITZGERALD 12 ANOS 90°/45%

Nariz: Notas complexas terrosas com alcaçuz, fumaça de charuto, couro, bolo de nozes.
Paladar: Bourbon meditativo com notas subjacentes de bala de caramelo e baunilha mostrando excelente interação entre mel e chocolate. A madeira tem presença, mas com um teor de nozes.
Acabamento: Carvalho, mas um equilíbrio atraente.
Conclusão: Profundo e poderoso. Exige um charuto.

Campo de sabor: **Rico e amadeirado**
Prove também: W L Weller, Pappy Van Winkle

EVAN WILLIAMS SINGLE BARREL VINTAGE 1999 86°/43%

Nariz: Imediato e expressivo. Um realce perfumado, exótico, do espírito Peychaud's Bitters; dente-de-leão, bardana, suco de marasquino, açúcar-cande. Com o tempo, uma mescla de sequoia, seiva de teixo e centeio assertivo. Grande vibração. Equilíbrio.
Paladar: Leve e limpo e, então, algodão doce, hortelã e uma explosão de especiarias no acabamento deixando-o com incrível formigamento na boca.
Acabamento: Limpo e crocante. Tabaco aromatizado com cereja.
Conclusão: Cada safra tem uma sutil variação nesta interação bastante precisa de qualidade doce/picante.

Campo de sabor: **Milho macio**
Prove também: Four Roses Single Barrel 2009, Blanton's

RITTENHOUSE RYE 80°/40%

Nariz: Uma mistura provocante de doce e azedo. Cânfora, terebintina, verniz, carvalho rico. Imensamente picante. Com água, há nozes, lascas de carvalho e casca de laranja flambada.
Paladar: Intensamente picante, um domínio firme e taninos que causam crispação na boca dominando doçura. Limão fragrante, pétala de rosa seca.
Acabamento: Longo e maravilhosamente amargo. Centeio!
Conclusão: Um grande começo para recém-chegados ao mundo do whisky de centeio.

Campo de sabor: **Centeio picante**
Prove também: Wild Turkey, Sazerac

ELIJAH CRAIG 12 ANOS 94°/47%

Nariz: Doce e denso. Geleia de damasco, frutas em compota, carvalho chamuscado. Pudim, cedro e um pouquinho de folha de tabaco.
Paladar: Redondo. Um começo bastante doce, alcaçuz, antes que maçã com especiarias assuma no fim.
Acabamento: Doçura. Doces. Carvalho.
Conclusão: Doce e rico. Um bourbon de estilo antigo.

Campo de sabor: **Ricamente amadeirado**
Prove também: Old Forester, Eagle Rare

À **caça** de outro barril mágico...

Buffalo Trace

FRANKFORT • WWW.BUFFALOTRACE.COM • ABERTA O ANO INTEIRO • SEG-SÁB

Primeiro vieram os búfalos, encontrando um trecho mais raso em uma curva do rio Kentucky em sua migração anual. Depois vieram os irmãos Lee, que montaram um entreposto, "Leestown", em 1775. Hoje há uma imensa destilaria que parece ter adquirido mais nomes do que a maioria ao longo do caminho: OFC, Stagg, Schenley, Ancient Age, Leestown... e, agora, Buffalo Trace.

Este lugar parece ser uma verdadeira universidade sobre destilação de whisky "straight". Até as construções de tijolos vermelhos somam-se a esse ar. Completo oposto da Maker's Mark com sua receita simples, aqui o objetivo é ser o mais diversificado possível: há bourbon com trigo (W. L. Welcher); centeios (Sazerac, Handy); bouborn de milho/centeio (Buffalo Trace); e barris únicos (Blanton's, Eagle Rare). A edição Pappy van Winkle também é feita aqui.

Além disso, há uma *Antique Collection* (coleção antiga) anual de lançamentos limitados e os ocasionais bourbons experimentais. É como se a Buffalo Trace estivesse tentando restaurar sozinha o número de marcas de bourbon aos níveis anteriores à época da Lei Seca.

Considerando suas responsabilidades múltiplas, o destilador mestre Harlen Wheatley parece notavelmente sereno. "Temos cinco grandes receitas", declara, "mas fazemos apenas uma de cada vez. Assim, faremos o de trigo de 6 a 8 semanas, depois o centeio/bourbon e, então, uma das três diferentes receitas de centeio. Gostamos de ter um pouco de tudo!"

Embora os detalhes específicos sejam segredo, não há adição de reversão na fase de cozimento, que acontece sob pressão (veja p. 18-9). "É uma maneira melhor de se conseguir todos os açúcares", afirma Wheatley, "e resulta numa fermentação mais consistente." Apenas uma variedade de levedura é usada, mas as fermentadoras são de tamanhos diferentes, criando ambientes diferentes. A destilação para cada marca é, porém, totalmente diferente, com graus variados de refluxo e de teor alcoólico de destilação.

A destilação é apenas metade da história. A complexa linha de *white dogs* (espíritos novos) de sabores diferentes é equiparada por uma complexa variedade de condições de maturação. É fácil pensar que quando um barril é colocado em um armazém ele matura de maneira igual. Cada barril, no entanto, é diferente e o microclima dentro de cada armazém é diferente. O armazenamento, especialmente nas condições extremas do Kentucky, é, portanto, um elemento vital na criação de sabor.

Se você está fazendo uma variedade de produtos e se especializando em produtos únicos, desenvolver a complexidade das condições de armazenagem e de maturação é vital. "Temos 75 níveis diferentes no total", explica Wheatley. "Estes estão divididos entre três locais. Temos uma construção de tijolos, uma de pedra, uma aquecida e uma de 'Rick' [vigas de madeira circundadas por uma estrutura de tijolo ou de ferro]. Pelo fato de cada nível e cada armazém ser diferente, a localização do barril é importante para cada marca e, uma vez que vamos dos 3 aos 23 anos,

A maestria da Buffalo Trace sobre uma ampla gama de estilos criou uma verdadeira universidade de bourbon de tijolos vermelhos.

temos de elaborar tudo isso." Em outras palavras, não é apenas maceração, destilação, mas a localização física do barril que faz a diferença.

"Temos de prever e programar. Sabemos, por exemplo, que o Weller será um 7 anos e, portanto, não o colocaremos no último nível, nem no primeiro, porque isso demoraria muito. Quanto ao Pappy 23 anos, temos de observá-lo com muito cuidado... esse provavelmente deve ficar no segundo ou terceiro nível... ao passo que o Blanton tem seu próprio armazém, que produz um efeito bastante específico." Wheatley ri. "Nós entendemos. Temos feito isso há algum tempo." Ele está certo. Wheatley é apenas o sexto mestre de destilação aqui desde a guerra civil. O mestre de destilação emérito Elmer T. Lee, que ainda supervisiona o Blanton, foi treinado pelo coronel Blanton, que começou em 1897.

A diversidade é um resultado dessa mescla humana de conhecimento.

O selo final de aprovação da destilaria para as garrafas da Buffalo Trace.

NOTAS DE DEGUSTAÇÃO: BUFFALO TRACE

WHITE DOG, MISTURA Nº 1

Nariz: Doce e gordo. Fubá. Quente com lírio, milho assado e nozes/cevada. Com água, indício de uma nota vegetal de rum agrícola.
Paladar: Realçado. Grande toque de violeta de Parma e, então, um sabor que se espalha de milho mascável.
Acabamento: Longo e macio. Nenhuma aspereza.

BUFFALO TRACE 90°/45%

Nariz: Âmbar. Mistura de manteiga de cacau/coco e uma nota de violeta perfumada/herbácea. Toque de abricó e especiaria. Carvalho limpo. Mel com especiaria, bala de caramelo e tangerina.
Paladar: Começo picante com teor cítrico doce e, então, baunilha e eucalipto e, enfim, Peychaud's Bitters. Gordo e generoso. Médio encorpado. Com o tempo, bastante noz-moscada fresca ralada.
Acabamento: Domínio leve e quê picante de centeio.
Conclusão: Maduro e rico. Equilibrado.

Campo de sabor: **Milho macio**
Prove também: Blanton's Single Barrel, Jack Daniel's Gentleman Jack

EAGLE RARE 10 ANOS SINGLE BARREL 90°/45%

Nariz: Âmbar. Mais profundo que o Buffalo Trace, tem mais chocolate escuro e casca de laranja seca, junto com aquela nota perfumada que é uma das assinaturas da destilaria. Melaço e especiarias vivazes, um pouco de xarope medicinal de cereja, anis estrelado. Carvalho suave. Com água, assoalhos de madeira encerados.
Paladar: Suave e bastante espesso. Uma sensação bastante diferente do BT, com mais tanino e carvalho mais crocante. Vetiver.
Acabamento: Seco e, então, teor ácido.
Conclusão: No conjunto, uma perspectiva maior.

Campo de sabor: **Rico e amadeirado**
Prove também: Wild Turkey, Ridgemont Reserve 1792, 8 anos

W L WELLER 12 ANOS 90°/45%

Nariz: Limpo e leve. Noz-moscada ralada, velino, grão de café torrado. Favo de mel e pétala de rosa com um indício de florais pesados.
Paladar: Um paladar limpo e com bastante mel com teor crocante e de especiaria do tonel que se suaviza até chocolate derretido.
Acabamento: Sândalo.
Conclusão: Um bourbon com trigo mostrando a gentil doçura característica desse grão.

Campo de sabor: **Trigo doce**
Prove também: Maker's Mark, Crown Royal Ltd Edition

BLANTON'S SINGLE BARREL

Nº 8/H ARMAZÉM, 93°/46.5%

Nariz: Âmbar. Mais frutas cozidas e caramelo. Muito favo de baunilha, milho e torta de pêssego. Doce, limpo e ligeiramente picante.
Paladar: Começo com amido e, então, um realce floral. A madeira começa a retesar, mas isto é semelhante a toffee. Quase chamuscado e defumado.
Acabamento: Açafroeira e carvalho seco.
Conclusão: Um redondo comparável a garras de águia.

Campo de sabor: **Milho macio**
Prove também: Evan Williams SB

PAPPY VAN WINKLE'S FAMILY RESERVE 20 ANOS 90.1°/45.2%

Nariz: Carvalho rico. Maduro e com carvalho. Geleias de frutas doces e melado de bordo denso. Um pouco de especiarias. Com água, tem as qualidades rústica/fúngica de espíritos envelhecidos em madeira.
Paladar: Carvalho e couro seco. Charuto e, então, bolinhas de naftalina antes de passar a hortelã seca, cereja seca e alcaçuz.
Acabamento: Ação mordente gentil e carvalho.
Conclusão: Velho e amadeirado.

Campo de sabor: **Rico e amadeirado**
Prove também: Wild Turkey Rare Breed

SAZERAC RYE & SAZERAC 18 ANOS AMBOS 90°/45%

Nariz: O mais jovem tem um nariz farelento, violeta de Parma e massa de prova de pão com sabor de laranja e toque de cereja vermelha. O 18 anos também é perfumado, mas o ataque diminuiu e passou a uma nota integrada de couro/verniz.
Paladar: Duro e intenso. Muita cânfora. Saboroso. O 18 anos mostra mais carvalho e pão de centeio. Oleoso em vez de duro, mas ainda perfumado.
Acabamento: Pimenta-da-jamaica e gengibre. O 18 anos retém o gengibre, agrega anis e uma doçura que espessa na garganta.
Conclusão: O caráter do centeio não está perdido, mas foi absorvido pelo espírito.

Campo de sabor: **Centeio picante**
Prove também: **Jovem:** Eddu (France), Russell's Reserve Rye 6 anos; **Velho:** Four Roses 120th Anniversary 12 anos, Four Roses Mariage Collection 2009, Rittenhouse Rye

Jim Beam

CLERMONT • WWW.JIMBEAM.COM • ABERTA O ANO INTEIRO • SEG-DOM

As destilarias escocesas se sentem orgulhosas, com razão, de sua tradição na fabricação de whisky, e, ainda assim, que seja do meu conhecimento, não existe dinastia na Escócia como a dos Beam. Segundo a história da família, Jacob Beam (originalmente Boehm) começou a destilar em 1795 em Washington County. Em 1854, seu neto David M. Beam mudou a operação para perto da estrada de ferro em Clear Springs, onde seus filhos, Jim e Park, aprenderam então o seu ofício. Até esse ponto, está tudo normal. É o que aconteceu após a Lei Seca que é notável.

Com 70 anos em 1933, Jim obteve uma licença para destilar e construiu uma nova destilaria em Clermont, com Park e seus filhos fazendo o whisky. Jim passou o comando a seu filho Jeremiah e, então, seu neto Booker Noe pegou as rédeas. Agora, o filho de Booker Noe, Fred, está lá. Quando se considera que Parker e Craig Beam, da Heaven Hill, também são netos de Park e que foi um Beam que começou a Early Times, você começa a se perguntar se a propriedade deveria ser rebatizada.

É apenas quando você entende essa linhagem que pode começar a compreender por que um homem idoso recomeçou os negócios da família aos 70 anos de idade. O que mais James Beauregard poderia fazer? O bourbon corria em suas veias. Ele mudou as coisas? Sim e não. A levedura doce preparada no lar da família foi uma recriação da original, mas a destilação teve a chance de se beneficiar dos avanços do século XX. Eu me lembro muito bem de Booker Noe zombando enquanto eu quase engasgava com um copo de bourbon carregado de óleo fúsel (de outra firma) da época anterior à Lei Seca. "Gosto de bourbon de verdade", declarou ele, "mas, sabe, algumas coisas precisavam ser mudadas."

A história de Beam após a Lei Seca gira muito em torno de um equilíbrio entre as necessidades comerciais enfrentadas por uma grande marca e um mercado em constante mudança e essa adesão de Booker à sua crença no "Big Bourbon". Foi uma tensão criativa que deu ao mundo sua marca de bourbon de maior vendagem, mas também viu em 1988 o lançamento da determinada marca "direto do barril", Booker's, e então, quatro anos depois, a Small Batch Colletion.

A desvantagem de ser uma grande marca é que os aficionados podem deixar de notar a linha inteira. Ainda assim, existe tanta criatividade nas duas destilarias de Beam em Clermont e Boston quanto em qualquer outra fábrica. Não que seja dada grande ênfase a misturas secretas como sendo as maiores responsáveis pelo sabor. "Obviamente, a levedura é importante", comenta o embaixador da marca Ernie Lubbers. "E, sim, temos mais de uma receita, mas as primeiras perguntas que se devem fazer sobre qualquer bourbon são qual é a proof do alambique, qual é o teor alcoólico do envasamento no barril e onde os barris são armazenados. Veja o Scotch. É apenas cevada e, ainda assim, são obtidos centenas de sabores diferentes... não é apenas a receita!"

A linha do Beam usa o potencial de sabor de graduação alcoólica e de localização ao máximo. O White e o Black Label saem a 135° (67,5%), são envasados nos barris a 125° (62,5%) e os barris são distribuídos pelos armazéns: em cima, embaixo, nas laterais e no meio. O Old Grandad é uma receita com centeio elevado, mas, nos demais aspectos, é o mesmo que o White e o Black. O centeio tem teor alcoólico mais baixo, 127° (63,5%), e é envasado no barril a 125° (62,5%).

As coisas certamente mudaram em Clermont desde que os Beam começaram a destilar.

NOTAS DE DEGUSTAÇÃO: JIM BEAM

WHITE LABEL 80°/40%

Nariz: Fresco e saboroso. Tem uma energia juvenil. Centeio leve, teor estimulante de limão e, então, gengibre e chá. Fragrante e vibrante.
Paladar: Depois de um nariz tão vigoroso, o palato começa bem sedoso com verdadeiro mentol. Cigarros mentolados. Bala Butter toffee. Crocante.
Acabamento: Doce.
Conclusão: Equilibrado e vibrante.

Campo de sabor: **Milho macio**
Prove também: Jack Daniel's

BLACK LABEL 8 ANOS 80°/40%

Nariz: Suave com um pouquinho de melaço, laranja com especiaria e uma característica estimulante e fresca semelhante ao White Label. Cacau e cinzas de charuto.
Paladar: As notas de carvalho continuam: cedro e chamuscado equilibrado com o espírito forte. Mais abertamente picante que o White Label.
Acabamento: Melaço.
Conclusão: Carvalho e energia.

Campo de sabor: **Milho macio**
Prove também: Jack Daniel's Single Barrel, Buffalo Trace, Jack Daniel's Gentleman Jack

KNOB CREEK 9 ANOS 100°/50%

Nariz: Âmbar. Rico e doce. Fruta pura. Açúcares de frutas caramelizadas, seiva de agave. Coco leve e abricó. Folha de charuto.
Paladar: Grande, doce e sedutor. Encorpado com muita canela, amora-preta e algodão doce.
Acabamento: Carvalho e manteiga.
Conclusão: Rico, mas tem aquela energia do Beam.

Campo de sabor: **Rico e amadeirado**
Prove também: Wild Turkey Rare Breed

BOOKER'S 126.8°/63.4%

Nariz: Âmbar e suave. Frutas assadas com melaço/melaço *blackstrap*. Frutas tropicais e banana-passa. Profundo e poderoso.
Paladar: Doce e quase semelhante a licor. O espírito aguenta bem o ataque do carvalho. Geleia de amora-preta e açúcar queimado. Mel de flor de laranjeira.
Acabamento: Madeira e calor.
Conclusão: Uma imensa experiência sem impedimentos.

Campo de sabor: **Rico e amadeirado**
Prove também: Russell's Reserve 10 anos

Há variação até maior nos lotes pequenos. O Knob Creek é destilado a 130° (65%) e envasado no barril a 125° (62,5%). "É um produto de 9 anos e, portanto, não deixaremos nenhum (barril) desses tocar os níveis das laterais ou do topo dos armazéns", explica Lubbers. O Basil Hayden é elevado em centeio, mas destilado e envasado em barril a 120° (60%) e envelhecido no centro dos armazéns, como o Knob Creek. O Baker's é destilado e envasado em barril a 125° (62,5%), mas é envelhecido durante sete anos no nível mais alto – "é por isso que ele é tão intenso". E o Bookers é destilado e engarrafado a 125° (62,5%) e envelhecido no quinto e no sexto níveis.

"Sabe de uma coisa?", começa Lubbers. "Booker ia até lá o tempo todo, apenas ficava lá e via o que estava acontecendo." Sonhando, trabalhando... o toque humano.

Four Roses

LAWRENCEBURG • WWW.FOURROSES.US • ABERTA O ANO INTEIRO • SEG-SÁB

Se a Buffalo Trace é como uma universidade de tijolos vermelhos, a Four Roses de pintura amarela não é a missão espanhola que sua arquitetura sugere, mas está mais para uma universidade especializada em pós-graduação com o destilador mestre Jim Rutledge como seu professor. Ele se delicia com a complexidade, vendo as possibilidades criativas nas cinco variedades de levedura e nas duas misturas da Four Roses. Essa amplitude de escolha surgiu graças à antiga proprietária da destilaria, a Seagram, que teve cinco fábricas no Kentucky, cada uma com sua própria especificação de levedura.

Embora a Seagram tenha vendido seus ativos, toda a levedura acabou parando na Four Roses – agora de propriedade da cervejaria/destilaria japonesa Kirin. Hoje, Jim Rutledge supervisiona a produção de dez espíritos diferentes. Há duas misturas com conteúdo de centeio elevado, OE (75% milho, 20% centeio, 5% cevada) e OB (60:35:5). Cada uma é, então, fermentada com cinco leveduras diferentes, resultando naquele "canil" de *white dogs*.

As variedades de levedura produzem sabores bastante específicos. F, por exemplo, confere uma nota vegetal quase de rum agrícola à OE e um realce herbáceo à OB; K dá violeta e especiarias na OE e intensifica o enfoque no centeio da OB; O resulta em uma qualidade gorda e pastosa na OE e pesada com frutas maduras na OE; Q é ampla e semelhante a jasmim na OE e tem um perfume intenso de rosas na OB, ao passo que a variedade V confere uma nota de ésteres de banana na OE e de cravos (flor) e robustez na OB. Todos Four Roses, todos diferentes.

Essa riqueza de possibilidades permite a Rutledge ter um blend diferente para cada uma de suas marcas, o que significa que a idade e o blend para o Yellow Label são diferentes do single barrel (barril único) (em 2009, um 11 anos OE/Q), que é diferente do Mariage (em 2009, um blend de 19 anos e um 12 anos OB/K com 12 anos OE/O). O intrigante é que a porcentagem alta de centeio não resulta na ação mordente desconcertante encontrada em muitos outros bourbons, mas em um frescor e em uma vibração. A Four Roses não é PhD apenas em levedura... mas em blending também.

Isto deve conter Four Roses o bastante para fazer alguém feliz.

NOTAS DE DEGUSTAÇÃO: FOUR ROSES

120TH ANNIVERSARY 12 ANOS 110.8°/55.4%

Nariz: Direto e rico. Notas aromáticas clássicas de canela, poeira, óleo de rosas, extrato de limão em pó.
Paladar: Começo perfumado, todo rosas e talco. Bastante seco, mas com uma doçura central. Ligeiramente ácido no acabamento.
Acabamento: Pacharan.
Conclusão: Bem equilibrado.

Campo de sabor: **Picante e centeio**
Prove também: Ridgemont Reserve 1792 8 anos

BARREL STRENGTH 15 ANOS SINGLE BARREL 104.2°/52.1%

Nariz: Doçura de algodão doce, ameixa verde, eucalipto, carvalho.
Paladar: Perfumado, sedoso e doce com especiarias efervescentes. Fluxo suculento equilibrado por especiaria e maçã com toffee.
Acabamento: Teso e picante.
Conclusão: Equilibrado e bem estruturado.

Campo de sabor: **Picante e centeio**
Prove também: Sazerac 18 anos

MARIAGE COLLECTION 2009

Nariz: Âmbar escuro. Teor picante e doce e equilibrado. *Ras el hanout* e pó de pétala de rosa. Marmelada de limão, baunilha e toffee leve, hortelã e chocolate. Tipicamente realçado e preciso. Não amadeirado (carvalho).
Paladar: Semelhante a cânfora e estritamente focado. O paladar é mais de casca de laranja e há um realce floral leve e teor amanteigado apenas o bastante para abrandar a crispação do centeio. Novamente, não amadeirado (carvalho). Bastante penetrante.
Acabamento: Bem saboroso e seco.
Conclusão: Quase austero na sua chegada. Iconoclasta até o fim.

Campo de sabor: **Picante e centeio**
Prove também: Evan Williams Single Barrel

SINGLE BARREL 2009 116°/58%

Nariz: Mercado de frutas (caixas de maçã), carvalho e uma pequenina nota arenosa. Torna-se mais fragrante/floral pesado com o tempo com o acréscimo de um pouco de cereja preta. Perfumado. Invólucro de charuto e ruibarbo.
Paladar: Altamente perfumado. Boa maturidade. Frutas vermelhas maduras e uma ótima distribuição de sabores pela língua. A água faz surgir uma boa qualidade granulosa de especiarias.
Acabamento: Carvalho crocante.
Conclusão: Essa linha de opções na ponta dos dedos de Jim Rutledge mostra que vale a pena nesta complexa miscelânea.

Campo de sabor: **Picante e centeio**
Prove também: Woodford Reserve Distiller's Select

Tom Moore

BARDSTOWN • WWW.SAZERAC.COM • ABERTA A VISITANTES • VEJA SITE PARA DETALHES

É de se pensar que se esconder da vista em uma ravina incomodaria a maioria dos destiladores, mas percebemos que isso cai perfeitamente bem para o pessoal da Tom Moore. Se outras destilarias são boas em conseguir fazer com que seus destiladores trabalhem em novas expressões cada vez mais inovadoras, o pessoal no pequeno vale nos arredores de Bardstown permaneceu discreto e se dedicou a fazer um bourbon excelente que, então, vendeu a um preço (bastante) justo. Se ninguém os visitava, estava ótimo. Não que eles fossem (ou sejam) de alguma maneira hostis: apenas não viam a necessidade de ter de fazer o jogo do marketing. São como o equivalente do Kentucky a uma das múltiplas destilarias de Speyside que ficam nos bastidores.

Uma vez que a antiga matriz da Tom Moore, a certa altura, foi proprietária tanto da destilaria Loch Lomond quanto da Glen Scotia, aí está o que se pode chamar de "prévio". Até recentemente esta era a destilaria Barton. Até mesmo esse nome tinha um nítido ar despretensioso. Ficava próxima ao local de "Mattingly & Moore" de 1876, antes de a Tom Moore ter-se estabelecido aqui em 1899. Sua vida após a Lei Seca começou em 1944, quando foi comprada por Oscar Getz's Barton Brends (a mesma Getz que deu nome ao maravilhoso museu do Bourbon em Bardstown).

A destilaria de tijolos vermelhos da década de 1940 usa um número de misturas (os detalhes são segredo), sua própria cevada e uma coluna de cerveja com cobertura de cobre, na qual o refluxo é feito e prolongado antes que o alambique "pot still doubler" faça o seu trabalho. O primeiro sinal de que a Barton (desculpe, a Tom Moore) estava rompendo a reticência que impôs a si mesma foi o lançamento do Ridgemont Reserve 1792 e as notícias de que estava oferecendo excursões. Agora, como parte da sagaz em mídia Sazerac (proprietária da Buffalo Trace), talvez haja uma mudança no horizonte.

Milho de alto grau é a base da linha de bourbons da Tom Moore, propiciando uma ampla plataforma na qual o centeio e o carvalho podem interagir.

NOTAS DE DEGUSTAÇÃO: TOM MOORE

WHITE DOG PARA RIDGEMONT

Nariz: Doce, gordo e limpo com uma nota tesa posterior. Óleo de milho e um teor farelento leve.
Paladar: Intensamente picante desde o início. Grande impacto e, então, uma lenta suavização. Intenso.
Acabamento: Teso. Precisará de tempo na madeira.

TOM MOORE 4 ANOS 80°/40%

Nariz: Fresco, jovem e influenciado pelo carvalho. Post oak (carvalho *Quercus stellata*). Depósito de madeira. Folha de gerânio, cedro e terra revolvida.
Paladar: Aromático, todo pau-rosa e doçura sutil. Leve com pipoca.
Acabamento: Toffee.
Conclusão: Jovem e energético. Feito para ser misturado.

Campo de sabor: Centeio picante
Prove também: Jim Beam White Label, Woodford Reserve Distiller's Select

VERY OLD BARTON 6 ANOS 86°/43%

Nariz: Semelhante a chá. Carvalho polido, especiarias para esfregar. Vibrante, fresco e seco.
Paladar: Uma entrada doce e suave no palato. Noz-moscada na manteiga, rosa, toranja e café.
Acabamento: Caixa de charuto.
Conclusão: Crocante e limpo.

Campo de sabor: Centeio picante
Prove também: Evan Williams Black Label, Jim Beam Black Label, Sazerac Rye

RIDGEMONT RESERVE 1792 8 ANOS 93.7°/46.8%

Nariz: Tem aquela nota profunda e ligeiramente untuosa do *white dog*, mas agora lapidada pelo carvalho até uma fina camada.
Paladar: Maduro com um pouco de teor cítrico fresco, um pequeno toque de baunilha e a nota de chá vista no jovem. Mais pesado.
Acabamento: Charutos (agora fora da caixa).
Conclusão: Este é um bourbon com o qual se convence consumidores de Scotch.

Campo de sabor: Rico e amadeirado
Prove também: Eagle Rare 10 anos Single Barrel

TENNESSEE

De algumas maneiras a história do whisky do Tennessee tem um paralelo com a do Kentucky: *boom*, Lei Seca e recuperação lenta. A diferença é que, enquanto no Kentucky a maioria das principais destilarias voltou após a Lei Seca na década de 1930, o Tennessee estivera seco desde 1910 e operara uma indústria em menor escala mesmo naqueles dias. O resultado foi que apenas uma destilaria começou imediatamente após a revogação da lei: a Jack Daniel's. Ainda se passariam 25 anos até que fosse aberta a segunda destilaria (legalizada) do Estado, George Dickel.

A palavra legalizada é usada propositadamente. O Tennessee é um microcosmo da relação ambivalente dos Estados Unidos com o álcool. Suas colinas e vales estreitos continuam a esconder numerosos alambiques clandestinos, muitos deles próximos a igrejas fundamentalistas que pregam contra os males da bebida. Suas músicas – e o Estado é rico em sua herança musical – tanto celebram quanto censuram o consumo de whisky. Para a mesma quantidade de canções sobre as alegrias de se beber "'shine" (whisky ilícito), existem outras que se referem à bebida (geralmente ao whisky) como um símbolo de devassidão e desespero, o refúgio dos tolos de coração partido e que se consomem em autocomiseração. George Jones, acostumado à bebida, sintetiza isso em *Just one more* (Só mais um): "Ponha a garrafa na mesa e ela fica ali mesmo, até que eu não possa mais ver o seu rosto em cada lugar a que vou... Um drinque, só mais um... e depois outro".

Essa dicotomia é vista com clareza em Lynchburg: possivelmente a cidadezinha mais famosa do mundo, lar do whisky americano de maior vendagem mundial... só não espere conseguir entrar num bar da cidade e pedir um. Há lei seca em Lynchburg. Você nem sequer pode degustar um whisky quando visita a destilaria.

Em outras palavras, as coisas são feitas de um modo um tanto diferente no Tennessee, e isso se estende aos whiskies – a porcentagem de centeio na mistura é bem baixa, por exemplo (veja p. 18-9). De acordo com a mesma regulamentação para o bourbon "straight", para se tornar whisky do Tennessee, o *white dog* (espírito novo) tem de passar pelo Processo do Condado de Lincoln: filtragem com carvão de lenha de bordo antes de ser envasado no barril. O resultado é um espírito mais suave e ligeiramente mais fuliginoso.

Isto é uma invenção totalmente do Tennessee? Há evidências de que a filtragem foi usada no Kentucky em 1815, mas parece ter sido abandonada logo em seguida. Segundo aponta Jeff Arnett, da Jack Daniel's, é um sistema caro.

O fato de que é conhecido como o Processo do Condado de Lincoln também sugere para isso como não sendo uma especialidade do Tennessee, mas que foi fixada em um local específico – Cave Springs, onde a destilaria Jack Daniel's se situa agora. Antes de o prodígio da destilação ter chegado, um certo Alfred Eaton estava usando a água de pedra calcária de Cave Springs para fazer seu whisky – e utilizando o método de filtragem com carvão de 1825 em diante. Se Eaton não o inventou, ele certamente o explorou ao máximo.

Exatamente de onde o método veio, ninguém tem sido capaz de dizer. A vodca estava sendo filtrada com carvão naquela época, mas, a menos que houvesse imigrantes russos destiladores na área, é improvável que a técnica pudesse ter sido passada adiante diretamente. É algo que permanece um mistério, apenas mais um dos muitos segredos do Tennessee.

Esquerda: A filtragem com carvão (aqui, na Jack Daniel's) é a diferença-chave entre o whisky do Tennessee e o bourbon.

Direita: A Jack Daniel's sempre se orgulhou de seu charme à moda antiga.

JACK DANIEL DISTILLERY
LEM MOTLOW, PROP. INC
TAX-PAID BOTTLING HOUSE
NO. 1
KEEP OUT

Dinheiro para queimar: Anualmente a Jack Daniel's gasta mais de US$ 1 milhão (R$ 1,75 milhão em março/2011) em carvão.

Jack Daniel's

LYNCHBURG • WWW.JACKDANIELS.COM • ABERTA O ANO INTEIRO • SEG-DOM

Icônica é uma palavra usada de modo corriqueiro demais no mundo da bebida, mas, ocasionalmente, seu uso é adequado. O Jack Daniel's é uma dessas ocasiões. Tendo passado pelas mãos de vários astros de rock, a garrafa quadrada com o rótulo branco e preto tornou-se tanto símbolo para a rebelião hedonista quanto para os valores caseiros, provincianos. O desenvolvimento da "brand 101" começa com a Jack Daniel's.

Sua fundação teve todos os marcos de uma história folclórica. Nascido por volta de 1846, o jovem Jack Daniel, do Tennessee, desentendeu-se com sua madrasta má e fugiu de casa para morar com um "tio". Aos 14 anos, ele auxiliava um lojista e pregador leigo chamado Dan Call, que operava um alambique em Louse Creek. Quando Dan se ausentou para tomar parte na guerra civil, Jack aprendeu a arte da fabricação de whisky com Nearest Green, um velho escravo, e quando se mudou de Louse Creek (talvez ele já tivesse tino para o marketing), os filhos de Green, George e Eli, o acompanharam.

Jack se mudou para assumir o arrendamento da velha destilaria Eaton em Cave Springs, nos arredores de Lynchburg, onde se concorda de maneira geral que o processo de autonomia do Condado de Lincoln se originou (Lynchburg ficava no Condado de Lincoln na época).

"Nosso caráter único começa com aquela água", declara o destilador mestre da Jack Daniel's, Jeff Arnett. "Ela se mantém a 13 °C o ano inteiro e fornece minerais e nutrientes que se tornam parte do caráter da destilaria. Se tivéssemos água diferente, o caráter mudaria." Essa água da caverna fresca e reverberante é acrescida a uma mistura de centeio baixo (8%) – para reduzir qualquer qualidade apimentada no espírito final – e a mistura é fermentada com a ajuda da levedura da própria destilaria. A destilação é feita em um alambique de cobre "pot still doubler", resultando em um *white dog* de 140° que então é submetido ao processo que torna o Jack um whisky do Tennessee – abrandamento com carvão em um tanque preenchido até a altura de 3 metros (10 pés) de carvão de bordo.

Escondido no bosque: apenas um dos muitos armazéns da Jack Daniel's.

Por que, entretanto, para início de conversa, os whiskies do Tennessee eram abrandados com carvão? "Acho que havia coisas naqueles velhos tempos que Jack não conseguia controlar e o abrandamento o livrou delas", comenta Arnett. "Isso igualava as coisas e ele podia usar o bordo local de crescimento rápido. Ele fez uma porção de coisas por razões práticas."

"Se você provar o *white dog* que sai do alambique, ele é adstringente; após o abrandamento há um gosto diferente na boca, ele é limpo e leve", acrescenta. "Tecnicamente falando, não temos os mesmos problemas que Jack enfrentou, mas sem o abrandamento o nosso caráter muda."

Por que, então, se é tão benéfica, a técnica não se difundiu mais? "É cara! Temos 72 tanques e o carvão de cada um tem de ser trocado a cada seis meses. É um custo de 1 milhão de dólares por ano."

Quanto mais se observa a Jack Daniel's, maior é a conscientização de que tudo está na madeira, quer seja na forma de carvão ou nos barris. "Fabricamos nossos próprios barris", explica Arnett. "Temos o nosso próprio comprador de madeira, nosso próprio processo de secagem, nosso próprio processo de queima de barril. Tudo isso cria personalidades complexas para dar aquela doçura tostada direta que diz que esse é o Jack."

A campanha de longo prazo – que nunca explorou o mais notório lado animal festivo do Jack – leva uma pessoa a acreditar que essa é uma fabricação em pequena escala do Vale Adormecido. Não poderia estar mais longe da verdade. A fabricação é ampla – e toda para um espírito, ainda que com três expressões. Arnett não se sente tentado a abrir um pouco mais o leque? Afinal, basta olhar o que seu colega da Brown-Forman, Chris Morris, está fazendo.

"Não posso descartar nada", diz ele. "O Old Nº 7 recebeu o enfoque, mas, como destilador mestre, você olha para ideias diferentes. Um centeio? Poderíamos. Acabamento? Talvez. Estamos abertos a possibilidades. Estamos prontos para experimentar." Não seria bom se, quando isso acontecer, Nearest Green recebesse algum crédito?

Cobre, aqui no alambique de cerveja, ajuda a deixar o white dog mais leve

NOTAS DE DEGUSTAÇÃO: JACK DANIEL'S

BLACK LABEL, OLD Nº 7 80°/40%

Nariz: Âmbar dourado. Fuliginoso com açúcares caramelizados e feltro, então, uma nota de íris. Madeira de eucalipto em um churrasco. Doce.

Paladar: Doce e limpo, leve, com baunilha e pudim esponja de marmelada, mas com qualidade jovem e firme subjacente.

Acabamento: Toque condimentado e um toque de amargor se equilibrando.

Conclusão: Fácil, doce e adequado para se misturar.

Campo de sabor: **Milho macio**
Prove também: Jim Beam White Label

GENTLEMAN JACK 80°/40%

Nariz: Menos fuliginoso e amadeirado (carvalho) do que o whisky padrão Jack com mais baunilha cremosa. Fogueira na floresta. Mais manjar e banana madura.

Paladar: Bastante macio e suave. Com sensação de mascar e frutas polpudas com a rigidez do whisky padrão subjacente.

Acabamento: Condimentado.

Conclusão: Mais macio e mais gentil.

Campo de sabor: **Milho macio**
Prove também: Jim Beam Black Label

SINGLE BARREL 90°/45%

Nariz: Âmbar escuro. Mais banana. Maior e com mais ésteres. Madeira. Semelhante a pinheiro. Com água, uma nota chamuscada.

Paladar: Tem a energia do whisky-padrão e a doçura do Gentleman com o acréscimo de um ataque picante. Equilibrado.

Acabamento: Limpo e ligeiramente condimentado.

Conclusão: Engloba os melhores pontos dos dois estilos.

Campo de sabor: **Milho macio**
Prove também: Jim Beam Black Label

George Dickel

CASCADE HOLLOW, ENTRE NASHVILLE E CHATTANOOGA • WWW.DICKEL.COM • ABERTA O ANO INTEIRO • TER-SÁB

A destilaria de encerramento do Tennessee nos leva de volta à colcha de retalhos de histórias e dos mitos que têm sido construídos em torno das marcas. A história conturbada do whisky americano, com as marcas mudando de mãos muitas vezes, destilarias desaparecendo e então reaparecendo em outro local e com um novo nome, sem mencionar a devastação causada pela Lei Seca, tem significado que arquivos de empresas foram destruídos. Além disso, o que era um comportamento normal no Tennessee no século XIX pode não parecer muito respeitável no século XXI. O manto encobre a verdade.

Esse é o caso da George Dickel, cuja história verdadeira e um tanto tumultuada é, na realidade, bem mais interessante que a versão oficial, submetida a sanitização. Nesta última, George e sua esposa, Augusta, estão passeando de carroça até Cascade Hollow, onde provam a água e decidem construir uma destilaria. O fato é que George Dickel nunca foi dono da destilaria Cascade, nem jamais fez whisky.

Dickel era um imigrante alemão que chegou a Nashville em 1853, onde estabeleceu sua loja de venda de botas antes de desmembrar o negócio em uma mercearia – incluindo a venda de whisky. Começava um negócio lucrativo. Em 1881, associou-se a ele o cunhado, Victor Shwab, que também era o proprietário do *saloon* Climax em Nashville – um nome bastante apropriado para um antro de iniquidade na "ala masculina" da cidade. Shwab obtivera o negócio através do superintendente de seu cunhado, Meier Salzkotter, que fora contrabandista de whisky durante a guerra civil. O ex-fabricante de botas e o ex-contrabandista e o magnata deles do antro de jogatina estavam prestes a se tornar barões do whisky.

Em 1888, Victor Shwab comprou uma cota de dois terços da destilaria Cascade (fundada em 1877), e George Dickel recebeu a concessão de direitos exclusivos para engarrafar e distribuir whisky. Uma década depois, Shwab era o dono da destilaria toda.

São os Shwab e a viúva de Dickel que transferem a produção – completa com abrandamento de carvão – do whisky Cascade para a destilaria Stitzel em Louisville, Kentucky, em 1911, no ano seguinte à época

A destilaria Cascade mudou um pouco desde os tempos em que Victor Shwab foi seu proprietário.

Pilha de madeira de bordo pronta para ser queimada e reduzida a carvão...

...com o qual o *white dog* deste alambique será filtrado.

em que baixou a Lei Seca no Tennessee. A firma foi vendida em 1937 por George Shwab para as Indústrias Schenley, que em 1958 enviaram Ralph Dupps ao Tennessee para iniciar a produção do George Dickel em uma nova destilaria perto da fábrica da Cascade original.

Isso, sim, é uma história – e meus agradecimentos a Chuck Cowdery por sua ajuda para contá-la. Não há nada errado no fato de George Dickel ter sido um atacadista bem-sucedido. Afinal, é verdadeiro afirmar que alguns dos maiores nomes do bourbon eram apenas isso.

Atualmente, a destilaria George Dickel Cascade situa-se em um vale estreito arborizado na borda elevada do planalto Cumberland, perto do lago Normandy. Os grãos e o milho são cozidos sob pressão e fermentados de três a quatro dias com o auxílio da levedura da própria Dickel. Como esse é um whisky do Tennessee, é abrandado pela filtragem de carvão antes de ser envasado no barril, mas aqui a técnica é diferente da usada na Jack Daniel's, cerca de 30 quilômetros a sudoeste.

Na Dickel, o *white dog* passa pelo sistema de chill-filtration antes do abrandamento, o que remove ácidos gordos. Os tanques são, então, inundados com o *white dog* (em vez de serem alimentados lentamente como na Jack Daniel's). Mantos de lã também são colocados no alto e na base do tanque: no alto para permitir uma distribuição igual do *white dog*, e no fundo para impedir que passe qualquer fragmento de carvão. Dez dias depois o whisky é envasado em barris e em seguida acondicionado para envelhecer em armazéns de um único piso no alto da colina. É essa combinação de filtragem adicional, abrandamento de carvão e carvalho novo que dá ao Dickel sua maciez característica.

Na ocasião em que escrevi, havia uma falta do whisky – em decorrência de a destilaria ter ficado fechada entre 1999 e 2003 –, e o jeito de lidar a esmo com a marca por parte de sua proprietária, a Diageo, deixou o whisky em um limbo estranho, onde a lenda toma o lugar dos fatos. Espero que, quando você estiver lendo isto, a situação tenha mudado para melhor – Shwab e Dickel merecem que sim.

NOTAS DE DEGUSTAÇÃO: GEORGE DICKEL

OLD N°.12

Nariz: Âmbar. Bastante doce e ligeiramente ceroso. Torta de maçã e limão. Cravo-da-índia leve e calda dourada.
Paladar: Bastante macio e notas herbáceas leves: de volta a tomilho e orégano seco, depois gengibre, flor de limoeiro e mel.
Acabamento: Limpo e suave com maçã assada e um quê final de canela.
Conclusão: Gentil e macio, mas tem verdadeira personalidade.

Campo de sabor: Milho macio
Prove também: Early Times, Hudson Baby Bourbon

RESTANTE DOS ESTADOS UNIDOS

Existe, escreve o crítico de rock Greil Marcus em *Invisible republic* (República invisível), seu livro sobre os "Basement Tapes" de Bob Dylan, algo na música que penetra em uma "velha, estranha América", um país cujas fronteiras foram mapeadas primeiro por Harry Smith em seu livro *Anthology of american folk music* (Antologia da música folk americana). É o som de um país criando e, então, perdendo a si mesmo, do limiar, das canções provenientes das florestas e debaixo dos assoalhos. Essa (re)criação musical dos Estados Unidos inevitavelmente inclui o whisky: no blues, em músicas country, batidas de pé e baladas, na alegria e na tristeza, uma presença constante, rouca.

O próprio Bob Dylan voltou-se para esse som em seu álbum *Self portrait* quando ele interpreta *Copper kettle*, de Frank Beddoe: "Arranje um caldeirão de cobre, uma serpentina de cobre. Encha-o com uma pasta de milho e você nunca mais terá de trabalhar. Observe o cozimento lento de uma batelada sob o pálido luar".

Há verdade neste relato. Começa enquanto o destilador ilícito segue devagar, então ele dá dicas sobre que madeira usar antes de surgir um desafio mais alto, estridente, uma canção sendo cantada por uma família de fabricantes ilícitos ("moonshiners") que "não paga nenhum tributo sobre whisky desde 1792". Atualmente, ao redor dos Estados Unidos, músicos, produtores de música, escritores, filósofos estão bebendo novamente dessa fonte, e ao longo da primeira década do século XXI, o whisky é mais uma vez parte disso.

"Estimamos que há 264 destilarias nos Estados Unidos no momento", diz Bill Owens, que preside a organização de destilarias artesanais The American Distilling Institute – ADI (Instituto Americano de Destilação). "Na maioria, são bem pequenas. Daqui a sete anos, algumas podem estar produzindo dez mil caixas, talvez mais, mas a maioria fará menos de duas mil." Apesar de pequenas quando comparadas à produção das principais destilarias comerciais, elas representam uma mudança significativa na mentalidade, o que terá ramificações positivas para todo o setor americano de bebidas.

Mas quem são essas pessoas que repentinamente decidiram fazer seu próprio destilado? "Elas vêm de caminhos muito diferentes da vida", relata Owens. "Talvez tenham começado a fazer cerveja, mas essa é uma área onde se pode obter uma porção de sabichões e, portanto, elas passaram para o espírito, onde existe um grau diferente de sofisticação e curiosidade."

O próprio Owens começou como cervejeiro e é talvez mais conhecido nos círculos cervejeiros artesanais como o homem que reviveu a "pumpkin ale", um tipo de cerveja que remonta aos tempos de George Washington. A Buffalo Bill's Pumpkin Ale de Owens começou uma minitendência – o estilo está sendo feito agora em 40 ou 50 pequenas cervejarias em torno dos Estados Unidos. De muitas maneiras o crescimento da destilação artesanal espelha aquele da expansão do movimento cervejeiro artesanal americano. Como Owens aponta, muitos da nova categoria de destiladores artesanais são cervejeiros que acrescentaram uma destilaria a seus negócios de cerveja, ou desistiram da cerveja, trocando-a por uma bebida mais forte. Igualmente, entretanto, muitos são provenientes do setor do vinho ou agrícola, ou podem ser simplesmente amantes de espírito.

A variedade dos espíritos que são fabricados reflete a natureza eclética dos próprios destiladores: conhaque de maçã, eaux-de-vie de frutas, gim, rum, vodca e whisky, este abrangendo centeio e milho, mas principalmente single malt. "É só um modelo diferente de se fazer whisky", declara Owens. "Quem quer esperar dois anos ou mais para beber o seu espírito? Eles são

apenas, como no título de um dos livros didáticos de Owens, fabricantes clandestinos modernos? "Não no antigo sentido", esclarece ele. "Qualquer um que queira produzir alguma coisa ilegal plantará maconha, não fará whisky clandestinamente. Nem tampouco conheci alguém que entrasse nisso para enriquecer! O investimento em termos de conhecimento e financiamento é alto. Eles são empreendedores, não apenas indivíduos que construíram uma destilaria na garagem."

Em outras palavras, essas destilarias artesanais são legítimas, pessoas pesquisadoras que estão interessadas em qualidade e caráter. Algumas das destilarias de whisky também produzirão conhaques de frutas ou vodca, o que permite a entrada imediata de capital no negócio, em vez de apenas depois que o whisky tiver maturado. Outros na área do whisky contornaram o problema do tempo maturando em barris pequenos para acelerar o processo de maturação, ou até usando lascas de madeira.

É essa área de inovação – seja por necessidade ou simplesmente porque eles podem – o que mais intriga no ramo do whisky. Com as empresas maiores abrangendo o bourbon, faz mais sentido em termos comerciais fabricar whisky single malt americano. "Não vejo ninguém querendo fazer bourbon", observa Owens. "Muitos usarão turfa, ou defumarão a cevada de algum jeito. Alguns estão usando aduelas internas, e os figurões do bourbon estão atentos a tudo o que eles fazem."

Agora eles também receberam regulamentação oficial, com o órgão do setor, o Distilled Spirits Council of the United States, DISCUS (Conselho de Espírito Destilado dos Estados Unidos), criando um programa de afiliação para os destiladores artesanais. Eles fazem parte do círculo.

Destiladores artesanais

CLEAR CREEK• PORTLAND • WWW.CLEARCREEKDISTILLERY.COM • ABERTA O ANO INTEIRO • SEG-SÁB
ST. GEORGE SPIRITS • WWW.STGEORGESPIRITS.COM • ABERTA A VISITANTES • QUAR-DOM
STRANAHAN'S • COLORADO • WWW.STRANAHANS.COM • ABERTA A VISITANTES • VEJA SITE PARA DIAS E DETALHES
TUTHILLTOWN • GARDINER • WWW.TUTHILLTOWN.COM • SALA DE DEGUSTAÇÃO, QUI-SÁB • EXCURSÕES SÁB-DOM; ESSENCIAL RESERVAR
WWW.ANCHORBREWING.COM/ABOUT_US/ANCHORDISTILLING.HTM • WWW.CHARBAY.COM • WWW.COPPERFOX.BIZ

Os destiladores artesanais também remontam às origens do espírito na América – à propriedade de George Washington em Mount Vernon, aos conhaques de pêssego da Geórgia e às destilarias de pequeno porte de fazendas que evoluíram até a indústria do bourbon dos tempos atuais. O mundo dá voltas. "Para mim, isso faz parte de uma revolução verde", diz Bill Owens, chefe do American Distilling Institute. "O reavivamento dos padeiros e cervejeiros de cidades pequenas e, agora, de destiladores. Eles voltaram ao essencial." Ao fazer isso, inauguraram um novo capítulo na história do whisky americano.

Fritz Maytag, o padrinho da microcervejaria americana, acredita em autenticidade. Seu gim, Junipero, é um espírito com 100% de junípero em vez de uma mistura de vegetais e, uma vez que o centeio foi o primeiro estilo de whisky americano, o Old Potrero dele é feito com 100% de centeio (veja p. 232). Fabricado desde 1994 na destilaria Maytag's Anchor Steam, em São Francisco, seu single malt é um estilo do "século XVIII" (ou seja, envelhecido durante apenas um ano), enquanto o untuoso e picante Straight Rye é a homenagem dele aos whiskies do século XIX e passa três anos no barril. A equipe da Templeton, em Iowa, usou uma abordagem semelhante – seu whisky de centeio é uma recriação direta de uma antiga receita da era da Lei Seca.

Essas destilarias originais, às quais a Maytag está fazendo tributo, seguiram o adágio de que uma pessoa destila o que cresce à sua volta, uma máxima usada em 1982 por Jorg Rupf na destilaria St. George Spirits, de Alameda, na Califórnia. A St. George começou como um local de eau-de-vie/conhaque usando alambiques Holstein. Agora o destilador Lance Winter voltou sua atenção para o whisky.

"Catorze anos atrás, comecei o trabalho com a meta expressa de fabricar um whisky single malt", ele comenta. "Apreciava inteiramente os maltes escoceses, gostava razoavelmente do centeio e até gostava de uns poucos bourbons, mas Jorg me incentivou a ser original. A abordagem que escolhemos foi a de um destilador de eau-de-vie, uma na qual o espírito novo é macio, complexo e com camadas."

"Recorri à minha experiência como cervejeiro para formular uma mistura que resultasse em notas doces e suaves de avelã torrada, cacau e teor defumado leve. Escolhemos cevada seca acima de fumaça de amieiro e faia

NOTAS DE DEGUSTAÇÃO: DESTILADORES ARTESANAIS

CLEAR CREEK, MCCARTHY'S OREGON SINGLE MALT LOTE W09/01, 85°/42.5%

Nariz: Grama e fumaça para começar. Fogueira na floresta, toque de fumaça de nogueira americana e de bétula. Gentil e doce na parte posterior. Parece jovem e fresco. Bastante realçado.
Paladar: Mais uma vez, a fumaça atinge imediatamente, mas novamente o realce dos teores aromáticos é o que separa este de um Scotch. Chá Lapsang Souchong.
Acabamento: Caju defumado.
Conclusão: Iconoclasta.

Campo de sabor: Defumado e turfoso
Prove também: Chichibu Newborn, Kilchoman

ST. GEORGE CALIFORNIAN SINGLE MALT 86°/43%

Nariz: Realçado e intensamente frutado. Manga pura e abricó. Efusivo, doce e limpo com um pequeno toque defumado subjacente.
Paladar: Os teores aromáticos maduros polpudos e intensos agora recuam com uma textura mais seca e mais movida por cereal que, então, suaviza no centro para *cream soda* americana.
Acabamento: Firme e, ainda assim, sucoso.
Conclusão: Um single malt de abrir os olhos, mostrando as possibilidades existentes.

Campo de sabor: Frutado e picante
Prove também: Glenmorangie, Imperial

STRANAHAN'S COLORADO STRAIGHT MALT WHISKEY LOTE 52, 94°/47%

Nariz: Crocante e seco inicialmente com notas tostadas. Bastante substrato e, então, laranja, malte rico, canela e uma nota farelenta fragrante. Realçado. Com água, toffee, gerânio e café torrado.
Paladar: Carvalho chamuscado dando uma nota ligeiramente fuliginosa. Frutado com um quê de toffee e uma acentuada doçura picante. Passa a cassis/*mures*, mas sempre permeado por carvalho firme.
Acabamento: Saboroso.
Conclusão: Equilibrado e limpo. Outra nova e bem-vinda definição de whisky.

Campo de sabor: Frutado e picante
Prove também: Arran 10 anos

porque dava otimamente em camadas e também porque tudo o que fazíamos com turfa acabava com um cheiro e um gosto de um whisky feito por outras pessoas." Os aromas intensos e realçados do whisky St. George mostram que ele teve êxito.

Steve McCarthy, da destilaria Clear Creek, de Portland, no Oregon, também vem de uma origem de espírito de frutas, mas, embora suas técnicas de destilação tenham sido lapidadas por visitas a especialistas em eau-de-vie na Europa, seu whisky é feito de malte turfoso escocês. O resultado é uma notável fusão entre os dois.

Como Winters e McCarthy, Marko Karakasevic, na Charbay, de propriedade de família em Napa Valley, mesclou duas abordagens à sua fabricação. "Desde que eu era criança, sempre quis fazer whisky", diz ele. "Embora eu tenha crescido destilando conhaque e fazendo vinho e licores, o whisky tem algo místico. Quando olhei para ele, porém, eu me perguntei por que, se é destilado da cerveja, os fabricantes de whisky produzem uma "cerveja de destilador" que ninguém engarrafa, ninguém bebe, ninguém gosta?" O resultado é que o Charbay 6 anos é uma cerveja Pilsener duplamente destilada, "com lúpulo e tudo".

Havia algo do espírito do destilador ilícito dos tempos antigos em Jess Graber quando, em 1972, começou a fabricar whisky em Boulder, no Colorado, usando um pequeno alambique dado por um amigo, "Larry, o rato do rio Missouri". Depois de verificar como obter uma licença em 1990, mas adiando o projeto por seis anos após receber a versão resumida do Código de Normas Federais, o avanço dele aconteceu depois de uma festa na fazenda de George Stranahan, quando destilou o restante de um par de barris pela metade da cerveja Flying Dog. "O espírito ficou imediatamente mais limpo, mais macio", ele recorda. "A luz se acendeu. Se excelente conhaque é feito de vinho, não de cascas de uva, então por que não usar o mesmo princípio e fazer um whisky de uma mistura purificada?"

A destilaria Stranahan foi finalmente estabelecida em 2002, com a produção começando dois anos depois. Graber se ateve à sua receita original – embora o mosto agora venha de sua própria cervejaria Heavenly Daze. A cevada é 90% cultivada no Colorado, fermentada com levedura de cerveja, e passa por uma fermentação longa de temperatura controlada antes de ser duplamente destilada em alambiques Vendome e envelhecida em barris Independent Stave novos e de primeira qualidade com queima "alligator" (o tipo mais pesado), o que acrescenta uma nota de toffee doce e picante ao seu Colorado Straight Malt Whisky.

"Que eu saiba, ninguém nos Estados Unidos, muito menos no Colorado, havia feito um 'Straight Malt Whisky' antes", diz Graber. "Não ficamos, portanto, presos às convenções que todos os outros destiladores foram encorajados a seguir."

Funcional em vez de romântica – mas com espaço de sobra para expansão –, a destilaria St. George, na Califórnia.

O tema da cerveja é utilizado na costa leste na destilaria Triple Eight de Nantucket Island, cujo "Notch" (Not-Scotch – Não Scotch) é uma destilação da Whale's Tail Pale Ale da Cisco Brewery's.

Nos pomares de Sperryville, Virgínia, a cerca de três quilômetros da divisa do Parque Nacional de Shenandoah, está a destilaria Copper Fox, de Rick Wasmund. As maçãs aparecem fortemente na abordagem de Wasmund. Não só a destilaria era uma antiga fábrica de suco de maçã, mas ele seca a cevada maltada no forno sobre uma mistura de madeiras de macieira, cerejeira e carvalho. A mesma mistura de madeiras é cortada em lascas e acrescentada aos barris, aumentando os extratos da madeira, resultando no fato de Wasmund lançar seu whisky enquanto tem apenas meses de idade. "Fiz o meu primeiro alambique na minha aula de química do colegial", conta ele. "Eu adorava bom whisky, mas concluí que além da turfa outras coisas poderiam ser usadas no processo de maltagem da cevada. Eu fazia o preparo frequentemente com madeira de macieira e de cerejeira e assim achei que seríamos fiéis ao processo e ao nosso local e veríamos onde o caminho do sabor nos levaria. Não queríamos fazer outro Scotch ou outro bourbon."

O elo que interliga todas essas destilarias é a inovação. "Fez sentido usarmos a nossa flexibilidade e inovações como uma estratégia de negócios –, mas acabou se tornando uma estratégia de estilo de vida", diz Wasmund. "Por que existiríamos se apenas fizéssemos algo 'tão bom quanto' algum outro whisky que já estava sendo feito?"

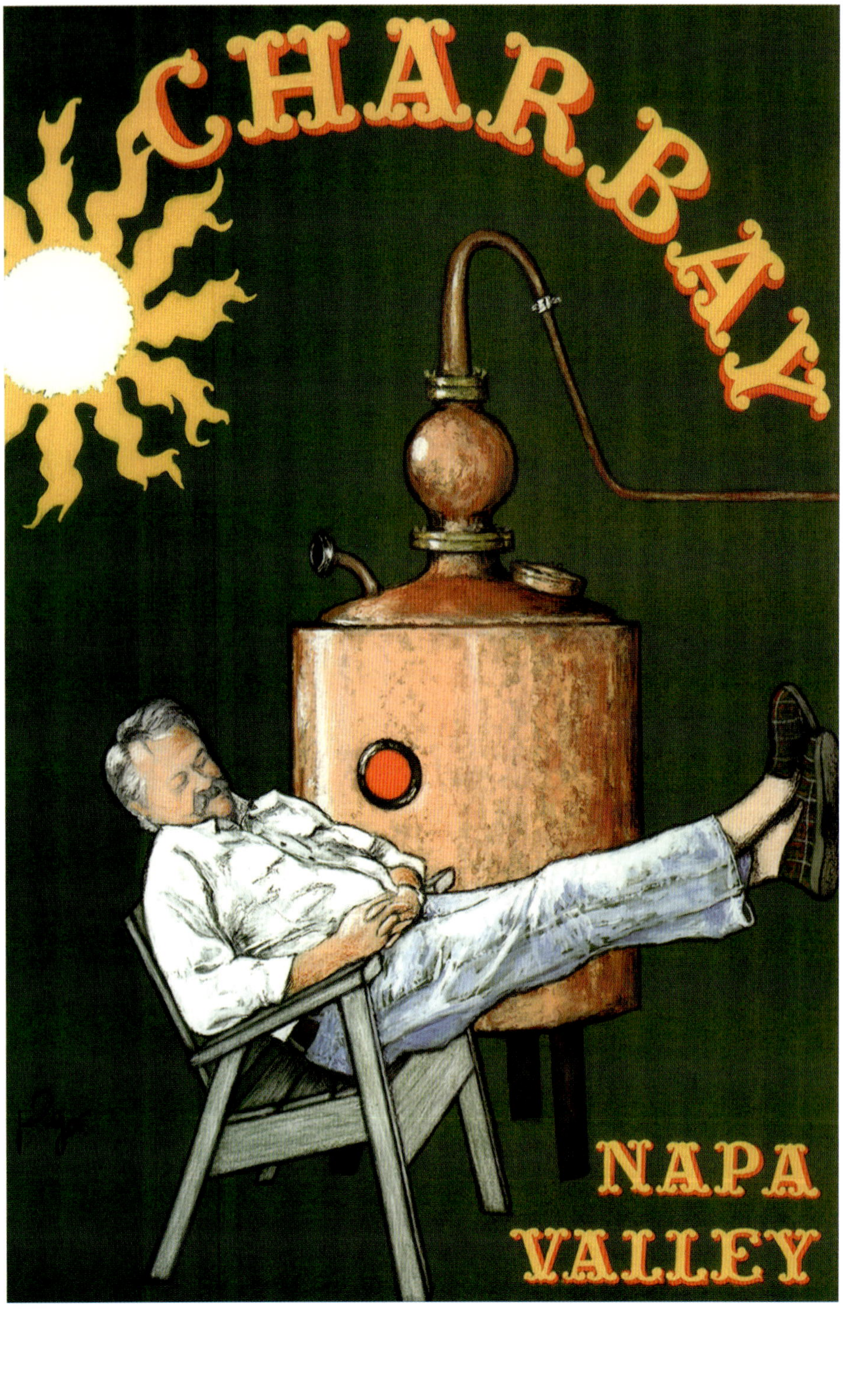

É uma filosofia semelhante à de Ralph Erenzo, que se mudou para Gardiner, no Estado de Nova York, em 2001 para estabelecer um centro de escalada em rochas. Obrigado a mudar os planos após objeções dos vizinhos, ele leu que o Estado acabara de baixar a permissão anual para destilação de 60 mil dólares para 1.250 dólares durante dois anos e estipulara a produção em 35 mil galões (132.480 litros) por ano. Dois anos mais tarde, a Tuthilltown Spirits estava fabricando o primeiro whisky legalizado do Estado de Nova York desde a Lei Seca. Agora existem oito whiskies e duas vodcas.

"Queremos capturar o sabor da coisa com que estamos fazendo nossos whiskies", explica Erenzo. "O whisky deveria ter o gosto do grão de que é feito. Não usamos turfa e nos concentramos em grãos individuais para whiskies específicos. Nosso whisky de milho tem o paladar e o aroma de milho. O de centeio é granuloso e picante e cheio de personalidade". Os whiskies americanos também giram em torno da madeira. A estocagem em carvalho novo queimado por dentro resulta em uma cor mais profunda, em mais aromas e sabores de caramelo e baunilha e em mais teor picante.

"Sabíamos que não poderíamos fazer as coisas da mesma maneira que os outros. Somos inovadores tanto por natureza quanto por necessidade."

O mesmo tema se repete em muito mais destilarias ao longo dos Estados Unidos. Como Jess Graber diz: "O gênio saiu da garrafa e os inovadores, com um brilho nos olhos, encontrarão um meio de nos dar a todos algo novo para saborear e comentar".

Esquerda: Não se deixe enganar pela imagem – destiladores precisam ficar acordados!

Direita: A produção de whiskies artesanais está se acelerando ao longo dos Estados Unidos.

NOTAS DE DEGUSTAÇÃO: TUTHILLTOWN SPIRITS

HUDSON BABY BOURBON 46%

Nariz: Estranhamente, menos picante do que o malte. Mais amplo, mais cremoso e mais doce. Mais gengibre e canela e um pouco de pinho.
Paladar: Fragrante... a mesma nota de rosa vista no milho. Gentil e bastante espesso.
Acabamento: Longo e macio.
Conclusão: Feito com 100% de milho de Nova York e envelhecido em barril pequeno e novo de carvalho. Kentucky, fique atento.

Campo de sabor: **Milho macio**
Prove também: Early Times

HUDSON NEW YORK CORN 46%

Nariz: Claro – whisky de milho não precisa ser envelhecido. Doce com pipoca e as notas florais silvestres que vêm do milho. Rosa/lírio pesados e, então, bagos de frutas.
Paladar: Pastoso, mas tem ação mordente e energia. O milho dá essa gordura ao paladar que é permeado com folha verde de milho.
Acabamento: Nozes/Falerento.
Conclusão: Fresco e cheio de personalidade.

Campo de sabor: **Milho macio**
Prove também: Heaven Hill Mellow Corn

HUDSON SINGLE MALT 46%

Nariz: Intensamente picante, pimenta-da-jamaica, casca da árvore cássia, cravo-da-índia. Bastante aromático e doce, com um toque de pão de farinha integral por trás. Cítrico leve por trás de tudo.
Paladar: Toque leve de pão com um pouco de levedura e, então, cerejeira. Lento e doce com uma nota subjacente semelhante a mingau.
Acabamento: Limpo e nozes.
Conclusão: Feito com 100% de cevada maltada e envelhecido em barris de carvalho novo (pequenos).

Campo de sabor: **Maltoso e seco**
Prove também: Glen Spey 12 anos

CANADÁ

A despeito da escala de imigração de irlandeses e escoceses, a influência deles na fabricação de whisky canadense permanece mais como lenda de que como fato. Sim, eles destilavam, mas uma forte tradição de navegação marítima e o fácil acesso ao melaço caribenho levaram esses colonizadores do lado do Atlântico do Canadá a destilar rum.

Em 1821, entretanto, Thomas Molson, um cervejeiro de Montreal, ativou o alambique do tipo pot de cobre de seu pai, tornando o Canadá uma nação de fabricação comercial de whisky. Uma década depois ele rumou para oeste, abrindo sua segunda destilaria em Kingston. A história popular concede o mérito aos *United Empire Loyalists* (Legalistas Unidos do Império) como os fabricantes pioneiros de whisky. Os legalistas eram colonos americanos que, leais à Grã-Bretanha, se mudaram para o Canadá logo após a independência americana. Suas pequenas operações, baseadas em fazendas, nunca se tornaram comercialmente viáveis.

Até os anos 1880, durante os anos de formação da fabricação de whisky canadense, prevaleceram as influências inglesas e da Europa Ocidental. Culturalmente, a Molson, a Goodderham, a Worts, a Corby e a Seagram eram inglesas; a Wiser, holandesa; a Hespeler, alemã; e a Randall e a Walker, da Nova Inglaterra. Todas, com exceção da Molson, começaram como moinhos, destilando o excedente de grãos. Mais recentemente, em 1972, a Rieder, uma destilaria suíça, construiu a Kittling Ridge, ao passo que a Canadian Mist, fundada pela Barton Brands em 1967, e a Valleyfield, estabelecida pelas Schenley Industries em 1945, são ambas sucessoras dos destiladores de bourbon judeus americanos.

Houve duas principais dinâmicas por trás do surgimento do estilo de whisky canadense. No pioneiro Canadá central, o desenvolvimento foi condicionado pela água, seguindo a corrente do rio São Lourenço e os lagos que o alimentam, enquanto mais a oeste, na região das pradarias, foram o clima e a facilidade com que o grão crescia naquela parte do país.

Nas províncias de Quebec e Ontário, de Montreal a Windsor, os destiladores se mantiveram próximos das margens do rio São Lourenço. Os primeiros colonizadores dessa região acharam os verões curtos e o solo pedregoso inadequados para a maioria dos grãos; assim, os colonos holandeses e alemães começaram a plantar centeio, que podia suportar o frio rigoroso. Graças aos esforços deles, o centeio se tornou um whisky de grãos canadense produzido em grande quantidade.

A expansão para oeste continuou em 1837, quando a Gooderham e a Worts começaram a destilar em York (agora Toronto). A Corby se estabeleceu perto de Belleville em 1855 e a Wiser em Prescott em 1857. Naquele mesmo ano, perto de Berlin (agora Waterloo), William Hespeler e George Randall lançaram o que se tornou a Seagram. A Hiram Walker abriu em Windsor no ano seguinte. Embora as marcas e métodos deles tenham sobrevivido, apenas a destilaria Hiram Walker permanece em operação.

A segunda região de whisky do Canadá, as pradarias, é definida por sua abundância de grãos. George Reifel construiu a primeira destilaria das pradarias, Alberta Distillers, em Calgary, em 1948. A destilaria Gimli da Seagram seguiu-se em Manitoba em 1968. A Gilby estabeleceu a Black Velvet em Lethbridge em 1973, e em 1974 a Highwood Distillers iniciou seus negócios em High River.

As fusões de empresas nos anos 1980 resultaram no fechamento de mais da metade das destilarias do Canadá, deixando apenas quatro nas pradarias e quatro na região central. Em 1990 a Glenora, a única destilaria de whisky malte do Canadá, começou a produção na costa leste.

O estilo canadense de whisky deriva de seus métodos de produção. Uma mistura de grãos cozidos, milho, cevada, trigo e centeio é fermentada de três a cinco dias e destilada, não filtrada, em alambiques de coluna. O destilado resultante é, então, diluído com água e redestilado. Uma terceira destilação em um retificador concentra o álcool e os congêneres desejáveis.

Esse processo produz um destilado de cerca de 94% de álcool que é envelhecido para prover whisky de base. Também chamado de "neutro", tem, na realidade, bastante sabor.

Um segundo tipo, conhecido como "flavouring" (que dá sabor), é feito

Página anterior: Campos de trigo em Manitoba – a matéria-prima.

em uma mistura rica em centeio. O destilado pode ser colocado em barris após uma única passagem pelo alambique de cerveja, ou um segundo ciclo em um dos diversos alambiques incomuns, tais como a combinação de "caldeira e coluna" na Gimli. As destilarias canadenses fazem vários pontos de corte, separando muitos fluxos do destilado que dá sabor, para novo blending em proporções cuidadosamente controladas.

Whiskies de base e os que dão sabor são envelhecidos de três a 25 anos em barris de carvalho branco queimados internamente antes do blending para produzir whiskies leves, mas com sabor. Embora denominados blends, muitos whiskies canadenses podem ser mais bem descritos como whiskies de destilaria única.

Vizinhos imponentes: Montanhas Ogilvie, Parque Territorial, Yukon.

Leste do Canadá

CANADIAN MIST • COLLINGWOOD• WWW.CANADIANMIST.COM
HIRAM WALKER • HERITAGE CENTRE, WINDSOR • WWW.CANADIANCLUBWHISKY.COM
KITTLING RIDGE • ONTARIO • WWW.KITTLINGRIDGE.COM • ABERTA JUN.-SET. • GLENORA • GLENVILLE • WWW.GLENORADISTILLERY.COM • ABERTA O ANO INTEIRO / VALLEYFIELD • QUEBEC

Os imensos elevadores de grãos na Collingwood, no lago Huron, lembram aos visitantes que, quando a destilaria Canadian Mist foi construída ali em 1967, grãos do oeste ainda eram transportados de barco para o mercado. Alguns grãos permaneciam na Collingwood para serem transformados em um dos whiskies mais vendidos do Canadá, o Canadian Mist.

A Canadian Mist funciona 24 horas por dia, conforme explica seu destilador mestre, Harold Ferguson: "Fazer um ótimo whisky é como fazer ótimo rock and roll; você tem de aumentar o volume". Uma fermentação de cinco dias usando levedura cultivada faz surgir a qualidade frutada do whisky que dá sabor de centeio Mist, ao passo que uma fermentação de três dias resulta em um espírito rico em cereal para o whisky base. Seis colunas reluzentes de aço inoxidável – as bandejas superiores forradas de cobre sacrifical – e um alambique "pot still doubler" de cobre produzem espíritos limpos, repletos de sabor. Eles maturam durante três anos em tonéis ex-bourbon da Tanoaria Brown-Forman antes de ser submetidos a blending no local.

Rio abaixo a partir de Collingwood, em Windsor, um letreiro icônico de um Canadian Club (CC) permaneceu voltado para Detroit durante décadas do alto da mais antiga e maior destilaria do Canadá, a Hiram Walker, construída em 1858 e reconstruída quase um século depois, em 1955. O próprio Walker apresentou o Canadian Club ao mundo em 1882, mas o letreiro foi retirado depois que a Pernod Ricard comprou a destilaria em 2005. Agora ela se chama Wiser's, como o era a casa anterior do Wiser's em Corbyville, e a destilaria original deles em Prescott, Ontário. Como resultado da retirada após a aquisição, o Canadian Club é um inquilino na própria destilaria.

Uma destilação em coluna padrão produz whisky de base, enquanto dois whiskies de centeio que dão sabor e um destilado de malte de cevada são feitos em um alambique de cobre de cerveja e em um alambique pot de cobre de 12 mil litros (2.640 galões). Unicamente no Canadá, esses espíritos de base e os que dão sabor são submetidos a um blending juntos antes de envelhecer para o Canadian Club, com cada uma das quatro expressões principais tendo uma receita diferente. Todos os barris do CC passam pelo processo de raspagem para a retirada da queima original e são queimados internamente de novo antes de serem preenchidos para um envelhecimento de um mínimo de seis anos. Os espíritos são envelhecidos separadamente para Wiser's, Gibson's e outras marcas produzidas na Walker.

Um pouco mais rio abaixo outra vez, ao pé das escarpas do Niágara, perto de um riacho que fica a 64 quilômetros das famosas cataratas, a destilaria Kittling Ridge fica espremida entre uma floresta e uma estrada de muitas pistas. Da cidadezinha de Grimsby, do lago Ontário, os whiskies da Forty Creek estão fazendo nome no Canadá e nos Estados Unidos.

John Hall, um fabricante de vinho, comprou essa antiga destilaria de eau-de-vie em 1992, fazendo whiskies de maneira artesanal, do mesmo jeito que cria vinhos, usando leveduras de cerveja e de vinho para fermentar os diferentes grãos (cevada maltada, centeio e milho) de cinco a sete dias. Eles então passam por uma única destilação em um alambique pequeno de 500 litros (110 galões) antes do envelhecimento em barris selecionados para se adequarem às personalidades individuais dos grãos.

O espírito de milho verde vai para barris pesadamente queimados por dentro, o de cevada e nozes para os submetidos a queima média e o de centeio para os gentilmente chamuscados para mostrar seu caráter saboroso, picante. Hall também está fazendo experimentos com envelhecimento em

A destilaria Kittling Ridge adotou a abordagem moderna de colocar seus barris de pé em paletas para envasamento, maturação e esvaziamento.

carvalho local canadense. Como com o vinho, essas "variedades" de whisky destinam-se a blending quando maduros – de seis a dez anos para o Forty Creek.

A Valleyfield é a última destilaria de whisky remanescente de Quebec. Localiza-se no coração de Salaberry-de-Valleyfield, uma típica cidade *québecoise* construída em torno de uma igreja católica romana de teto prateado e agulhas duplas. Situada em uma ilha do rio São Lourenço, a cidade fica logo rio acima do local da destilaria original Montreal, de Thomas Molson.

A Valleyfield é mais conhecida por sua marca OFC e pelo Golden Wedding, um bourbon fracassado americano que foi reformulado e reabilitado como um bom whisky canadense para mistura. A produção mudou para a destilaria Black Velvet, em Alberta, pouco antes de a Diageo ter comprado a Valleyfield em 2008.

Abaixo do rio São Lourenço, na costa atlântica, fica a Glenora, uma diminuta destilaria de whisky de malte que ficou famosa pela sua luta ao estilo de Davi e Golias com a Scotch Whisky Association por causa de seu single malt Glen Breton. Em 1990, quando a Glenora foi construída na cidade de idioma gaélico de Glenville, em Cape Breton Island, Nova Escócia, um whisky com uma herança escocesa finalmente fluiu de alambiques comerciais canadenses.

É um whisky de malte não turfoso de estilo escocês destilado em um par de alambiques pot de cobre antes de envelhecer por dez anos. Uma inovação recente providencia para que o whisky seja acabado em tonéis Icewine da Nova Escócia. O Glen Breton ainda está desenvolvendo seu perfil de sabor e, por ora, é mais popular entre os naturais de Cape Breton expatriados ao longo do Canadá.

NOTA DE DEGUSTAÇÃO: CANADIAN MIST

CANADIAN MIST 40%

Nariz: Relvoso com oxicoco, laranjas, frutas verdes, especiarias doces para assar, toffee, milho, cereal e mistura. Nozes com um indício único de cola.
Paladar: Bastante doce, com sabor cítrico agradável e que limpa. Não é complexo. Pimenta forte e especiarias para assar. Então surgem frutas doces, baunilha e perfume. Gosto cremoso na boca, com um indício de chocolate ao leite.
Acabamento: Enfraquece rapidamente na pimenta forte, mistura (base de espírito) e sabor agradável cítrico.
Conclusão: Coquetel bem-feito, saboroso; toque único de cola.

Campo de sabor: **Maltoso e seco**
Prove também: Centennial 10 anos, Rosebank 10 anos

NOTA DE DEGUSTAÇÃO: GLENORA

GLEN BRETON 10 ANOS, GELO 40%

Nariz: Cor de vinho branco. Mistura, indícios de frutas, cheiro ligeiramente acre, argila molhada, frutas exóticas, ligeiramente bútrico.
Paladar: Doce, pastoso, com um agradável calor apimentado. Ligeiramente amadeirado e amargo. Leve adstringência.
Acabamento: Médio, em pimenta e doçura vaga.
Conclusão: Ainda tem de pegar o ritmo.

Campo de sabor: **Maltoso e seco**
Prove também: Sullivans Cove, Allt-a-Bhainne 1991

NOTA DE DEGUSTAÇÃO: KITTLING RIDGE

FORTY CREEK PREMIUM BARREL SELECT 40%

Nariz: Dourado pleno. Milho verde cremoso com notas de centeio falerento. Frutas secas, baunilha e xerez cremoso. Picles e ligeiramente floral.
Paladar: Toffee, frutas maduras, condimentos apimentados, indício de gengibre, um pouco de centeio terroso, xerez doce e notas refrescantes de casca de toranja. Sedutor e pesado.
Acabamento: Enfraquecimento médio até especiarias e sabor agradável e que limpa. Frutas azedas, alcaçuz e suco de ameixa seca.
Conclusão: Um sólido espírito canadense, mas sinta-se à vontade para misturá-lo.

Campo de sabor: **Frutado e picante**
Prove também: Crown Royal Ltd Edition, Canadian Club Black Label 8 anos

NOTA DE DEGUSTAÇÃO: VALLEYFIELD

VO GOLD

Nariz: Dourado pleno. Rico em bala de caramelo e toffee, especiarias para assar no Natal, indício de hortelã.
Paladar: Toffee cremoso, desenvolvendo pimenta forte e centeio picante. Pesado.
Acabamento: Longo. Doce e quente, com sabor agradável e refrescante, gengibre e outras especiarias para assar.
Conclusão: Versão robusta do VO para misturar ou bebericar.

Campo de sabor: **Fragrante e floral**
Prove também: Alberta Premium, Gibson's Finest 12 anos

NOTAS DE DEGUSTAÇÃO: HIRAM WALKER'S

CANADIAN CLUB RESERVE 10 ANOS 40%

Nariz: Âmbar-laranja. Há o bastante para entreter o nariz: centeio duro e acentuado, tabaco, grãos secos, madeira fresca, arestas de lápis apontado, solo recém-arado, pão de centeio, suco de frutas concentrado e um quê de borracha. Floral e vagamente cítrico.
Paladar: Toffee, pimenta das mais fortes, incenso, cravo-da-índia, canela, cedro e pele de amêndoas. Carnudo, com um indício de molho de tomate e uma porção de amargor cítrico. Bom peso.
Acabamento: Longo. Quente, pimenta, hortelã e gengibre; caramelo, ameixas secas, terra e um sabor agradável cítrico subjacente. Ligeiramente doce com um toque vago de tabaco.
Conclusão: Com seu quê duro de centeio, o melhor da popular linha C.C.

Campo de sabor: **Centeio picante**
Prove também: Century Reserve 15 anos

GIBSON'S FINEST 12 ANOS

Nariz: Dourado total. Madeira com teor picante de centeio, notas de cedro e, então, de volta a madeira cerrada fresca.
Paladar: Toffee e madeira com uma crispação tânica, cravo-da-índia e canela equilibrados com um amargor subjacente. Pimenta-branca forte.
Acabamento: Longo. Enfraquecendo até pimenta forte com um pouco de doçura.
Conclusão: Uma caixa de cedro repleta de iguarias doces e picantes.

Campo de sabor: **Cedro**
Prove também: VO Gold, Wiser's Small Batch

WISER 18 ANOS 40%

Nariz: Dourado alaranjado. Madeira recém-serrada, centeio picante, fermento de pão, grão seco, caixa de charutos e cola em bastão.
Paladar: Complexo. Açúcar queimado, depósito de madeira, pimenta-branca, perfumado, centeio farelento, frutas escuras, especiarias para assar, um pouco de crispação dos taninos do carvalho.
Acabamento: Longo e apimentado, doçura de frutas dando lugar a taninos do carvalho e limão amargo, limpa o palato.
Conclusão: Uma caixa de cedro repleta de iguarias doces e picantes.

Campo de sabor: **Rico e amadeirado**
Prove também: Gibson's Finest 18 anos, Alberta Premium 25 anos

Oeste do Canadá

ALBERTA DISTILLERS • CALGARY / BLACK VELVET DISTILLERS • LETHBRIDGE • WWW.BLACKVELVETWHISKY.COM
HIGHWOOD HIGH RIVER • WWW.HIGHWOOD-DISTILLERS.COM / GIMLI • MANITOBA • WWW.CROWNROYAL.COM

A divisa entre Manitoba e Ontário é mais do que um marco geográfico. Serve quase como um ponto psicológico de divisão com o Canadá. Para o leste, onde a paisagem é definida pelos lagos e rios do Canadian Shield, a mente está nos negócios, ao passo que, para o oeste, uma população agrária ocupa as pradarias, uma expansão de planícies férteis, que se estende por toda a distância até as Montanhas Rochosas.

Além dos prodigiosos resultados do trigo, as pradarias também são uma fonte importante de centeio e cevada. Não é à toa que quatro destilarias de whisky canadenses prosperaram aqui. Gimli, em Manitoba, nas margens do lago Winnipeg, é um centro comercial de pesca.

Originalmente formada por colonos da Islândia, essa comunidade também é responsável por todas as seis versões do whisky mais vendido do Canadá, o Crown Royal. Em 2008, Hillary Clinton tomou um Crown Royal sob exclamações de apreciação da classe operária. É tão onipresente e tão rico em "bourbon" de fabricação canadense que ela pode ser perdoada por pensar que era um destilado dos Estados Unidos.

O master blender Jim Boyko pode fazer sua seleção entre cinco tipos diferentes de whisky: uma mistura de bourbon, "mas não é bourbon"; um malte de milho/centeio/cevada; um malte de porcentagem elevada de centeio/cevada; um centeio do último alambique Coffey restante do Canadá; e um espírito de milho que tem sido destilado na distinta combinação da Gimli de caldeira e coluna (também vista em Gotemba, no Japão, veja p. 224). "Esse é um método que resulta num espírito que se entrega maravilhosamente à sensação na boca", comenta Boyko. Com 26 tipos diferentes de barril sendo utilizados, Boyko tem uma imensa e variada base para trabalhar.

Viajando 1.500 quilômetros a oeste pelas pradarias, chega-se a Calgary, uma cidade que parece ter crescido em torno de sua destilaria, fundada há uns 60 anos. Uma maltagem imensa ao lado poderia ser considerada como parte da destilaria, mas não é. Na Alberta Distillers, centeio ou cevada maltados nunca entram em nenhum dos whiskies. Centeio não maltado é difícil de destilar porque é grudento e bloqueia o fluxo, formando bolas de centeio impossíveis de processar, pequenas pelotas de farinha – molhado por fora e farelento por dentro. Ainda assim, desde o começo a Alberta Distillers se concentrou em fazer whisky de 100% de grão de centeio local por causa de sua disponibilidade. A destilaria também processa milho e trigo. Embora informem utilizar 100% de centeio apenas para o Alberta Premium, muitas de suas outras marcas também são feitas com 100% de espíritos de centeio.

Um caminhão de grãos com duas caçambas entrega milho na destilaria Black Velvet em Lethbridge, Alberta.

No sul de Calgary, na comunidade de fazenda de High River, a menor destilaria de whisky do Canadá, a Highwood Distillers, está meio escondida atrás de uma revenda de equipamentos de fazenda na extremidade oeste da cidade. A Highwood é a única destilaria canadense a usar 100% de trigo para produzir a coisa mais próxima de um espírito de whisky de base genuinamente neutro na destilação canadense. Glen Hopkins, da Highwood, admite, porém, que ele jamais poderia se passar por vodca. O trigo é cozido inteiro em pressão, liberando seus amidos depois de estourar como pipoca. O mosto fermentado passa por um alambique de cerveja e então é retificado em um alambique tipo pot incomum com uma coluna alta acima dele.

Em 2005, a Highwood adquiriu as marcas e estoques em maturação da Potter's, uma distribuidora de whisky, e manteve os perfis com base de milho da Potter's, como a Potter's fazia, com o espírito comprado em outro lugar. O White Owl, o whisky claro de centeio da Highwood, remonta aos tempos antigos, quando o mercado de Quebec exigiu um whisky de centeio claro mas totalmente envelhecido.

Bem ao sul, não muito longe de um deserto infestado de cascavéis chamado *The Alberta Badlands* (as terras ruins de Alberta), a cidade de Lethbridge é lar da Black Velvet Distilling Company, fundada em 1973. "Jet cookers" (processo contínuo) na Black Velvet processam oito vagões de carga de trem de milho por semana. A 94-96% de álcool, o espírito de base retém um teor apimentado doce, granuloso. Num processo único de "blending at birth" (blending no nascimento), vinhos altos de milho e centeio e um pouco de whisky que dá sabor de centeio parcialmente maturado são acrescentados ao espírito de base antes que eles sejam maturados em tonéis de carvalho. Anualmente, uma centena de vagões ferroviários de Black Velvet, seu whisky carro-chefe para mistura, é embarcada para os Estados Unidos para engarrafamento, ao passo que os whiskies destinados ao Canadá e ao restante do mundo são envasados na própria Lethbridge.

Para manter consistentemente a alta qualidade, um "Painel de Qualidade" testa cada whisky canadense pelo menos cinco ou seis vezes em estágios diferentes da maturação

NOTAS DE DEGUSTAÇÃO: ALBERTA DISTILLERS

ALBERTA SPRINGS 10 ANOS 40%

Nariz: Laranja flamejante. Madeira, grão seco, especiarias para assar, cedro, com um indício de mostarda quente.
Paladar: Rico e cremoso. Limão amargo, contém toffee, enquanto a qualidade de madeira recém-serrada e o centeio não maltado equilibram a pimenta.
Acabamento: Hortelã quente com indícios de madeira e sabor agradável cítrico.
Conclusão: O Alberta Premium 25 anos recebe as atenções, mas este é o que o pessoal da destilaria toma.

Campo de sabor: **Centeio picante**
Prove também: Kittling Ridge, Canadian Mountain Rock

NOTA DE DEGUSTAÇÃO: BLACK VELVET

DANFIELD RESERVE 21 ANOS 40%

Nariz: Mogno. Linhaça, especiarias para assar no Natal.
Paladar: Toffee, caramelo, muito cedro recém-cortado, velhas tábuas de estrebaria, bom teor cítrico. Condimentos para assar clássicos do centeio.
Acabamento: Longo. Doce, amadeirado, canela, gengibre, pimenta.
Conclusão: Na Black Velvet eles realmente sabem como usar as notas cítricas de modo vantajoso.

Campo de sabor: **Rico e amadeirado**
Prove também: Wiser's 18 anos, Banff 32 anos

NOTAS DE DEGUSTAÇÃO: HIGHWOOD

CENTURY RESERVE 21 ANOS 40%

Nariz: Palha. Curral de vacas, indícios de carvalho, serragem, hortelã, casca de limão-galego, grão seco e milho verde.
Paladar: Toffee, pimenta forte, cedro, taninos do carvalho e limão doce. Mudando constantemente, sem notas dominantes.
Acabamento: Enfraquecimento médio, apimentado com indícios de madeira.
Conclusão: Um whisky 100% de milho encorpado, ainda que atenuado.

Campo de sabor: **Rico e amadeirado**
Prove também: Gibson's Finest 18 anos

CENTENNIAL 10 ANOS 40%

Nariz: Âmbar claro. Incomum. Cravo-da-índia com indícios de dureza, seco outra vez, fruta pretas bem maduras e vegetais verdes cozidos.
Paladar: Encorpado. Toffee, pimenta, serragem e um pouco de especiarias para assar e, então, limonada doce com uma sutil ação mordente.
Acabamento: Longo, mas dominado. Enfraquecendo até toffee, especiarias doces e pimenta.
Conclusão: A suavidade do whisky de trigo, mas com ação mordente.

Campo de sabor: **Trigo doce**
Prove também: Maker's Mark, Bruichladdich Bourbon , Littlemill

NOTAS DE DEGUSTAÇÃO: GIMLI DESTILARIA

CROWN ROYAL LIMITED EDITION 40%

Nariz: Âmbar. Abre-se lentamente com noz-moscada, canela, indícios de suco de laranja, toffee e toque vago de baunilha. Austero.
Paladar: Mistura complexa de açúcar de cevada, condimentos do centeio, pimenta forte e sabor agradável de toranja. Bom peso. Frutas cremosas. Picante com um quê de hortelã.
Acabamento: Cremoso médio, vai-se enfraquecendo com pimenta e madeira com final cítrico.
Conclusão: Topo da linha Crown Royal.

Campo de sabor: **Centeio picante**
Prove também: Crown Royal Black Label

RESTANTE DO MUNDO

Basta uma olhada para o mapa de fabricação de whisky no mundo para se saber que o que costumava ser um estilo de espírito dominado por bem poucas empresas tornou-se um fenômeno global. Embora seja verdade que os novos destiladores de whisky não têm capacidade para ameaçar a hegemonia dos Países Velhos, sua abordagem e atitude apontam para uma mudança sutil na maneira como o whisky é percebido. Após degustar uma variedade desses novos whiskies, percebe-se que eles desafiam fundamentalmente sua crença no que é "whisky".

Página anterior: O whisky agora está sendo fabricado, ao longo da Europa, desde os Pirineus até o Danúbio, da Andaluzia à Escandinávia.

É interessante comparar as abordagens dessas destilarias àquelas de suas equivalentes no século XIX na Escócia e na Irlanda. Como elas, essa nova categoria de destilador de whisky enfrenta as perguntas filosóficas: o que eu vou fazer? Que gosto deve ter... E como poderei vendê-lo?

Essa foi a questão enfrentada por Fred van Zuidam quando, após anos fazendo *genever* (um estilo de gim tradicional holandês) para uma grande empresa, começou a trabalhar por conta própria. "Somos uma das últimas destilarias especializadas", diz ele. "Mas talvez não sejamos uma raça em extinção. O fato de que seu filho, Patrick, acrescentou single malt e centeio ao portfólio da firma de *genever* e *corenwijn* envelhecidos é sintomático de como esse novo destilador especializado pensa.

Esses destiladores geralmente começaram como amantes de Scotch que decidiram ter o próprio alambique – os mitos de criação de muitas dessas destilarias são variações do mesmo tema: "Estávamos numa viagem para escalar/pescar/caçar/esquiar e, dividindo uma garrafa de single malt Scotch, começamos a conversar sobre fazer o nosso próprio whisky". O que talvez seja surpreendente para o apreciador iniciante desses produtos é como seus criadores, então, consciente e deliberadamente, não copiaram o Scotch, o espírito de onde tiraram sua inspiração.

Quando lhes é feita a pergunta sobre o estilo, a resposta é imediata. "Eu queria fazer whisky tasmaniano/sueco/dinamarquês /holandês/ bretão/ córsico, etc..." Há dois fatores motivadores para isso: primeiro, seria suicídio comercial tentar fazer uma réplica do estilo dominante de whisky. Segundo, há uma crença mais profunda por parte dos expoentes mais bem-sucedidos desse novo mundo do whisky de que eles estão ativamente sintonizados com a sua localização.

Se estiverem na Suécia, por exemplo, usarão gravetos de junípero para ajudar a perfumar a cevada maltada ou recorrerão ao carvalho sueco. Se estiverem na Tasmânia, usarão a turfa local – bastante diferente aromaticamente. Se estiverem na Bretanha, por que não usar o grão nativo, ou, na Córsega, por que não envelhecer em barris de vinho locais? Eles libertaram seu jeito de pensar e desse modo abriram novas possibilidades de sabor. Não têm de se ater às mesmas leveduras usadas na Escócia, podem usar uma mistura espessa, uma fermentação com temperatura controlada; podem envelhecer o espírito em barris pequenos – destiladores de whisky em países produtores de vinho com acesso a madeira de "qualidade de vinho" estão em uma posição significativamente melhor do que os destiladores escoceses. Nem tampouco têm de se ater ao alambique do tipo pot escocês. Podem projetar seus próprios alambiques ou ir a fabricantes como Vendome, Holstein ou Faraday, sendo que todos produzirão aromas e sabores diferentes. Esses destiladores são, por necessidade e inclinação, inovadores.

O cenário espetacular de Brecon Beacons abriga Penderyn, a única destilaria de whisky do País de Gales.

Tais aspectos são tanto excitantes quanto ocasionalmente desconcertantes para o consumidor. Esses whiskies não devem ser comparados ao single malt Scotch, mas avaliados por si mesmos. As questões de qualidade do espírito, complexidade e equilíbrio se aplicam, mas é errado abordar essa mentalidade de que eles serão o mesmo que o single malt Scotch. São diferentes. Essa é a questão.

É cedo demais para dizer se um estilo nórdico, australiano ou francês está emergindo. Desconfio que isso não acontecerá. Embora possam existir características compartilhadas, o que se revelará como o fator mais importante será a individualidade da destilaria. Nem todos obterão êxito, mas os que obtiverem serão aqueles que aliarem sensatez comercial a uma preocupação obsessiva com qualidade e individualidade. Esses são os inovadores dentro do mundo do whisky. Estão criando sua própria tradição. Há um mundo de oportunidades.

EUROPA
Destilaria
Destilaria desativada
Destilaria planejada
N
0
milhas
400
0
km
400
Ilhas Lofoten
Lofoten
Mar da Noruega
Ilhas Faroe
Ilhas Shetland
Buran
Rein
Ådalen
NORUEGA
SUÉCIA
Mackmyra
Oslo
Gammelstilla
Egge
Vänern
Agder Brenneri
Vättern
veja destaque
Mar do Norte
DINAMARCA
Wannborga
Öland
Copenhague
Hven
Dublin
IRLANDA
REINO UNIDO
Penderyn
St George's
veja destaque
HOLANDA
Hamburgo
Londres
Amsterdã
Elba
OCEANO ATLÂNTICO
Reno
Berlim
Bruxelas
Claeyssens
Sonnenschein
Menez-Bré
Northmaen
BÉLGICA
Höhler
ALEMANHA
Warenghem
Glann ar Mor
Holl
Frankfurt
Luxembourgo
Menhirs
Hepp & Bertrand
Mößlein
Praga
Jacques Fissilier
Paris
Guillon
Stock
REPÚBLICA TCHECA
Loire
Lehmann
Blaue Maus
Pays d'Othe
Elsasser
Baía de Biscaia
Grallet-Dupic
Hohenheim
FRANÇA
Meyer
Sloupitsi
Reisetbauer
Roggenhof
Whisky Castle
Lanten-hammer
Slyrs
Viena
Bratislava
Monsieur Balthazar
Hedgehog
Berna
Rabenbrau
LIECHTENSTEIN
ÁUSTRIA
Budapeste
SUÍÇA
Telser
Bordeaux
Les Vignettes
Ortner
Brennerei-Zentrum Bauernhof
ALPES
Ljubljana
Garonne
Zagreb
Rhône
ESLOVÊNIA
Ebro
CROÁCIA
Pirineus
Toulouse
Douro
Destilerias Y Crianzas Del Whisky
SAN MARINO
BÓZNIA-HERZEGOVINA
PORTUGAL
Segóvia
ANDORRA
MÔNACO
Sarajevo
ITÁLIA
Lisboa
Madri
Córsega
Barcelona
MONTENEGRO
Mavela
Podgorica
ESPANHA
Roma
KOSOVO
Guadalquivir
Sardenha
Ilhas Baleares
Granada
Liber
Mar Mediterrâneo
Sicília
MALTA

Mar do Norte
Skaggerak
0 milhas 50
0 km 50
Aalborg
SUÉCIA
Viborg
Randers
Kattegat
DINAMARCA
Århus
Stauning
Horsens
Faery Lochan
Gourmetbryggeriet
Roskilde
Copenhague
Braunstein
Esbjerg
Ørbæk
Odense
Sjælland
Fyn
Bornholm
Vingården Lille Gadegård
ALEMANHA
Mar Báltico
Mar do Norte
Groningen
Leeuwarden
Den Helder
Us Heit
HOLANDA
Amsterdã
The Hague
Vallei, Leusden
Utrecht
Reno
Kampen, Bruinisse
Roterdã
ALEMANHA
Eindhoven
Zuidam, Baarle-Nassau
Antuérpia
Gent
Het Anker, Mechelen
Bruxelas
Rademacher, Raeren
Owl, Grace-Hollogne
Liège
Lille
BÉLGICA
FRANÇA
0 milhas 100
0 km 100
LUXEMBURGO
Lago Onega
Lago Ladoga
Teerenpeli
Helsinki
Tallinn
RÚSSIA
Moscou
Riga
LATVIA
Minsk
BELARUS
Kiev
Dnieper
UCRÂNIA
MOLDOVA
Chisinau
Montes Cárpatos
Bucareste
Danúbio
BULGÁRIA
Sofia
Mar Negro
Istanbul
Ancara
Tekel
TURQUIA
Nicósia
CHIPRE
Creta

Inglaterra

EAST HARLING, NORFOLK • WWW.ENGLISHWHISKY.CO.UK • ABERTA O ANO INTEIRO • SEG-DOM

Quando o fazendeiro de Norfolk Andrew Nelstrop abriu a destilaria de St. George em novembro de 2006, ele estava revivendo uma tradição inglesa perdida. Embora nunca tendo atingido a escala de destilação de whisky da Escócia ou da Irlanda, o whisky inglês existiu no século XIX com grandes destilarias abrindo em Londres, Liverpool e Bristol (as duas últimas provavelmente antigas destilarias de rum que haviam feito espírito para escambo por escravos).

Quando todas fecharam, o whisky inglês desapareceu. A cevada para maltagem cultivada nos campos de East Anglia era levada para a Escócia. "Meu pai diz que tem falado sobre fazer whisky durante anos por esse motivo", diz Nelstrop. "A questão surgia a cada ano na década de 1990, mas não era o momento certo. Era bem difícil encontrar whisky de malte escocês naqueles tempos.

Em setembro de 2005, porém, ele achou que o mercado havia mudado. "Originalmente, era para ser uma cervejaria minúscula num galpão, mas o menor alambique que nos foi permitido tinha capacidade para 1.800 litros (400 galões), e então tornou-se uma empresa mais séria." A licença para o projeto foi concedida em outubro, a construção começou em março e o espírito fluiu dos alambiques em novembro. Ter seu próprio terreno e firma de construção ajudou, mas a St. George's abriu sem nenhuma janela ou porta no lugar, uma vez que Nelstrop ouvira rumores de que uma destilaria estava sendo construída no Distrito de Lake.

Com alambiques e equipamentos da Forsyth's de Rothes e o destilador que trabalhara anteriormente na Laphroaig e na Edradour, Iain Henderson, na direção, a St. George's logo encontrou seu próprio estilo. "Os alambiques decidem o caráter geral", conta Nelstrop. "Você pode querer fazer um determinado estilo, mas ele dita o único ponto de corte que funciona." Sendo lançado em "chapters" (capítulos) desde o espírito novo até o (agora) whisky oficial, isso permitiu que os *connaisseurs* vissem a evolução deste estilo leve e bastante delicado, cujo caráter sugere que atingirá o seu pico na metade da adolescência. "Queremos fazer um whisky bom e agradável de ser bebido", afirma Nelstrop. "Iain nos persuadiu a fazermos o turfoso também – agora ele perfaz 50% da produção." A disponibilidade é limitada, uma vez que a destilaria está segurando 60% da produção de cada ano.

Poderia ser o começo de um movimento do whisky inglês? "Ficaríamos felizes se outros entrassem nisto. Mas é algo que requer muito dinheiro.

O whisky inglês está mais uma vez emergindo das brumas do passado.

NOTAS DE DEGUSTAÇÃO: THE ENGLISH WHISKY COMPANY

CHAPTER 3 TONEL EX-BOURBON, 18 MESES DE IDADE 46%

Nariz: Leve com um toque de grama verde e um indício de vegetais cozidos (enxofre). Toques de cereal bastante leve quando diluído.

Paladar: O começo de um pouco de madeira surgindo no contato com o tonel. Serragem e baunilha bem leve. Ainda teso.

Acabamento: Especiarias leves.

Conclusão: Vai se desenvolver de maneira interessante. Espírito limpo.

Campo de sabor: **Fragrante e floral**

Prove também: Speyburn

CHAPTER 6 EX-BOURBON 3 ANOS (PORTANTO, OFICIALMENTE WHISKY), 46%

Nariz: Palha clara. A nota de grão fresco parece ter avançado e qualquer teor do enxofre leve desapareceu, mostrando um pouquinho de teor cítrico e apenas um indício de carvalho suave.

Paladar: Mais como uma ação mordente de maçã verde/silvestre. Mais uma vez, algumas notas farinhentas. Levemente perfumado.

Acabamento: Aquele indício de grama visto no nariz do Chapter 3 agora se reverteu e aparece aqui.

Conclusão: Um representante importante. Continuará crescendo.

Campo de sabor: **Fragrante e floral**

Prove também: Bladnoch

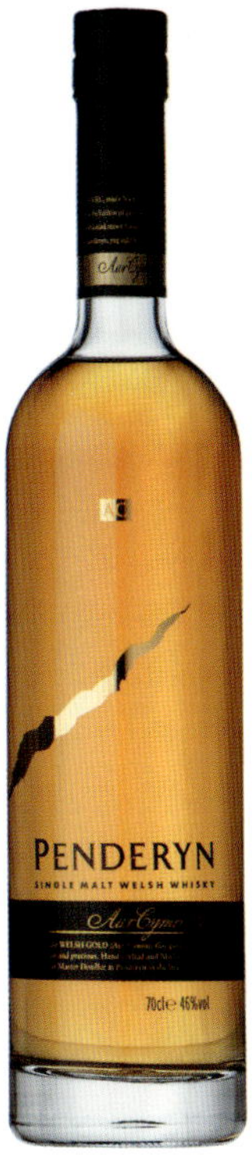

PAÍS DE GALES

PENDERYN • WWW.WELSH-WHISKY.CO.UK • ABERTA O ANO INTEIRO • SEG-DOM

Encontrar o seu estilo é sempre uma aventura filosófica interessante para um novo destilador. Quais são os seus pontos de referência? Você segue o que aconteceu antes ou rejeita as abordagens de seus vizinhos e tenta criar por si mesmo? Já é bem difícil encontrar a sua voz quando há esses marcos... o que acontece quando você está realmente por conta própria? Essa foi a questão enfrentada pela Welsh Whisky Company (Empresa de Whisky Galês – WWC) quando, uma década atrás, construiu a sua destilaria de Penderyn no Parque Nacional de Brecon Beacons. O fato de que não existia nenhum outro whisky galês com o qual fazer comparação foi, pode-se imaginar, tanto um desafio assustador quanto uma libertação. O whisky galês era o que eles disseram que era.

Por que, por exemplo, eles teriam de moer, macerar e fermentar no local sendo que havia a cervejaria Brains por perto? "O mosto é feito de acordo com a nossa especificação e chega aqui a 8% abv", diz o destilador Gilliam Macdonald. "A Brains usa sua própria variedade de levedura – você sabe como os fabricantes de cerveja são em relação às leveduras, são obcecados por causa delas – e isso dá uma qualidade realmente frutada. Algo que nos destaca."

Essa liberdade de técnica se estende ao alambique. Em vez de seguir o caminho normal e instalar alambiques do tipo pot, a empresa optou pelo projeto do engenheiro dr. David Faraday, que é um alambique pot ligado a uma coluna retificadora, o que permite que o espírito seja feito em uma única passagem. "Na verdade, são duas colunas retificadoras", explica Macdonald. "Se tivesse sido apenas uma única coluna, o prédio teria sido alto demais e teríamos rompido as rígidas normas de construção!"

O alambique pot é preenchido com 2.500 litros (550 galões) e, então, aplica-se o aquecimento. O vapor sobe pelo pescoço e até a primeira coluna, que é dividida em seis pratos. Então, segue até a segunda coluna e se eleva mais uma vez. Essa coluna tem 18 pratos e o espírito é coletado no sétimo.

"Qualquer destilado que sofre refluxo nos pratos desce de volta pela coluna", esclarece Macdonald. "Este é carregado de volta para a primeira [coluna] e, a partir de lá, de volta para o pot. Dizemos que é uma única destilação, mas poderia ser redestilado milhões de vezes." O resultado final é de 200 litros de espírito (44 galões) entre 92% e 86%. Com seu caráter focado, pós de Chypre[18] acentuado (verde musgoso) e floral, é então envelhecido em uma seleção de barris escolhidos pelo consultor da WWC, dr. Jim Swan, o grande guru da maturação.

O Penderyn padrão (nenhum dos whiskies exibe especificação de idade) é envelhecido em barris ex-Buffalo Trace de primeiro uso e passa seis meses em tonéis ex-Madeira. A madeira de xerez é 70% ex-bourbon e 30% ex-xerez, ao passo que a mais recente adição é uma expressão turfosa.

Turfa galesa? "Foi um acidente!", assegura Macdonald. "Quando começamos, não tínhamos barris reutilizados e, portanto, obtivemos alguns na Escócia e, embora tenhamos especificado que não queríamos nenhum ex-turfoso, meia dúzia deles acabaram vindo. Inicialmente, achamos que era um problema, mas quando o engarrafamos como um whisky de edição exclusiva, ele esgotou as vendas!" Agora a destilaria está colocando o espírito novo em barris turfosos. A criação de mente aberta da identidade galesa continua.

18. Chypre designa uma família de perfumes à base de musgo de carvalho e almíscar.

NOTAS DE DEGUSTAÇÃO: WELSH WHISKY COMPANY

ESPÍRITO NOVO

Nariz: Intenso e doce. Pós de Chypre (bergamota e notas cítricas frescas). Hortelã e abeto com notas de cima perfumadas.

Paladar: Puro é quente e tenso, mas com água afloram notas florais, rosa, cítrico fresco, frutas verdes e, então, um pequeno teor crocante de cereal.

Acabamento: Polpudo, mas limpo.

PENDERYN MADEIRA 46%

Nariz: Carvalho doce, limpo. Pinho e baunilha. Folhas de primavera/casca verde de árvore. Ameixa leve ao fundo.

Paladar: Suculento e limpo, com muito néctar de abricó e carvalho picante relaxando até chá Lady Grey.

Acabamento: Limpo e com hortelã.

Conclusão: As notas verdes do espírito novo suavizam-se e seguiram em diante junto com carvalho equilibrado.

Campo de sabor: **Fragrante e floral**
Prove também: Glenmorangie The Original 10 anos

PENDERYN SHERRYWOOD 46%

Nariz: Dourado. Uma clara diferença do padrão. Farelo de cereais, desta vez junto com casca cítrica, nozes leves e frutas secas doces (tâmara/figo). Com água, um pouco de flor de videira.

Paladar: Pegou as notas florais do espírito novo e aprofundou-as. Com qualidade sucosa semelhante ao whisky padrão, mas com a fruta mais cozida.

Acabamento: Com teor de figo e doce.

Conclusão: Espírito leve, mas equilibrado aqui com uma linha complexa de sabores influenciados pelo carvalho. Um aspecto diferente do caráter do espírito novo.

Campo de sabor: **Rico e redondo**
Prove também: The Singleton of Glendullan 12 anos

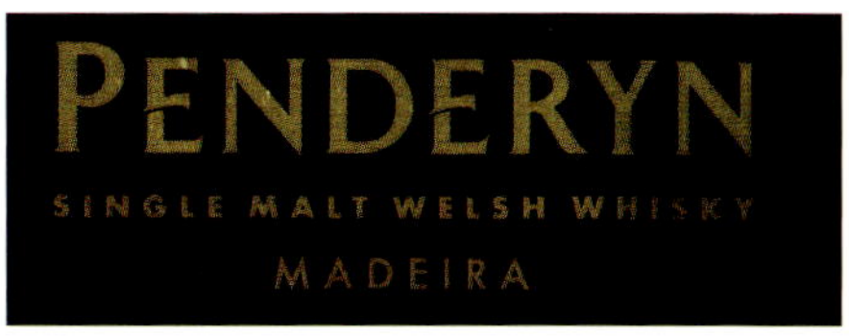

França

ELSASS • OBERNAI • WWW.DISTILLERIELEHMANN.COM / HEDGEHOG • HÉRISSON, AUVERGNE
MENHIRS • WWW.DISTILLERIE.FR/EN/EDDU_SILVER.HTML • ABERTA A VISITANTES • JUL.-AGO., SEG-SEX • VEJA SITE PARA LOJA
GLANN AR MOR• PLEUBIAN • WWW.GLANNARMOR.COM / MAVELA • CÓRSEGA• WWW.BRASSERIEPIETRA.COM

Assim como a diversidade dos vinhos da França reflete não apenas um terroir ligado à terra, mas que também é filosófico, o mesmo acontece com seus whiskies – destilados que, ao primeiro encontro, parecem intrusos, em um país cujo mapa da bebida já está traçado, dividindo-se em eau-de-vie (leste), Calvados (norte), Cognac e Armagnac (oeste) e pastis (sul). Com essas opções preenchidas, a pergunta não é apenas sobre do que se trata um whisky francês, mas por que a França precisa do seu próprio whisky. Talvez esta seja uma razão de por que suas destilarias de whisky abraçaram a questão com uma profunda abordagem inquiridora.

Fabricar whisky francês não é apenas uma questão de se fabricar a bebida na França; é criar um espírito que pertence autenticamente à França. Não é de surpreender, então, que qualquer avaliação do whisky francês utilize uma ampla variedade de abordagens, das quais os exemplos aqui são apenas uma pequena amostra.

Na Córsega, a atividade duplicada da cervejaria Pietra e os fabricantes de vinho/destiladores de Mavela produzem alguns dos whiskies fragrantes mais extraordinários do mundo, que chegam perto de um Chartreuse com base de cevada. Isso se dá em decorrência da utilização de alambiques Holstein, com sua habilidade de prolongar as qualidades aromáticas, e de um sistema de maturação em que o espírito é envelhecido primeiro em uma mistura de tonéis de ex-Malmsey e Patrimonio Petit Grains de Moscatel antes de ser maturado em barris de eau-de-vie.

Com base neste trio de whiskies – Elsass, Meyer's e Uberbach –, a abordagem na Alsácia é voltada para a pureza do caráter: mais leve, ligeiramente frutado, mas diminuído. Embora pudesse ser o resultado de whiskies sendo lançados quando ainda jovens, não se pode deixar de perguntar se eles também estão sendo influenciados pelo ethos do eau-de-vie de se obter a essência do ingrediente base, a cevada ou a cerveja.

Nem tampouco é obrigatório seguir uma maneira escocesa de fabricação de whisky. Olivier Perrier, no vilarejo de Hérisson, no meio de Auvergne, tomou uma base de bourbon (65% de milho com cevada maltada e centeio) e a destilou em um alambique de estilo de Cognac antes de envelhecê-lo por três anos em carvalho Troncais. O whisky se chama Hedgehog.

Irmãos de alma céltica: a costa bretã é lar de um número crescente de destilarias.

Qualquer ideia de que Perrier está se aprofundando no terroir dele pode ser rapidamente descartada: a receita é da época da destilação ilícita e foi extraída de um músico da Carolina do Sul.

O terroir foi, no entanto, de importância fundamental para o ex-professor de matemática Guy de Lat quando fundou sua Distillerie des Menhirs em Plomelin, Bretanha. Embora sua família tenha fabricado por muito tempo *lambig* (conhaque de maçã), ele se deu conta de que a destilaria só funcionava meio ano, ao passo que o whisky poderia ser feito o ano inteiro. Sua dúvida se centrou em torno de que grão usar a fim de tornar o whisky autenticamente bretão. Ele escolheu trigo-mouro – *blé noir* –, embora nunca tenha refletido sobre a razão para ninguém antes ter transformado o cereal nacional da Bretanha em espírito. Logo descobriu por quê: ele é quase impossível de macerar. Le Lat resolveu o problema e seu Eddu é um espírito desafiadoramente picante e complexo.

A Bretanha é lar de duas outras destilarias: a Warengheim, que fabrica o whisky mais conhecido, o Amorik, e a Glann ar Mor ("junto ao mar"), fundada em 2005 pelo ex-executivo da publicidade Jean Donnay, que também dirige a Celtic Whiskie Compagnie (Companhia de Whisky Céltico). O "sonho maluco" de Donnay encontra-se a 120 metros do mar na Presqu' île Sauvage.

"Sou um perfeccionista", afirma ele, "assim, queria fazer um whisky exatamente como gosto de consumi-lo, mas me dei conta de que há mais coisas envolvidas na fabricação do que a destilação da cerveja. Há cem mil maneiras de se fazer essa receita. Os whiskies não são todos iguais." A abordagem de Donnay é tradicionalista: fogo direto para o gosto e o corpo, cubas de lavagem de madeira, levedura silvestre, sistema de "worm tubs", os efeitos de um clima marítimo. Mas ele também está sintonizado na diáspora céltica. "Não estou fazendo whisky francês", declara Donnay. "Estou fazendo whisky bretão que tem ligações com o whisky céltico mais abrangente e com o mar."

Os tanques do sistema de "worm tubs" do lado externo da destilaria Glann ar Mor de Jean Donnay.

NOTAS DE DEGUSTAÇÃO: FRANÇA

ELSASS, SINGLE MALT 40%

Nariz: Fresco, granuloso e sucoso com uma leve nota de feltro. Frutas suaves bastante leves como sucos diluídos de frutas frescas. Toque de linóleo.
Paladar: Doce e bom com uma suavidade delicada e Poire William maduro.
Acabamento: Malte verde e, então, creme.
Conclusão: Frágil, mas interessante.

Campo de sabor: **Fragrante e floral**
Prove também: Mackmyra, Special 03

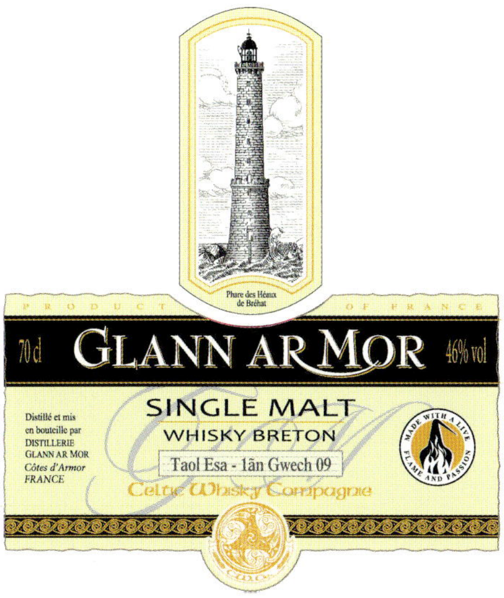

EDDU, MENHIRS 40%

Nariz: Bastante intenso e fragrante. Floral – rosa silvestre, flor de sabugueiro; então, frutas brancas, canela e noz-moscada.
Paladar: Mescla néctar de frutas com boa acidez: urze e lavanda. Intenso.
Acabamento: Torna-se crescentemente picante.
Conclusão: A resposta da Bretanha ao whisky de centeio.

Campo de sabor: **Centeio picante**
Prove também: Sazerac Rye

GLANN AR MOR 46%

Nariz: Realçado e vinoso; açúcar de cevada e abricó. Massa leve de biscoito e cereal. Robusto. Com água, há notas florais, creme de caramelo, amêndoa coberta com chocolate branco.
Paladar: Este tem peso. Espesso, mas doce. Frutas amarelas. Maduro.
Acabamento: Pera suave e, então, especiarias.
Conclusão: Muito jovem, mas já mostrando complexidade.

Campo de sabor: **Frutado e picante**
Prove também: Estilo do Glen Elgin

GLANN AR MOR, KORNOG TURFOSO, 57.1%

Nariz: Defumado, mas fragrante. Brotos de feijão e, então, notas de nozes e marinhas – sal secando na pele, urze leve e sálvia, alecrim queimando. Com água, funcho marítimo.
Paladar: Defumado seco, como o de brasas. Preenche a boca, mas o espírito é doce. Já equilibrado. Pimenta-branca, conchas do mar, poças nas rochas.
Acabamento: Longo. Fumaça pairando para longe. Fresco.
Conclusão: Um importante whisky novo.

Campo de sabor: **Defumado e turfoso**
Prove também: Kilchoman

HEDGEHOG 40%

Nariz: Gordo e untuoso. Milho e carvalho com uma surpreendente nota alta e crocante de cevada. Estranhamente como licor Falernum.
Paladar: Espesso e doce/notas saborosas sobrepujando umas às outras. Um pouquinho agressivo.
Acabamento: Milho untuoso outra vez.
Conclusão: Uma abordagem pesada e altamente pessoal no whisky.

Campo de sabor: **Fragrante e floral**
Prove também: Old Tom Moore

P&M BLEND SUPERIOR 40%

Nariz: Imensamente fragrante. Ervas silvestres: açafrão, absinto, lavanda, óleo de alecrim, tomilho. Lembra um pouco o Chartreuse.
Paladar: Amplo e maduro. Bastante frutado. Toque de pimenta e cânfora com um pouco de qualidades de mel.
Acabamento: Semente de coentro, pimenta-da-jamaica e um toque de cereal.
Conclusão: Altamente individual. Diferente de qualquer whisky do mundo.

Campo de sabor: **Fragrante e floral**
Prove também: Chartreuse VEP

Holanda

ZUIDAM • BAARLE-NASSAU • WWW.ZUIDAM.EU • VISITAS EM GRUPOS COM HORA MARCADA

Baseada no vilarejo de Baarle-Nassau, a destilaria Zuidam foi construída pelo destilador de *genever* Fred van Zuidam em 2002. O *genever* (equivocadamente subestimado como simplesmente "gim holandês") começa como uma mistura fermentada de cevada maltada, milho e centeio, que, no caso de van Zuidam, passa por destilação tripla em um alambique tipo pot. Uma porcentagem disso é redestilada com ingredientes botânicos, passa por blending e, então, é envelhecida. Se não fosse pela parte do sabor, isto seria bourbon! O que leva uma pessoa a se perguntar: o bourbon foi inventado por um holandês?

Fazer o whisky single malt Millstone parece, portanto, ser uma etapa lógica para o filho de Fred, Patrick (agora o destilador), assumir. "O Millstone não é simplesmente um derivado do genever", ele previne. "Tecnicamente, a cevada é fácil de destilar, mas faz um espírito simples. A qualidade do excelente Scotch está nos detalhes. Você tem de formar o caráter durante o processo... e no envelhecimento."

Essa adição no caráter começa com o grão, que é moído por moinho de vento para ajudar a preservar aromas. Faz-se então uma mistura na forma de um mingau espesso que é, em seguida, bombeado até fermentadoras de temperatura controlada – "isso ajuda a criar um caráter frutado" –, onde fermenta com duas variedades de levedura durante cinco dias ("isso ajuda a criar ésteres"). A destilação acontece em alambiques Holstein com imensa disponibilidade de cobre. Uma parte-chave do caráter do Millstone se deve a essa enorme quantidade de cobre.

A abordagem de Patrick quanto à maturação se desvia também da norma escocesa. "Não entendo o método de maturação escocês", ele diz. "Manter o whisky no mesmo tonel durante sua vida inteira não utiliza o potencial completo da madeira. É como fazer uma xícara de chá. O primeiro chá que você faz com o saquinho é o melhor, correto? O jeito escocês de maturar é como usar o mesmo saquinho de chá diariamente durante anos."

Por isso, o Millstone é envelhecido primeiro em madeira nova e então acondicionado em tonéis mais velhos durante o restante de seu ciclo. É utilizada uma mistura de madeiras (ex-bourbon, tonéis de madeira nova, carvalho francês, ex-xerez). A evolução dessa técnica mais recente é um whisky 100% centeio.

Sacas de cereal moído no moinho de vento na destilaria Millstone.

"Achei que o centeio é mais interessante do que o bourbon e, assim, fiz uma tentativa com ele", diz Patrick com ar de indiferença. Tem sido um triunfo e, como os maltes Millstone, desafiadoramente holandês.

A Holanda também é o lar da destilaria Vallei (que faz o single malt Valley) e da Us Heit, onde o whisky Frysk Hynder, do destilador Aart van den Linde, é engarrafado com três anos ao deixar uma mistura de diferentes tonéis.

NOTAS DE DEGUSTAÇÃO: ZUIDAM

MILLSTONE 5 ANOS 40%

Nariz: Dourado claro. Maçãs verdes em um leito de feno doce. Abacaxi e ameixa verde. Limpo, doce e fresco. Com o tempo, adquire mais teor de pão, com casca de banana e folhas verdes molhadas.
Paladar: Doce, macio e limpo com manjar. Rico no meio do palato.
Acabamento: Frutas salpicadas com noz-moscada.
Conclusão: Fresco e limpo. Bem equilibrado.

Campo de sabor: Frutado e picante
Prove também: Estilo do Arran

MILLSTONE 8 ANOS 43%

Nariz: Âmbar profundo. Perfumado, com canela. Leve, frutas secas e cereja preta. Boa extração de carvalho. Lembra um *manzanilla amontillado*.
Paladar: Redondo e frutado, com boa profundidade.
Acabamento: Teor picante formigante e cítrico.
Conclusão: Evidências de que, mesmo aos 8 anos, este é um *player* sério.

Campo de sabor: Rico e redondo
Prove também: Edradour 1977

MILLSTONE RYE 5 ANOS 40%

Nariz: Âmbar rico. Perfumado, como cera de abelha, junto com fermento de centeio no começo, e então surgem gengibre, cominho e coentro cozinhando na manteiga, um pouco de camurça leve e baunilha.
Paladar: Controlado, macio e limpo com polpa e casca de laranja e, então, uma lenta liberação de teor picante de centeio até o fim.
Acabamento: Azedo, mas não ácido demais.
Conclusão: Não há nada do teor farelento que se tem no centeio americano.

Campo de sabor: Centeio picante
Prove também: Russell's Reserve Rye 6 anos

Bélgica

OWL • GRÂCE-HOLLOGNE • WWW.BELGIANWHISKY.COM / RADERMACHER • RAEREN • WWW.DISTILLERIE.BIZ

Lar da mais diversa linha mundial de cervejas premium e fonte de muito conhecimento sobre cervejaria, por que a Bélgica não se tornaria parte da família do whisky? Uma de seu punhado de destilarias, a Het Anker, deu esse passo lógico alguns anos atrás, destilando seu Gouden Carols Tripel para fazer um whisky de nome semelhante, envelhecido por quatro anos. A empresa agora mudou para um local construído com essa finalidade em Blaasveld, perto de Antuérpia.

Uma abordagem diferente foi usada por Radermacher em Raeren, no leste. A destilaria, que produziu *genever* e outros destilados por 175 anos, começou a fabricar whisky há mais de uma década. Sua expressão mais antiga é um whisky de grãos de 10 anos.

Nesse meio tempo, em Grâce-Hollonge, nos arredores de Liège, o destilador Etienne Bouillon e dois sócios, o fazendeiro Pierre Roberti e o financista Luc Foubert, estabeleceram a um tanto dispersa Owl Distillery (originalmente Pur-E) em 2004. "Queríamos oferecer maior diversificação àquilo que os fazendeiros de Hesbaye produziam", diz Bouillon. "E obter um preço justo para os fazendeiros." De certo modo, isto não está longe das motivações dos primeiros destiladores ao longo da Escócia e dos Estados Unidos, que logo perceberam que espírito destilado dá mais lucro do que um alqueire de grãos.

O processo de fabricação de whisky se torna um tanto mais complexo pelo fato de que a cevada Sebastian é maltada em Belhou e macerada nas proximidades em uma fazenda de Roberti antes de finalmente ir para a conclusão na destilaria. Os próprios alambiques também remontam às tradições antigas – os alambiques ambulantes que costumavam ir de fazenda em fazenda pela Europa. Bouillon usa um modelo suíço do século XIX para seu whisky.

Embora seja destilador, Bouillon não tinha experiência na fabricação de whisky e, portanto, foi aprender com Jim McEwan na Bruichladdich. Talvez aquela característica doce com mel do espírito novo seja uma homenagem a seu mentor. "Achamos que temos um espírito especial", diz ele, "que é baseado no terroir local. Se você cultiva a mesma uva em regiões diferentes, obtém resultados diferentes. Por que não se daria o mesmo com a cevada? Combine isso com a fermentação e a destilação e o whisky terá sabor específico." Envelhecido em tonéis de carvalho americano de primeiro uso, o primeiro lote do Belgian Owl foi lançado precocemente aos quatro anos de idade.

"Fabricamos whisky de acordo com as normas da União Europeia", 0afirma Bouillon, "mas tentamos torná-lo o mais belga possível."

As colinas ondulantes em torno de Liège estão se tornando um centro de atividade de destilação.

NOTAS DE DEGUSTAÇÃO: BÉLGICA

THE BELGIAN OWL ESPÍRITO NÃO MATURADO, 46%

Nariz: Doce e levemente com mel e com caroço de pêssego, abricó verde. Flor de pessegueiro e cevada.
Paladar: Limpo e leve, com aquela qualidade de mel surgindo. Casca de pêssego agora.
Acabamento: Flores mistas e cereal.
Conclusão: Já suave e bem equilibrado.

THE BELGIAN OWL 46%

Nariz: Dourado claro. Carvalho doce imediato e fenóis de madeira leve. O espírito novo integrou-se com o carvalho. Manga e pêssego com um quê de estragão. Cremoso. Com água, amêndoa verde.
Paladar: Bem doce. Doce de chocolate. Crocante no centro, onde novamente a cevada e o carvalho integram as coisas. Equilibrado e bastante animado.
Acabamento: Docemente frutado. Limpo.
Conclusão: Equilibrado e limpo, com espaço para posterior desenvolvimento.

Campo de sabor: Frutado e picante
Prove também: Bruichladdich 2002, Kittling Ridge Forty Creek

RADERMACHER, LAMBERTUS 10 ANOS
GRÃO, 40%

Nariz: Cera de assoalho e banana. Com ésteres e firme com um pouco de marshmallow (rosa).
Paladar: Bastante doce e perfumado. Frutas estimulantes. Morango e banana.
Acabamento: Doce.
Conclusão: Um grão simples.

Campo de sabor: Fragrante e floral
Prove também: Elsass

Exatamente como a matéria-prima do whisky, a nova indústria europeia de fabricação da bebida está ganhando vida.

Europa Central

BLAUE MAUS • EGGOLSHEIM-NEUSES, FRANKEN, ALEMANHA • WWW.FLEISCHMANN-WHISKY.DE • ABERTA O ANO INTEIRO • VEJA SITE

SLOUPISTI • SCHLEPZIG, ALEMANHA • WWW.SPREEWALDBRAUEREI.DE • ABERTA O ANO INTEIRO • HOTEL E CERVEJARIA

SLYRS • SCHLIERSEE, BAVÁRIA, ALEMANHA • WWW.SLYRS.DE • ABERTA O ANO INTEIRO • VEJA SITE PARA DETALHES

Os países do coração da Europa – Suíça, Áustria e Alemanha – possuem uma longa herança de destilação, ainda que predominantemente de espíritos de frutas. Os últimos tempos viram chegar um *boom* de whisky, ilustrado pelo fato de que agora é possível comprar quase 30 whiskies alemães diferentes e de cinco a dez tanto da Suíça quanto da Áustria, além do famoso Golden Cock da (atualmente desativada) destilaria Tesetice, na República Tcheca. Várias razões são responsáveis pela súbita aparição deles.

Os espíritos de frutas podem ser a escolha tradicional de destilação, mas esse é um negócio difícil: as frutas são delicadas, na maioria silvestres, colhidas à mão, e sua qualidade depende do tempo. O whisky, em comparação, é relativamente simples. Além disso, os cervejeiros agora também estão fazendo whisky.

Embora haja muitos recém-chegados, os pioneiros têm uma história mais longa, com destilarias como a Blaue Maus datando do início da década de 1980. Não existe compulsão para se aterem a um modelo "escocês". Alguns produtores estão fabricando whisky de centeio, espelta e trigo, e técnicas de cervejaria estão sendo usadas. Enquanto alguns estão fazendo experimentos com maturação nos Alpes, em altitudes elevadas, outros estão maturando com barris de ex-vinho. Será interessante ver como as coisas terão se desenvolvido dentro de poucos anos – quando tanto a experiência quanto o conhecimento terão amadurecido.

Não é de admirar que o pioneiro do whisky alemão viva em Francônia, norte da Bavária, onde a produção de cerveja sempre foi forte. Robert Fleischmann fundou a destilaria Blaue Maus em 1983 no pequenino vilarejo de Neuses, ao sul de Bamberg. Uma vez que tinha pouco conhecimento sobre maturação, precisou passar pelo processo de experimentar e errar. Ele usou tonéis de carvalho novos, pequenos (para que coubessem na adega), não queimados por dentro (ninguém lhe falou sobre queimar os barris internamente). Essa maturação em carvalho não chamuscado é agora a marca registrada de seu estilo. Atualmente, ele oferece sete whiskies diferentes, incluindo uma expressão de grãos.

Se você seguir de carro mais para o sul, até a região de paisagem de cartão postal de Oberbayern, na Bavária, chegará a Schliersee, onde Florian Stetter começou a destilar Slyrs em 1999 em um velho alambique de espírito de frutas. Em 2007, uma nova destilaria de whisky foi construída com alambiques do tipo pot com formato sob encomenda. Parte do malte é seca sobre madeira de bétula e maturada em barricas novas de carvalho americano feitas sob encomenda.

O distrito de Spreewald, no leste da Alemanha – famoso por seus picles de pepinos e seu status de biosfera designado pela Unesco –, é lar da cervejaria do século XVIII de propriedade do dr. Torsten Römer. Römer lançou seu whisky Sloupisti, feito de uma mistura de três maltes de cerveja – Wiener, Munchener e Pilsener –, em 2007. Destilado em um alambique Holstein de 600 litros (132 galões), é maturado em tonéis de vinho ex-Silvaner de 225 litros (50 galões) e barricas de carvalho alemão.

Há destiladores na Áustria também. A destilaria da Rabenbräu Brewery se localiza no antigo prédio de um órgão aduaneiro ao sul de Viena, perto da fronteira húngara. Ela produz dois whiskies de 5 anos: o Old Raven, envelhecido em tonéis ex-bourbon e ex-scotch, e o Old Raven Smoky, maturado em um "tonel de Islay de xerez PX".

O que outrora foi uma região de cerveja e espírito de frutas agora também está se tornando território de whisky.

Se você viajar mais para o norte, até um vilarejo chamado Roggenreith, encontrará o primeiro destilador de whisky da Áustria, Johann Haider, que começou a produzir em 1995. Seu Waldviertler Roggenhof é feito em dois alambiques Holstein de 450 litros (99 galões) e vem em uma ampla variedade de estilos, o mais popular sendo um centeio com uma mistura de 60% de centeio para 40% de malte. Também há um whisky 100% maltado, que ainda se encontra disponível em uma versão de "centeio escuro". Finalmente, são fabricados dois single malts, um de cevada levemente maltada e o outro, Karamell, com cevada tostada.

Com muitas outras destilarias abrindo, as inovações da Europa Central parecem destinadas a crescer exponencialmente ao longo dos próximos anos.

Direita: O alambique Holstein, na destilaria Blaue Maus.

NOTAS DE DEGUSTAÇÃO: ALEMANHA

SLYRS 2006 43%

Nariz: Maçãs recém-cortadas misturadas com lascas de madeira. Um pouco de resina.
Paladar: Uma mescla de doce e azedo com taninos do carvalho que causam crispação e aparas de lápis apontados.
Acabamento: Um acabamento mais herbáceo e seco. Mais uma vez, semelhante a seiva.
Conclusão: Ainda jovem. Um whisky mais leve, de verão, embora a madeira ainda não esteja integrada.

Campo de sabor: **Fragrante e floral**
Prove também: Teaninich 12 anos , Mackmyra

SLOUPISTI 2008 65.6%

Nariz: Ataque herbáceo pungente no pico alcoólico, seguido por um sachê com uma mistura de especiarias asiáticas e, então, algumas notas vinosas.
Paladar: Notas doces açucaradas escuras e uma porção de madeira. Mais uma vez o barril de vinho se manifesta. Frutas ligeiramente azedas.
Acabamento: Longo, mistura prolongada de açúcar queimado, um armargor herbáceo com um pouco de frutas vermelhas e pretas subjacentes.
Conclusão: Um drinque agradável, ainda que não complexo. Precisa ser diluído!

Campo de sabor: **Rico e redondo**
Prove também: P&M, Lark

BLAUE MAUS 1989, TONEL Nº 1 40%

Nariz: Começa com linhaça e notas cerosas, indícios de flores e uma mistura de ervas frescas.
Paladar: Extratos oleosos, carvalho de perfume exótico misturado com baunilha cremosa.
Acabamento: Um acabamento herbáceo bastante prolongado, um pouco de chocolate escuro emerge das madeiras.
Conclusão: Agradavelmente cremoso na boca. Por conta própria devido à madeira não tratada usada para a maturação.

Campo de sabor: **Fragrante e floral**
Prove também: Elsass, Speyside 12 anos

Escandinávia

BRAUNSTEIN • COPENHAGUE, DINAMARCA • WWW.BRAUNSTEIN.DK • VEJA SITE PARA CURSO DE WHISKY E DEGUSTAÇÕES

MACKMYRA • VALBO, SUÉCIA • WWW.MACKMYRA.COM • ABERTA A VISITANTES • SEX-SÁB. • ESSENCIAL RESERVAR

TEERENPELI • LAHTI, FINLÂNDIA • WWW.TEERENPELI.COM/ENGLISH_BREWERY • VISITAS COM HORA MARCADA

Há alguma inevitabilidade em relação ao *boom* de destilação de single malt que está se enraizando na Escandinávia. Esta é, afinal, uma região com a mais elevada concentração de clubes de whisky single malt do mundo, dos maiores festivais mundiais de cerveja e whisky (em Estocolmo) e cruzeiros regulares de whisky de malte em torno do mar Báltico.

Na época em que estou escrevendo há uma dúzia de destilarias, ou em operação ou na forma de projeto. A avó de todas tem pouco mais de uma década de vida. A Mackmyra foi fundada em 1999 por um grupo de amigos universitários que desenvolveram o gosto pelo single malt escocês. "A ideia de abrir uma destilaria já surgiu em centenas de cabeças suecas, comenta Lars Lindberger, da Mackmyra. "A diferença é que nossos oito fundadores puseram seu sonho em prática."

O grupo costumava se encontrar a cada inverno para esquiar e cada um sempre levava uma garrafa de bebida para o bar. Em 1998, todos apareceram com um single malt, e a ideia de uma destilaria sueca..

Maturado em uma mina desativada, o estilo do Mackmyra não é "scotch". Cevada de cultivo local é defumada acima de turfa e galhos de junípero, e uma porcentagem do espírito final é maturada em tonéis novos de carvalho sueco – elevado em frutas e óleos de madeira.

O whisky parece flutuar acima desses sabores potencialmente arrojados. Há uma qualidade distante, resguardada, etérea, semelhante a abeto no Mackmyra que pode parecer um tanto desajeitada quando jovem. Mas, depois de ficar mais um pouco nos barris pequenos da firma, whiskies como o recente First Edition começam a mostrar o desenvolvimento de aromas secundários – ginseng, laranja e gengibre. Um estilo bastante complexo, diferente – e válido – de single malt está emergindo das minas.

O grande sucesso da marca agora está desencadeando maior expansão. Uma segunda destilaria está sendo construída como parte do Mackmyra Whisky Village, uma atração para visitantes que permite às pessoas participarem do processo de produção. Com a inauguração planejada para 2012, ela dobrará a capacidade. A Mackmyra veio para ficar.

Uma das mais novas destilarias a seguir o exemplo da Mackmyra encontra-se na ilha de Hven, entre a Suécia e a Dinamarca. Desde o início seu fundador, Henric Molin, queria criar uma encapsulação de seu lugar. "Eu queria criar um whisky que também refletisse os arredores da destilaria: os campos, as flores e os campos de cevada entrelaçados com as praias do mar/oceano, as algas marinhas e o porto, os jardins de drupas e as notas cítricas das flores de colza. Eu tinha uma visão absoluta do resultado final. Por outro lado, no final, nada se torna exatamente da maneira como imaginamos. É uma eterna curva de aprendizado."

A cevada da ilha recebe uma fermentação longa – e aqui está uma diferença significativa em relação à Escócia – com uma seleção de leveduras. Esse mosto com ésteres é então destilado de modo a promover contato prolongado com o cobre. "O fator mais imperioso no nosso perfil de sabor, entretanto, é a política da madeira", revela Molin. "Só trabalhamos com absolutamente os melhores carvalhos que passam por secagem dos melhores lugares ao redor do mundo." O resultado final? "Um malte que você pode amar – ou não –, mas esse é o ponto. Tem de haver uma reação! Quero que os meus produtos sejam exibicionistas. Você pode vender um produto uma vez para o consumidor sendo "um whisky novo, pequeno, de origem diferente", mas se tiver o gosto do whisky genérico produzido em qualquer lugar, o consumidor não voltará."

A destilaria Teerenpeli, em Lahti, na Finlândia, está em operação há seis anos. Originalmente uma cervejaria, agora a ala da cerveja foi ampliada com uma casa de alambique com um par de clássicos alambiques do tipo pot escoceses com "boil bulbs". Seu espírito limpo é o mais maltoso deste grupo nórdico inicial.

Outra destilaria nascida de um sonho, a destilaria Braunstein, no porto de Copenhague, está em funcionamento há pouco mais de quatro anos, embora os planos tivessem estado na cabeça dos irmãos Poulsen por muito mais tempo. "Começamos a pedir nossa licença na mesma época em que a Mackmyra", conta Michael Poulsen. "Eles estavam em pleno funcionamento no prazo de um ano, enquanto nós ainda lidávamos com a burocracia." As autoridades dinamarquesas insistiram para que os irmãos provassem primeiro sua capacidade como destiladores em potencial dirigindo uma microcervejaria por dois anos antes de, finalmente, lhes conceder uma licença em 2005-6.

Que seja do meu conhecimento, a Braunstein é a única destilaria cuja fonte de água é proveniente de icebergs derretidos da capota polar da Groenlândia. A cevada usada é orgânica, ao passo que a insistência das autoridades para o lado da microcervejaria acabou dando bons frutos no isolamento dos tipos corretos de levedura. "Bem poucas pessoas parecem saber quão importante é a fermentação", comenta Poulsen.

O alambique Holstein produz dois espíritos: um espírito frutado e não turfoso, que é envelhecido em tonéis de xerez (o estilo de whisky preferido de Michael), e um pesadamente turfoso (o favorito do irmão dele). Esse é o completo oposto da leveza do toque do Mackmyra. Aqui estão grandes – mas equilibrados – sabores construídos para a maturação de longo prazo. "Sou um grande fã da diversidade", diz Poulsen, "e acredito que todo mundo deveria fazer algo próprio. Não estamos tentando competir com a Escócia, não estamos seguindo o caminho da Mackmyra. Esta é uma operação artesanal de pequena escala, tradicional, e agora as pessoas estão nos levando a sério. Deixamos de ser os dois garotos malucos no porto."

Essa diversidade é a chave para o futuro desenvolvimento do whisky escandinavo: menos um estilo unificado e mais uma ampla variedade de possibilidades em sintonia com seus arredores.

As férteis planícies no sul da Suécia (aqui perto de Malmö) estão fornecendo os ingredientes para uma indústria de whisky em franco desenvolvimento.

Ela pode ser pequena e nova, mas a Mackmyra desenvolveu um culto seguido globalmente.

NOTAS DE DEGUSTAÇÃO: ESCANDINÁVIA

BRAUNSTEIN E:1 SINGLE SHERRY CASK, 62.1%

Nariz: Teso para começar. Doce e suave. Perfumado. Farinha de castanha e mirtilo. Frutas cozidas.
Paladar: Concentrado, com muita qualidade de frutas pastosas. Então surgem cereal farelento e frutas secas. Toffee. Boa acidez. Equilibrado. Madeira encerada.
Acabamento: Picante e fragrante. Um elemento exótico.
Conclusão: Um single cask (tonel único) envelhecido de maneira idêntica tem mais teor de hortelã intenso com uma apetitosa, intrigante nota de wormwood.

Campo de sabor: Frutado e picante
Prove também: Estilo do Benromach

MACKMYRA, SWEDISH OAK RESERVE 2006 55%

Nariz: Rubi. Intenso e semelhante a cereja, com muito óleo de madeira e uma variedade realmente concentrada de qualidades aromáticas. Muda para morango, noz-moscada, frutas e bálsamo.
Paladar: Carvalho dominante. Toffee pesado e uma leve adstringência, mas tem a delicadeza de toque do Mackmyra que permite que o espírito se liberte do carvalho.
Acabamento: Carvalho untuoso.
Conclusão: Uma nova linha de qualidades aromáticas do carvalho aparece.

Campo de sabor: Frutado e picante
Prove também: Nant, Hanyu Mizunara

MACKMYRA, SPECIAL 03 48.2%

Nariz: Palha. Leve teor frutado de ameixa-mirabelle. Frio e contido com frescor semelhante a abeto e pão de centeio doce. Folhoso, com toques de chamuscado/defumado do carvalho.
Paladar: Equilibrado e doce. Frutas frescas, ervas silvestres. Limpo e leve.
Acabamento: Suave e gentil.
Conclusão: Limpo e equilibrado e uma boa introdução ao estilo do Mackmyra.

Campo de sabor: Fragrante e floral
Prove também: Glentauchers

MACKMYRA, 1ST EDITION 45%

Nariz: Palha. Semelhante ao Special 03, mas com notas cítricas mais intensas. Ginseng, gengibre, licor Mandarine Napoleon, defumado leve, mas ainda bastante controlado.
Paladar: Limpo e levemente encorpado, mas o gengibre e o teor cítrico dominam o paladar. Avelã leve subjacente.
Acabamento: Gentilmente defumado.
Conclusão: Leve, mas intenso. Equilibrado.

Campo de sabor: Fragrante e floral
Prove também: Braeval 8 anos

TEERENPELI 6 ANOS 43%

Nariz: Dourado. Farelo de cereais. Tostado e com nozes. Untuosidade limpa e leve por trás que passa a grama seca e amêndoa em flocos.
Paladar: Muitas nozes/avelã. Jovem e vibrante com um pouco de jacinto.
Acabamento: Germe de trigo.
Conclusão: Limpo e fresco. Equilibrado e com nozes.

Campo de sabor: Maltoso e seco
Prove também: Estilo do Auchroisk

Espanha

LIBER • GRANADA • WWW.DESTILERIASLIBER.COM • ABERTA O ANO INTEIRO • SEG-SEX

Durante muitos anos a Espanha foi o mercado de ouro do whisky Scotch, o país que provou aos céticos que jovens podiam apreciar whisky. Essa era, quando marcas como J&B, Ballantine's e Cutty Sark fluíram como água – grandes doses servidas em copos cheios de gelo e preenchidos com refrigerante de cola –, pareceu oferecer uma nova maneira para se falar sobre o Scotch e bebê-lo. A Espanha liberou a bebida de seu estudo formal e tornou o whisky blended relevante novamente. Os fatores que levaram à explosão espanhola são muitos e complexos e vão além de apenas modismo, ou até de sabor. O Blended Scotch foi importante para a nova Espanha pós-Franco; foi um drinque que disse: "Somos democráticos, somos europeus, rejeitamos o jeito antigo".

Na era protecionista de Franco, o whisky importado era caro (alega-se que o próprio Franco tinha uma predileção pelo Johnnie Walker) e estava longe do alcance dos espanhóis comuns. Se eles não podem ter Scotch, pensou Nicomedes García Gomez, por que não fazemos whisky aqui? Já dirigindo um negócio de anisete (licor de anis), em 1958-9 García Gomez colocou seus planos em prática e construiu uma destilaria imensa e multifuncional em Palazuelos de Eresma, Segóvia, que englobava maltagens, uma fábrica de whisky de grãos e um local de malte com seis alambiques. Em 1963 a DYC (Destilerias y Crianza) foi lançada. A demanda foi tanta que em 1973 a empresa comprou a destilaria Lochside em Montrose para fornecer espírito, embora essa empreitada tenha terminado em 1992, quando a destilaria escocesa foi fechada.

A DYC (agora parte da Beam Global) permaneceu uma multinacional de whiskies "vatting" espanhóis e "Euro" (isto é, escoceses), embora ao longo do último ano – 50 anos depois que o primeiro espírito fluiu de seus alambiques do tipo pot – tenha sido lançado um single malt 100%.

Não foi o primeiro single malt escocês da Espanha, no entanto. Essa honra vai para o Embrujo, que é destilado na Destilerias Liber em Padul, perto de Granada. Usando água de neve derretida da Sierra Nevada, a destilação se dá em dois alambiques de cobre incomuns de base achatada, ao passo que o envelhecimento é, logicamente, em tonéis de ex-xerez feitos com carvalho americano. Criação de Fran Peregrino, o whisky é uma fusão da técnica escocesa com a influência espanhola. "Tomei decisões que influenciariam o gosto que o whisky teria o formato dos alambiques, a escolha dos barris para o envelhecimento", explica Peregrino. "Mas há outros elementos sobre os quais não se pode fazer nada, como a água e o clima. Aqui nós alternamos entre invernos gelados e verões quentes, o que dá ao nosso whisky seu próprio caráter e personalidade."

O mercado para os blends de Scotch na Espanha está ruindo agora, à medida que uma nova geração passa a apreciar o rum, mas as vendas de single malts são elevadas. Talvez novamente as destilarias espanholas estejam no lugar certo no momento certo.

A Sierra Nevada é o pano de fundo para a mais nova destilaria de whisky da Espanha, a Liber.

NOTA DE DEGUSTAÇÃO: LIBER

EMBRUJO 40%

Nariz: Juventude e frescor quase relvoso combinados com notas ricas, de nozes de xerez. Estilo do Amontillado. Noz verde, medronho (fruta aromática relacionada ao mangostão) e, então, cereal. Com água, um pouco de leite maltado e toffee.

Paladar: Notas maltosas e tostadas agregam interesse às frutas secas e às notas de nozes do carvalho. O efeito é de elementos se unindo. Espírito limpo.

Acabamento: Leve e, então, uma espremida final de suco de passas.

Conclusão: Ainda jovem, mas tem a coragem para se desenvolver a longo prazo.

Campo de sabor: **Rico e redondo**

Prove também: Macallan 10 anos Sherry

ÁFRICA DO SUL

JAMES SEDGWICK • WELLINGTON • WWW.DISTELL.CO.ZA

DRAYMAN'S • PRETORIA • WWW.DRAYMANS.COM

Por alguma razão, alguns países têm a estranha tendência de ignorar um pouco a sua própria bebida alcoólica nativa. O conhaque francês é vendido mais na forma de exportações do que na França, a vodca é o espírito mais vendido na Escócia, o rum vende mais que o conhaque na Espanha. Negligenciar o nacional em favor do apelo do importado também resulta no fato de muitos consumidores nunca se darem conta da qualidade das bebidas que são feitas em sua própria terra. A África do Sul é um caso em questão.

Embora a África do Sul seja um mercado "quente" do whisky, graças à adoção do blended Scotch pelos "Black Diamonds" – aqueles que formam a classe média democrática negra emergente da África do Sul

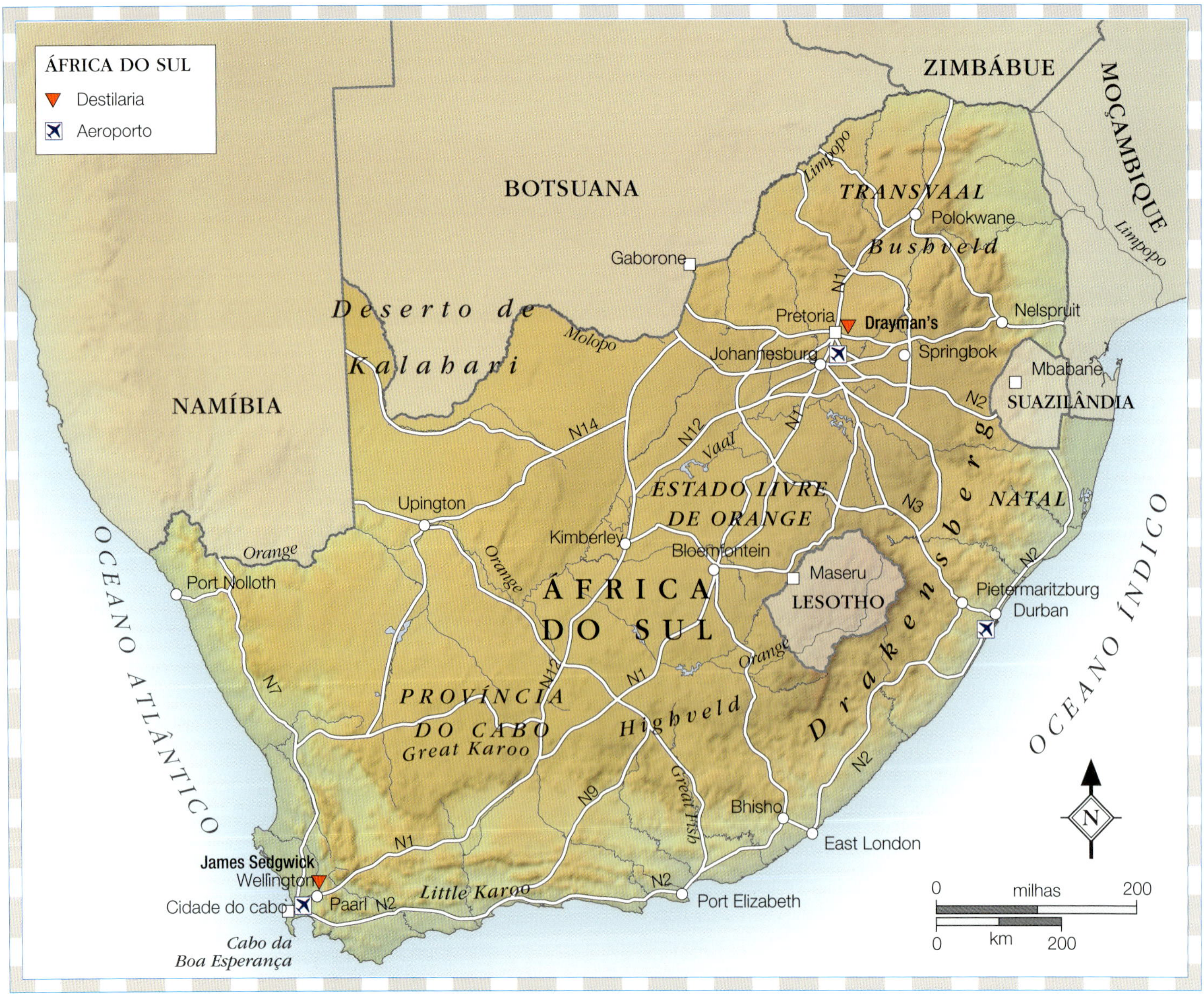

Visões grandiosas. Após muitos alarmes falsos de começo, a indústria de whisky da África do Sul (aqui, a destilaria James Sedwick) agora está em andamento.

–, os sul-africanos tenderam a ignorar um pouco os seus próprios whiskies.

Embora mais conhecidos como produtores de conhaque, o whisky tem sido fabricado aqui desde o final do século XIX. Um certo A. H. Nellmapius começou a destilar em sua fazenda de Hetherly, no oeste de Pretória, embora a produção tenha sido interrompida pela Segunda Guerra dos Bôeres. Foi somente em 1952 que o whisky voltou a ser fabricado, mas a pioneira destilaria Tops foi fundada como decorrência do tratamento preferencial dado ao conhaque – o whisky era taxado com um imposto 200% mais alto pelo governo de então.

A primeira marca moderna da África do Sul, Three Ships, foi lançada pela proprietária Distell em 1977. Era um blend de espírito local de grãos e de Scotch, fornecido por Morrison Bowmore. Atualmente, o destilador Andy Watts supervisiona não só uma destilaria maior – a fábrica James Sedgwick, em Wellington –, mas usa grão e malte locais para o blend.

Embora "blends internacionais" ainda sejam produzidos, Watts vem introduzindo lenta e mansamente whiskies 100% sul-africanos, tais como uma edição limitada de um single malt na linha Three Ships, e recebendo prêmios internacionais com os resultados.

Sua mais nova criação – Bain's Cape Mountain Grain – é especificamente destinada ao novo mercado consumidor de whisky. "Há muito mais mulheres e consumidores negros experimentando whisky", afirma ele. "Eles têm naturalmente um perfil de gosto ligeiramente mais doce; daí a ideia de lançar um 'single grain' (grão único)." Recebendo maturação dupla em carvalho americano de primeiro uso, é uma bebida exuberante.

"Este é o começo do whisky Cape Mountain", diz Watts. "E, pelo fato de ser um estilo diferente, achamos que lhe dá a possibilidade de atrair um público bem mais abrangente de potenciais consumidores de whisky de primeira viagem. No passado, sofremos de uma percepção de que o whisky, ou ao menos o bom whisky, não podia ser feito na África do Sul. Felizmente, por meio da ajuda de degustações internacionais e dos programas de tremendo sucesso do Whisky Live! na África do Sul, o público está ficando mais informado e as percepções estão mudando lentamente." Sem dúvida, qualquer pessoa que tenha testemunhado as delícias exuberantes das feiras do consumidor (na época em que o livro foi escrito, os maiores eventos desse tipo do mundo) não duvidará da nova sede da África do Sul por whiskies de todas as formas.

Outro destilador se uniu a Watts em sua motivação para atrair o novo consumidor. Em 2007 Moritz Kallmeyer, que dirigiu a bem-sucedida microcervejaria de Drayman em Pretoria, expandiu o negócio, incluindo a destilação. Sua abordagem da produção de whisky é tanto analítica quanto idiossincrática, uma fusão de técnicas de cervejaria: mistura espessa, leveduras de cerveja, fermentações com temperatura controlada e, na sequência, destilação em um notável alambique que ele projetou e construiu partindo do zero. O produto é envelhecido em barris pequenos e mostra notável qualidade, até mesmo neste estágio inicial de sua evolução. Sem dúvida, tempos promissores pela frente.

NOTAS DE DEGUSTAÇÃO: ÁFRICA DO SUL

BAIN'S CAPE MOUNTAIN WHISKY DE GRÃOS, 46%

Nariz: Dourado rico. Bastante doce, com uma nota posterior levemente relvosa. Doce de chocolate, banana amassada e bala de caramelo com um toque de pinho.

Paladar: Leve, mas com doçura suculenta. Sensação de mascar na boca. Sorvete, frutas suaves no meio do palato e, então, uma explosão cítrica.

Acabamento: Canela.

Conclusão: Equilibrado e cheio de personalidade. Será atrativo para um consumidor novo (e mais velho).

Campo de sabor: **Frutado e picante**

Prove também: Nikka Coffey Grain

DRAYMAN'S 2007, CASK Nº 4
AMOSTRA DE TONEL

Nariz: Picante e limpo. Toques de cardamomo, coentro e palha, mas também uma nota concentrada de geleia de caqui ao fundo.

Paladar: Bastante perfumado e realçado. Pétala de rosa antes de cereal leve surgir.

Acabamento: Limpo e perfumado.

Conclusão: Uma gama fascinante de sabores. Um whisky para se observar.

Campo de sabor: **Fragrante e floral**

ÍNDIA E EXTREMO ORIENTE

O mercado asiático tem sido há muito um solo fértil para a indústria de Scotch. Aqui, como em outros países, o whisky adquiriu certo prestígio como uma bebida que indica sucesso, que dá ao consumidor um grau de status. Em Taiwan, por exemplo, o blend de Scotch – especialmente o blend de Scotch de primeira linha – há muito tem sido o drinque predileto naquilo que se chama o "traditional on-trade": os restaurantes e bares refinados frequentados por homens de negócios mais maduros. Na última década, porém, o consumo mudou significativamente em Taiwan com a emergência do "modern on-trade": bares de estilo ocidental frequentados por pessoas mais jovens de ambos os sexos.

Quando essa mudança de uma geração para a outra ocorre na maioria dos mercados, o espírito dominante entra em rápido declínio; basta observar a queda do Scotch de blend na Espanha (ou, de fato, na Escócia), por exemplo. Taiwan, porém, mudou em uma direção completamente inesperada. A nova geração de consumidores não aderiu simplesmente à vodca, mas voltou-se para o whisky de malte, ambos maltes "vatted", como o Famous Grouse e single malts. E, embora tenha havido algumas mudanças drásticas no destino de marcas individuais, a inconstância previsível do mercado não ocorreu. O whisky de malte se tornou sofisticado.

Não é de admirar, então, que Taiwan tenha agora a sua própria destilaria de whisky e uma marca, Kavalan, cujo aspecto precoce em idade jovem, graças ao efeito do envelhecimento tropical, está ganhando aplausos em torno do mundo.

A mudança entre gerações para o whisky vista teoricamente em Taiwan parece se duplicar na China, onde as vendas estão em franca expansão. Não é surpresa que proprietários de marca estejam entusiasmados com a China. Eis um mercado previamente intocado de 1,3 bilhões de pessoas, onde há 11 cidades com população acima de dois milhões e 23 cidades entre um e dois milhões. É o potencial da China (e dos outros mercados, como Brasil, Rússia e Índia) que levou à construção da destilaria Roseisle da Diageo (veja p. 94).

O sucesso desfrutado pela Diageo na China não se espalha pelas demais. O crescimento do whisky Scotch originou-se das duas únicas empresas do setor que têm condições de desenvolver marcas premium

As colinas em torno de Bangalore são lar do single malt mais conhecido da Índia – o Amrut.

no que é um mercado vasto e imensamente caro: a Diageo (com o Johnnie Walker) e a Chivas Brothers (principalmente com o Chivas Regal). Nesse meio tempo, no whisky americano, apenas a Jack Daniel's está investindo significativamente na China, a Beam faça o mesmo. Embora outras marcas possam ver o potencial na China, o custo de entrada é alto demais no momento.

Se, entretanto, o whisky emergir como uma bebida da categoria de mercado de massa nesses países, poderá ser apenas uma questão de tempo para que whiskies chineses sejam fabricados.

No restante da Ásia, a Coreia permanece como o mercado de blend de Scotch premium por excelência, enquanto o Vietnã e a Tailândia (o primeiro, um novo e empolgante mercado, a outra, um mercado estabelecido) estão demonstrando crescimento. Poderíamos muito bem ver whiskies domésticos da parte de todos.

O mercado com o maior potencial é a Índia, onde o progresso do whisky importado parou por causa de questões legais e de tributação. A Índia é um mercado consumidor e um produtor de whisky. O país também começou a atrair críticas positivas pela qualidade de seu single malt – em particular a marca voltada para a exportação, Amrut, que foi lançada no Reino Unido antes de ter aparecido em seu próprio país. Como o Kavalan, os benefícios do envelhecimento tropical permitem que o Amrut alcance plena maturidade em idade jovem. Outra peça do crescentemente complexo quebra-cabeça do mundo do whisky.

Índia

AMRUT • BANGALORE • WWW.AMRUTDISTILLERIES.COM

A Índia é uma nação consumidora de whisky, mas a maioria de suas marcas domésticas é uma mistura de espírito com base de melaço e Scotch. A recusa do mundo em reconhecer espírito com base de melaço como whisky tornou mais severa a linha do governo indiano na imposição de impostos elevados a espíritos importados. Embora essa taxa tenha caído de maneira significativa recentemente, cada Estado na Índia tem o poder de elevar seus próprios impostos e, assim, a tarifa apenas passou a ser recolhida por outro órgão de tributação. O resultado? O maior mercado potencial para o Scotch está efetivamente fechado e, embora ambos os lados acreditem que possam chegar a um acordo, as negociações estão se movendo tão depressa quanto uma geleira do Himalaia.

A Índia, no entanto, faz whisky de verdade – como o faz a destilaria Murree, do Paquistão, que alega ser a única destilaria em um país muçulmano. No alto, no sopé do Himalaia, está a destilaria Mohan Meakin's Kasauli, ao passo que a mesma empresa opera a fábrica Mohan Nagar no Estado de Uttar Pradesh, também lar da fábrica Radico Khaitan's Rampur. Todas são fábricas fazendo melaço e espírito de grãos. Há também dois locais dedicados ao malte: McDowell's em Ponda, Goa, e o single malt indiano mais conhecido internacionalmente, o Amrut, da Bangalore.

Aqui está um single malt que é um perfeito estudo de caso de como a localização influencia o caráter. A cevada não turfosa do Amrut vem de Rajasthan (qualquer componente turfoso é escocês) e, enquanto a destilação é padrão – embora em alambiques cujas cinturas esguias os fazem parecer damas vitorianas de espartilhos apertados –, o que destaca o Amrut do restante é o que acontece quando o whisky é colocado numa mistura de tonéis de carvalho americano novos e de primeiro uso.

Embora Bangalore fique em uma altitude de 915 metros, suas temperaturas no verão variam de 20 °C a 36 °C e no inverno ficam entre 17 °C e 27 °C, ao passo que a época das monções também tem um impacto. O efeito é visto primeiro na taxa de evaporação ("angels' share"): na Escócia, os anjos ficam com uma média de 2% por ano em volume; em Bangalore, até 16% do volume do tonel desaparecerão a cada ano. Esse envelhecimento tropical significa que o processo inteiro de maturação é acelerado, resultando no espírito novo untuoso, de açafrão e milho verde acentuado, que se torna semelhante a hidromel[19] dentro de dois anos e com caráter de coco integrado e até de couro (uma nota clássica de maturação) aos cinco anos.

O Amrut se firmou na exportação antes de ser lançado em seu próprio mercado interno.

Acelerar é uma coisa, alcançar o equilíbrio é a chave, e é aqui, no manter o excesso de carvalho afastado ao mesmo tempo que se permite que a aspereza da imaturidade seja vencida, que está o sucesso do Amrut. Ele se tornou rapidamente (de que outro modo?) um alvo internacional de críticas positivas. Talvez seu sucesso possa persuadir as opiniões divergentes de que o whisky indiano puramente de malte tem, na verdade, futuro.

19. O hidromel é um líquido açucarado extraído de algumas espécies de plantas do gênero *Agave*, usadas na produção do pulque e da tequila. Também é conhecido como água-mel.

NOTAS DE DEGUSTAÇÃO: AMRUT

ESPÍRITO NOVO

Nariz: Mistura doce, óleo de linhaça, açafrão, levemente terroso, com uma nota de milho verde e pó de giz.

Paladar: Untuoso e espesso, com um pouco de frutas vermelhas, um teor apimentado doce e um toque de hissopo e violeta. Angular.

Acabamento: Teso.

FUSION 50%

Nariz: Notas integradas de carvalho de moca, coco leve, favo de baunilha, noz-moscada, avelã torrada, macadâmia e um pouquinho de gengibre. Um toque bem distante de fumaça de madeira fragrante (incenso de sândalo?)

Paladar: As frutas do espírito novo agora são ameixa e começam a ser cozidas. Cacau e aquela maleável nota (madura) de couro. Equilibrado e ligeiramente defumado.

Acabamento: Páprica e teor cítrico.

Conclusão: Com o máximo de cinco anos de idade e perfeitamente equilibrado.

Campo de sabor: **Frutado e picante**

Prove também: Balblair 1990

Taiwan

KAVALAN • YUANSHAN TOWNSHIP, I-LAN COUNTY • WWW.KAVALANWHISKY.COM

Os efeitos do envelhecimento tropical também são vistos com grande ação em Taiwan, o mais novo membro da família global do whisky. As razões para se construir a Kavalan – a primeira destilaria de Taiwan dedicada ao whisky – neste local são bastante óbvias, quando se considera que Taiwan é atualmente o sexto maior mercado para o whisky Scotch do mundo e que o mercado em si está mudando significativamente ao longo da última década, à medida que uma nova geração de consumidores adotou um Scotch single malt.

A construção da destilaria, que é de propriedade do conglomerado de alimentos e bebidas King Car, começou em abril de 2005 com intermediação (inevitavelmente) da Forsyth's de Rothes, que a colocou em operação em 11 de março de 2006, "às 15h30!", diz o blender Yu-Lan "Ian" Chang.

"O local foi escolhido por duas razões", conta ele. "O reservatório natural de água de fonte das montanhas Shue-Shan que existe por baixo da destilaria e o fato de que 75% da terra em I-Lan é montanhosa, dando ar puro que é perfeito para a maturação dos espíritos."

Chang tem uma linha de sabor clara em sua mente desde o início, desencadeada inicialmente pela mistura de leveduras colocadas nas fermentadoras. "São uma mistura das que são comercialmente disponíveis e da nossa própria e ajudam a criar o caráter frutado – manga, maçã verde e cereja – que é a assinatura do espírito novo da Kavalan."

Após a destilação dupla, esse espírito novo frutado é envelhecido em uma complexa mistura de madeiras escolhidas pelo homem ao qual Chang se refere como seu mentor, dr. Jim Swan. "É ele que me orienta para pesquisar e estabelecer a nossa complicada mas necessária política de madeira, que, eu diria, é o verdadeiro segredo do sucesso por trás do Kavalan", diz Chang. "Pessoalmente, acredito que, com o clima subtropical de Taiwan e uma política de madeira bastante variada, podemos alcançar algo que é único para nós."

A prova está na garrafa. De acordo com as regulamentações de Taiwan, o whisky pode ser lançado como tal após um período de apenas dois anos, embora as primeiras marcas do Kavalan tivessem, de fato, um ano a mais. Todas mostram os efeitos do envelhecimento tropical em seu caráter – que é significativamente diferente da maturação rápida forçada. O carvalho se integra e se equilibra com o espírito, e a variedade de tipos de tonéis permite que Chang possa tocar muitos acordes em seu tema central.

As águas do lago Sun Moon podem ser tranquilas, mas o whisky Kavalan já está formando ondas vigorosas internacionalmente.

NOTAS DE DEGUSTAÇÃO: KAVALAN

SINGLE MALT 40%

Nariz: Âmbar rico. Laranja e chá de ginseng com favo de mel e uma nota leve de alcatrão. Com água, torna-se frutado – cereja e um pouco de anis.

Paladar: Espesso e doce, com muitas notas de geleia de amora, cereja preta e um pouquinho de carvão. Nozes por trás. Os taninos causam certa crispação na boca.

Acabamento: Teso e com nozes.

Conclusão: Fresco, mas rico. Há muito acontecendo nesta mistura.

Campo de sabor: **Rico e redondo**
Prove também: Arran 1996 Single Cask

ACABAMENTO EM TONEL DE PORTO 40%

Nariz: Âmbar escuro. Mirtilo e carvalho rico. Tem o equilíbrio do Solist, mas as frutas tropicais foram conduzidas numa direção diferente pelo uso dos tonéis de Porto, que acrescentam uma nota pastosa mas suculenta. Rosa mosqueta e *crème de mures*.

Paladar: Bastante doce, com a nota de cereja preta vista no Kavalan padrão tornando a surgir. Espesso e espirituoso.

Acabamento: Abrunho. Doce.

Conclusão: É maduro e funciona.

Campo de sabor: **Rico e redondo**
Prove também: Glenfiddich 15 anos

SOLIST SINGLE CASK EX-BOURBON 58.8%

Nariz: Dourado brilhante. Doce e puro, com calda dourada e frutas macias: manga, melão e goiaba, permeados por gengibre e kumquat (fruta cítrica). Toque de amendoim e sândalo. Um toque de serragem doce sugerindo juventude.

Paladar: Espírito doce e frutado que foi equilibrado pelos sabores clássicos do carvalho americano de sorvete, *crème brulée* e especiaria.

Acabamento: Semelhante a pudim com abacaxi em lata.

Conclusão: Doce e vigoroso. O "novo" malte personificado.

Campo de sabor: **Frutado e picante**
Prove também: Glen Moray-style

AUSTRÁLIA

BAKERY HILL • NORTH BALWYN, VICTORIA • WWW.BAKERYHILLDISTILLERY.COM.AU • CURSOS AGENDADOS PREVIAMENTE

GREAT SOUTHERN • ALBANY, WA • WWW.DISTILLERY.COM.AU • ABERTA O ANO INTEIRO • ADEGA E CAFETERIA

LARK • HOBART, TASMÂNIA • WWW.LARKDISTILLERY.COM.AU • VISITAS COM GUIAS AGENDADAS PREVIAMENTE

THE NANT • BOTHWELL, TASMÂNIA • WWW.NANTDISTILLERY.COM.AU • ABERTA O ANO INTEIRO • COM HORÁRIO MARCADO

SULLIVAN'S COVE • CAMBRIDGE, TASMÂNIA • WWW.TASMANIADISTILLERY.COM

O mais surpreendente em relação ao *boom* do whisky australiano é que levou tempo demais para acontecer. Este é, afinal, um país que foi amplamente colonizado por antigos escoceses, é abundante em cevada para maltagem e, culturalmente, é conhecido por apreciar um drinque. No típico estilo de Aussie, entretanto, agora que o *boom* de destilação do single malt começou, alcançou rapidamente a mesma importância que a moderna indústria de vinho obteve na década de 1980.

A legislação deve ter tido alguma coisa a ver com a falta de produção legalizada de whisky em pequena escala, conforme Bill Lark, o pioneiro da nova indústria de single malt, descobriu. O eternamente otimista Lark está baseado na Tasmânia, o centro da produção de whisky da Austrália, e sua história de fabricação começa como a de muitos pequenos destiladores ao redor do mundo, em um bate-papo descontraído, com uma garrafa de single malt Scotch enquanto pescava (ou esquiava).

Inspirado após uma dessas excursões de pesca, ele comprou um pequeno alambique, estudou destilação no Roseworthy College e, então, tentou obter uma licença. "Ora, o sujeito pegou a lei dos alvarás de 1901 e me disse que os alambiques tinham de comportar um mínimo de 2.700 litros (594 galões)." Com sua característica determinação, ele recorreu ao ministro da Agricultura, um apaixonado por whisky, e conseguiu com que a lei fosse mudada. Seu pequeno alambique entrou em operação em 1992.

Como ocorreu com os destiladores de Aussie, o princípio fundamental é local. O whisky é feito com a cevada da cervejaria Franklin, cultivada

As areias de Albany logo podem estar se preparando para a movimentação da praia de Limeburners.

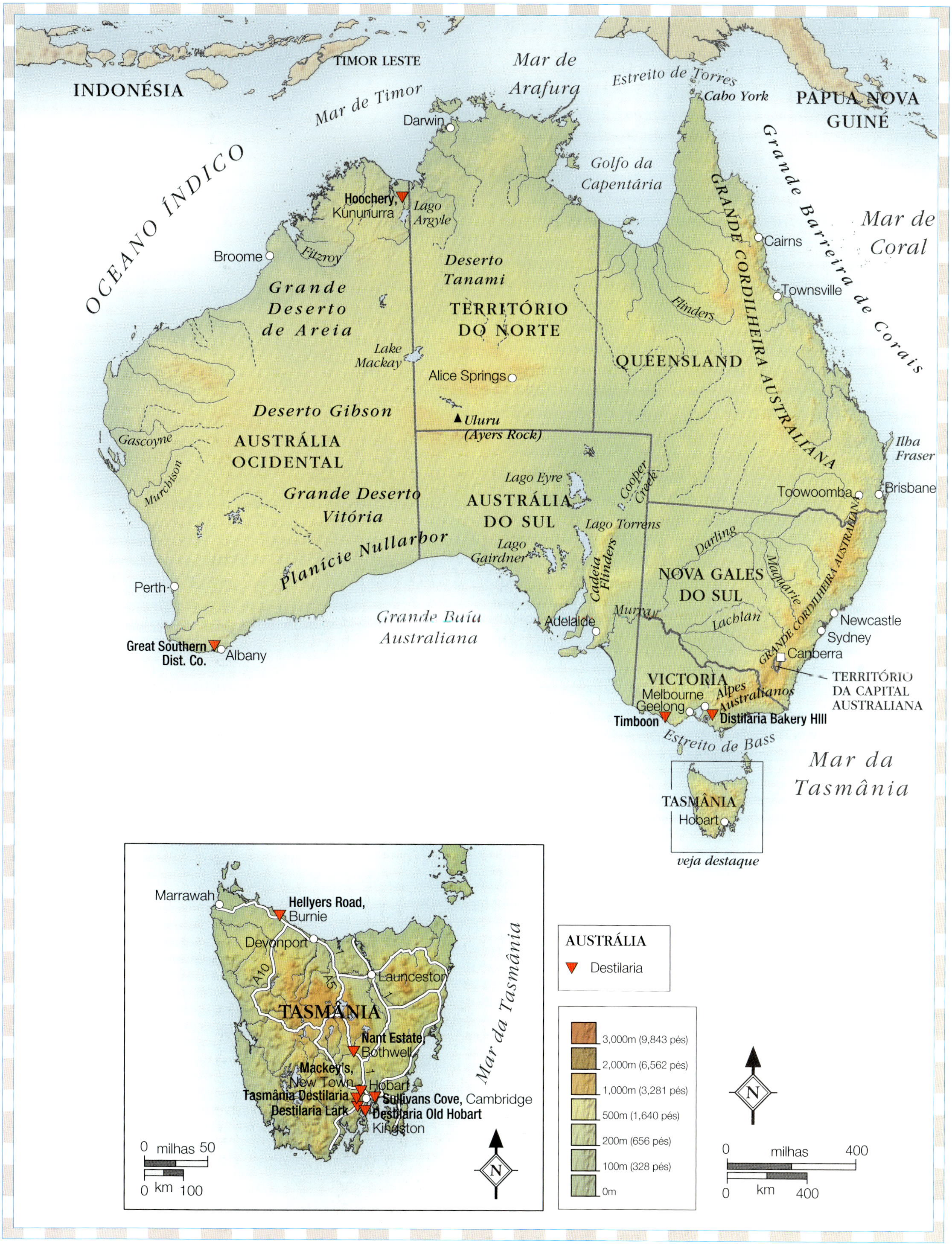
INDONÉSIA
TIMOR LESTE
Mar de Timor
Mar de Arafura
Estreito de Torres
Cabo York
PAPUA NOVA GUINÉ
OCEANO ÍNDICO
Darwin
Golfo da Capentária
Hoochery, Kununurra
Lago Argyle
Broome
Fitzroy
Deserto Tanami
Grande Deserto de Areia
TERRITÓRIO DO NORTE
Lake Mackay
Alice Springs
Uluru (Ayers Rock)
Deserto Gibson
AUSTRÁLIA OCIDENTAL
Gascoyne
Murchison
Grande Deserto Vitória
Planície Nullarbor
Perth
Great Southern Dist. Co.
Albany
Grande Baía Australiana
QUEENSLAND
Flinders
Cairns
Townsville
GRANDE CORDILHEIRA AUSTRALIANA
Grande Barreira de Corais
Mar de Coral
Ilha Fraser
Brisbane
Toowoomba
Lago Eyre
AUSTRÁLIA DO SUL
Cooper Creek
Lago Torrens
Lago Gairdner
Cadeia Flinders
Adelaide
Murray
Darling
NOVA GALES DO SUL
Macquarie
Lachlan
Newcastle
Sydney
Canberra
TERRITÓRIO DA CAPITAL AUSTRALIANA
VICTORIA
Melbourne
Geelong
Alpes Australianos
Timboon
Distilaria Bakery Hill
Estreito de Bass
Mar da Tasmânia
TASMÂNIA
Hobart
veja destaque
Marrawah
Hellyers Road, Burnie
Devonport
Launceston
A10
A5
TASMÂNIA
Nant Estate, Bothwell
Mackey's, New Town
Hobart
Tasmânia Destilaria
Destilaria Lark
Sullivans Cove, Cambridge
Destilaria Old Hobart
Kingston
Mar da Tasmânia
0 milhas 50
0 km 100
AUSTRÁLIA
Destilaria
3,000m (9,843 pés)
2,000m (6,562 pés)
1,000m (3,281 pés)
500m (1,640 pés)
200m (656 pés)
100m (328 pés)
0m
0 milhas 400
0 km 400

LISTAS DE CAMPO DE SABOR

Cada um dos whiskies degustados (exceto os espíritos novos) foi colocado em uma categoria do campo de sabor, permitindo que você passeie dentro do estilo ou estilos de whiskies de que gosta. Observando-os, você também verá como a influência do carvalho e do tempo pode mudar uma destilaria de um campo para o outro. Obviamente, há variações dentro desses campos, mas todos os whiskies em cada campo têm uma característica dominante de sabor em comum. Veja também as páginas 26-7 para mais detalhes e o Mapa de Sabor® nas páginas 28-9 na seção *O que é Whisky?*, no começo do livro.

FRUTADO E PICANTE

As frutas de que falamos aqui são frutas maduras de pomar como pêssego e abricó, talvez até algo mais exótico, como manga. Esses whiskies também mostrarão os aromas de baunilha, coco e semelhante a manjar do carvalho americano. O teor picante é encontrado no acabamento e tende a ser doce – como canela ou noz-moscada.

Escócia, *Single malt*
Aberfeldy 12 anos
Aberfeldy 21 anos
Arran 10 anos
Auchentoshan 21 anos
Balblair 1990
Balblair 1975
Balmenach 1993
Balmenach 1979
Balvenie 12 anos Signature
Balvenie 12 anos Double Wood
Balvenie 21 anos PortWood
Balvenie 30 anos
Ben Nevis 10 anos
Ben Nevis 15 anos
BenRiach 12 anos
BenRiach 16 anos
BenRiach 21 anos
Benromach 10 anos
Benromach 25 anos
Bruichladdich 2002
Bruichladdich 16 anos
Cardhu 12 anos
Craigellachie 14 anos
Craigellachie 1994
Clynelish 14 anos
Clynelish 1997, Manager's Choice
Dalmore 12 anos
Dalwhinnie 15 anos
Dalwhinnie Distiller's Edition
Dalwhinnie 1992, Manager's Choice
Dalwhinnie 1986, 20 anos Edição Especial
Deanston 12 anos
Deanston 28 anos
Edradour 1996 Oloroso Finish
Glencadam 15 anos
Glendullan 12 anos
The Singleton of Glendullan 12 anos
Glen Elgin 12 anos
Glenfiddich 21 anos
Glen Garioch 12 anos
Glengoyne 10 anos
Glenkinchie Distiller's Edition
The Glenlivet 15 anos
The Glenlivet 1972 Cellar Collection
Glenmorangie, The Original 10 anos
Glenmorangie 18 anos
Glenmorangie 25 anos
Glen Moray Classic NAS
Glen Moray 12 anos
Glen Moray 16 anos
Glen Moray 30 anos
Glenrothes Select Reserve NAS
Hazelburn 12 anos
Inchgower 14 anos
Kilkerran 2004
Loch Lomond 1966 Stills
Longmorn 10 anos
Longmorn 16 anos
Longmorn 1977
Longmorn 33 anos
Macallan 10 anos Fine Oak
Macallan 15 anos Fine Oak
Macallan 18 anos Fine Oak
Macallan 25 anos Fine Oak
Mannochmore 18 anos Edição Especial
Oban 14 anos
Old Pulteney 12 anos
Old Pulteney 17 anos
Old Pulteney 30 anos
Old Pulteney 40 anos
Royal Brackla 25 anos
Royal Lochnagar 12 anos
Scapa 16 anos
Scapa 1979
Strathisla 18 anos
Tamdhu 32 anos
Tomatin 1980
Tormore 12 anos

Escócia, *Blend*
Chivas Regal 18 anos
Dewar's White Label
Dewar's 12 anos
Dewar's Signature
Grant's Family Reserve

Irlanda, *Blend*
Jameson 12 anos
Kilbeggan 15 anos
Power's 12 anos

Japão, *Malte*
Hanyu Mizunara
Miyagikyo 15 anos
Miyagikyo 1990 18 anos
Yamazaki 12 anos

Japão, *Grãos*
Miyagikyo, 6 Nikka Single Cask Coffey Malt

Restante do Mundo, *Malte*
Amrut Fusion *Índia*
Bakery Hill Double Wood *Austrália*
The Belgian Owl *Bélgica*
Braunstein e: 1 *Dinamarca*
Glann ar Mor *França*
Kavalan Solist Single Cask *Taiwan*
Mackmyra, Swedish Oak Reserve 2006 *Suécia*
Millstone 5 anos *Holanda*
St. George Californian Single Malt *EUA*
Stranahan's Colorado Straight Single Malt Whisky *EUA*
Sullivan's Cove HH0104 *Austrália*

Restante do Mundo, *Grãos*
Bain's Cape Mountain África do Sul

Restante do Mundo, *Blend*
Kittling Ridge Forty Creek Premium Barrel Select *Canadá*

FRAGRANTE E FLORAL

Os aromas encontrados nesses whiskies trazem à mente flores recém-colhidas, flores de plantas frutíferas, grama cortada e frutas verdes leves. No paladar, são leves, ligeiramente doces e frequentemente com uma acidez fresca.

Escócia, *Single malt*
Allt-a-Bhainne 1991
Ardmore 1977, 30 anos
anCnoc 16 anos
Aultmore 12 anos
Bladnoch 8 anos
Bladnoch 17 anos
Braeval 8 anos
Glenburgie 12 anos
Glenburgie 15 anos
Glencadam 10 anos
Glendullan12 anos
Glenfiddich 12 anos
Glenglassaugh 1983
Glen Grant 10 anos
Glen Grant Cellar Reserve 1992
Glenkinchie 12 anos
Glenkinchie 1992 Manager's Choice
The Glenlivet 12 anos
Glenlossie 1999 Manager's Choice
Glentauchers 1991
Glenturret 10 anos
Hazelburn CV
Linkwood 12 anos

Loch Lomond 29 anos
Mannochmore 12 anos
Miltonduff 18 anos
Miltonduff 1976
Royal Brackla 15 anos
Speyburn 10 anos
Speyside 15 anos
Strathisla 12 anos
Strathmill 12 anos
Teaninich 10 anos
Tomatin 1997
Tomatin 1990
Tomintoul 14 anos
Tormore 1996
Tullibardine 2004, Aged Oak

Escócia *Blend*
Chivas Regal 12 anos
Johnnie Walker Red Label

Irlanda, *Malte*
Bushmills 10 anos

Irlanda, *Blend*
Bushmills Original
Jameson Original

Japão, *Malte*
Chichibu 2008 Newborn
Fuji Sanroku 18 anos
Fuji-Gotemba 18 anos
Hakushu 12 anos
Hakushu 18 anos
Yamazaki 10 anos

Japão, *Blend*
Nikka Super

Restante do mundo, Malte
Blaue Maus 1989 *Alemanha*
Drayman's Cask 2007 *África do Sul*
Elsasser *França*
The English Whisky Co., Chapter 6 *Inglaterra*
Hedgehog *França*
Lark Single Cask LD 126 *Austrália*
Mackmyra Special 03 *Suécia*
Mackmyra 1st Edition *Suécia*
P&M Superior *França/Córsega*
Penderyn Madeira *País de Gales*
Slyrs 2006 *Alemanha*

Restante do mundo, *Blend*
Valleyfield VO Gold *Canadá*

Restante do mundo, *Grãos*
Radermacher, Lambertus 10 anos

RICO E REDONDO

Há frutas aqui também, mas agora são secas: passas, figo, tâmaras e passas brancas. Isto mostra o uso de tonéis de ex-xerez de carvalho europeu. Talvez você detecte uma ligeira sensação mais refinada: são os taninos do carvalho. São whiskies profundos, às vezes doces, às vezes carnudos.

Escócia, *Single malt*
Aberlour 10 anos
Aberlour 16 anos
Aberlour 1990
Aberlour 25 anos
Aberlour a'bunadh
Arran 5 anos
Arran 1996 Single Cask
Aultmore 16 anos, Dewar Rattray
Balvenie 17 anos Madeira Cask
Ben Nevis 25 anos
Benrinnes 15 anos
Benrinnes 23 anos
Benromach 1981
Blair Athol 12 anos
Bunnahabhain 16 anos
Bunnahabhain 34 anos
Cragganmore 12 anos
Cragganmore 1997, Manager's Choice
Dalmore 15 anos
Dalmore 1981 Matusalem
Dailuaine 16 anos
Dalmore, Candela 50 anos
The Singleton of Dufftown 12 anos
Edradour 1997
Fettercairn 16 anos
Fettercairn 21 anos
Fettercairn 30 anos
Glenallachie 18 anos
Glencadam 1978
GlenDronach 12 anos
GlenDronach 15 anos
GlenDronach 1989
Glenfarclas 10 anos
Glenfarclas 15 anos
Glenfarclas 30 anos
Glenfiddich 15 anos
Glenfiddich 18 anos
Glenfiddich 30 anos
Glenfiddich 40 anos
Glengoyne 17 anos
Glengoyne 21 anos
Glen Grant 25 anos
The Glenlivet 18 anos
The Singleton of Glen Ord 12 anos
Glenrothes 1991
Glenrothes 1978
Highland Park 18 anos
Highland Park 25 anos
Jura 16 anos
Jura 21 anos
Macallan 10 anos Sherry Oak
Macallan 18 anos Sherry Oak
Macallan 25 anos Sherry Oak
Mortlach 16 anos
Royal Lochnagar Selected Reserve
Speyburn 21 anos
Springbank 15 anos
Springbank 18 anos
Strathisla 25 anos
Tamdhu 18 anos
Tamnavulin 1973
Tamnavulin 1966
Tobermory 15 anos
Tobermory 32 anos
Tomintoul 33 anos
Tullibardine 1988 John Black

Escócia, *Blend*
Grant's 25 anos
Johnnie Walker Black Label
Johnnie Walker Blue Label

Irlanda, *Malte/Pot still*
Bushmills 16 anos
Bushmills 21 anos
Redbreast 12 anos
Redbreast 15 anos
Tyrconnel 10 anos Madeira

Irlanda, *Blend*
Black Bush
Bushmills
Jameson 18 anos

Japão, *Malte*
Hakushu 25 anos
Karuizawa 1985
Karuizawa 1995 Noh Series
Yamazaki 18 anos

Restante do mundo
Sloupisti 2008 *Alemanha*
Liber, Embrujo *Espanha*
Kavalan Single Malt *Taiwan*
Kavalan Port Cask Finish *Taiwan*
Millstone 8 anos *Holanda*
Nant 1st Release *Austrália*
Penderyn Sherrywood *País de Gales*

DEFUMADO E TURFOSO

Estes oferecem uma gama de diferentes aromas, de fuliginoso a chá lapsang souchong, alcatrão, arenque, bacon defumado, urze queimada e fumaça de madeira. Frequente e ligeiramente oleosos na textura, todos os whiskies turfosos precisam ter um ponto doce de equilíbrio.

Escócia, *Single Malt*
Ardbeg 10 anos
Ardbeg Airigh nam Beist 1990
Ardbeg Lord of the Isles 25 anos
Ardmore Traditional Cask
Ardmore 25 anos
Benriach Curiositas 10 anos
Bowmore Legend
Bowmore 12 anos
Bowmore 15 anos Darkest
Bruichladdich, Octomore 5 anos
Bruichladdich, Port Charlotte PC8
Caol Ila 12 anos
Caol Ila 18 anos
Glen Scotia 12 anos
Highland Park 12 anos
Highland Park 40 anos
Kilchoman Inaugural Release 3 anos
Lagavulin 12 anos
Lagavulin 16 anos

Lagavulin Manager's Choice
Lagavulin Distiller's Edition,
Laphroaig 10 anos
Laphroaig 18 anos
Laphroaig 25 anos
Longrow 14 anos
Longrow CV
Springbank 10 anos

Talisker 10 anos
Talisker 18 anos
Talisker 25 anos
Talisker 1994 Manager's Choice

Irlanda, *Malte*
Connemara 12 anos

Japão, *Malte*
Chichibu 2008 Newborn
The Cask of Hakushu
Yoichi 10 anos
Yoichi 12 anos
Yoichi 15 anos
Yoichi 20 anos
Yoichi 1986 22 anos

Restante do mundo, *Malte*
Clear Creek, McCarthy's Oregon Single Malt *EUA*
Glann ar Mor, Kornog *França*

MALTOSO E SECO

Esses whiskies são mais secos no nariz. Crocantes, abiscoitados e às vezes farelentos, com aromas que nos fazem lembrar de farinha, cereal matinal e nozes. O paladar também é seco, mas normalmente é equilibrado pelo carvalho doce.

Escócia, *Single Malt*
Auchentoshan Classic
Auchentoshan 12 anos
Auchroisk 10 anos
Dufftown 1997 Manager's Choice
Glen Garioch Founder's Reserve
Glen Spey 12 anos
Knockando 12 anos
Loch Lomond, Inchmurrin 12 anos
Loch Lomond Single Malt
Macduff 1984
Speyside 12 anos
Tamdhu 10 anos
Tamnavulin 12 anos
Tomintoul 10 anos

Restante do mundo, *Malte*
Canadian Mist *Canadá*
Glenora, Glen Breton 10 anos Ice *Canadá*
Great Southern, Limeburners Barrel 43 *Austrália*
Hudson Single Malt, Tuthilltown *EUA*
Teerenpeli 6 anos, *Finlândia*

KENTUCKY, TENNESSEE E CANADÁ

Processos de produção diferentes e grãos diferentes significam que campos de sabor diferentes foram criados para os whiskies americanos (ou para o estilo americano). Os whiskies abaixo são todos do Kentucky ou do Tennessee, a menos que esteja especificado. Quando o whisky faz parte da destilaria da família, por exemplo, Jack Daniel's Black Label, o nome da destilaria vem primeiro. Quando é produzido por uma destilaria específica, como a Buffalo Trace, que produz o Blanton's Single Barrel, o nome da destilaria segue o nome do whisky.

MILHO MACIO

Principal cereal utilizado no bourbon e no whisky canadense, o milho resulta num nariz doce e numa qualidade gorda, amanteigada e suculenta no paladar.

Blanton's Single Barrel, Buffalo Trace
Buffalo Trace
Early Times
Evan Williams 1999, Heaven Hill
George Dickel Old Nº 12
Jack Daniel's Black Label
Jack Daniel's Gentleman Jack
Jack Daniel's Single Barrel
Jim Beam Black Label
Jim Beam White Label
Hudson Baby Bourbon, Tuthilltown
Hudson New York Corn, Tuthilltown

TRIGO DOCE

O trigo é usado ocasionalmente por destiladores de bourbon no lugar de centeio. Isso acrescenta uma doçura gentil e suave ao bourbon.

Bernheim Original Wheat, Heaven Hill
Highwood, Centennial 10 anos *Canadá*
Maker's Mark
W L Weller 12 anos, Buffalo Trace

RICO E AMADEIRADO

O whisky adquire todos aqueles ricos e acentuados aromas de baunilha durante o tempo que passa no barril, junto com coco, pinho, cereja e especiarias doces. Essa riqueza da extração aumenta em poder à medida que o bourbon permanece mais tempo no tonel, dando sabores de tabaco e couro.

Booker's, Jim Beam
Black Velvet, Danfield Reserve 21 anos *Canadá*
Eagle Rare 10 anos, Single Barrel, Buffalo Trace
Elijah Craig 10 anos, Heaven Hill
Highwood, Century Reserve 21 anos *Canadá*
Knob Creek 9 anos, Jim Beam
Old Fitzgerald 12 anos, Heaven Hill
Pappy van Winkle's Family Reserve 20 anos, Buffalo Trace
Ridgemont Reserve 1792 8 anos, Tom Moore
Russell's Reserve 10 anos, Wild Turkey
Wild Turkey 101
Wild Turkey Rare Breed
Wiser's 18 anos, Hiram Walker *Canadá*

CENTEIO PICANTE

O centeio geralmente pode ser detectado no nariz na forma de aromas intensos, ligeiramente perfumados e, às vezes, levemente farelentos – ou um aroma semelhante a pão de centeio recém-assado. Ele aparece posteriormente no paladar, depois que o milho gordo acrescenta um sabor agradável ácido, condimentado, que desperta o paladar.

Alberta Springs 10 anos *Canadá*
Barton Very Old Tom Moore
Canadian Club Reserve 10 anos, Hiram Walker *Canadá*
Crown Royal Ltd. Edition, Gimli *Canadá*
Eddu, Menhirs *França*
Four Roses Barrel Strength 15 anos
Four Roses 120th Anniversary 12 anos
Four Roses Mariage Collection 2009
Four Roses Single Barrel 2009
Millstone Rye 5 anos *Holanda*
Rittenhouse Rye, Heaven Hill
Russell's Reserve Rye 6 anos, Wild Turkey
Sazerac Rye, Buffalo Trace
Sazerac 18 anos, Buffalo Trace
Tom Moore 4 anos
Woodford Reserve Distiller's Select
Very Old Barton 6 anos, Tom Moore

GLOSSÁRIO

Palavras em maiúsculas são referências cruzadas dentro do glossário.

Abrandamento com carvão Essa técnica, que define o WHISKY DO TENNESSEE, consiste em filtrar o espírito novo em tanques de carvão moído antes do envelhecimento.

ABV (álcool por volume) O teor alcoólico de um whisky expressado como uma porcentagem do volume total de líquido. Pela lei, o Scotch deve ser de 40% abv ou mais. Veja também PROOF.

Alambique de cerveja (EUA) O primeiro alambique (normalmente um ALAMBIQUE DE COLUNA) na DESTILAÇÃO.

Alambique de primeira destilação O primeiro alambique nos ciclos da DESTILAÇÃO, onde é DESTILADO o MOSTO fermentado.

Alambique do tipo pot Os alambiques do estilo de caldeira de cobre usados na DESTILAÇÃO em ciclos.

Alambique Lomond UM ALAMBIQUE DO TIPO POT que contém pratos ajustáveis em seu pescoço, o que aumenta o REFLUXO e dá ao espírito resultante uma característica qualidade oleosa/frutada.

Alambique Vendome Tipo de ALAMBIQUE POT com uma coluna retificadora no pescoço.

Angel's share Uma vez que um tonel respira durante a MATURAÇÃO, um pouco do álcool vai evaporar. Isso é conhecido como "angel's share" (a parte dos anjos). Na Escócia, essa evaporação resulta em 2% de perda anual no volume de cada tonel.

Barril Termo usado para definir um TONEL DE CARVALHO americano de 200 litros (44 galões).

Barril único (EUA) Um termo ligeiramente confuso; o whisky na garrafa vem de um BARRIL único, mas cada lote de um whisky de BARRIL único pode abranger mais de um BARRIL.

Bourbon Estilo de whisky americano, que deve estar em conformidade com as seguintes regras: ser feito de uma MISTURA contendo pelo menos 51% de MILHO; destilado a um máximo de 80% abv (160 Nº PROOF); e envelhecido em BARRIS DE CARVALHO COM QUEIMA INTERNA novos a uma graduação não mais elevada que 62,5% abv (125°) durante pelo menos dois anos.

Bourbon de trigo Um BOURBON cuja MISTURA contém trigo em vez de centeio. Isso geralmente acarreta um caráter mais doce.

Cabeça Veja FORESHOTS.

Caramelo Um aditivo permitido usado em muitos whiskies (mas banido na produção do BOURBON) para ajustar a cor do espírito a fim de se assegurar a consistência entre os lotes. O uso excessivo diminui o aroma e dá um acabamento amargo.

Carvalho Legalmente todo whisky escocês, americano, canadense e irlandês tem de ser envelhecido em BARRIS de carvalho. Durante a MATURAÇÃO, o whisky interage com os extratos aromáticos presentes na madeira. Essa interação entre o espírito e o carvalho acentua a complexidade de um whisky.

Centeio (EUA) Cereal usado na produção de WHISKY DE CENTEIO, BOURBON e whisky canadense. O centeio provoca um efeito ácido, de dar água na boca, com aromas de fermento, cítrico e intensa qualidade condimentada.

Cerveja (EUA) Líquido alcoólico para ser distilado, ou mosto.

Cevada A cevada contém ENZIMAS naturais que, uma vez maltada, ajudam na conversão do amido em açúcares fermentáveis. Uma porcentagem de cevada maltada é, portanto, acrescentada à mistura de cereais na produção de praticamente todos os tipos de whisky, enquanto o single malt usa 100% de cevada maltada.

Chamuscamento É o processo de aquecimento da parte interna do TONEL no fogo para torná-lo mais maleável. O calor também carameliza os complexos açúcares do CARVALHO. São esses açúcares que interagem com o espírito para produzir um whisky complexo e maduro. Variando o grau de chamuscamento, os destiladores podem criar um amplo leque de efeitos.

Clearic Veja ESPÍRITO NOVO.

Condensação A parte final da DESTILAÇÃO, em que o vapor de álcool é convertido de volta em líquido.

Desativada Termo que se refere a uma destilaria que foi fechada mas não perdeu a licença de funcionamento.

Destilação O processo que diferencia o espírito do vinho ou da cerveja. Pelo fato de o álcool ferver a uma temperatura mais baixa do que a água, se um líquido alcoólico ("CERVEJA") for aquecido em um alambique, o vapor do álcool será conduzido de modo preferencial em relação à água, aumentando assim a graduação alcóolica geral e concentrando os sabores contidos nessa espécie de cerveja.

Dose (Dram) Embora considerado um termo escocês que significa um drinque de whisky, "dose" é de origem grega e se refere a uma medida pequena de qualquer espírito.

Doubler (EUA) O ALAMBIQUE DO TIPO POT simples no qual o álcool da primeira DESTILAÇÃO é redestilado para produzir o espírito final.

Especificação de idade A idade no rótulo se refere ao componente mais jovem. Lembre que a idade não é necessariamente um fator determinante de qualidade.

Espírito novo Termo escocês alternativo para um espírito recém-destilado. Também chamado de CLEARIC na Escócia e WHITE DOG nos Estados Unidos.

Ésteres Componentes químicos criados durante a FERMENTAÇÃO. Tipicamente, eles têm um aroma floral e intensamente frutado.

Feints Alcoóis finais no término da segunda DESTILAÇÃO (também chamados cauda, "after-shots").

Fenóis O termo químico para os componentes aromáticos resultantes quando a TURFA é queimada. São medidos em partes por milhão (ppm) fenólicas; quanto mais elevadas as ppm, mais defumado o whisky. A medida de ppm se refere à CEVADA MALTADA e não ao ESPÍRITO NOVO. Um grau de até 50% dos fenóis se perde no processo de destilação.

Fermentação O processo pelo qual o MOSTO rico em açúcar é convertido em álcool pela adição de LEVEDURA e que é vital na criação de sabor.

Foreshots O primeiro espírito a aparecer na DESTILAÇÃO final. Os foreshots são elevados em álcool, contêm componentes voláteis e são redestilados com os FEINTS e com os vinhos baixos na DESTILAÇÃO seguinte (também conhecidos como cabeças).

Germinação Processo no qual o crescimento da CEVADA é estimulado durante a MALTAGEM.

Grãos escuros O nome da mistura de cerveja de alambique (líquido residual de altas proteínas após a primeira DESTILAÇÃO) e RESÍDUOS DE DESTILAÇÃO, ou subprodutos que são vendidos como nutritiva ração animal.

Levedura Os micro organismos que convertem açúcar em álcool (junto com o dióxido de carbono e calor). Variedades diferentes de LEVEDURA terão um impacto na produção de sabor.

Liquor (EUA) A água quente usada na MISTURA.

Lyne arm/lie pipe ou pescoço de cisne. A parte de cima de um alambique tipo pot, que conduz do corpo do alambique até o CONDENSADOR. O ângulo do lyne arm terá um impacto no caráter. Um ângulo voltado para cima estimula o REFLUXO e tende a criar um espírito mais leve; um ângulo voltado para baixo tende a produzir um efeito mais pesado.

Maceração Processo pelo qual os amidos de cereal são convertidos em açúcares fermentáveis.

Maltagem O processo que disponibiliza o amido para o destilador colocando-se a CEVADA adormecida na água, GERMINANDO-A para dar início ao crescimento e, então, detendo o crescimento da cevada ao secá-la em um forno. Isto pode ser feito nas MALTAGENS DE SOLO, DRUM ou SALADIN.

Maltagens de solo O método tradicional de MALTAGEM de cevada. Os grãos úmidos são espalhados no chão e deixados para GERMINAR, sendo remexidos periodicamente com pás ou ancinhos. Atualmente as maltagens de solo foram substituídas na maioria por MALTAGENS DRUM. Veja também TANQUE SALADIN.

Maltagens Drum O método mais comum de MALTAGEM de cevada. Fábricas imensas contêm grandes sistemas mecanizados de maltagens "drum" horizontais onde o malte verde GERMINA.

Maturação A parte final do processo de produção de whisky se realiza em TONÉIS e pode propiciar até 70% do sabor final de um whisky (e sua cor).

Milho Principal cereal usado na produção de BOURBON, o milho acrescenta uma doçura gorda ao espírito final. Também usado no Canadá na produção de WHISKY DE GRÃOS.

Mistura Termo usado para descrever a mistura e a porcentagem de diferentes cereais usados na fabricação de whisky.

Mosto O líquido fermentado (também chamado CERVEJA) que é destilado para se tornar whisky.

NAS Abreviatura para um whisky sem especificação de idade no rótulo (em inglês: No Age Statement).

Pipa Um tonel de ex-xerez de 500 litros (110 galões), usado para maturar SCOTCH.
Pipa (Hogshead) Tipo de TONEL, feito principalmente de CARVALHO americano, com capacidade de 250 litros (55 galões, também conhecidos como "hoggies").
Primeiro uso Termo escocês/irlandês/japonês um tanto confuso, que se refere a TONÉIS. Quando um destilador se refere a um barril como sendo de "primeiro uso", está querendo dizer que é primeira vez que foi preenchido com whisky escocês (ou irlandês, japonês etc.). Pelo fato de essas indústrias tenderem a usar TONÉIS de segunda mão, não é, portanto, a primeira vez que foi preenchido. Veja também REUTILIZADO.
Processo do Condado de Lincoln Uma técnica que diferencia o whisky do TENNESSEE do BOURBON. O espírito novo é filtrado por camadas de carvão a fim de se remover elementos pesados (também conhecido como abrandamento).
Proof Uma medida de graduação alcoólica agora usada somente (em rótulos) pelos destiladores americanos. A proof americana é exatamente o dobro da medida ABV (ÁLCOOL POR VOLUME), ou seja, 40% ABV equivale a 80° proof dos Estados Unidos.

Quarter cask/Meia pipa pequena Contém 45 litros (10 galões); seu uso foi reavivado recentemente como um meio de injetar uma grande quantidade de CARVALHO fresco em um whisky jovem.
Queima Todos os BARRIS americanos são queimados internamente antes do uso, criando uma camada de carvão ativo que age como um filtro para ajudar a remover a aspereza e outros aromas imaturos indesejáveis. O ABRANDAMENTO COM CARVÃO acelera esse processo.
Quercus O termo em latim para CARVALHO. As variedades usadas de modo mais comum no whisky são: Q. alba, ou CARVALHO branco americano; Q. robur, ou CARVALHO europeu; Q. petraea, ou CARVALHO sessile/francês, e Q. mongolica, ou CARVALHO mizunara/Japonês. Cada um tem sua própria variedade de aromas, sabores e estrutura.

Rackhouse Termo americano para um armazém.
Ranço Termo de degustação usado para descrever as notas exóticas de couro/almiscaradas/fúngicas encontradas em whiskies muito velhos.
Refluxo Termo técnico que se refere à CONDENSAÇÃO de vapor alcoólico dentro do alambique (ou seja, antes que ele chegue ao sistema de CONDENSAÇÃO), que se reverte a líquido e é redestilado. O refluxo é um meio de deixar o espírito mais leve e de remover elementos pesados indesejáveis e pode ser promovido tanto pelo formato do alambique como também pela velocidade de DESTILAÇÃO.
Resíduos de destilação Os grãos usados que restam depois que todo o líquido doce (WORTS/MOSTO) foi extraído do TANQUE DE MOSTO. São vendidos como ração animal.
Reutilizado Termo dado a TONÉIS que já foram preenchidos uma vez com SCOTCH.
Reversão Veja SOURMASHING.
Ricks (paletas) Termo americano para os suportes de madeira em que os BARRIS de whisky ficam acondicionados durante a MATURAÇÃO. Armazéns tradicionais, altos, com laterais de metal, também são chamados de armazéns de ricks. Também é usado para descrever as pilhas de lenha de bordo que são queimadas para formar as camadas de carvão ativo nas quais o WHISKY DO TENNESSEE é filtrado.

Scotch Tem de ser produzido na Escócia em uma destilaria com CEVADA MALTADA (à qual podem ser acrescentados outros cereais integrais), que, então, passa pela MACERAÇÃO, é convertida para um líquido fermentável pelas próprias enzimas da CEVADA, FERMENTADA com LEVEDURA, destilada a menos de 94,8% ABV, maturada na Escócia em TONÉIS DE CARVALHO que não excedam os 700 litros (154) galões em tamanho por um mínimo de três anos e engarrafada a não menos de 40% ABV. Nada além de água e caramelo de espírito tem a permissão de ser acrescentado.
Sourmash (EUA) O líquido não alcoólico residual resultante ao final da primeira DESTILAÇÃO, que é então acrescentado à mistura na fermentadora. Isso pode chegar a 25% ou mais do líquido total na fermentadora. Acrescentando-se essa levedura ácida à mistura facilita-se a FERMENTAÇÃO. Todo WHISKY BOURBON/TENNESSEE passa pelo processo de fermentação chamado "sourmash" (também relacionado a REVERSÃO, cerveja residual, resíduo de grãos).

Tanque Saladin Método de MALTAGEM que está no meio-termo entre a MALTAGEM DE SOLO tradicional e uma moderna MALTAGEM DRUM; neste método a CEVADA QUE GERMINA é colocada em um tanque imenso aberto em cima e remexida com o uso de um mecanismo de pás rotativas.
Thumper Outro nome para um DOUBLER. O thumper é um recipiente preenchido com água e através do qual passam os vinhos baixos – um processo que ajuda a remover parte dos alcoóis mais pesados. Conforme faz isso, ele emite um som surdo ("thump", em inglês).
Tonel Um termo abrangente que se refere aos diferentes tipos de recipientes de CARVALHO usados para envelhecer whisky.
Turfa A turfa desempenha um importante papel no aroma de muitos whiskies. Vegetação semicarbonizada com formação ao longo de milhares de anos em solo molhado ácido e pantanoso, a turfa é cortada, secada e então passa pelo processo de queima em fornos, a fim de conferir um aroma defumado ao espírito final.

Uisce beatha/Usquebaugh Termos gaélicos escocês/irlandês para whisky; traduzem-se como a "água da vida" – expressão que há muito foi dada a espíritos destilados. Acredita-se que "uisce" foi a raiz de "whisky".

Vatted malt Expressão arcaica que significa uma mistura de single malts. Veja WHISKY BLENDED.
Vinhos altos (EUA) O espírito final produzido na segunda destilação no DOUBLER (também chamados "doublings").

Whisky de centeio/Rye (EUA) Legalmente, um whisky de centeio é aquele feito com uma MISTURA contendo um mínimo de 51% de centeio, o que está em conformidade com as normas que regulamentam (EUA) o WHISKY STRAIGHT.
Whisky de milho Estilo de whisky americano. Pela lei, o whisky de milho tem de ser feito com um mínimo de 80% de milho. Não há exigências quanto a um tempo mínimo de envelhecimento.
Whisky do Tennessee é controlado pelas mesmas regulamentações do BOURBON, mas os destiladores do Tennessee filtram o espírito novo com camadas de carvão de bordo (um sistema também conhecido como PROCESSO DO CONDADO DE LINCOLN).
Whisky irlandês Embora haja apenas três destilarias operando na Irlanda, cada uma faz seu whisky de uma maneira diferente. A Cooley usa DESTILAÇÃO dupla e TURFA. A Bushmills usa DESTILAÇÃO tripla de CEVADA MALTADA não turfosa. A Irish Distillers produz whisky IRLANDÊS DE ALAMBIQUE POT STILL, que, embora não turfoso e de destilação tripla, usa uma mescla de cevada não maltada e CEVADA MALTADA na MISTURA.
Whisky straight (EUA) Qualquer whisky feito com um mínimo de 51% de um único grão (milho, centeio, trigo), destilado a 160° PROOF (80% ABV), envelhecido a não mais que 125° PROOF (62,5%) por um mínimo de dois anos em BARRIS DE CARVALHO QUEIMADOS por dentro e novos e engarrafado a um mínimo de 80° PROOF (40%). Não é permitida a adição de caramelo nem de produtos que realcem o sabor.
Whisky blended Uma mistura de WHISKY DE GRÃOS com MALTE (na Escócia) ou BOURBON/CENTEIO (EUA). 93% do Scotch vendido muldialmente é whisky blended.
Whisky de grãos Feito com uma mistura de uma pequena porcentagem de CEVADA MALTADA e MILHO ou trigo e destilado até abaixo de 94,8% ABV em um alambique de coluna. A lei do Scotch determina que o whisky de grãos deve possuir o caráter do cereal de que é feito.
Whisky indiano Expressão um tanto controversa, uma vez que a indústria indiana não está em conformidade com a definição mundialmente reconhecida de whisky – que afirma ser um espírito com base exclusivamente de cereal – e permite que o "whisky" seja feito com melaço.
Whiskey/whisky (whisky) Por norma, a grafia do whisky escocês, canadense e japonês é sem o E. Embora o irlandês e o americano tenham o E, nem todos os whiskies americanos estão em conformidade com isso.
White dog Expressão americana para ESPÍRITO NOVO.
Worm (tub) O método tradicional de CONDENSAÇÃO do espírito. O "worm" é uma serpentina de cobre que é imersa em um tanque de água fria. Devido ao nível mais baixo de interação com o cobre que acontece neste método, os whiskies do sistema "worm tub" tendem a ter um caráter mais encorpado.
Worts (mosto) O líquido doce que é extraído do tanque de mosto.

BIBLIOGRAFIA

LIVROS

Barnard, Alfred. *The Whisky Distilleries of the United Kingdom*. David & Charles, 1969
Buxton, Ian. *The Enduring Legacy of Dewar's*. Angel's Share, 2010.
Checkland, Olive. *Japanese Whisky, Scottish Blend*. Scottish Cultural Press, 1998.
Dillon, Patrick. *The Much-Lamented Death of Madam Geneva*. Review, 2004.
Kaiser, Roman. *Meaningful Scents Around The World*. Wiley, 2006.
Gibbon, Lewis Grassic. *A Scots Quair*. Canongate Books, 2008.
Gunn, Neil M. *Whisky & Scotland*, Souvenir Press Ltd, 1977.
Hardy, Thomas. *The Return of the Native*. Everyman's Library, 1992.
Hume, John R. e Moss, Michael. *The Making of Scotch Whisky*. Canongate Books, 2000.
Macdonald, Aeneas. *Whisky*. Canongate Books, 2006.
MacFarlane Robert. *The Wild Places*. Granta Books, 2007.
MacLean, Charles, *Scotch Whisky: A Liquid History*, Cassell, 2003.
Marcus, Greil. *Invisible Republic, Bob Dylan's Basement Tapes*. Picador, 1997.
McCreary, Alf. *Spirit of the Age, the Story of old Bushmills*. Blackstaff Press, 1983.
MacDiarmid, Hugh. *Selected Essays*. University of California Press, 1970.
Mulryan, Peter. *The Whiskeys of Ireland*. O'Brien Press, 2002.
Owens Bill, *Modern Moonshine Techniques*, White Mule Press, 2009.
Owens Bill, Diktyt, Alan, e Maytag, Fritz. *The Art of Distilling Whisky and Other Spirits*. Quarry Books, 2009.
Pacult, F. Paul. *A Double Scotch*. John Wiley, 2005.
Penguin Press & Carson. *The Tain*. Penguin Classics, 2008.
Regan, Gary, e Regan, Mardee. *The Book of Bourbon*. Chapters, 1995.
Udo, Misako. *The Scotch Whisky Distilleries*. Black & White, 2007.
Waymack, Mark H, e Harris, James F. *The Book of Classic American Whiskeys*. Open Court, 1995.
Wilson, Neil. *The Island Whisky Trail*. Angel's Share, 2003.

REVISTAS

Whisky Magazine
Malt Advocate

MÚSICA

"Copper Kettle", escrita por Albert Frank Beddoe, gravada por Bob Dylan no álbum de 1970 *Self Portrait*.
Smith, Harry *Anthology of American Folk Music*, vários volumes

MAIS INFORMAÇÕES

Mantenha-se informado sobre assuntos relacionados ao whisky pela internet. Hoje, a maioria dos produtores tem seus próprios sites. Eis uma seleção de revistas eletrônicas e blogs que propiciam ao amante do whisky uma perspectiva mais abrangente.

REVISTAS

www.maltadvocate.com
www.whatdoesjohnknow.com
www.whiskymag.com
www.whiskymagjapan.com (em Japonês)

SITES E BLOGS SOBRE WHISKY

www.maltmaniacs.org *Esta deve ser a primeira parada para todos os amantes de malte.*
www.whiskyfun.com *Os comentários diários de Serge Valentin sobre whisky e música.*
www.whiskycast.com *Podcast semanal de Mark Gillespie.*
www.edinburghwhiskyblog.com e http://caskstrength.blogspot.com, Two UK-based blogs *Dois blogs baseados no Reino Unido. Vale a pena checar os dois regularmente.*
http://chuckcowdery.blogspot.com *Quer saber o que anda acontecendo no mundo do bourbon? Cheque o Chuck!*
http://nonjatta.blogspot.com *O blog imperdível para os amantes de whisky japonês (em inglês).*
http://drwhisky.blogspot.com *Sam Simmons foi um dos primeiros blogueiros e ainda é um dos melhores.*
www.irishwhiskeynotes.com *Conforme o nome já diz, este cobre o whisky irlandês.*
www.irelandwhiskeytrail.com *Quer fazer um tour pelos locais relacionados ao whisky da Irlanda? Pare aqui primeiro.*
www.distilling.com & http://blog.distilling.com *Fique por dentro das notícias do mundo da destilação artesanal americana.*
www.drinkology.com *Um site da comunidade dos bares que é recheado de informações.*

FESTIVAIS

Você pode ter certeza de que, enquanto está lendo isto, haverá um ou provavelmente mais festivais de whisky acontecendo em algum lugar do mundo. A maior franquia mundial é a *Whisky Live!* (www.whiskylive.com). A *Malt Advocate* também promove os maiores eventos dos Estados Unidos portanto, visite seu site (veja acima) em busca de detalhes. Também cheque o calendário de eventos de whisky dos Maníacos do Malte em seu site (veja acima).

FESTIVAIS REGIONAIS

Spirit of Speyside, www.spiritofspeyside.com,
Geralmente na primeira semana de maio durante uma semana.
Fèis Ìle, www.theislayfestival.co.uk,
Geralmente na última semana de maio durante uma semana.
Kentucky Bourbon Festival, www.kybourbonfestival.com,
Meados de setembro.

ÍNDICE REMISSIVO

Como usar este índice:

- Números de páginas antes de dois pontos (:) indicam referências à destilaria ou ao blender em geral.
- Após dois pontos (:), os números de páginas indicam referências a whiskies feitos ou blended, primeiro em geral (quando relevante) e, então, separados por ponto e vírgula (;) por idade, ano ou marca.
- As marcas principais também constam do índice, seguidas por suas destilarias entre parênteses.
- Números de páginas em *itálico* se referem a uma legenda de ilustração.

AGRADECIMENTOS

Mitchell Beazley Minha maravilhosa editora Hilary Lumsden, foi uma satisfação trabalhar com você novamente, sinceros agradecimentos por estar presente no momento certo, sendo compreensiva quando as coisas ficaram difíceis e sempre dando a orientação correta. Imensos agradecimentos também a Leanne Bryan e Juliette Norsworthy por manterem um trabalho dessa complexidade organizado de maneira tão fantástica; Susanna Forbes, por sua leitura paciente e opiniões pertinentes; Maria Gibbs, pela brilhante pesquisa de imagens; Sally Toms, por seus mapas, e todas as outras pessoas da MB cujos esforços sob pressão são muito reconhecidos.

Escócia Nick Morgan, Craig Wallace, Douglas Murray, Jim Beveridge, Donald Renwick, Shane Healy, Diageo; Jim Long, Alan Winchester, Sandy Hyslop, Chivas Brothers; Gerry Tosh, George Espie, Gordon Motion, Max MacFarlane, Jason Craig, Ken Grier, Bob Dalgarno, The Edrington Group; David Hume, Brian Kinsman, William Grant & Sons; Stephen "The Stalker" Marshall, Keith Geddes, John Dewar & Sons; Iain Baxter, Stuart Harvey, Inver House Distillers; Ian MacMillan, Burn Stewart Distillers; Ronnie Cox, David King, Sandy Coutts, Glenrothes; Iain Weir, Iain MacLeod; Gavin Durnin, Loch Lomond Distillers; Frank McHardy, Pete Currie, J & A Mitchell; Euan Mitchell, Arran Distillers; Iain McCallum, Morrison Bowmore Distillers; Jim McEwan, Bruichladdich; Anthony Wills, Kilchoman; Richard Paterson, David Robertson, Whyte & Mackay; Jim Grierson, Maxxium UK; John Campbell, Laphroaig; Des McCagherty, Edradour; George Grant, J & G Grant; Lorne McKillop, Angus Dundee; Billy Walker, Alan McConnochie, Stewart Buchanan, BenRiach/GlenDronach; Francis Cuthbert, Daftmill; Raymond Armstrong, Bladnoch; Alistair Longwell, Ardmore; David Urquhart, Ian Chapman, Gordon & MacPhail; Bill Lumsden, Annabel Meikle, Glenmorangie; Michelle Williams, Lime PR; John Black, James Robertson, Tullibardine; Colin Ross, Ben Nevis; Dennis Malcolm, Glen Grant; Stephen Bremner, Tomatin; Andy Shand, Speyburn; Marko Tayburn, Abhainn Dearg.

Irlanda Barry Crockett, Brendan Monks, Billy Leighton, David Quinn, Jayne Murphy, IDL; Colum Egan, Helen Mulholland, Bushmills; Noel Sweeney, Cooley.

Japão Keita Minari, Mike Miyamoto; Shinji Fukuyo, Seiichi Koshimizu, Suntory; Naofumi Kamiguchi, Geraldine Landier, Nikka; Ichiro Akuto, Venture Whisky.

Estados Unidos e Canadá Chris Morris, Jeff Arnett, Brown-Forman; Jane Conner, Maker's Mark; Larry Kass, Parker Beam, Craig Beam, Heaven Hill, Katie Young, Ernie Lubbers, Jim Beam; Jim Rutledge, Four Roses; Jimmy e Eddie Russell, Wild Turkey; Harlen Wheatley, Angela Traver, Buffalo Trace; Ken Pierce, Old Tom Moore; Jim Boyko, Vincent de Souza, Crown Royal; John Hall, Forty Creek; Bill Owens; Lance Winters, St. George; Steve McCarthy, McCarthy's; Marko Karakasevic, Charbay; Jess Graber, Stranahan's; Rick Wasmund, Copper Fox, Ralph Erenzo, Tuthilltown.

País de Gales Stephen Davis, Gillian Macdonald, Welsh Whisky Company.

Inglaterra Andrew Nelstrop, The English Whisky Company.

Globalmente Jean Donnay; Patrick van Zuidam; Etiene Bouillon; Lars Lindberger; Henric Molin; Anssi Pyysing; Michael Poulsen; Fran Peregrino; Andy Watts; Moritz Kallmeyer, Bill Lark, Patrick Maguire, Keith Batt, Mark Littler, David Baker, Cameron Syme; Ian Chang.

Aos fotógrafos John Paul, Hans Offringa, Will Robb, Christine Spreiter, Jeremy Sutton-Hibbert, e também Tim, Arthur & Keir e Joynson the Fish, por providenciarem fotos quando os destiladores admitiram que não tinham fotos dos seus produtos.

Equipe Charles MacLean, Neil Wilson, Rob Allanson, Marcin Miller, John Hansell, David Croll, Martin Will; Johanna & Charles, todos os Maltemaníacos.

Vastos e eternos agradecimentos a Davin de Kergommeaux por seu auxílio quando o Canadá começou a parecer bastante complicado; a Bernhard Schäfer por fazer o mesmo com os países da Europa Central; a Chuck Cowdery por toda a sua ajuda em relação à verdade sobre Dickel; a Ulf Buxrud, Krishna Nukala e Craig Daniels por contatos; a Serge Valentin pelas amostras e pelo constante bom humor; a Alexandre Vingtier, Doug McIvor, Ed Bates e Neil Mathieson pelo mesmo.

Meu agente Tom Williams, na PFD.

À minha amada e sempre tolerante esposa, Jo, e à minha filha, Rosie, por aturarem um maluco e cada vez mais cabeludo cidadão de Glasgow (novamente).

Escrito com a assistência da Oblique Strategies.

O Atlas Mundial do Whisky foi impresso em Hong Kong, para Editora Lafonte em agosto de 2011.